Tierkreis-Prinzipien		Wesenskräfte	
Widder	♈	Sonne	☉
Stier	♉	Mond	☽
Zwillinge	♊	Merkur	☿
Krebs	♋	Venus	♀
Löwe	♌	Mars	♂
Jungfrau	♍	Jupiter	♃
Waage	♎	Saturn	♄
Skorpion	♏	Uranus	♅
Schütze	♐	Neptun	♆
Steinbock	♑	Pluto	♇
Wassermann	♒	aufsteigender Mondknoten	☊
Fische	♓	absteigender Mondknoten	☋

Die gegenüberstehende Darstellung des Geburtsbildes zeigt die Stellung der Wesenskräfte in den Tierkreis-Prinzipien, das Gefüge der Aspekte (rote und blaue Linien) und die Einbindung der Wesenskräfte in den jeweiligen Häusern. Das 1. Haus beginnt beim Aszendenten (A.C.) und läuft aus im 11. Grad Waage (auf 10 Grad 10 Bogenminuten Waage), wo zugleich die Spitze des 2. Hauses beginnt (Häuser-System: Koch). Anfang und Ende der Tierkreis-Prinzipien erscheinen in dieser Zeichnung nicht. (Näheres zum Aufbau eines Geburtsbildes vgl. »Zur Einführung in die astrologische Wahrnehmung«).

BRUNO VON FLÜE

DAS GANZE GESICHT MEINER JAHRE

DAS GEBURTSBILD RAINER MARIA RILKES

EINE ASTROLOGISCHE DEUTUNG

KREUZ VERLAG

CIP-Titelaufnahme der Deutschen Bibliothek

Flüe, Bruno von: Das ganze Gesicht meiner Jahre:
d. Geburtsbild Rainer Maria Rilkes; e. astrolog. Deutung /
Bruno von Flüe. – 1. Aufl. – Stuttgart : Kreuz-Verl., 1988
ISBN 3-7831-0943-4

1. Auflage
Kreuz Verlag Stuttgart 1988
Umschlaggestaltung: HF Ottmann
unter Verwendung einer Zeichnung von Bruno von Flüe
Satz: Typobauer, Ostfildern
Druck und buchbinderische Verarbeitung:
Wilhelm Röck, Weinsberg
ISBN 3 7831 0943 4

INHALTSVERZEICHNIS

Gestirne der Nacht, die ich erwachter gewahre,
überspannen sie nur das heutige, meine Gesicht,
oder zugleich das ganze Gesicht meiner Jahre,
diese Brücken, die ruhen auf Pfeilern von Licht?

Wer will dort wandeln? Für wen bin ich Abgrund und Bachbett,
daß er mich so im weitesten Kreis übergeht –,
mich überspringt und mich nimmt wie den Läufer im Schachbrett
und auf seinem Siege besteht?

SW II 177

VORWORT

Was veranlaßt schließlich einen, den eigenen Weg zu wählen und dadurch aus der unbewußten Identität mit der Masse wie aus einer Nebelschicht emporzusteigen? Die Not kann es nicht sein, denn Not kommt an viele, und sie retten sich alle in die Konventionen. Die moralische Entscheidung kann es nicht sein, denn in der Regel entscheidet man sich für die Konvention. Was ist es also, das unerbittlich den Ausschlag zugunsten des *Ungewöhnlichen* gibt?

Es ist das, was man *Bestimmung* nennt; ein irrationaler Faktor, der schicksalhaft zur Emanzipation von der Herde und ihren ausgetretenen Wegen drängt. Echte Persönlichkeit hat immer Bestimmung und glaubt an sie, hat pistis zu ihr, wie zu Gott, obschon es, wie der gewöhnliche Mann sagen würde, nur ein individuelles Bestimmungsgefühl ist. Diese Bestimmung wirkt aber wie ein Gesetz Gottes, von dem es kein Abweichen gibt. Die Tatsache, daß sehr viele an ihrem eigenen Wege zugrunde gehen, bedeutet dem, der Bestimmung hat, nichts. Er *muß* dem eigenen Gesetze gehorchen, wie wenn es ein Dämon wäre, der ihm neue, seltsame Wege einflüstert. Wer *Bestimmung* hat, hört die *Stimme des Innern*, er ist *bestimmt*« (C.G. Jung, Ges. Werke Bd. 17, S. 199).

Diese Sätze (aus einem Vortrag in Wien 1932) umreißen mit der Jung eigenen Unmittelbarkeit und Radikalität einen Tatbestand, den heute mehr Menschen denn je in sich erahnen, vielleicht darum wissen, oder an seiner dunkel erspürten Möglichkeit leiden.

Einer der Zugänge zu dieser Bestimmung, wie sie als schöpferische Aufgabe in der Tiefe des Einzelnen verborgen liegt, ist uns in der *Konstellation der Stunde seiner Geburt*, in seinem *Geburtsbild* gegeben. In diesem Grundriß, der elementare Gestaltfaktoren, wie sie jedem Lebendigen eignen, in ihrer individuellen Anordnung zeigt, tritt uns die Individuations-Gestalt eines Menschen entgegen, die vielgliedrige Architektur seines Wesens, wie sie als eine Ganzheit allem Tatsächlichen (auch den frühkindlichen Prägungen) voraus- und zugrunde liegt.

Wo das Werden der Persönlichkeit sich nicht allein in den Tatsachen ihres unmittelbaren Lebens niederschlägt, sondern sich ausgestaltet in einem schöpferisch herausragenden Werk, da treten die Hauptlinien ihrer Konstellation besonders rein zutage. Denn der schöpferische Mensch schafft aus seiner eigenen Tiefe heraus und findet neue, noch unbegangene Wege, die Gestaltform seiner Bestimmung zu leben. Dadurch kann er für die astrologische Wahrnehmung (und Forschung) gerade in mehrfacher Weise wichtig werden: Zum einen eröffnet sich ihr in den oft gründlich erforschten Werk- und Lebensmaterialien ein weites Feld konkreter und (im Rahmen geisteswissenschaftlicher Methoden) auch überprüfbarer Entsprechungen; und zum anderen stößt sie auf ganz neue, der Not des Schöpferischen abgerungene, radikal verdichtete Erfahrungen möglicher Konstellationen. Solche Leistung entwirft Räume, setzt Maßstäbe. So hat sich zum Beispiel in unserem Jahrhundert, seit es Rilkes Lyrik gibt, unsere Erfahrung des Neptunischen bedeutend erweitert und vertieft. Seine Dichtung vollzieht in wachsender Strenge und Vollendung diesen einen großen Bezug. Eine ganze Phänomenologie des Neptunischen können wir aus seinem Werk herausarbeiten und Grundzüge von ihr in verwandter und doch wieder gewandelter Gestalt in den Entwürfen anderer wiedererkennen.

Im weiteren können wir durch eine eindringliche, Schritt für Schritt durchgeführte Deutung eines einzelnen Geburtsbildes Klarheit darüber gewinnen, in welch hohem Maße sich menschliches Existieren aus *Gestaltbilde-Kräften* heraus vollzieht. Es kann dadurch auch für den mit der Astrologie wenig vertrauten Leser deutlich werden, was für Ordnungszusammenhänge astrologische Wahrnehmung im Grunde meint und wo (aber auch wo nicht!) astrologische Gestalt-Strukturen die Eigenart unseres Weltbezugs aufbauen, formen und leiten.

Vielleicht wird schon in der näheren Zukunft eine Biografik, die sich umfassend versteht, vermehrt von den Möglichkeiten der astrologischen Analyse Gebrauch machen, ähnlich wie das im Falle von tiefenpsychologischen Gesichtspunkten in den letzten fünfzig, sechzig Jahren geschehen ist. Möglicherweise würden dadurch die Spielregeln der Wahrnehmung in diesem Forschungsbereich etwas von ihrer Beliebigkeit verlieren, und die jeweiligen »Herleitungen«, »Begründungen« und »Erklärungen« könnten gar eine strengere Form annehmen.

Allerdings, und dies sei offen zugegeben, ist die Astrologie, wie sie sich heute in vielen Ländern unter den mannigfaltigsten Bedingungen über seelische und geistige »Ansteckung« entwickelt, kaum geeignet, strengere Formen in die Betrachtung des menschlichen Lebens, seiner vielfältigen Morphologie der Individuation, einzuführen. Aber es gibt auch Zeichen dafür, daß sich durch diesen weltweiten Aufbruch Kräfte formieren, die sich zu größerer Klarheit und methodischer Strenge steigern. Wege dazu gibt es – ähnlich wie in der Tiefenpsychologie – vermutlich mehrere.

Einige sind, praktisch im Alleingang, auf einem solchen Weg schon weit vorgestoßen. Einer der bedeutendsten unter ihnen ist *Thomas Ring* (1892–1983). Auf seiner methodischen Klärung beruhen die Deutungs-Erfahrungen, wie sie in diesem Buche zur Anwendung kommen. Daneben wird, trotz der kritischen Distanz des Autors zu vielem, was unter der Kennzeichnung »astrologische Psychologie« geschieht, die Altersprogression, wie sie *Bruno Huber* vorschlägt, benützt. Das Prinzip dieser Methode ergibt sich aus manchem, was einer vertieften Astrologie selbstverständlich sein kann.

So steht denn im Zentrum dieses Buches das Werden der menschlichen Persönlichkeit, der Weg, die Bestimmung, wie sie dem Einzelnen aus der Ganzheit seiner Con-stellatio erwächst. Auch hier ist Rilke mehr als ein zufällig gewähltes Beispiel. Denn gerade durch die

Eigenart seiner dichterischen Erfahrung sind uns jene Räume nahe gebracht, in welchen das menschliche Dasein sich in seiner hintergründigen Mitte ortet, zeitigt und vollzieht. Rilkes Leben mit Mitteln der astrologischen Wahrnehmung zu betrachten schafft Zugänge zu Bezügen, um die es dem Dichter selbst ein Leben lang ging, und läßt die Ganzheit, die wir je schon sind, in konkreten empirischen Hinweisen aufscheinen. Überraschend und nochmals anders gewahren wir, was in Rilkes Grunderfahrung des »Weltinnenraums« enthalten sein mag. Was bisher im Sinne eines augenblickhaften Ereignens verstanden werden konnte, wird als ein Grundsachverhalt des menschlichen Daseins offenbar: Wir *sind* Weltinnenraum. Wir sind es nirgends eindrücklicher als in den Gestaltordnungen des Geburtsbildes, worin das »ganze Gesicht meiner Jahre« in verborgener Weise versammelt schon da ist.

Ein Gedicht aus den unruhigen Monaten von Rilkes letztem Aufenthalt in Paris macht die Nähe zur astrologischen Erfahrung deutlich, in die ihn sein Weg geführt hatte:

Ach, nicht getrennt sein,
nicht durch so wenig Wandung
ausgeschlossen vom Sternen-Maß.
Innres, was ists?
Wenn nicht gesteigerter Himmel,
durchworfen mit Vögeln und tief
von Winden der Heimkehr.

SW II 184[1]

1 Verzeichnis der Abkürzungen S. 317

»Ohne unsern wahren Platz zu kennen,
handeln wir aus wirklichem Bezug.«
SW I 738

ZUR EINFÜHRUNG IN DIE ASTROLOGISCHE WAHRNEHMUNG

Es ist fraglich, ob es je gelingen wird, die Anfänge der astrologischen Erfahrung aus dem Dunkel des Vorgeschichtlichen herauszuheben. Sie stammen aus einer Zeit, in der der Mensch, von heute aus gesehen in einer eigentümlichen »Natursichtigkeit« (E. Dacqué), Vorgänge und Zusammenhänge wahrnahm, ohne zwischen sich selbst, seinem Denken, seiner Seele, seiner Leiblichkeit und der ihn umgebenden Natur genau zu unterscheiden. Er stand noch unmittelbar im Banne von Lebensprozessen und ihren Gestaltformen, sein Leben vollzog sich aus einer großen, jedoch immer schon ambivalenten Verbundenheit mit der ihn umgreifenden Natur. Seine Erfahrung hatte sich noch wenig abgelöst von der Weise, wie die Natur in seinem noch diffusen Innenraum sich selbst abbildete: in urtümlichen Bildern, wie sie der kollektiven Hintergrundschicht der Seele unmittelbar entspringen.

Wir haben in unserem Jahrhundert, unter anderem durch den Einfluß der Tiefenpsychologie, in erstaunlichem Maße gelernt, die ganz eigene Sichtweise und Wahrheit dieser urtümlichen Bilder, vor allem wie sie die Erzählungen des Mythus und der Märchen enthalten, wieder neu zu erkennen. Jungs Vorstoß in den Hintergrundraum des Archetypischen, selbst wiederum inspiriert durch die Erfahrungen der Romantik im 19. Jahrhundert, hat dabei eine nicht zu unterschätzende Pionierrolle gespielt.

Ein besonders eindrückliches Beispiel der Natursichtigkeit des

Mythus ist der zwölfteilige Tierkreis als eine Prozeßlogik von Wachstum und Entwicklung überhaupt, und die Beschreibung und systematische Schau der zehn Planeten-Prinzipien als Gestaltbildekräfte, als formende Wesenskräfte, wie sie auf allen Stufen der Natur am Werk zu sehen sind. Mit dem Tierkreis und den zehn Planeten-Prinzipien haben wir aber bereits das Herzstück der astrologischen Wahrnehmung vor uns.

Wenden wir uns zuerst den *Planeten-Prinzipien* zu. Was kann es heißen, wenn wir sie als Gestaltbildekräfte, als formende Wesenskräfte im Gestaltbau der erlebbaren Natur beschreiben? Wir können genau das, was die astrologische Tradition und der Mythus als Kerngehalt eines Planeten-Prinzips umrissen hat, als Bauform, als wesenhaftes Moment im Aufbau eines jeden Organismus wiederfinden. Jeder Organismus stellt eine zentrierte Einheit dar und drückt aus seiner Mitte heraus eigene Lebensmächtigkeit aus. Dies ist seine *Sonnen*haftigkeit. Andererseits ist er immer auch Teil einer Umwelt, über unzählige verschiedenartige Funktionen mit ihr verbunden, im Austausch mit ihr auf sie offen. Auch in sich selbst besteht er aus unzähligen Teilen, die alle miteinander durchgehend verbunden sind. Dies zeigt seine *mond*hafte Seite. Im weiteren ist er in seiner Art und Individualität an eine Strukturform gebunden, in dieser eingegrenzt und gehalten, gewinnt so Dauer und Stabilität. Seit die naturwissenschaftliche Erkenntnis den genetischen Code als Strukturprogramm in jeder Zelle liegend zu entschlüsseln vermochte, ist ihr der bisher genialste Einblick in die Wesenskraft des *Saturn*ischen gelungen. Im weiteren ist jeder Organismus ein System, das in vielfacher Weise eine abgestimmte Anordnung (Symmetrien, Gleichgewichte, Proportionen) darstellt; hierin zeigt sich das Prinzip des *Venus*ischen. Das *Mars*ische, der polare Gegensatz zum Venusischen, legt sich dar in aktiver Entäußerung, Einsatz von Energie auf ein Ziel hin, Wettstreit, Kampf. Das Prinzip des *Merkur*ischen wiederum zeigt sich in der Zweckmäßigkeit des Aufbaus des Organismus, der ökonomischen Durchgestaltung, aus der heraus er wichtige Ziele mit rationellen Mitteln erreicht. In der Gesamtbewegung aller organischen Funktionen auf ein Realbestmögliches hin und in der unter immer neuen Bedingungen sich wieder einstellenden Gesamtzuträglichkeit, woraus Entfaltung, Entwicklung entspringt, sehen wir das *Jupiter*-Prinzip am Werk. Damit rundet sich der Kreis der sieben klassischen Planeten-Prinzipien; die Ordnung elementarer Wesenskräfte im Gestaltbau von jedem Organismus ist ausgeschritten. Die Prinzipien des *Uran*ischen, *Neptun*ischen und *Pluto*nischen liegen, nach der Beschreibung des Mythus, »vor« oder »hinter« dieser Ordnung, sie umfassend, umgreifend und ergänzend. Heute können wir erleben, wie diese noch hintergründigeren Gestaltmächte, die der Mythus seit je beschrieben hat, zunehmend unseren Weltbezug mitformen, ausweiten und oft genug gefährlich entgrenzen. Das Vordringen der Physik in die Welt der Elementarteilchen, ihre Anwendungen in Astronomie, Biologie und Medizin, unser merkwürdig hoffnungsvoller Umgang mit der Atomenergie – all das sind höchst ambivalente Anzeichen unserer Ausweitung in den *transsaturnischen* Hintergrundraum.

Aus dem bisher Gesagten wird etwas Entscheidendes deutlich: Um wahrzunehmen, was die Astrologie heute (und seit langem schon) unter einem Planeten-Prinzip versteht, brauchen wir nicht zuerst auf den Mond, den Mars oder den Jupiter als im Außen vorfindliche Gestirnkörper zu blicken, sondern wir müssen im Sinne einer *kosmologischen Blickweise* (einer Organik) den Gestaltbau der Organismen, die Bauformen des Lebens wieder sehen lernen. Haben wir einmal diesen Blick wieder zurückgewonnen, dann werden wir allerdings das Ganze unseres Sonnensystems auf die Möglichkeit eines einheitlichen Baugefüges hin befragen und auf seine Ausgliederung in sieben Gestaltfaktoren und deren ganz bestimmte Anordnung achten. So gesehen kann uns der Blick ins Außen durchaus wieder fruchtbar werden.[1]

1 Die theoretische Begründung und konkrete Durchführung dieser kosmologischen Blickweise verdanken wir THOMAS RING (1892–1983). In seiner ungemein vieldimensionalen Lebensarbeit – er war Maler, Dichter, Philosoph, Astrologe – begann er schon in den frühen zwanziger Jahren, die Elemente der trivialen Astrologie einer Revision zu unterziehen. Ende der dreißiger Jahre lagen die Resultate seiner umwälzenden Auseinandersetzung und Klärung in Buchform vor: 1939 erschienen

»Das Sonnensystem – ein Organismus« und »Das Lebewesen im Rhythmus des Weltraums«, und 1941 »Der Mensch im Schicksalsfeld«. »Das Sonnensystem – ein Organismus« ist der Versuch, aus der genauen Betrachtung und Vergleichung der Umlaufzeiten der Planeten und der räumlichen Abmessung ihrer Bahnen *Ordnungs-Zusammenhänge* herauszustellen, welche auf die grundsätzlichen Inhalte der sieben Gestaltfaktoren im astrologischen Meßbilde hinweisen. In »Das Lebewesen im Rhythmus des Weltraums« geht Ring zuerst den vielfältigen Beobachtungen über physikalische Auswirkungen von kosmischen Prozessen auf unserer Erde nach, um dann in Beispielen der *aktiven* Einstellung des Lebens auf kosmische Perioden auf jene Ebene zu gelangen, die für die Erhellung des astrologischen Problems erst wirklich bedeutsam ist. Mit steigender Organisationshöhe sehen wir bei Pflanze und Tier strengere Formen der Einstellung auf Rhythmen unseres Sonnensystems. Beim Menschen scheint die physiologische Vererbung individueller Merkmale mit einem Eingepaßtsein des individuellen Wesensgefüges in kosmische Rhythmen zusammenzugehen. Was beim Tier noch die Gattung allein (ihre Fortpflanzung) betrifft, bezieht sich beim Menschen auch auf seine Individualität. Gerade deren Werden vollzieht sich, aus der eigenen Wirkmächtigkeit des Lebendigen, eingepaßt in den kosmischen Umraum. In »Der Mensch im Schicksalsfeld« finden wir dann – in dieser umfassenden Breite erstmals – Rings Darstellung der Planeten-Prinzipien, der Tierkreis- und Häuser-Ordnung, nun auf dem Hintergrunde durchgeführter Revision: weg von physikalisierender »Einfluß-Theorie«, hin zur kosmologischen Analyse, die in der schöpferischen Einordnung des Lebendigen ins Kosmische ihren Schwerpunkt setzt.

Nach den Wirren des Krieges (Ring wurde von beiden Kriegen entscheidend getroffen; im Ersten Weltkrieg wurde er schwer verwundet, im zweiten erlitt er, neben dem Verbot seiner Bücher durch das Reich und dem Verlust einer großen Anzahl von Bildern, eine längere Gefangenschaft in französischen Lagern) fand seine astrologische Arbeit ihre Fortsetzung im groß angelegten Bogen der »Astrologischen Menschenkunde« (Bd. I 1956, Kräfte und Kräftebeziehungen; Bd. II 1959, Ausdruck und Richtung der Kräfte; Bd. III 1969, Kombinationslehre; Bd. IV 1973, Das lebende Modell). Die letzten zehn Jahre seiner astrologisch-philosophischen Arbeit umkreisten – ohne die Problematik der einzelwissenschaftlichen Begründung der Astrologie neu aufzurollen – »die Stellung des Menschen in Natur und Kosmos«. So lautet der Untertitel seines letzten Werkes »Das Grundgefüge« (1986, drei Jahre nach seinem Tode, erschienen). In immer neuen Wegen arbeitete Ring an der Vertiefung und Klärung der astrologischen Elemente und ihrer Bezüge untereinander. Besonders zu erwähnen ist »Genius und Dämon« (1980), worin Ring die Geburtsbilder von schöpferisch Großen aus sechs Jahrhunderten (von Leonardo da Vinci bis Georg Trakl) in tiefgründigen Werk- und Lebensskizzen beschreibt.

Etwas früher als Thomas Ring, nämlich 1874, wurde ein Mann in Wien geboren, der mit eigenwilliger Intuition und ausgedehntem biologischen Wissen über Pflanzenwelt und Mikroorganismen Naturforschung betrieb: Raoul Heinrich Francé (1874–1943). Was als einzelwissenschaftliche Beobachtung und Erfahrung von Teilaspekten der Natur begann (Forschung zum Beispiel über die Lichtsinnesorgane der Algen oder die Kleinlebewelt im Boden), wurde immer deutlicher zu einer Schau einer durchgehenden siebenfachen Gesetzmäßigkeit des Lebendigen überhaupt. 1921 erschien Francés Hauptwerk: »Bios« (Untertitel: »Die Gesetze der Welt«). Darin unterscheidet er, als Urmomente allen Lebens: Entität, Integration, Funktion, kleinstes Kraftmaß, Selektion, Optimum und Harmonie. In Form von Gesetzen erscheinen diese Prinzipien in der Analyse jedes Seienden. France nimmt dabei einen streng biozentrischen erkenntnistheoretischen Standpunkt ein: Alles Sein entspricht dem Entwurf unseres Denkens. Denken aber wurzelt im Leben, in der Einheit des Bios.

Wer sich in Francés Ausführungen vertieft, wird feststellen, daß sechs seiner Lebensgesetze ganz präzise den Planeten-Prinzipien der astrologischen Tradition entsprechen und eines, die Selektion, dem Marsischen nahekommt, jedoch mit einer charakteristischen Abweichung. Diese Ungenauigkeit entsteht, weil in Francés Gesamtschau das Gesetz der Harmonie (das Venusische) die Rolle des obersten aller Prinzipien innehat. Harmonie fügt sich seinem Begriff von Sein *als harmonische Dauer* unmittelbar an. Das Marsische muß unter diesen System-Bedingungen zurücktreten, sich in seiner Eigenart abschwächen. In der Astrologie ist es das Prinzip aktiver Entäußerung, jedem Organismus innewohnend. Bei Francé erscheint es als Prozeß der Selektion, dem jeder Organismus passiv untersteht.

Zwei Texte aus »Bios« sollen Francés Sicht kurz wiedergeben: »Der Begriff des dauernden Seins umschließt also eine ganze Reihe von Forderungen. Seine Analyse zergliedert ihn in einen Aufbau von Bedingungen, die erfüllt sein müssen, bevor er zustande kommt. Er ist gebunden an seine *Integrationsstufen*, durch welche sich erst die Eigenschaften der Welt vollständig runden. Auf jeder Integrationsstufe findet der Versuch statt, zur Dauer zu gelangen durch die *Funktion*, die sich nach dem *Gesetz des kleinsten Kraftmaßes*, nämlich auf dem *kürzesten* Wege regelt und dadurch zu einer steten *Selektion* gelangt. Auf diese Weise stellt sich ein Zustand der Welt ein, welcher der Analyse als ihr *Optimum* bewußt wird, in seiner Gestaltung sich aber als *Harmonie* mit der Wirkung der Unveränderlichkeit, also der ewigen *Dauer* erweist« (R.H. Francé, Bios, Leipzig 1926, S. 40). »Eine heilige Siebenzahl bedingt und regiert das Erleben der Welt; wer sie erkennt und in seinem Leben und Handeln verwirklicht, der ist im Einklang mit dem Unendlichen. Er hat das Höchste erfüllt, wozu das ›Dasein‹ überhaupt gelangen kann, nämlich harmonische Dauer. Er wirkt dauernd im Kreislauf der Welt mit ohne Mißklang, Reibung und Leiden; er ist der einzige, der von sich sagen kann: Mein Leben war nicht nur glücklich, sondern auch fruchtbar. Denn es erfüllte den Sinn der Welt...« (Francé, Bios, Leipzig 1926, S. 41).

Wann Ring von Francé Kenntnis zu nehmen begann, ist ungewiß. Sicher ist, daß beide in den dreißiger Jahren in Graz sich begegneten. Es scheint auch, daß Francé völlig unabhängig von Kenntnissen der Astrologie zu seinen Ergebnissen gekommen war. Für Ring waren Francés Einsichten die Bestätigung und Vertiefung eines Weges, auf dem er sich selbst bereits seit Jahren bewegte. Über den Reichtum, die Fülle der Beobachtungsbeispiele hinaus, gab Francé Ring Formulierungen in die

Kosmologische Wahrnehmung neu einzuüben will allerdings nicht heißen, die Wesenskräfte der Astrologie mit den Gestaltstrukturen, den Kategorien des Organischen einfach gleichzusetzen. Die Weite der in Frage stehenden Erfahrungen wäre damit reduziert auf eine einzelne Schicht des Wirklichen. Was gewiß ist, ist nur dies: daß für unseren Zugang der Astrologie das Verstehen organischer Bauformen einen hermeneutischen Brennpunkt darstellt.

Wir können den Gehalt der Planeten-Prinzipien auch als Aspekte des Anorganischen formulieren. Und besonders eindrucksvoll wird es, wenn wir die Räume unserer Innenwelt, die Bereiche des Seelischen und Geistigen hinzunehmen. Es ist ja die Ganzheit menschlicher Erfahrung, die in den Bildern des Mythus zum Ausdruck kommt.

Umreißen wir in knappen Grundzügen die Phänomenologie der sieben Planeten-Prinzipien, wie sie dann in der Deutung des Geburtsbildes von Rilke zur Anwendung kommen:

Wie zeigt sich zum Beispiel das *Mondhafte* in uns? Wie sind wir, wenn wir aus dem Mondhaften leben? Wir sind geöffnet, empfänglich, ansprechbar, einer gerade jeweiligen Situation hingegeben, sei es nach innen oder nach außen. In einem solchen Augenblick sind wir bild-sam, bildbar, beeindruckbar, verletzlich, aber auch lernoffen, fruchtbar, staunend, bewegt. Wenn wir vom Gestimmtsein als einer Grundbefindlichkeit unseres Daseins sprechen, dann weisen wir auf ein Urphänomen des Mondhaften in uns hin. Ist unser jeweiliges Gestimmtsein nicht wesenhaft wechselnd, veränderlich, phantasiebewegt, im gesteigerten Fall launenhaft? Das deutsche Wort »Laune« hängt mit dem lateinischen »Luna« zusammen.

Hand, die für das Erfassen der Planeten-Prinzipien als *Bauformen* des Organischen von unschätzbarem Wert sein sollten. Wenn Francé in den Werken Rings, außer der jeweiligen kurzen Nennung, kaum Erwähnung findet, hängt das wohl mit der schwärmerisch-totalitären Seite von Francés Denkstil zusammen. Es scheint, daß Francé der Faszination seiner »Weltgesetze« erlegen war und sein Denken ins Abseits tiefsinniger Vereinfachung geriet. (Dies ist übrigens eine Gefahr, die auch der Astrologie jederzeit droht.) Dennoch lohnt es, Francé auf den Wegen seiner Naturbetrachtung ein Stück weit zu folgen. Es erschließt sich einem dabei manches, was direkt ins Zentrum von Rings gründlicher Fassung der Planeten-Prinzipien führt.

Im Wechsel von Tagesbewußtsein und Schlaf tauchen wir ein in den größeren Strom des Seelischen, verbinden uns tiefer mit dem Lebenshintergrund. Träumend sind wir bildsam im höchsten Sinne, dem Bilder-Strom unmittelbar offen, naiv, ungeschützt, mondhaft wie das Kind. Kindsein heißt aus dem Mondhaften leben. Darin eingeschlossen ist ein großer Spannungsbogen: vom Ausgesetztsein den Träumen, gespenstischen Phantasien und Ängsten der Nacht bis zu den seligsten Stunden völliger Hingebung im Spiel. Unsere Kindheit mag einmal vergangen sein, aber die Tiefenpsychologie spricht zu Recht vom Kind in uns, dessen Lebendigkeit und Ansprechbarkeit gewahrt werden will, ohne welche das Spiel des Lebens seinen Zauber verliert. Je mehr wir das Mondhafte aus den Tiefen des Archetypischen, des Lebenshintergründigen beschreiben, um so mehr klingt es zusammen mit dem Neptunischen.

Ein ganz anderer Klang ist angeschlagen, wenn wir uns aus dem *Saturnischen* gestalten. Dann grenzen wir ein, halten zurück, bremsen die Bewegung des Lebens, verdichten sie auf das Wesentliche, gewinnen daraus Sicherheit und Stabilität. Denn Leben ist nicht nur Empfänglichkeit, Veränderung, Fluktuation – mondhaft, sondern es ist, ebenso grundsätzlich, eingebunden in Form, in eine bestimmte Struktur, die eingrenzt, zusammenhält, ins Dauern bringt, Kohärenz gibt, artfremde Einflüsse abwehrt, schützt. Unser Skelett-System, der sichtbare Ausdruck unserer »Bauart«, ist ebensosehr eine Entsprechung des Saturnischen wie die archetypischen Basis-Strukturen unserer Persönlichkeit. Immer sind es Formen, in die unser Leben eingebunden ist, in denen es sich hält und ver-hält. Im Alltäglichen könnte die Gewohnheit als »Urphänomen« des Saturnischen gelten. Sie zeigt besonders deutlich die Ambivalenz, die Doppelwertigkeit, die in jedem Planeten-Prinzip liegt: Ohne Gewohnheiten wäre unser Leben undenkbar, ohne Schutz und Verläßlichkeit. Keine schöpferische Leistung ist möglich ohne das Verdichtende von Regel, Wiederholung und Konsequenz. Auf der anderen Seite kennen wir die Macht der Gewohnheit. Sie engt ein, macht starr und alt. Aus dem Saturnischen leben heißt alt werden. Gemeint ist damit nicht nur die Verlangsamung der Lebensprozesse, das Starrwerden, das Austrocknen (das gehört ja alles zur natürlichen Physiologie des Alters), sondern auch die Verdichtung auf uns selbst, Vertiefung, Zurechtgeschnittenwerden auf das Wesentliche, Individuation. Nicht zufällig finden wir unter den Urbildern der Weisheit solche aus dem mineralischen Bereich: der Stein der Weisen, der Kristall. Vom ersten Atemzug an werden wir alt, er-wachsen ins Bestimmte, erleben immer tiefer das Gesetz im Wirklichen, erleiden es, tragen schwer daran, haben es zu verantworten.

Was für gegensätzliche Welten sind mit diesen Wesenskräften in uns konstelliert, mit dem Mondhaften, dem Saturnischen! – Das spielende Kind und die Weisheit des Alterns. Das eine ist uns am Anfang das Nächste, in das andere wachsen wir täglich hinein. Dem kosmologischen Blickpunkt, der nicht in Kausalketten, sondern in *Anordnungen* denkt, entgeht nicht das Merkwürdige: Das eine ist uns Erdgeborenen das Nächste, das andere dem unbewaffneten Auge das Letzte, Äußerste, die Grenze, hinter der die Weite und Unermeßlichkeit des Trans-Saturnischen beginnt.

Wieder eine ganz andere Welt bricht auf, wenn das *Sonnenhafte* in uns zum Tragen kommt. Fast zu Hohes klingt damit an, um es in ganz alltäglichen Vollzügen auszudrücken; sind wir doch mit dem Sonnenhaften ins Tiefste hinein, in die Mitte des Schöpferischen der Wirklichkeit verbunden. Im Bilde des weißen Lichts, das noch ungeschieden alle Farben in sich enthält, hat es die astrologische Tradition beschrieben. Und so stellt es sich auch dar: Wir erleben in uns eine ganzheitliche schöpferische Energie, die zwar immer schon in einzelnen Impulsen sich konkretisiert, ohne jedoch ganz in ihnen aufzugehen. Als hintergründiger Quell, als »Gesamtlebensenergie« bleibt sie, trotz aller möglichen Verschüttungen und Verstellungen, in der Tiefe unausschöpfbar gegenwärtig. Wo wir leben, drückt sich in uns zugleich ein Wille zu eigenster Lebensmächtigkeit aus. Zwar sind wir dabei grundsätzlich immer auf ungezählte Bedingungen angewiesen, doch formen wir dennoch, aus eigener Mitte heraus, geben allen unseren Lebensvollzügen eine eigene Physiognomie: Wir sind Persönlichkeit im Sinne einer einheitlichen schöpferischen Ganzheit. Im alltäglichen Leben ist diese Ganzheit meist wenig bewußt; an bestimmten entwicklungsgeschichtlichen Nahtstellen aber stellt sie uns vor Entscheidungen, meldet sich in Unruhe- und Krisengefühlen, in bedeutsamen Träumen und Phantasien. Die Jahre der Wahl von Ausbildung und Beruf sind oft eine Gratwanderung im Raume des Sonnenhaften. *Wer* bin ich in dieser Welt? In welchem konkreten Feld kann ich meinen schöpferischen Selbstausdruck finden? Diese Fragen fordern eine Antwort. Aus dem Sonnenhaften lebt niemand, der nicht, neben Klarheit und Reinheit der Entscheidung, sich ein *Herz* faßt. Denn aus der Kraft des Herzens lebt die Hingabe, die wir bei jeder wirklich schöpferischen Leistung finden.

Das Geburtsbild, so wie wir es heute zeichnen, stellt als Kreis mit seiner Mitte und all seinen verschiedenen Ausgliederungen ein Mandala der ganzheitlichen Persönlichkeit dar. Nicht zufällig ist dies zugleich ein Bild des Sonnenhaften.

Tun wir, im Gefüge unseres Sonnensystems, von der Erde aus gesehen, einen Schritt nach innen, sonnenwärts, und ebenso einen Schritt nach außen, so treffen wir auf ein ganz besonders nah aufeinander bezogenes Gegensatz-Paar: das Venusische im Innen und das Marsische nach auswärts ziehend.

Die Welt des *Venusischen* erschließt sich uns ganz elementar aus der Erfahrung der »abgestimmten Anordnung«. Schon im Anorganischen scheint sie auf als ein Ursachverhalt: das Perioden-System der Chemie zeigt den Aufbau der Elemente, wie er entsteht aus der wachsenden Zusammenstellung der Atome, immer in abgestimmter, das heißt ganzzahlig ausdrückbarer Proportion. Im Organischen wird abgestimmte Anordnung so offensichtlich, daß manche Naturforscher sie für das umfassendste Prinzip dieses Bereichs überhaupt halten konnten. Leben und Gleichgewicht sind untrennbar miteinander verbunden. Denn jede abgestimmte Anordnung ist eine Form des Gleichgewichts. Wo wir auch hinsehen, ob auf das Verhältnis des Organismus zu seiner spezifischen Umwelt oder auf innerorganische Bezüge wie Temperatur, Kern-Relation (Verhältnis von Zellplasma und Kernmasse) oder irgendwelche Funktionskreisläufe: immer wieder begegnen wir Gleichgewichts-Systemen in Form von hochkomplexen abgestimmten Anordnungen.

Auch der menschlichen Seele wird dieses Prinzip in mannigfacher Weise zu einem Urerleben. Da ist einmal die Welt der Sinne: Das Auge erschließt ein Universum von Farben und Formen (Proportionen, Symmetrien). Das Ohr eröffnet, über das unmittelbare Phänomen der »Ton-Zahl« auf seine Weise noch weiter, tiefer eindringend, Welten der Musik und Harmonik. Man denke an die pythagoräischen Erfahrungen, an Johannes Kepler und, in unserem Jahrhundert, an die Forschungen von Hans Kayser. Es sind vor allem Auge und Ohr, deren Steigerung und Verfeinerung den Raum der Künste erschließt. Zentral ist jedem Kunstwerk selbst seine eigenste abgestimmte Anordnung, ob sie nun verblüfft, erschreckt, aufrüttelt, fasziniert, verführt, bezaubert, gefällt. Wir sind durch sie ganz sinnenhaft, ohne die Vermittlung über das Gedankliche, angesprochen und ergriffen. So kann das Venusische, dort wo es im Kunstwerk radikale Verdichtung erfährt, zum Träger und Übermittler werden für Sinn, für die Erfahrung des Numinosen.

Einen anderen Entsprechungsraum des Venusischen, nicht weniger ursprünglich und selbstverständlich, leben wir in Kontakten mit der Um- und Mitwelt. Mehr als nur äußerlich geht es hier um Einpassung und lebendiges Gleichgewicht. Taktgefühl, Sinn für das im Augenblick Stimmige, Höflichkeit (mit der ihr eigenen Anmut), Behutsamkeit, Rücksicht, Verbindlichkeit und, als radikalste Gestalt, Gerechtigkeit – dies alles sind Ausdrucksformen des Venusischen.

Das Künstlerische und Soziale trifft und ergänzt sich in dem, was wir anstreben als Kultur. Dem menschlichen Leben eignet, gerade aus dem Venusischen heraus, *Kultur*. Ausgewogenheit, Schönheit, Maß sind Momente des Lebens, insofern es sich vollzieht in der Bindung, Pflege und Obhut von Kultur. Darin erfährt es ganz natürlicherweise Verfeinerung und Veredelung. Wirkliche Kultur umfaßt jeden Bereich des Lebens. Darin rückt sie in die Nähe des Jupiter-Prinzips. So gelangen wir gerade über das Phänomen Kultur zu Venus-Entsprechungen *aller* fünf Sinne. Schmecken und Riechen differenzieren sich zum Beispiel im vielfältigen Raum des Kulinarischen. Die Kunst des Kochens erweist sich als ein hervorragendes Feld des Venusischen, und nicht weniger natürlich das Essen selbst.

Wie ein Zusammenklang aller genannten Bezüge erscheint Aphrodite-Venus als die Göttin der Liebe. Über alle Stufen des Erlebens, von der unmittelbarsten Sinnlichkeit bis in die sublimsten Räume der Minne, ergreift sie den *ganzen* Menschen. Niemand unter den olympischen Göttern vermag, so wie sie es kann, Anmut, Freude und seligste Zärtlichkeit mit der stärksten Lebenskraft, der wildesten Leidenschaft fruchtbar zu verbinden. So bildet Aphrodite-Venus mit Ares-Mars zusammen eine spannungsvolle Polarität, einen Ort der Annäherung von Gegensätzen, wie sie tiefer und lebendiger nicht sein könnten.[2]

Sosehr jeder Organismus in Gleichgewichten lebt, so sehr gerät er, durch innere wesenseigene Rhythmen und äußere, arttypische Auslösereize, periodisch in Zustände der Spannung, analog einem

2 Man könnte sich fragen, inwieweit dem Venusischen heute eine wachsende Bedeutung in verschiedenen Bereichen zukommt. Sind wir nicht im Begriffe, die Fruchtbarkeit eines »Denkens in abgestimmten Anordnungen« zu entdecken, als ein Gegengewicht zum herrschenden Denkstil des »Bewirkens«, der »Wirk-Ursachen«, der Kausalität? Im letzteren ist das Marsische leitend und verbindet sich mit dem Merkurischen. Als ein Beispiel, wohin es führen kann (allerdings unter der Bedingung außergewöhnlicher schöpferischer Kraft), wenn Merkur mit dem Venusischen sich zusammenstellt, kann uns die Denk-Anlage C. G. Jungs gelten. In seinem Geburtsbild sind Venus und Merkur in der Konjunktion miteinander gekoppelt, und das in der mondhaft-weiblichen Form des Krebs-Prinzips. Jungs archetypische Psychologie hat sich im Verlaufe seines Lebens immer mehr zu einem Denken in abgestimmten Anordnungen entwickelt. Der mondhafte Innenraum des Seelischen mit seiner fluktuierenden Bildhaftigkeit, seiner »Imaginalität«, war dabei Brennpunkt seiner Wirklichkeitserfahrung. Sowohl Jungs Grundbegriff des Archetypus wie auch seine Hypothese der Synchronizität (die er dem Kausalitäts-Prinzip ergänzend entgegenstellte) sind Modelle, in denen »abgestimmte Anordnung« (anordnende Struktur) ungleich bedeutsamer ist als »Wirkmächtigkeit« im Sinne bewirkender Kausalität.

Wo unser Denken sich um Anliegen der Ökologie bemüht, in »sanfter Verschwörung« sich weltweit bekundet, in holistischen Modellen die Erde als einen Gesamtorganismus entwirft oder in kosmologischer Betrachtung Gestaltordnungen aufweist, in all diesen »neuen« Denkformen können wir die wachsende Bedeutung des Venusischen ersehen. Vor allem die astrologische Wahrnehmung ist ohne leitenden Bezug zum Venusischen undenkbar. Denn jede Deutung ist ein Entwerfen und Bestimmen aus der abgestimmten Anordnung, wie sie das Geburtsbild selbst als ein Grundriß der Lebensvollzüge enthält.

labilen Gleichgewicht: Es kommt zur Entladung im Tatimpuls, zur Befriedigung der Ziele, wie sie in der dranghaften Spannung, in der Organisation der Triebe angelegt sind.

Leben im Vollzug des *Handelns*, ganz gleichgültig auf welcher Stufe der Organisation, ob elementarem Drang, hochkomplexem Triebziel oder weltoffenem Lernen entspringend, kennzeichnet den Ursachverhalt des *Marsischen*. Darin liegt immer ein Moment des Veränderns, des Bewirkens, der Bemächtigung.

Groß ist die Spannweite von Entsprechungen, die das menschliche Erleben kennt. Sie reicht von der unwillkürlich vollzogenen Bewegung (etwa der Saugreflex, mittels dessen sich der Säugling der mütterlichen Brust bemächtigt) über gewaltig aus dem Unbewußten andrängende Impulse (etwa die Spannung sexueller Lust) bis hin zur mutigen Tat, die ganz der Verantwortung entspringt. Schon in der elementaren Lust der Bewegung zeigt sich der Drang zum Handeln; ganz selbstverständlich schafft er sich Situationen des Spiels, Räume der Aktion, des Wettkampfes, des Vergleichs. Vielleicht zeigt sich das Wesen des Marsischen ebenso eindrücklich in der *Lust zum Tun* (sei es Arbeit oder Spiel) wie in Aggression, Gewalttat und Krieg. Denn fast unerschöpflich scheint die Lust des Menschen zur Aktion. Leben ist ihm Handeln, Betriebsamkeit, Tag für Tag. Oder ist das bereits eine Erfahrung unserer hochindustrialisierten Welt, die Leben als betriebsames Tun immer neu wieder nahelegt und fordert, und das um so mehr, als es nicht mehr eingebunden verläuft in den unmittelbaren Kampf ums Dasein, ums tägliche Überleben? Klar wird aus dieser Frage, wie bedeutsam die gesellschaftlich-geschichtlichen Bedingungen sind, unter welchen der Vollzug einer Wesenskraft sich in seinen konkreten Entsprechungen abwandeln kann. Und weiter: wie wenig die astrologische Wahrnehmung, die das Marsische als einen der sieben Gestalt-Faktoren des Lebendigen beschreibt, sich dazu eignet, den Boden abzugeben für eine einseitige Theorie der menschlichen Aggression. Um so reicher dagegen sind ihre Einsichten, wie vielfältig und kennzeichnend die Verknüpfungen sein können, in denen das Marsische im Gefüge einer einzelnen Persönlichkeit eine herausragende Stellung einnehmen kann.

Ähnlich wie das Marsische spielt auch das *Merkurische* in unserer westlichen Zivilisation eine führende Rolle. Im Aufbau des Organischen erscheint es als Zweckmäßigkeit und Ökonomie. Francé spricht vom »Prinzip des kleinsten Kraftmaßes«, Maupertuis vom »Sparsamkeits-Prinzip der Natur«. Ob wir ein Netz von Blattadern betrachten oder die Weise, wie die Kieselalgenzelle an den statisch wichtigsten Orten der Zellwände Kieselsäure ausscheidet zur Erreichung höchstmöglicher Druckfestigkeit, oder die Differenzierung in Organe bedenken, durch die der Organismus bei höheren Tieren eine wirksame Arbeitsteilung erzielt – immer wieder fällt auf, mit welch erfinderischen Mitteln Zweckmäßigkeit geschieht im Aufbau und Betrieb der Organismen.

Auch im menschlichen Leben ist das nicht anders, hat es doch in der Leiblichkeit und in den tieferen Hintergrundschichten der Seele teil am organischen Gestaltbau der Natur. Zug um Zug ist darin der Erfindungsreichtum und die Ökonomie des Merkurischen zu finden. Als das großartigste und unerschöpflichste Instrument rationaler Zweckmäßigkeit erweist sich jedoch im Menschen das Gehirn. Seine Möglichkeiten sind nicht annähernd ausgeschöpft. Bereits der Blick zurück in die Geschichte zeigt, was schon mit einfachen Mitteln des Unterscheidens, Unterteilens und des geschickt methodischen Umgangs damit an Einsichten und Erfahrungen verwirklicht wurde. Unser Verstand schafft sich täglich neue Möglichkeiten des zweckmäßigen, rationellen Umgangs mit den Dingen. Worte, Begriffe, Zahlen, Formeln, Abkürzungen, Versuchsanordnungen, Apparate und letztlich ganze Theorie-Systeme sind zu einem wesentlichen Teil Ausformungen des Merkurischen. Jeder gute Begriff enthält, in konzentrierter Form, eine ganze Sachanalyse. In der Abstraktion erweist sich unser Intellekt als erfindungsreicher Sparer.

Als listenreich und schillernd, neunmalklug und überaus schnell schildert uns der griechische Mythus Hermes-Merkur. Sein Erfindungsreichtum verführt ihn zum Diebstahl. Wo er als Botschafter anderer Götter auftritt oder kenntnisreich Erfahrungen vermittelt, ist er ein unentbehrlicher Weggeleiter. Wo er sich jedoch verselbständigt, wird er zum Dieb an der Wirklichkeit.

Der Aufbau des Lebendigen wäre unvollständig beschrieben ohne das Prinzip des *Jupiter*. Es faßt alle schon genannten Momente in übergreifender Gestalt zusammen.

Schon im einfachsten Organismus zeigt es sich als eine Bewegung zum ihm innewohnenden Optimum. Mitten in allen Grenzen und Widerständen des Realen geschieht Entfaltung, Gedeihen, ein Suchen auf verschiedensten Wegen und Umwegen der günstigsten Entwicklung, der real bestmöglichen Wachstumslinie. Als Beispiel für viele sei der Fototropismus der Pflanze genannt, mittels welchem sie ihre Teile einer Lichtquelle gegenüber in optimaler Weise ausrichtet. Zwischen den Extremen eines höchsten und tiefsten Wertes geht es um die Einstellung aller Grünteile auf eine Lage, die dem Ganzen der Pflanze am meisten zuträglich ist.

Auch hier macht das menschliche Leben keine Ausnahme. Nur weitet sich beim Menschen der Raum, öffnet sich Umwelt auf Welt hin. Eine alte astrologische Einsicht besagt: Wie das Sonnenhafte zum Mondhaften sich bezieht, so verhält sich die Bewegung des Jupiter zum Sonnenhaften. Gemeint ist eine zusammenfassende, zentrierende Überstufung, die sich in den Proportionen der Umlaufzeiten spiegelt: Zwölf Mondumläufe runden sich zu einem Sonnenumlauf, zwölf Sonnenjahre ergeben ein Jupiter-Jahr. Und so zeigt es auch die Erfahrung: Mondhaft fließendes Leben will zentriert sein im Übergreifenden eines schöpferischen Willens, im Zusammenfassenden eines ganzheitlichen Drehpunktes. Und der sonnenhafte Wille zu lebendiger Wirkmächtigkeit und Autonomie sucht die Ausrichtung auf den größeren Spannungsbogen von Entfaltung und Ausreifung. Was wäre sonnenhafte Fülle, ohne daß sie aufgehen könnte im Tieferen übergreifenden Wachstums? Wo das geschehen kann, runden sich Gestalten des Lebens, baut eine auf der früheren auf, vertieft sie, überholt sie ins Größere. Oft ist es erst aus späteren Räumen heraus wahrnehmbar, welche Wege und Umwege die Linie des bestmöglichen Wachstums auszog. Wo wir aus der Nähe zum Jupiter-Prinzip unterwegs sind, erleben wir uns, trotz der Widerstände am Realen, zufrieden, erfüllt, reich. Ein solcher Weg läßt sich nicht reduzieren auf das Merkurische. Er ist mehr als Zweckmäßigkeit und Ökonomie. Er übersteigt auch jede »abgestimmte Anordnung«, obwohl der »Seelenfriede« sich auf ihm am ehesten erhält. Ebenso ist Handeln, Aktion, Herausforderung und Kampf nicht schon sinnstiftend aus sich selbst heraus. Und selbst das Erleiden von Grenzen, das tägliche Altwerden (Saturn) kann Wiederholung des Bestehenden sein, leer, ohne daß ein Größeres darin zur Ausreifung gelangt. So sind sie alle in ihr Wesen fruchtbar eingesetzt erst aus dem Übergreifenden des Jupiter-Bezugs.

Jupiter und Saturn sind – in der Ordnung unseres Sonnensystems, soweit es dem technisch unbewaffneten Auge im Außen sichtbar wird – die beiden äußersten Gestaltkräfte. Schon ihre Umlaufzeiten (Jupiter zwölf Jahre, Saturn 29 Jahre) lassen das Übergreifende ihres Wesens im Gestaltbau des Lebendigen erkennen. Sie sind recht eigentlich die großen Zwei, dem Sonnenhaften machtvoll entgegengestellt: Schöpferischer Wille muß sich am Widerstand des Realen (eine Form des Saturnischen!) bewähren. Nur so dringt er vor zu immer tieferer Inkarnation im Konkreten. Gelingt ihm dies wirklich, so hat er sich auch schon fruchtbar verbunden mit den Kräften des Jupiter-Prinzips.

Mit Jupiter und Saturn schließt sich die Ordnung der elementaren Wesenskräfte. Die Prinzipen des Uranischen, Neptunischen und Plutonischen liegen, wie es der Mythus beschreibt, »vor« oder »hinter« dieser Ordnung, sie aus dem Hintergrunde umfassend, ergänzend, ja letztlich durchdringend.

Niemandem, der mit astrologischer Wahrnehmung vertraut ist, kann entgehen, daß wir, mindestens seit dem 18. Jahrhundert, daran sind, die Grenze des Saturnischen in Richtung des transsaturnischen Raumes immer radikaler zu überschreiten. Es scheint, daß sich damit eine Wende und Ausweitung des menschlichen Bewußtseins (seiner gesamten Erfahrungsgestalt) ankündigt, wie sie in ihren tiefgreifenden Folgen noch kaum ermessen werden kann. Eine Astrologie, die sich der Empirie und konkreten Phänomen-Analyse unterstellt, wird diese großen menschheitsgeschichtlichen Zusammenhänge behutsam angehen und zwischen der Anwendung ihrer Elemente auf das Leben des einzelnen Menschen und der Deutung großer geschichtlicher Zeiträume grundsätzlich unterscheiden. Die Gefahr leerlaufenden Tiefsinns und täuschender Spekulation nimmt zu, wenn wir den Boden des konkreten Menschen in seiner grundsätzlichen Individuationsgestalt verlassen. Die Phänomenologie des Neptunischen, wie sie das erste Kapitel am Leitfaden von Rilkes eigener Erfahrung auslegt, und die Ausführungen im Kapitel zur »Versammlung der Wesenskräfte im Unten-Innen« werden Hinweise dafür geben, wie sich die Ausweitung ins Transsaturnische zeigen kann. Es gehört zum Konzept dieses Buches, gerade bei der Annäherung an den transsaturnischen Raum vorerst Rilkes dichterischer Erfahrung zu folgen. Vielleicht läßt sich aus des Dichters Behutsamkeit und Strenge ein hilfreiches Maß gewinnen. Deshalb soll an dieser Stelle über die wenigen Hinweise hinaus keine Beschreibung der transsaturnischen Gestaltkräfte erfolgen.

Ganz aus der Verbindung mit den sieben geschilderten Planeten-Prinzipien können wir den Gestalt-Bau des *zwölfteiligen Tierkreises*[3] in seinen Grundzügen verstehen. Es ist dieselbe Erfahrung von Wesenskräften, nun aber angereichert und weiter ausdifferenziert zu einer Prozeß-Logik von Wachstum und Entwicklung, zu einer Folge von zwölf Schritten, wie sie sich im Kreislauf des Jahres grundsätzlich zeigen. Auch beim Tierkreis müssen wir uns allerdings hüten, seine gestalthafte Wirklichkeit mit äußeren, unserer naturwissenschaftlichen Erfahrung greifbaren Tatsachen gleichzusetzen. Zwar entspricht seine Vierteilung (die vier Eckpunkte, die gleichbedeutend sind mit dem Beginn der vier kardinalen Prinzipien von Widder, Krebs, Waage, Steinbock) den vier natürlichen Ordnungspunkten unseres Sonnenjahres: den Tagundnachtgleichen sowie den Punkten des höchsten und tiefsten Sonnenstandes. Auch fällt er – insofern er einen *Meßkreis* darstellt – mit der scheinbaren Sonnenbahn, der Ekliptik, zusammen, und seine zwölf Abschnitte sind, meßtechnisch gesehen, zwölf Teilstücke (30 Grade enthaltend) der

3 Die Literatur über den Tierkreis ist heute sehr umfangreich geworden. Erwähnt seien hier: Fritz Riemann, Lebenshilfe Astrologie, München 1976; Thomas Ring, Astrologische Menschenkunde, Bd. II, Freiburg i. Br. 1969 (2. Auflage); Ernst von Xylander, Lehrgang der Astrologie, Zürich 1974 (3. Auflage).

Ekliptik, beginnend beim astronomischen Frühlingspunkte. Dennoch ist mit diesen Bezügen, außer der klaren rechnerischen Zugänglichkeit, uns noch wenig gegeben von der Gestaltordnung des Tierkreises, wie ihn die astrologische Wahrnehmung benützt. Diese erschließt sich vielmehr wiederum aus den Planeten-Prinzipien: Außer dem Sonnenhaften und dem Mondhaften, welche sich in Löwe und Krebs zum Ausdruck bringen, lassen sich alle anderen Wesenskräfte in je zwei Tierkreis-Prinzipien aufweisen: Das Marsische im Widder- und Skorpion-Prinzip, das Venusische in Stier und Waage, das Merkurische in Zwillinge und Jungfrau, das Saturnische in Steinbock und Wassermann und das Jupiter-Prinzip in Schütze und Fischen. Wahrscheinlich ist, daß dieser zweifache Ausdruck etwas mit der Bewegung nach vorwärts beziehungsweise mit Rückläufigkeit zu tun hat. Denn gerade Sonne und Mond sind es, die von der Erde aus gesehen nie in Rücklauf geraten können, im Gegensatz zu allen anderen Planeten-Prinzipien.

Es zeigt sich somit ein erster Grundsachverhalt: daß in jedem Tierkreis-Prinzip eine Gestaltbildekraft *ihr Wesen ausdrückt*. Dieser so gefaßte Bezug meint etwas viel Stärkeres als eine einfache »Zuordnung« von Planeten-Prinzip und Tierkreiszeichen. Auch im traditionellen Ausdruck »Herrscher« (das Sonnenhafte ist Herrscher im Löwe-Prinzip ...) hören wir die Tatsache eines eigentlichen Wesensausdrucks oft zu wenig heraus.

Neben diesem wohl wichtigsten Ordnungsbezug finden wir noch zwei weitere Kennzeichnungen in jedem Tierkreiszeichen: die Tönung, die »Einfärbung« durch eines der vier *Elemente* (des Erdhaften, des Feurigen, des Wäßrigen, des Luftigen) und die »Bewegungs-Qualität«, wie sie sich ergibt aus der Dreiteilung in kardinale, fixe und veränderliche Eigenart (kardinale Qualität: anstoßend, anspringend, Impuls setzend; fixe Qualität: festigend, sichernd, beharrend; veränderliche Qualität: austauschend, reagibel, durchführend). Aus diesen drei Dimensionen, Wesens-Ausdruck eines Planeten-Prinzips, Tönung des Elementes und Qualität der Bewegung, kommt jedes Tierkreiszeichen zu seinem eigentlichen Gehalt, zu seinem innersten Gepräge, wie es dann, trotz der ungemein großen Vielfalt der konkreten Entsprechungen, einem abstrahierend-schauenden Blick zugänglich wird. So erweist sich der Tierkreis als ein System, in dessen Aufbau drei verschiedene, aber gänzlich ineinandergreifende Gestalt-Ordnungen unterscheidbar werden. Eine vierte, besonders bedeutungsreiche Ordnung wird sich im weiteren als System der Häuser (oder Felder) entwickeln lassen. Obwohl dieses System auf der täglichen Drehung der Erde um ihre eigene Achse gründet, sind seine Inhalte aus der Raum-Logik (der Deutung des Raumes) entsprungen, wie sie im wesentlichen schon im Tierkreis verborgen liegt.

Aus dem Gesagten erhellt, daß die Eigenart eines Tierkreiszeichens sich konsequent aus der Logik der drei Bezüge erschließt. Das Wesen des Zwillinge-Prinzips zum Beispiel gewinnen wir, indem wir uns die Bewegung des Merkurischen vor Augen halten, wie sie im luftigen Element verläuft und dies in der Eigenart des Veränderlichen. Unmittelbar spürbar wird nun das Hin und Her eines lernoffenen Fragegeistes, der mit wachem Reflex die verschiedenen Seiten einer Situation sich spiegelt, anspringend auf das jeweils Interessante, aber ebensoleicht es auf neue Fragen hin relativierend.

Bereits ganz anders wird es, obwohl noch immer merkurisches Gepräge in veränderlicher Qualität darstellend, im Jungfrau-Prinzip: Hier hören wir im Absichernden und Vor-sichtenden zweckdienlicher Selbstbewahrung den Ton des Erdhaften heraus. Die Zugkraft des Konkreten (Erd-Element!) bindet hier merkurische Methodik anders als in der luftigen Dialektik des Zwillinge-Prinzips: Nun geht es mehr ins Kleinmeisterliche unterscheidender Ordnungen, an denen auch festgehalten werden will. Wo dies mißlingt, kommt schnell ein Gefühl der Überforderung auf. Das kann sich steigern bis zur Panik, gerade weil das Bedürfnis nach abgemessenen Bedingungen empfindlich gestört wird.

Wieder anderes klingt an, wenn wir uns in den Raum des Wassermann-Prinzips versetzen: Da ist die verdichtende Kraft des Saturnischen am Werk, im Luftigen, aber nun in der Bewegungseigenart des Fixen. Nun ist es nicht mehr der jugendliche Ton eines lernoffenen Fragegeistes, sondern der Versuch eines Durchdringens aus übergreifenden Blickpunkten. Die Dimension des Luftigen wird spürbar im Ideenhaften, in den gedanklichen Linien der Zusammenschau, in der Neigung zur Abstraktion. Trotz aller Offenheit des weiten Blickfeldes geht es im Wassermann-Prinzip jedoch um Sicherung im Grundsätzlichen einer Idee, um übergreifend klärende Unterscheidung, die im Verstandenhaben zum Stehen kommen will. Darin zeigt sich die Qualität des Fixen.

Diese drei kurzen Kennzeichnungen von Tierkreis-Prinzipien mögen für einen vorläufigen Einblick in die Grundzüge der Tierkreis-Gestalt-Logik fürs erste genügen. Denn entscheidend ist nun der Blick auf das vielfältig-ganzheitliche Gebilde, in dem alle bisher aufgezeigten Teilmomente sich versammeln: das *Geburtsbild eines einzelnen Menschen.*

Vielleicht ist manchem Leser schon beim Durchgang durch die Beschreibung der sieben Planeten-Prinzipien seine besondere Nähe zum einen oder seine Distanz und Ferne zu einem anderen aufgefallen. Es kann sein, daß sich jemand dem Mondhaften sehr nahe fühlte. Vielleicht erlebt er dieses so bestimmend, daß er darin fast ertrinkt. Oder ein anderer spürte, wie sehr mit dem Saturnischen bereits ein Kernpunkt seines Soseins angeschnitten ist. Solche gefühlshaften Wahrnehmungen führen uns zum eigentlichen zentralen Sachverhalt der Astrologie: In jedem von uns sind die zehn Wesenskräfte am Werk, aber in jedem hat ihr Zusammenspiel, ihre Stellung zueinander, ihre Kon-stellation eine ganz bestimmte, individuelle Gestalt. Das Leben eines jeden Menschen stellt, aus gestalthaft schöpferischer Tiefe heraus, ein grundsätzliches und doch ganz charakteristisches »Gespräch dieser Götter« dar. Der Vergleich mit einem Gespräch ist mehr als nur ein behelfsmäßiges Bild. Er ist erhellend und genau: In einem Gespräch ergibt sich manches Thema gerade aus der Eigenart der einzelnen Gesprächspartner. Vielleicht paßt einer wenig dazu und steht doch im Kreis der anderen. Wird er zum Störenfried? Oder ergibt sich gerade daraus ein thematisch weiter Spannungsbogen, in dem sonst zumeist Getrenntes zusammenkommt? Möglich ist auch das intime Gespräch zwischen einander Wahlverwandten. Wird daraus eine Erfahrung von Welt mit besonders großer Fülle und innerer Kohärenz – aber ausblendend, ausschließend, was sich dieser Eigenart entgegenstellt? Unzählige Möglichkeiten verschiedener Gesprächsstrukturen, lose oder kohärente, offene oder geschlossene, vielgestaltige oder eingestaltige, können wir phantasieren. Ebenso ist es möglich, immer neue Gesprächsverläufe sich vorzustellen, bei gleichbleibenden Partnern. Trotz aller Vielfalt der Phantasie bleibt jedoch die Anordnung, die Zusammenstellung (Konstellation) der Partner die übergreifend bestimmende Logik.

Im Geburtsbild des einzelnen (auch Nativität, Horoskop oder Kosmogramm genannt) stellt sich die grundsätzliche Anordnung der Wesenskräfte in uns dar, und zwar so, wie sie sich vom Moment der Zeugung an (der kaum zufällig der Zeugungsmoment dieses bestimmten Menschenwesens ist) über die Zeit der neun Monate zu einer bestimmten Gestaltordnung herausdifferenzierte, um bei der Geburt zum Ziel und Ende ihrer Ausformung zu kommen. Das Heranwachsen zur Ordnung der Wesenskräfte in uns, wie wir sie gemäß der astrologischen Erfahrung im Geburtsbild vorfinden, *läuft parallel* mit den Bahnbewegungen der Gestirnkörper unseres Sonnensystems, so daß die Anordnung der Wesenskräfte im Geburtsbild jener Stellung der Gestirnkörper entspricht, wie sie zum Zeitpunkt der Geburt und bezogen auf den Ort dieser Geburt auch tatsächlich bestand.

Worauf diese Parallelität beruht und wie der Bezug der Wesenskräfte in uns zu den gleichnamigen Gestirnkörpern unseres Sonnensystems vorgestellt werden muß, dies ist auch heute noch eine Frage, zu der wir erst Ansätze, Entwürfe der Richtung, in der Lösungen liegen könnten, haben. Auch der kosmologische Ansatz von Thomas Ring, der die Einstellung auf kosmische Ordnungsbezüge bei der *Wirkmächtigkeit des Organismus selbst* ansetzt, ist weniger eine Lösung dieser Frage als eine grundsätzliche, allerdings sehr bedeutsame Bereinigung von alten Mißverständnissen im Sinne physikalisierender Einfluß-Theorien. Die Astrologie ist in den letzten Jahrzehnten etwas davon abgekommen, diese letzte Frage ihrer Grundlage um jeden Preis beantworten zu wollen. Sie ist dazu übergegangen, die Phänomene ihrer Erfahrung vor allem sorgfältiger zu sichten, sei dies mit psychologischen Methoden, die mehr auf den Gestaltbau des Individuums ausgerichtet sind, oder mit solchen, die über formalere Kennzeichnungen statistisch vorgehen. Natürlicherweise enthalten Fragestellungen mit statistischen Methoden fast immer auch wieder die Frage: Gibt es überhaupt so etwas wie ein astrologisches Phänomen? Und somit haben sie doch wieder Grundlagencharakter. Dennoch scheinen auch diese Forschungen, trotz der positiven Bestätigung mindestens von Teilbereichen der traditionellen astrologischen Elemente, in der Frage nach der Eigenart des Bezugs von Wesenskraft und Gestirnkörper noch nicht über die bereits vorliegenden Ansätze hinausgelangt zu sein. Zum Teil sind sie, aus ihrer einseitig rationalen Methodik heraus, in Gefahr, bereits gewonnene Einsichten wieder zu verlieren.

Kehren wir zurück zur Grundgestalt des Geburtsbildes: Die Anordnung der im Kreisrund verteilten Wesenskräfte entspricht, ähnlich einer rechnerischen Fotografie, der wirklichen Stellung der Gestirnkörper zum Zeitpunkt der Geburt, bezogen auch auf den Ort der Geburt. Der Tierkreis (mit seinen zwölf 30°-Abschnitten der Ekliptik) dient dabei als Meßkreis. Erst auf diesem Meßkreis wird es möglich, die Anordnung der Wesenskräfte auf ihre besondere Strukturgestalt hin sichtbar zu machen. Nicht jede beliebige Distanz zwischen zwei oder mehreren Wesenskräften läßt sie in einen besonderen Bezug zusammentreten. Entspricht aber die Distanz zwischen ihnen einem Teilstück, wie es aus der einfachen Teilung des Kreisganzen (und der mehrfachen weiteren Unterteilung) entsteht, so ergibt sich daraus ein bedeutsamer *Aspekt*. Denn nun schauen sich zwei Wesenskräfte, zum Beispiel in der spannungsvollen Distanz von 180° einander gegenüberstehend, an (anschauen → aspicere → Aspekt). Sie stehen zueinander in Opposition (entstanden aus der Teilung des Kreisganzen durch zwei). Ähnlich spannungsgeladen, mehr nun im Sinne einer gegenseitigen Sperrung als einer polaren Entgegensetzung, stehen zwei Wesenskräfte in der Distanz von 90° (entstanden aus der Teilung des Kreisganzen durch vier; genannt: Quadrat). Mit Quadratur und Opposition sind bereits die zwei wichtigsten der spannungsgeladenen (disharmonischen, analytischen) Aspekte genannt.

Die Gruppe der synthetischen (harmonischen) Aspekte ergibt sich durch die Dreiteilung (beziehungsweise Sechsteilung, Zwölfteilung) des Kreisganzen: In allen drei dabei entstehenden Aspekten, dem Trigon (120°), dem Sextil (60°) und dem Halbsextil (30°), finden wir ein Zusammenklingen, einen Einklang zweier Wesenskräfte, wobei das Trigon zu den großen Aspekten zählt, das Sextil zu einer mittleren Stärkeklasse und das Halbsextil bereits der Feinstruktur des Aspektgefüges angehört. Zu nennen ist noch die Konjunktion, das unmittelbare Zusammenstehen, die Koppelung zweier Wesenskräfte. Sie zählt, wie Opposition, Quadrat und Trigon, zu den großen, das heißt stark wirkenden Aspekten; ihre Natur ist weder eindeutig synthetisch noch analytisch, sondern muß von Fall zu Fall näher ermittelt werden.[4]

Die meisten Geburtsbild-Zeichnungen geben die synthetischen und analytischen Aspekte in verschiedener Farbe wieder. Wir haben in Rilkes Geburtsbild nach der Zeichnungsart von Thomas Ring Trigon, Sextil und Halbsextil in Rot, Oppositionen und Quadrate in Blau (und das Quincunx in Rot-Blau) dargestellt. Wer wie Ring die synthetischen Aspekte rot wiedergibt, betont, daß in diesen Bezügen die Energie aus dem Ganzen harmonisch durchfließt, so daß die Gestaltkräfte in ihrem Einklang zueinander immer neue, tiefere Lebensgestalten heranwachsen lassen, während in der Opposition und Quadratur eine Wesenskraft ihrer Integration ins Ganze widerstrebt, diese vielleicht in wiederholenden Formen blockiert, gewiß aber nur

4 Neben diesen hauptsächlichsten Aspekten gibt es weitere, zur Feinstruktur eines Geburtsbildes gehörende: Das Quintil (72°) und Biquintil (144°), das Halbquadrat (45°) und Anderthalbquadrat (135°) und das Quincunx (150°). Sie seien an dieser Stelle einfach erwähnt.

Für die Betrachtung von Rilkes Geburtsbild wird allein das Quincunx noch seine Bedeutung haben.

Neben dem System der klassischen Aspekte, die der ganzzahligen Teilung des Kreises folgen, gibt es noch andere, komplexere (und nicht mehr direkt anschauliche) Aspekt-Formen. Dazu gehören die meisten der Halbsummen und auch die sogenannten Harmonics. Auch sie seien hier wenigstens erwähnt. Es gibt keine stichhaltigen Gründe anzunehmen, daß die Regeln der klassischen Astrologie die Möglichkeiten der Deutung der Geburtsbild-Struktur bereits ausgeschöpft haben.

unter einem Mehraufwand von innerer Arbeit in den Aufbau des Ganzen eingebracht werden kann.

Das Gefüge der Aspekte entsteht, wie alles innerhalb lebendiger Funktionen, in *Annäherungswerten*. Selten ist in einem Geburtsbild die Mehrzahl der Aspekte gradgenau. Je genauer jedoch ein Aspekt gegeben ist, um so durchschlagender scheint seine Wirkung im Gesamt der Kräfte-Anordnung zu sein. In unserer Zeichnungsart sind große und relativ genaue Aspekte dick ausgezogen, Aspekte der mittleren Stärke etwas dünner – und wenig genaue Aspekte auch entsprechend schmaler.[5]

Das Geburtsbild enthält nicht nur die grundsätzliche Anordnung der Wesenskräfte zueinander, ihre Gesprächsfiguren, wie sie sich aus dem Gefüge der Aspekte ergeben, sondern im weiteren auch die Stellung der Wesenskräfte in den Tierkreis-Prinzipien[6]. Dadurch läßt sich Grundsätzliches aussagen über die Eigenart, die Ausdrucksbewegung, den Stil, in dem eine Wesenskraft – der Anlage gemäß – zu ihrer Äußerung gelangen will.

Aus dem Mondhaften leben heißt: sich öffnen, empfänglich sein, beeindruckbar, bildbar, bewegt. Aber wie verschieden kann sich das äußern, je nach Tierkreis-Eigenart. Ein Beispiel: das Mondhafte im

5 Wir bezeichnen den Umkreis, innerhalb dessen bei einer Wesenskraft ein Aspekt noch zum Tragen kommt, als seinen *Orb* oder Orbis (orbis → Kreis). Als ungefährer Anhaltspunkt kann für die großen Aspekte gelten: Sonne 12°, Mond 10°, Jupiter, Saturn 9°, Mars, Venus, Merkur 7°, Transsaturnier 4°. Es gilt jeweils das Mittel aus den zwei Orben als relative Grenze.

Je nach Art des Deutungsstiles erweist es sich, daß diese Orben sinnvoll sind – oder aber enger gezogen werden müssen.

6 In unserer Zeichnungsart ist der Tierkreis selbst, seine zwölf Abschnitte in ihrem jeweiligen Beginn und Ende, *nicht* eigens eingetragen. Aus der Stellung der Wesenskräfte kann dies aber (in Gedanken) unschwer ergänzt werden. Wenn zum Beispiel beim Marsischen in Rilkes Geburtsbild die Zahl 28.25 erscheint und daneben das Zeichen des Wassermann-Prinzips, so will das heißen: Mars steht auf 28° und 25 Bogenminuten des Ekliptik-Abschnittes »Wassermann«. Zwei Grade später erfolgt dann der Beginn des Fische-Prinzips. Die Unterteilung des Kreisraumes in zwölf Räume, wie sie in unserer Zeichnung *sichtbar* werden, entspricht also *nicht* dem Tierkreis, sondern stellt das System der Häuser dar. Dazu vgl. unsere Einführung weiter unten.

Krebs-Prinzip. Hier steigert sich die Empfänglichkeit zu besonderer Empfindsamkeit. Ein Öffnen ist nur möglich bei Gefühlen der Nähe, Geborgenheit und Ermunterung. Schwellenängste, Sich-Zurücknehmen, Zögern aus Scham können einen Reichtum innerer Bilder und Phantasien stauen. Im Tieferen aber liegt die Sehnsucht verborgen, in Wärme und reicher Hingebung mit anderen verbunden zu sein. Es ist kein künstlicher Schematismus, wenn die astrologische Deutung einer solchen Mondstellung bereits eine besondere Betonung (Stärke) zuweist, drückt sich doch das Mondhafte im Krebs-Prinzip in seiner ureigenen Wesens-Färbung aus, und dies in kardinaler Qualität und in einem Element-Medium, dem Wäßrigen, welches der Natur des Mondhaften entgegenkommt, ihm einen reichen, bildsamen, »eindrücklichen« Resonanzraum eröffnet.

Recht anders zeigt sich die Äußerung des Mondhaften im Jungfrau-Prinzip: Die Öffnung verlangt hier ihre abgemessenen Bedingungen, vorsichtig und vor-sichtend steht hier die Tendenz zur Selbstbewahrung der verschmelzenden Hingabe entgegen. Verbundensein ist gewiß auch hier ein Bedürfnis, aber es will unter sorgfältig bestimmten, unter be-messenen Umständen gelebt sein. Oft äußert sich das Bedürfnis nach Nähe auf Umwegen der Fürsorge, vielleicht als liebevolle Zweckdienlichkeit. Die Eigenart des Merkurischen ist unüberhörbar und bringt in die Wesensäußerung des Mondhaften eigene Rücksichten und Bedenklichkeiten hinein, neben einem Zug ins Praktische, Dienliche.

Die Eigenart einer solchen Mondstellung kann sich im Gefüge des ganzen Geburtsbildes noch vielfältig weiterbestimmen. Nehmen wir zum Beispiel an, es bestehe, neben der Stellung des Mondhaften im Jungfrau-Prinzip, eine Quadratur zwischen Mond und Merkur. Der Vollzug gefühlshafter Öffnung steht damit spannungsgeladen begrifflichem Zugriff, abstrahierendem Zwecksinn entgegen. Vielleicht vermag die eine Funktion die andere zeitweilig zu blockieren, je nach lebensgeschichtlicher Situation und konkreten Umständen. Gewiß aber ist die Welt des Mondhaften zu jener des Merkurischen immer wieder neu und anders in eine problematische Spannung gesetzt. Das Bemessende absichernder Selbstbewahrung, wie wir sie oben beschrieben haben, wird nun unter dem quadratisch »gespannten Bogen« von Gefühlsstrom und zerlegendem Verstand schärfere, härtere Konturen erfahren; vielleicht konstellieren sich Beirrungen des Gemüts durch Instanzen der Reflexion in einem Maße, das zu tieferer Auseinandersetzung und innerer Arbeit zwingt. Wer eine solche Herausforderung anzunehmen vermag, dem wird sie in vielfacher Weise fruchtbar werden.

Eine letzte, besonders eindrucksvolle Gestaltordnung finden wir im einzelnen Geburtsbild, wenn wir auf die darin beschlossene *Raum-Logik* achten: das *System der Häuser* (Felder). Dieses gründet auf der täglichen Drehung der Erde um ihre Achse. Als Momentaufnahme des Himmels, wie er sich rundet zu einem bestimmten Zeitpunkt, und bezogen auf einen Ort, enthält das Geburtsbild auch räumliche Bezüge. Ziehen wir vom Geburtsort aus eine Senkrechte zum Erdmittelpunkt und legen dazu im rechten Winkel eine Kreisebene, so scheidet diese den Himmelsumraum (bezogen auf diesen Ort) in eine untere und obere Hälfte. Ständen wir im Erdmittelpunkt und schauten auf dieser Kreisebene nach Osten und könnten dazu noch die durch die Erddrehung Minute für Minute langsam über diese Kreisebene aufsteigende Ekliptik (scheinbare Sonnenbahn) sehen, dann hätten wir den dort aufsteigenden Ekliptik-Grad unmittelbar vor Augen: Wir sähen den Aszendenten (ascendere → aufsteigen). In unserem Rücken, am westlichen Ende der Horizontachse, sinkt entsprechenderweise Grad für Grad der Ekliptik nach unten unter unsere Horizontebene: es ist der Deszendent. Könnten wir die Linie der Ekliptik verfolgen, wie sie hinaufzieht in der oberen Himmelshälfte über unserem Ort und dort im Oben den Meridian[7] unseres Ortes schneidet, dann hätten wir in diesem Schnittpunkt die »Himmelsmitte« (Medium Coeli, M.C.) vor uns und 180° gegenüber, in der unteren, uns unsichtbaren Hälfte, die »Himmelstiefe« (Imum

7 Der Meridian eines Ortes ist jener Großkreis, der durch diesen Ort hinaufzieht bis zum Nordpol, von dort wieder hinunterläuft zum Südpol, um, über den Äquator hinaufsteigend, wieder bei unserem (auf der nördlichen Halbkugel gelegenen) Ort anzukommen. Auf diesem Ortsmeridian liegen alle Orte desselben Längengrades.

Coeli, I.C.). Mit Aszendent und Deszendent, Himmelsmitte und Himmelstiefe sind uns die vier Eckpunkte und damit die beiden großen Achsen (der Horizontalen und Vertikalen) gegeben, wie sie, als Grundgerüst, fest verbunden mit dem Ort der Geburt (und ihrem Zeitpunkt), den gesamten Himmelsraum unterteilen in eine obere und untere, in eine linke und rechte Hälfte. Dies sind auch die Grundgegebenheiten jedes Häuser-Systems.

Wie erscheinen nun aber diese Hauptachsen im Raume der Deutung? Was geschieht auf der Horizontalen, die vom Aszendenten (auch Ich-Pol genannt) zum Deszendenten (Du-Pol) zieht? Am Aszendenten, dem Ich-Pol und Beginn der Eigenperson, greift Energie in den Raum aus und trifft, im Grunde mit jedem Atemzug, auf begegnende Welt, auf Reaktion und Ergänzung aus Um- und Mitwelt. Wo wir Leben grundsätzlich aus der polaren Spannung von Ich und Du verstehen, als Begegnung, als Dialog, als Bezug, ist diese horizontale Achse in ihrer Raum-Logik konstelliert. Als die eine Achse des Kreuzes entspricht sie einer Urdimension allen Lebens.

Eine ganz andere Thematik klingt an, wenn wir uns auf die Vertikale ausrichten. Wir tragen sie zutiefst in uns und vollziehen uns aus ihr auf allen Stufen unseres Seins. Immer schon ist unser Leben umgriffen von mütterlichen Ursprüngen, entspringt ihnen täglich neu, nährt sich aus ihren Kräften und *richtet sich auf*, hinein in Sachlichkeit und Leistung, in einen Raum, wo die Dinge hart sich stoßen und uns entgegenstehen als übergreifend Wirkliches mit seinem eigenen Gesetz. Getragensein vom »Unten-Innen« organischer Lebenshintergründe, aber zugleich Hinausragen über alle Grenzen natürlicher Umwelt auf Welt hin, dies ist die zweite Urdimension des Lebendigen, wie sie sich für uns in der vertikalen Achse des Häuser-Systems zum Ausdruck bringt.

Wir könnten die Aufgabe der einen Achse nicht leisten, ohne daß wir auch der anderen recht geben. Die Bewegung des Sich-Aufrichtens und das Aufgerichtetsein erfüllen sich in ständig neuer Begegnung mit Welt. Ohne *Bezug* (Bezogenheit) wäre die Spannung von unten nach oben nichts als verkrampfte Selbstbehauptung. Ebenso lebt jede wirkliche Beziehung auch aus der Selbständigkeit und der durch sie ermöglichten Sachlichkeit. So spielt die Thematik der Vertikalen ebenso grundsätzlich in den Vollzug der Horizontalen hinein.

Diese Hauptachsen unterteilen den Kreisraum in vier Quadranten. Die Zählung beginnt beim Ich-Pol (Aszendent) und läuft im Gegenuhrzeigersinn; sie folgt im Grunde der Tierkreis-Ordnung, die wir uns beim Häuser-System immer im Hintergrunde anwesend denken sollen. Den ersten Quadranten (links unten) nennen wir Eigenperson[8]. Gemeint ist der Einzelne in seinem Für-sich-Sein, seiner unbedingten Subjektivität, von der er notwendigerweise immer wieder ausgeht, zu der er zurückkehrt, deren elementare Bedürfnisse er nicht ohne Schaden an andere Räume des Lebens abtreten kann.

Den zweiten Quadranten (rechts unten) fassen wir als Tiefenperson. In ihm erweisen wir uns als Kinder der Mutter Natur, leben, was aus unbewußten Hintergründen aufsteigt und zur Gestaltung drängt. Aufgaben des Gattungswesens (Geschlechtlichkeit und Fortpflanzung) fordern ihr Recht.

Am Du-Pol, mit dem Beginn des dritten Quadranten, verlassen wir den Raum des »Unten-Innen«, in welchem das subjektive Für-sich-Sein und seine Ausweitung in die organisch-gattungsmäßigen Tiefenräume sich vollzieht, und geraten in die Zusammenhänge »übergreifender Außenwendigkeit«. Der Mensch ist seit je auch Gemeinschaftswesen (Gemeinschaftsperson), ens sociale; er lebt aus den Möglichkciten und Grenzen der Gemeinschaft und Gesellschaft, wie sie ihn in konkreter Geschichtlichkeit umgibt. In der natürlichen Dialektik von Eigenperson und Gemeinschaftsperson tritt uns die

8 Mit »Eigenperson« und »Tiefenperson« benutzen wir Umschreibungen, wie sie Thomas Ring im 3. Band der »Astrologischen Menschenkunde« (bei seiner Schilderung der Stellung des Sonnenhaften in den Quadranten) vorgeschlagen hat. Grundsätzlich wären auch andere Grundworte denkbar; denn es kann durchaus in verschiedener Terminologie von den vielschichtigen Gegensatz-Spannungen des ganzen Raumkreises gesprochen werden. Keine dieser Sprachen vermag, aus ihrer natürlichen Perspektivität heraus, *alle* möglichen Bedeutungsgehalte in sich zu fassen. Der Sache nach stimmen wir mit Rings Deutung des dritten und vierten Quadranten überein, auch wenn wir dort nicht von »Fremdperson« und »Repräsentativperson« sprechen.

Thematik der Horizontalen, ausgeweitet in die Vielschichtigkeit der Quadranten, entgegen.

Mit der oberen Himmelsmitte beginnt der vierte Quadrant. Schon die Aufrichte-Thematik der Vertikalen hat gezeigt, daß hier Ausweitung auf Welt hin gefordert ist. Nun ist einzulösen, inwieweit der Einzelne zum Glied der Wirklichkeit überhaupt werden kann. Es ist der am weitesten offene Raum, worin das Ringen des Menschen um Objektivität im umfassenden Sinne, gegen alle geschichtliche und kultürliche Relativität, zum Ausdruck kommt. Deutlich wird, wie in der Spannung vom vierten zum zweiten Quadranten die vertikale Schichtung von der Offenheit des Geistes bis zu den elementarsten Impulsen der Natur in uns sich ausdrückt.

Muß noch gesagt werden, was für ein eindrucksvolles Instrument diese ganzheitliche Raum-Logik innerhalb der Deutung eines Geburtsbildes sein kann? Der einzelne ist, aus der Tiefe seines Wesens, durch die Verteilung der Planeten-Prinzipien auf ganz bestimmte Räume (des Lebens, der Wirklichkeit) hin entworfen. Selten ist die Verteilung der Kräfte im individuellen Geburtsbild annähernd gleichmäßig. Meist finden wir einen Schwerpunkt, sei es, daß die Dynamik des Aspekt-Gefüges auf eine bestimmte »Gegend« innerhalb der Räume zielt, oder daß sich die Gestaltkräfte in einem Raumbereich versammeln, einwurzeln und Erfahrungen dieses Bereiches ganz besonders eindringlich ausfallen. Uneinholbar vielgestaltig werden hier auch die Deutungsmöglichkeiten. Sie reichen von einer tiefenpsychologisch bestimmten therapeutischen Blickweise, worin sich lebensgeschichtliche Entwicklungszüge, Schwerpunkte von Leiden und Individuation herauskristallisieren, bis zu philosophisch orientierten Analysen von Werk- und Welt-Erfahrung bei herausragend schöpferischen Menschen, seien sie Wissenschaftler, Künstler oder religiös Erfahrende.

Kehren wir noch einmal zurück zur beschriebenen Raum-Logik der Quadranten und Hauptachsen. Es ist unschwer zu erkennen, daß darin, neben der grundsätzlichen Bedeutung, auch ein allgemeines Modell *lebensgeschichtlicher Entwicklung* enthalten ist. Kindsein spielt sich ab in der natürlichen »Selbstherrlichkeit« des ersten Quadranten, der Eigenperson. Der Aufbau von Eigenperson ist das Wichtigste, was in den Anfängen unseres Lebens sich bilden muß. Wo das Gefühl, für sich selbst Eigenperson zu sein und sein zu dürfen, unser Kindsein (und ebenso aktuell auch später!) nicht begleitet, vermögen wir nur sehr unvollständig in das Leben hineinzuwachsen. Mit der Pubertät beginnt, anders als vorher, der Aufbruch in die Tiefenperson. Noch lange, sicher bis zur Lebensmitte, sind wir unterwegs mit den Aufgaben des zweiten Quadranten. Geschlechtlichkeit, darin eingebunden Partnerschaft, Vater- und Muttersein gehören dazu; ebenso das Werden unserer beruflichen Identität, insofern dieser Prozeß aus der Tiefe unserer eigenen instinktiven Natur, mit der Kraft ihres Müssens geschehen soll. Gemeinschaftswesen sind wir gewiß schon seit den Tagen der Kindheit, aber mit dem Voranschreiten in die Lebensmitte wird uns wachsend einsichtig, aus welcher Verantwortung, aus welcher Leidens- und Opferbereitschaft Gemeinschaft unter Menschen erst möglich wird. Nun erst, wo wir selbst mehr und mehr eintreten in verantwortliche, vielleicht bestimmende, jedenfalls mitwirkende Funktionen, wird uns die Brüchigkeit und nur knapp an der Oberfläche zugedeckte Abgründigkeit des menschlichen Wesens und seiner Gemeinschaftsformen (Gesellschaftsformen) bewußt. Ohne die Preisgabe mancher allzu unmittelbarer Ansprüche der Eigen- und Tiefenperson kann uns auch die Ausweitung ins Überpersönliche des vierten Quadranten nicht gelingen. Wo sie einer aber erreicht, da wird etwas spürbar von der Vorbildlichkeit echter Autorität.

Die Raumdeutung, wie sie in den Quadranten und Hauptachsen erscheint, liegt eigentlich bereits in der Tierkreis-Ordnung beschlossen. Das Ausgreifen der Energie in den Raum hinein, wie wir es am Aszendenten verstehen, entspricht im Tierkreis dem Widder-Prinzip; polar gegenüber liegt das Waage-Prinzip, dem im Häuser-System die ergänzende Um- und Mitwelt des Deszendenten entspricht. Der vertikalen Achse analog stehen im Tierkreis die Prinzipien von Krebs und Steinbock. Im einen erkennen wir die organische Innerlichkeit der Himmelstiefe, im anderen die Herausforderung auf Leistung und Sachlichkeit der oberen Himmelsmitte. Die Zusammenschau von

Tierkreis und Raum-Deutung des Häuser-Systems nennen wir die *Grundordnung*. Diese Grundordnung war wirksam und leitend, wo die Astrologie sich um die weitere Unterteilung der Quadranten bemühte und insgesamt *zwölf Häuser* unterschied. Die Logik dieser Häuser folgt so sehr der inneren Ordnung der Tierkreis-Prinzipien, daß man die einzelnen Häuser eine Verräumlichung (und Verdinglichung) der entsprechenden Tierkreis-Gehalte nennen könnte. Die Folgerichtigkeit eines solchen Prozesses leuchtet auch sofort ein, wenn man einmal erkannt hat, daß das Häuser-System die im Tierkreis angeordneten Wesenskräfte auf das *Reale* von irdischem Ort und Zeitpunkt der Geburt bezieht. Wenn wir also aus der Haus-Stellung einer Wesenskraft ihre Eingestaltung in eine konkrete Interessensphäre deuten, legen wir aus, was sich von ihrer irdischen Konkretion gerade noch grundsätzlich fassen läßt.

Auf eine Schilderung der einzelnen Häuser-Inhalte verzichten wir an dieser Stelle. Soweit sie für Rilkes Geburtsbild von Bedeutung sind, werden sie an der entsprechenden Stelle ausgeführt.

Mit der Skizzierung der Raum-Logik des Häuser-Systems haben wir – in Grundzügen wenigstens – alle einzelnen verschiedenen Gestaltordnungen beschrieben, wie sie sich im Geburtsbild eines Menschen zusammenfinden. Die Anordnung der Wesenskräfte im Gefüge der Aspekte, ihre Stellungen in den Tierkreis-Prinzipien und ihr Eingebundensein in die Räume der Häuser-Ordnung fügen sich zum vielschichtig Ganzen des Geburtsbildes zusammen, geben ihm, in gewissem Sinne ganz anschaulich, sein Gesicht. Daraus lassen sich, Intuition und Erfahrung vorausgesetzt, Grundzüge der Persönlichkeit eines Menschen, im Grundsätzlichen angelegte Themen, Probleme, Erfahrungen seines Lebens ersehen. Es ist uns damit etwas gänzlich Einzigartiges gegeben: der Blick auf *ein Gefüge, auf eine Ordnungsgestalt von Anlagen, wie sie allem Tatsächlichen dieses Lebens voraus- und zugrunde liegen.*

Im Geburtsbild tritt uns die Individualität, das Wesen eines Menschen als eine vielgestaltige Chiffre entgegen. Wo es uns gelingt, in seine Bezüge hineinzuhören, folgen wir den Spuren des Wesens dieses Menschen, wie es aus großer, ganzheitlicher Tiefe heraus sich ausgestalten will. Vielleicht ist dieser Sachverhalt nur paradox zu formulieren: Im Geburtsbild drückt sich – in der Strenge und Offenheit symbolischer Struktur – ein Grundriß des Wesens, der Individualität eines Menschen aus. *Im Geburtsbild drückt sich Individualität wesenhaft aus – ohne sie zu sein.*

Die Individualität des Menschen ist sowohl ihm selbst wie auch den anderen nie wirklich in ihrer Ganzheit gegeben; sie erwächst aus einer Tiefe, die sich jeder Phänomenalität entzieht. Als ein schlechthin Unverfügbares ist sie dennoch da: denn dieser einzelne *ist.* Wie nah die Konstellation der Geburt ihr letztlich kommt, vermögen wir nicht zu sagen. Es ist eigenartig und bedenkenswert, daß eine Ordnungs-Struktur, aus der wir im Grunde keine einzige wirkliche Tatsache ersehen können, der unverfügbaren menschlichen Individualität so nahe zu sein scheint, daß wir den Eindruck haben, in der unwiederholbaren Anordnung von elementaren, archetypischen Lebensfaktoren tatsächlich ein Abbild unseres individuellen Wesens zu sehen. Dieser Anschein entsteht wohl immer wieder, weil wir getroffen sind durch den Reichtum und das Grundsätzliche der Einsichten, wie sie sich uns erschließen, sobald wir konkrete tatsächliche Erfahrungen im Lichte der Konstellations-Gestalten überraschend klar und neu verstehen lernen. In solcher Betroffenheit kann uns das Geburtsbild zu einer Chiffre unseres individuellen Wesens werden.

Wenn das Geburtsbild eine Ordnungsgestalt von Anlagen ist, wie sie allem Tatsächlichen voraus- und zugrunde liegt, dann können wir aus diesem Gefüge selbst nicht schon Tatsächliches ableiten. Daraus ergeben sich wichtige grundsätzliche *Grenzen der astrologischen Aussage.* Über die tatsächliche Umwelt, wie sie im Leben eines Menschen von Beginn an eine nicht zu unterschätzende Rolle spielt, läßt sich nichts aussagen. Die Betonung liegt hier auf dem Wort »tatsächlich«. Denn über angelegte Bezüge zu möglichen Umwelten und archetypisch umreißbaren Bezugspersonen läßt sich erstaunlich vieles und grundsätzlich Genaues aussagen. Ebenso kann aus dem Geburtsbild alleine über faktisch bereits vorhandene Begabungen, soweit sie mit genetischen Tatsachen zusammenhängen, nichts erschlossen werden. Als Beispiel: Auch wenn im Geburtsbild viele Gestaltfaktoren auf eine Affinität zum Musischen, vielleicht in Form der Sprache oder etwa der Musik, hindeuten, ist daraus die Begabung, wie sie tatsächlich schon vorliegt, nicht ableitbar. Das heißt weiter: Über das Niveau eines Menschen, sei es verstanden als Ausdifferenzierung von Können oder aber als Reife und Sittlichkeit, ist nichts auszumachen.

Das alles verdichtet sich in der entscheidenden Aussage-Grenze gegenüber dem innersten, unantastbaren Kern des Menschen, worin seine Freiheit wurzelt: Wie ein Mensch sich zu sich selbst (alle seine Anlagen eingerechnet) verhält, muß offenbleiben. Es kann sein, daß er sich über Jahre hinweg in immer gleichen Entsprechungen bestimmter Konstellationen bewegt, und plötzlich, eines Tages, ist es soweit: Er verhält sich nur eine Spur anders und konstelliert damit eine neue, bisher so nicht erfahrene Variation derselben Anlage.

Eine letzte, meist kaum beachtete Aussage-Grenze könnte man die »hermeneutische« nennen. Sie verweist uns auf etwas im Grunde Selbstverständliches, dessen wir uns jedoch selten bewußt sind: daß nicht nur der konkrete Mensch in seiner Tatsächlichkeit und Freiheit, sondern auch *die Struktur selbst* seines Geburtsbildes mit keiner Deutung ausgeschöpft und völlig eingeholt werden kann. Je nachdem, aus welchen Erfahrungen heraus (und den dazugehörigen Fragen) wir an die Struktur eines Geburtsbildes herantreten, werden wir anders gelagerte Antworten (konkrete Bestimmungen) erlangen. Diese Zirkelstruktur gilt zwar strenggenommen für jede Weise menschlicher Erfahrung; aber innerhalb der astrologischen Wahrnehmung spitzt diese Problematik sich zu. Denn die Konstellation eines Geburtsbildes durchragt alle Seinsebenen, an welchen menschliches Existieren teilhat, und birgt dadurch eine Spannweite in sich, die auch durch die gründlichsten und verschiedenartigsten Deutungsansätze nicht ausgeschöpft werden kann.[9]

9 Die Konstellation eines Geburtsbildes durchragt alle Seinsebenen, an welchen menschliches Existieren teilhat, und birgt dadurch eine Spannweite in sich, die auch durch die gründlichsten und verschiedenartigsten Deutungs-Ansätze nicht ausgeschöpft werden kann.

Der Leser verzeihe, wenn er diesen Satz wörtlich identisch zum zweiten Male liest. Er formuliert die für dieses Buch zentrale Einsicht in das Unverfügbare einer radikalen Offenheit.

Wir sind heute bereits gewohnt, astrologische Erfahrung nicht mehr »dinglich äußerlich« im Sinne »beeinflussender Gestirnkörper« zu verstehen, sondern im weitesten Sinne tiefenpsychologisch. Dies erweist sich als fruchtbar und ist legitim. Auch das Herausarbeiten der Wesenskräfte als Bauglieder des Organismus vertieft unsere Erfahrung weiter – und ist aus der Sicht der archetypischen Psychologie C. G. Jungs im Grunde etwas Selbstverständliches. Dennoch sollten wir uns bewußthalten, wie *wenig* wir berechtigt sind, die Wesenskräfte der astrologischen Erfahrung mit einer dieser Ebenen des »Aufbaus der realen Welt« als identisch anzusehen. Wer dies tut, verkürzt, reduziert.

Gewiß ist in unserer Deutung von Rilkes Geburtsbild die tiefenpsychologische Erfahrung sehr oft ein ordnender Leitfaden. Aber damit ist keine Reduktion gemeint oder eine tiefenpsychologisch-astrologische Abhandlung des »Falles Rilke«, sondern es hat damit zu tun, daß sich heute manchen Menschen Wirklichkeit im »Inseits« des Seelischen in verdichteter Weise versammelt. Wenn wir die Planeten-Prinzipien als Wesenskräfte ansprechen oder wenn wir, wie es oft geschieht, vom Sonnenhaften, vom Neptunischen, vom Saturnischen sprechen, scheint etwas vom unverfügbar Weiten des Wirklichen mit dazusein, und sei es »nur« in der sprachlichen Sorge darum. Diesem Weiträumigen uns offenzuhalten, das ist eines der Anliegen, welches unseren Zugang zu Rilke und ebenso den Umgang mit astrologischen Bezügen bestimmt.

»Ich lebe mein Leben in
wachsenden Ringen ...«
SW I 253

BIOGRAPHISCHE SKIZZE

Rainer Maria Rilke wurde in der Nacht vom 3. auf den 4. Dezember 1875 gegen Mitternacht in Prag als Siebenmonatskind geboren.[1] Er blieb das einzige Kind. Eine Schwester war vor ihm im frühsten Alter gestorben. Sein Vater Josef Rilke (geboren am 25. 9. 1838 in Schwabitz, Böhmen, gestorben am 14. 3. 1906 in Prag) war Inspektor einer Eisenbahngesellschaft, nachdem seine Offizierslaufbahn nach zehn Jahren Dienst gescheitert war. Die Mutter Phia Rilke, geb. Entz (geboren 4. 5. 1851, gestorben 21. 9. 1931), Tochter aus wohlhabender Familie, soll eine ehrgeizige Frau gewesen sein. Enttäuscht über die engen Bedingungen ihrer Ehe, wandte sie sich schon früh von ihrem Mann ab. 1884, nach der Trennung, blieb Rilke bei seiner Mutter. Während der ersten fünf Jahre wurde er als Mädchen gekleidet und erzogen. 1882 bis 1884 besuchte er als Freischüler die von Piaristen geleitete deutsche Volksschule in Prag. Von der Mutter verzärtelt, war er oft krank und mußte der Schule fernbleiben.

1 Eine öffentliche Beurkundung (Geburtenregister) von Rilkes Geburtszeit besitzen wir nicht. Wer nach privaten Dokumenten zur genaueren Geburtszeit sucht, stößt auf einen Brief der Mutter Phia Rilke vom 17. Dezember 1922, worin sie ihrem Sohn von ihrer Erinnerung an seine Geburt erzählt: »...eingeleitet am 3. Dez., der Schnee lag riesig hoch, doch wir wagten uns um fünf Uhr aus, besuchten Großmama (die gute, hilfsbereite), denn am vierten war ihr Namensfest, und dann ging der gute Papa auf meinen Vorschlag freudig ein, wir besorgten bei Rummel ein kl. goldenes

Im September 1886 trat Rilke als Stipendiat der Militärunterrealschule in St. Pölten ein, als erste Stufe für eine spätere Offizierslaufbahn. Sein Leben lang wird er sich dieser folgenden fünf Jahre nur mit Grauen und Empörung erinnern. In den Jahren 1888/89 zeigen seine Notizhefte der Schule »einen plötzlichen Ausbruch dichterischen Talents«. 1890 wechselte er an die Militäroberrealschule Mäh-

Kreuz für unser Kind, das wir doch erst im Feber erwartet, aber es war uns Freude, das Kleinod als erste Gabe daheim zu haben. Gegen acht Uhr wurde mir plötzlich so unwohl, daß wir die unentbehrliche Madame um ihren Abendbesuch baten, – sie kam – und ließ sich häuslich nieder, – prophezeite sofort, ein Siebenmonatskind hat es eilig in die Welt zu kommen... um Mitternacht, – die gleiche Stunde, wo unser Heiland geboren wurde, – und da es zum Samstag ging, – wurdest Du sofort ein Marienkind! – der gnadenreichen Madonna geweiht. – ...« (Zitiert aus: Carl Sieber, René Rilke, Insel, 1932, S. 63.)

Dieser reichlich gefühlsvollen Schilderung einer Erinnerung (47 Jahre danach) steht ein anderes Dokument gegenüber: ein Brief, den Rilke in der Nacht vor seinem neunzehnten Geburtstag, in den späten Abendstunden des 3. Dez. 1894, an seine damalige Freundin Valerie von David-Rhonfeld schreibt. Dieser Brief beginnt mit dem Satz: »In dieser Nacht gegen einhalb zwölf sind es gerade neunzehn Jahre, daß ich bin. Du kennst die lichtarme Geschichte meiner Kindheit...« Rilke schildert der Freundin in langen Ausführungen seine Vergangenheit, kommt dann in die Gegenwart und entwirft auch ein kühnes Bild der gemeinsamen Zukunft. Der Brief endet: »Elf Uhr nachts hat's schon draußen geschlagen, und ehe ich noch diesen Brief vollende und überlese, werden gewiß neunzehn Jahre voll werden.« (Zitiert aus: Ingeborg Schnack, Rilke, Chronik seines Lebens und Werkes, Insel 1975, S. 28).

Die entscheidenden Grundzüge der Deutung von Rilkes Geburtsbild, wie sie in diesem Buch durchgeführt wird, stehen nicht – oder fallen dahin – mit einer minutengenauen Geburtszeit. Vgl. dazu die Ausführungen im Kapitel »Die Situation des frühen Rilke«. Dennoch scheint der Brief des 19jährigen Rilke die wirkliche Geburtszeit ungleich genauer wiederzugeben als die Erinnerung der Mutter. So jedenfalls stellt sich die Sachlage – aus dem Blickwinkel der Altersprogression (im Sinne Bruno Hubers) – dar. Legen wir bei dieser Methode der inneren Zeitigung eine Geburtszeit genau um Mitternacht oder etwas später zugrunde, ergibt sich kein einheitliches und befriedigendes Bild. Dies ändert sich entscheidend, wenn wir von einer Geburtszeit von 23.30 (am 3. 12. 1875) ausgehen. Wer mit der Altersprogression arbeitet, für den kann kein Zweifel bestehen, daß 23.30 der wirklichen Geburtszeit ganz nahe kommt. Die Belege dafür und die damit zusammenhängenden Einsichten sind jedenfalls beeindruckend. Der mit der Astrologie nicht ganz unvertraute Leser wird sich bis zum Ende des Buches darüber selbst ein Urteil bilden können.

risch-Weißkirchen über. Im Sommer 1891 erfolgt die Entlassung aus der Militärschul-Ausbildung, aus gesundheitlichen Gründen. Noch im Herbst begann er einen Kurs auf der Handelsakademie in Linz, den er ein Jahr später jedoch abbrach, um in Prag mit der zielstrebigen Vorbereitung auf das Abitur (in Privatunterricht) zu beginnen. In diesen Sommer 1892 fiel auch der Entschluß, Dichter zu werden mit allen ihm verfügbaren Mitteln. Bereits 1894 erschien eine erste Sammlung von Gedichten: »Leben und Lieder«, mit einer Widmung an Valerie David-Rhonfeld, seine Freundin dieser Zeit. 1895: Abitur (mit Auszeichnung bestanden) und Beginn des Studiums (Kunstgeschichte, Literaturgeschichte, Philosophie, später Rechte) an der Universität Prag. Noch im selben Jahr erschien ein zweiter Gedichtband: »Larenopfer«. Die Jahre 1895, 1896 und 1897 (bis Sommer) waren ganz besonders Jahre vielfältigster literarischer Tätigkeit: Arbeit an den »Wegwarten« (eine Art lyrische Zeitschrift, die, ein- bis zweimal im Jahr erscheinend, gratis unter das Volk gebracht werden sollte), zahlreiche Veröffentlichungen, Aufführung einer dramatischen Szene (»Jetzt und in der Stunde unseres Absterbens«), das Knüpfen vieler Beziehungen gehörte, neben den Studien an der Universität, in diese Zeit. Seine Heimatstadt Prag war diesem Expansionsdrang bald nicht mehr gewachsen. Im Herbst 1896 zog Rilke aus, nach München, setzte dort, neben dem Studium, seine umfangreiche Betriebsamkeit fort, um im Mai 1897 Lou Andreas-Salomé zu begegnen. (Lou Andreas-Salomé, geb. 12. 2. 1861 St. Petersburg, gest. 5. 2. 1937 Göttingen). In der leidenschaftlichen Beziehung zu ihr zeichnete sich zugleich eine Wendung seines Lebens ab: Einsamkeit und Arbeit wurden von nun an Themen eines künstlerischen Weges, in welchem er sich wachsend auf sich selber zu stellen begann. Nach einem Winter der Arbeit in Berlin, in der Nähe von Lou, folgte eine Reise nach Italien. Das dort entstandene »Florenzer Tagebuch« zeigt einen Rilke voller kunstphilosophischer Ideen, der in sich eine gewaltige Schöpferkraft spürt, einen »werdenden Gott«, dem er die Zukunft seines Lebens weiht. Wieder zurück in Berlin, entstand, neben dem »Schmargendorfer Tagebuch« und vielen Gedichten, die Novelle »Ewald Tragy«, worin er mit beißender Ironie die Geschichte eines Sohnes erzählt, der aus seiner Heimatstadt ausbricht, um Dichter zu werden. Rilkes Leben ging, in der Liebesbeziehung mit Lou, spürbar einem ersten schöpferischen Höhepunkt zu: der Begegnung mit der Weite von Rußland. Zwei Reisen mit Lou, eine im Frühling 1899 und eine zweite im Sommer 1900, wurden ihm zu einem lebenslang bestimmenden Erlebnis. Vieles entsprang der Fülle dieser Zeit: eine erste Fassung der »Weise von Liebe und Tod des Cornets Christoph Rilke«, die Geschichten »Vom lieben Gott und Anderes«, der erste Teil des »Stunden-Buchs« und wiederum unzählige Gedichte, welche später zum Teil in die Sammlung »das Buch der Bilder« eingehen sollten.

Schon während der zweiten Rußland-Reise hatte sich die Beziehung zu Lou verändert. Der vierzehn Jahre älteren Frau war klargeworden, wie sehr Rilke der Kampf um seine eigene innere Unabhängigkeit erst noch bevorstand. Sie drängte auf Trennung und Distanz, zumindest vorläufig. So kam es, daß Rilke im Sommer 1900 sich der Künstlergemeinschaft anschloß, die sich in Worpswede um Heinrich Vogeler, Otto Modersohn, Paula Becker und andere gebildet hatte. Dort begegnete er Clara Westhoff, der jungen Bildhauerin und Freundin der Malerin Paula Modersohn-Becker. (Clara Westhoff, geb. 21. 11. 1878 Bremen, gest. 9. 3. 1954 Bremen). Im April 1901 heirateten Rilke und Clara, in einem überstürzten Versuch, ihr Leben auf den Boden einer Beziehung, eines eigenen Hausstandes, einer Familie zu stellen. Am 12. Dezember 1901 wurden sie Eltern der einzigen Tochter Ruth. Den zweiten Teil des »Stunden-Buchs« schrieb Rilke noch im selben Herbst und im Frühling 1902 die Monographie »Worpswede«. Schon nach kurzer Zeit sprengten Geldnöte einerseits und der künstlerische Entwicklungsdrang Rilkes andererseits die kleine Familiengemeinschaft in Westerwede. Der Auftrag, über Rodin eine Monographie zu schreiben, zog ihn nach Paris. Vom August 1902 an arbeitete er erstmals in Paris. Damit begann eine Zeit voller Nöte und innerer Krisen, in welchen langsam die Kräfte heranwuchsen zur Überwindung seiner frühreifen Gefühlsseligkeit und jugendlichen Bodenlosigkeit. Rodin wurde ihm Vorbild in der Disziplin zur Arbeit und in der Genauigkeit der

Beobachtung und künstlerischen Gestaltung. Paris selbst war eine Herausforderung, die fast über seine Kräfte ging und die schlimmsten Ängste der Militärschulzeit heraufzurufen vermochte. Und daneben, in allem, die Sorgen der materiellen Existenz. Der dritte Teil des »Stunden-Buchs« schildert, noch in der alten, gefühlshaft fließenden Sprache, die überwältigenden Eindrücke von Paris. Schon im November 1902 aber war Rilke das berühmte erste der »Neuen Gedichte«, »Der Panther«, gelungen, wegweisend für sein Ziel einer größeren Genauigkeit und Sachlichkeit. Im Februar 1904 begann er mit den »Aufzeichnungen des Malte Laurids Brigge«, seinem einzigen großen Prosatext, worin er die Ängste und Nöte, die Erinnerungen und Sehnsüchte, die vielschichtigen Eindrücke und Erfahrungen eines jungen dänischen Dichters in Paris beschreibt. Mit diesem Roman wird er vorstoßen in neue, abgründige Erfahrungsräume des Menschen im 20. Jahrhundert.

Erst 1910 vermochte er diese Aufzeichnungen abzuschließen. Daneben aber war, vor allem in den Sommern 1906, 1907 und 1908, viel fruchtbare Arbeit gelungen: eine ganze Sammlung »Neue Gedichte«, erster und »anderer Teil«, »Briefe an einen jungen Dichter« (bereits 1903/4), die Rodin-Monographie (1903), zwei Requien (»Für eine Freundin«, »Für Wolf Graf von Kalckreuth« 1908) und eine völlig überarbeitete Fassung des »Cornets« (1906).

Die Jahre nach dem Abschluß des Malte waren gekennzeichnet durch Erschöpfung und wieder durchbrechende Bodenlosigkeit. Rilke zweifelte daran, je wieder tief in neue Arbeit hineinzukommen. Das unstete Leben eines Wanderers und Reisenden, der sich über längere Zeit im Jahr in Hotels oder auf den Wohnsitzen und Schlössern seiner Freunde (und Gönner) aufhält, hatte er seit je, auch während der Pariser Jahre, geführt. Nun aber, 1910 und 1911, trieb ihn seine Ruhelosigkeit bis nach Afrika und Ägypten.

Im Winter 1911/12 suchte er Abgeschiedenheit und Zuflucht auf Schloß Duino nahe bei Triest, wo die Fürstin Marie von Thurn und Taxis ihr vielbeschäftigtes, der Kunst zugewandtes Leben führte. Auf diesem einsamen Schloß am Adriatischen Meer sollte ihm im Januar 1912 der Durchbruch zu neuer Arbeit gelingen. Innerhalb weniger Wochen formten sich ihm dort die ersten zwei Elegien, die Anfangszeilen der zehnten und weitere kleine Fragmente von anderen Elegien. Mit diesem Neubeginn hatte sich ihm die Aufgabe seines Lebens gestellt. Zehn Jahre dauerte das Ringen, bis ihm die endgültige Vollendung der Elegien-Erfahrung gelang. Erst im Februar 1922 geschah, auf Muzot, einem alten Turm oberhalb Sierre im Wallis, in einem unvergleichlichen »Sturm aus Geist und Herz«, der Durchbruch, in dem sich der Kreis der Elegien schloß. Derselbe Sturm brachte noch eine zweite, ebenso bedeutsame Geburt: die »Sonette an Orpheus«, ein Zyklus von 55 Gedichten, und als drittes einen längeren Prosatext: »Brief des jungen Arbeiters«.

Die Jahre davor waren geprägt durch dieses eine große Ziel: die »Stimme« der Elegien, die er auf Duino erstmals in dieser Weite und Hintergründigkeit vernommen hatte, umzusetzen ins konkrete dichterische Wort. In Spanien, um die Jahreswende 1913/14, glaubte er sich diesem Ziel schon sehr nahe. Es entstanden unter anderem »Gedichte an die Nacht«; sie waren ein Schritt auf dem Weg zu den Elegien, aber nicht mehr. Im Herbst 1913 formte sich die dritte Elegie, jene des »verborgenen schuldigen Fluß-Gott des Bluts« und weitere »Gedichte an die Nacht«. Im Sommer 1914 wurde Rilke in München vom Ausbruch des Weltkriegs überrascht. An eine Rückkehr nach Paris war nicht mehr zu denken. Fünf Jahre dauerte das »Exil in Deutschland«. Obwohl er nur gerade sechs Monate in Wien, in einem Archiv, Kriegsdienste zu leisten hatte (1916), lähmten ihn die Schrecken und Wirren des Kriegs mehr und mehr. Im Herbst 1915 schien es, als ob Arbeit möglich würde. Es entstanden die vierte Elegie und ein Zyklus von »Sieben Gedichten«, neben Übertragungen von Sonetten Michelangelos. Die Einberufung nach Wien aber unterbrach diesen beginnenden Strom.

Im Sommer 1919 reiste Rilke in die Schweiz. Was zuerst nur wie ein vorläufiger Besuch in einem neuen »Warteraum« aussah, sollte sich, vor allem nach dem Gelingen der Elegien, als eine Art »Wahlheimat« herausstellen. Im Sommer 1921, nach weiteren zwei Jahren ruhelosen Wanderns nach dem Ort, wo die Vollendung der Elegien geschehen könnte, fand Rilke im Wallis den alten Turm von Muzot.

Dort blieb er, im sicheren Gespür, sich nun keinen weiteren Aufschub mehr gewähren zu dürfen.

Die Lebenszeit, die Rilke nach seinem großen Februar 1922 noch blieb, war kurz. Zuerst kam eine Phase der Erschöpfung – und der Stille. Es schien, als hätte er alle seine künstlerischen Vorräte und Mittel ausgegeben. Dann aber folgte, mit dem Frühling und Sommer 1924, noch einmal eine Zeit reicher Arbeit. Herrliche Gedichte entstanden, voller hintergründiger Gegenwart, doch umgesetzt in die reinste Sinnlichkeit. Zur selben Zeit begannen sich Verse in französischer Sprache zu bilden. Ermuntert durch Paul Valéry, dessen Poesie Rilke bereits im Winter 1923 mit großer Freude ins Deutsche übertragen hatte, setzte er diese Versuche in Französisch fort. Es wurden daraus mehrere Gedicht-Sammlungen: »Vergers«, »Les Quatrains valaisans«, »Les Rôses«, »Les Fenêtres«, »Exercices et Evidences«.

Bereits im Winter 1923 hatte Rilke Anzeichen einer Veränderung in seinem körperlichen Gleichgewicht wahrgenommen, die ihn zutiefst erschreckten. Er hatte sich nicht getäuscht. Die Zeiten körperlichen Unwohlseins kamen immer häufiger, die Aufenthalte in der Klinik Val-Mont oberhalb Montreux wurden länger. Nichts schien zu helfen. Verzweifelt verlängerte Rilke seinen letzten Aufenthalt in Paris (1925) Woche um Woche, sah so viele Menschen wie nie zuvor, hielt sich ins Leben hinein, wo es ihm nur begegnete. Valéry übersetzte er mit größter Hingabe bis fast zuletzt, auch deutsche Gedichte, vor allem Widmungsgedichte, entstanden noch, einzelne von großer Meisterschaft. Aber die Krankheit ließ ihn nicht mehr los. Ende November 1926 mußte er sich ergeben. Vier Wochen dauerte die letzte, die schmerzlichste Phase. Erst in dieser letzten Zeit wurde die Diagnose klar: eine seltene Form akuter Leukämie. Rilke starb am 29. Dezember 1926 in der Klinik Val-Mont. Sein Grab, so hatte er es selbst gewünscht, liegt bei der kleinen Kirche in Raron, von wo sich der Blick ins abwärtsziehende Tal des Wallis eindrucksvoll weitet.

»Aber das Wehende höre,
die ununterbrochene Nachricht, die aus Stille sich bildet.«
SW I 687

DICHTER AUS DER ERFAHRUNG DES NEPTUNISCHEN

Viele Wege sind grundsätzlich möglich, sich einem Geburtsbild deutend anzunähern; aber nur wenige schließen im jeweils konkreten Fall die Eigenart eines Kosmogramms überzeugend auf. Der Einstieg in die Vielgestaltigkeit der Geburtsbild-Struktur gelingt dort am besten, wo uns schon aus dem Gefüge selbst eine umfassende Konstellation entgegenkommt, die in ihrer Qualität das Ganze aufbaut und wesentlich bestimmt. In der Einleitung war vom Zusammenspiel der Wesenskräfte die Rede, von den verschiedenen Formen, wie sie miteinander gestalthaft verbunden sein können. Über die Aspekte treten sie miteinander in Beziehung, sind sie zueinander in ein Gespräch gestellt. Je nach der Beschaffenheit des Geburtsbildes kann gerade eine solche Gesprächsfigur die umfassende Struktur sein, die uns unmittelbar mitten in die Bezüge, ins Herz der ganzen Konstellation hineinführt.

In Rilkes Kosmogramm ist uns eine solche Figur auf den ersten Blick schon gegeben: In ihren klaren, durchlaufenden Umrissen drängt sie sich auf: die große, genaue Gestaltfigur von Neptun, Venus, Merkur und Mars. Aus dieser Gestaltfigur heraus, die abgehoben von allen anderen Wesenskräften, in sich geschlossen und insofern rein und für sich dasteht, wird Rilke ganz wesenhaft zu einem Dichter aus der Erfahrung des Neptunischen. Ja man kann geradezu sagen: Er wird zum Sänger der Erfahrung des Neptunischen selbst.

Beschreiben wir diese Gestaltfigur vorerst in ihren formalen Bezügen:

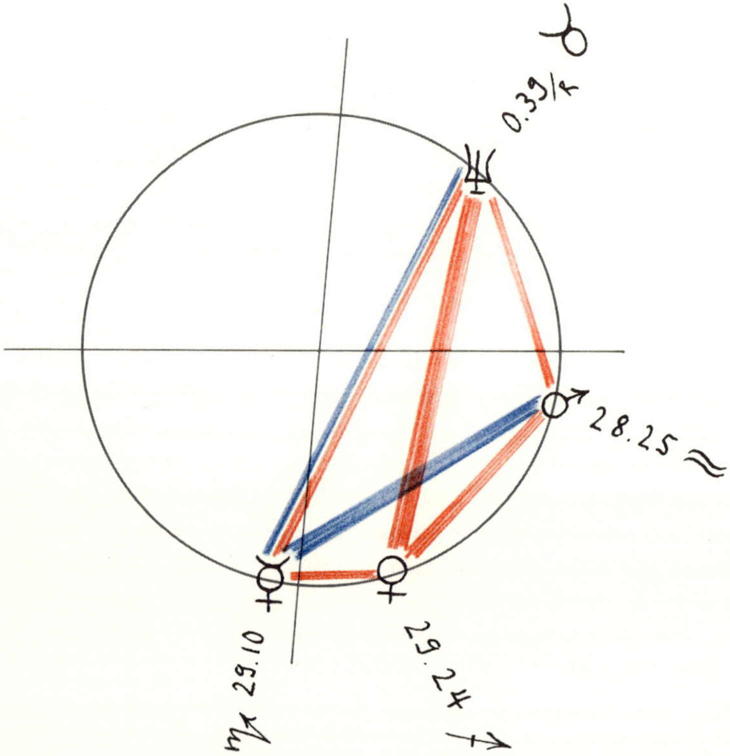

Mit großer Genauigkeit haben sich Neptun, Venus, Mars und Merkur zu einer durchgehenden Gestaltordnung zusammengefunden. Neptun steht rückwärts sich bewegend im ersten Grad des Stier-Prinzips, und Venus, Merkur und Mars laufen, alle in den letzten zwei Graden ihrer jeweiligen Tierkreiszeichen stehend, auf diesen ersten Grad des Stier-Prinzips zu. Venus läuft im Trigon-Aspekt (120°) auf Neptun zu, Mars im Sextil (60°) und Merkur im Quincunx (150°)

Für die besondere Eigenart dieser Figur kennzeichnend ist es im weiteren, daß sie völlig in sich geschlossen im Kreisraum steht, das heißt ohne aspektmäßigen Bezug zu den übrigen Wesenskräften. Diese Tatsache erhöht den Zusammenhalt innerhalb der Figur, läßt sie recht eigentlich eine Welt des reinen, ungetrübten Zusammenspiels ausformen. Überhaupt ist es in hohem Maße eine ganze Erfahrung von Welt mit all ihren fein abgestimmten Verweisungs- und Bedeutungszusammenhängen, welche sich hier, in *diesem* Zusammengestelltsein der Wesenskräfte, ausgestalten will. Denn die Lebensvollzüge des Venusischen, Merkurischen und Marsischen sind alle auf das Neptunische hin gebündelt. Dieses wird zum *hintergründigen Brennpunkt*, auf den hin die Erfahrung, soweit sie dieser Figur entspringt, sich verdichtet. Das Neptunische bildet, alle anderen übergreifend, den Fluchtpunkt, wodurch sich die Perspektivik bestimmt. Was so als besondere Anordnung der Figur – Neptun als Spitze, auf die die innere Bewegung der anderen drei hinausläuft – im Zweidimensionalen sich zeigt, wird uns noch deutlicher, wenn wir uns unser Sonnensystem *räumlich* vergegenwärtigen: Nun können wir direkt sehen, wie sehr die Bewegung des Neptunischen in ihrer weit ausholenden Geräumigkeit die Kreisläufe von Merkur, Venus und Mars in sich einbeschließt und umgreift.

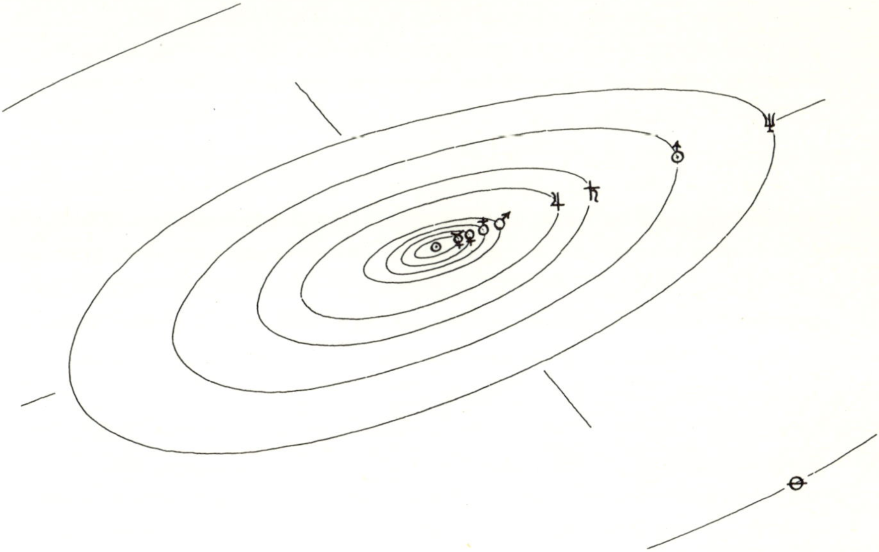

Die Astrologie hat sich seit je bemüht, die Anordnung der Wesenskräfte im Außenraum als ein Gestalt-Gefüge zu begreifen, dessen Ausgliederung (Reihenfolge der Planetenbahnen, Radien, Umlaufzeiten ...) *auch* eine *innere* Ordnung zum Ausdruck bringt. Es sei nur an Keplers Mysterium Cosmographicum und seine Harmonice Mundi erinnert, wo die Betrachtung des Sonnensystems als vielfach gestaltete Ordnung, in welcher die jeweils umgreifende Ganzheit ihre Teile bestimmt, zu besonders reicher Entfaltung gelangte.[1]

In unserem Jahrhundert mußte, neben der Bewahrung vieler längst erfahrener Gestaltordnungs-Bezüge, vor allem die *Ausweitung* über Saturn hinaus in den Raum der transsaturnischen Wesenskräfte zum Bewußtsein kommen. Es mußte klar werden, was für Unterschiede denn bestehen zwischen den drei Transsaturniern und den innersaturnischen Gestaltkräften, deren Reihe mit dem Saturnischen selbst, dem Eingrenzenden und Grenzsetzenden, gegen außen hin ihren Abschluß findet. Wir sind in *anderer* Weise auf das Uranische, das Neptunische oder gar Plutonische in uns bezogen als auf die Wesenskräfte der Ordnung bis zu Saturn. Wir tun zwar gut daran, alle – was ihren archetypischen Charakter angeht – als Götter anzusprechen, aber dennoch scheinen die transsaturnischen Gestaltkräfte einem weiteren und tieferen Wirklichkeitsraum anzugehören, einem Hintergrundraum, in welchem unsere menschliche Subjektivität radikaler überschritten ist, als das bei den innersaturnischen Planeten-Prinzipien geschieht. Diese stehen der *Erde*, dem Ort konkreter menschlicher Ausgestaltung, näher. Sie sind dadurch dem menschlichen Zugriff, der bewußten Ausformung nach den Intentionen des einzelnen Ichs zugänglicher. Das gilt insbesondere für das Mondhafte, Merkurische, Venusische und Marsische. Schon Jupiter und Saturn als die beiden Äußeren dieser Ordnung und das Sonnenhafte als die innerste Mitte des Ganzen sind menschlicher Verfügung bereits mehr entzogen.

1 In unserer Zeit hat Thomas Ring dieses Anliegen in seinem organisch-kosmologischen Denken wieder aufgenommen. Vgl. vor allem »Das Sonnensystem – ein Organismus. Eine gestalttheoretische Untersuchung«, Deutsche Verlags-Anstalt 1939.

Es hat also seine besondere Bewandtnis, wenn, wie es in unserer Gestaltfigur der Fall ist, das Neptunische mit drei Wesenskräften aus dem erdnahen Raum sich verbindet. Dadurch ist es in vorzüglicher Weise angeschlossen an das Konkrete, Unmittelbare, wie es den Vollzügen des Venusischen, Merkurischen und Marsischen eignet. Die Erfahrungseigenart dieses Menschen ist bis ins Unmittelbarste und Alltäglichste vom Neptunischen durchwirkt, durchwaltet. Soweit er ein Erfahrender ist, wird er es vorwiegend aus dem Hintergrundraum des Neptunischen sein. Dieses formt überall mit, bildet die tiefere Textur der Erfahrung, klingt als Eigenart mit oder wird als Anliegen selbst bedeutsam.

Versuchen wir, mit wenigen und möglichst einfachen Worten sein Wesen zu umreißen: In der Erfahrung des Neptunischen erleben wir uns verbunden dem hintergründigen, universellen Lebensstrom. Wir werden durchlässig auch für jene verborgenen Schwingungen, in welchen uns Wirkliches von weit her angeht, öffnet und berührt. Wirklichkeit wird erlebbar als schwingender Raum, als ein Feld, ein Kontinuum, in welchem die Grenzen des Bestimmten und Einzelnen sich ausweiten, durchscheinend werden und dieses neue Bedeutung gewinnt in einem umgreifenden großen Bezug. Gefühle der Entgrenzung, des Einsseins mit den nächsten und fernsten Dingen können uns ergreifen, Augenblicke der Einsicht in das Wunder des Werdens und Entwerdens, ein Schauen, das aus Welttiefen heraus übermächtigt und uns aus den gewohnten Bezügen herausnimmt ins Offene.

Das »Grenzüberschreitende« nennt es Thomas Ring und bringt damit die Momente des Übergangs und der Ausweitung zum Ausdruck; auch der saturnische Zusammenhalt, die Form klingt mit, die entgrenzend überschritten werden will. Heinz Arthur Strauss betont noch mehr den saturnischen Gesichtspunkt, wenn er das Neptunische als »auflösende Funktion« bezeichnet. Für Sigrid Strauss-Kloebe drückt sich sein eigentliches Wesen im »Schwingungshaften« aus, es führt hinein in das Medium der reinen Schwingung.

Lassen wir es bei diesen wenigen, einfach umschreibenden Sätzen. Denn jede umfassendere Darstellung des Prinzips selbst, wie sie etwa von Thomas Ring oder Heinz Arthur Strauss in glänzender Weise gegeben wird, müßte notwendig einen störenden Einfluß haben auf die nachfolgenden Erfahrungen, wie sie in Rilkes eigenen Worten uns entgegenkommen. Konstelliert sich doch bei jeder Umschreibung einer astrologischen Wesenskraft etwas von ihrem Wesen selbst und will eigens beachtet werden. Im Falle des Neptunischen will die Weise seiner Vergegenwärtigung besonders behutsam bedacht sein. Die kleinste Übertreibung oder Banalisierung, aber auch jede rationale Reduktion stört oder zerstört das Wesenhafte seiner Erfahrung.

Wie formt es sich nun aus in der Sprache von Rilke selbst? Als Einstieg soll uns eine Aufzeichnung dienen, welche Rilke im Januar 1913 aus Ronda, Spanien, an Lou A.-Salomé sandte. Sie ist betitelt mit »Erlebnis« und enthält die Beschreibung einer eigenartigen Erfahrung, wie sie Rilke ein Jahr zuvor im Garten des Schlosses von Duino zugestoßen war. An Katharina Kippenberg schreibt er, als es um die erste Veröffentlichung dieses Textes geht:

»Hätte ich volle Laden, so würde ich mich vielleicht noch nicht von dieser Aufzeichnung getrennt haben; ist sie doch, in einem gewissen Sinne, die intimste, die ich je aufgeschrieben habe –, andererseits aber wieder kann man sich den Schutz gar nicht groß genug vorstellen, darin das Innerste geborgen bleibt, wenn es einmal in seine unbedingteste Gestaltung eingegangen ist« (BR KK 304).

Wir geben den Wortlaut dieses Textes ohne Kürzung wieder:

»Es mochte wenig mehr als ein Jahr her sein, als ihm im Garten des Schlosses, der sich den Hang ziemlich steil zum Meer hinunterzog, etwas Wunderliches widerfuhr. Seiner Gewohnheit nach mit einem Buch auf- und abgehend, war er darauf gekommen, sich in die etwa schulterhohe Gabelung eines strauchartigen Baumes zu lehnen, und sofort fühlte er sich in dieser Haltung so angenehm unterstützt und so reichlich eingeruht, daß er so, ohne zu lesen, völlig eingelassen in die Natur, in einem beinah unbewußten Anschaun verweilte. Nach und nach erwachte seine Aufmerksamkeit über einem niegekannten Gefühl: es war, als ob aus dem Innern des Baumes fast unmerkliche Schwingungen in ihn übergingen; er legte sich das ohne

Mühe dahin aus, daß ein weiter nicht sichtlicher, vielleicht den Hang flach herabstreichender Wind im Holz zur Geltung kam, obwohl er zugeben mußte, daß der Stamm zu stark schien, um von einem so geringen Wehen so nachdrücklich erregt zu sein. Was ihn überaus beschäftigte, war indessen nicht diese Erwägung oder eine ähnliche dieser Art, sondern mehr und mehr war er überrascht, ja ergriffen von der Wirkung, die jenes in ihn unaufhörlich Herüberdringende in ihm hervorbrachte: er meinte nie von leiseren Bewegungen erfüllt worden zu sein, sein Körper wurde gewissermaßen wie eine Seele behandelt und in den Stand gesetzt, einen Grad von Einfluß aufzunehmen, der bei der sonstigen Deutlichkeit leiblicher Verhältnisse eigentlich gar nicht hätte empfunden werden können. Dazu kam, daß er in den ersten Augenblicken den Sinn nicht recht feststellen konnte, durch den er eine derartig feine und ausgebreitete Mitteilung empfing; auch war der Zustand, den sie in ihm herausbildete, so vollkommen und anhaltend, anders als alles andere, aber so wenig durch Steigerung über bisher Erfahrenes hinaus vorstellbar, daß er bei aller Köstlichkeit nicht daran denken konnte, ihn einen Genuß zu nennen. Gleichwohl, bestrebt, sich gerade im Leisesten immer Rechenschaft zu geben, fragte er sich dringend, was ihm da geschehe, und fand fast gleich einen Ausdruck, der ihn befriedigte, vor sich hinsagend: er sei auf die andere Seite der Natur geraten. Wie im Traume manchmal, so machte ihm jetzt dieses Wort Freude und er hielt es für beinah restlos zutreffend. Überall und immer gleichmäßiger erfüllt mit dem in seltsam innigen Abständen wiederkehrenden Andrang, wurde ihm sein Körper unbeschreiblich rührend und nur noch dazu brauchbar, rein und vorsichtig in ihm dazustehen, genau wie ein Revenant, der, schon anderswo wohnend, in dieses zärtlich Fortgelegtgewesene wehmütig eintritt, um noch einmal, wenn auch zerstreut, zu der einst so unentbehrlich genommenen Welt zu gehören. Langsam um sich sehend, ohne sich sonst in der Haltung zu verschieben, erkannte er alles, erinnerte es, lächelte es gleichsam mit entfernter Zuneigung an, ließ es gewähren, wie ein viel Früheres, das einmal, in abgetanen Umständen, an ihm beteiligt war. Einem Vogel schaute er nach, ein Schatten beschäftigte ihn, ja der bloße Weg, wie er da so hinging und sich verlor, erfüllte ihn mit einem nachdenklichen Einsehn, was ihm umso reiner vorkam, als er sich davon unabhängig wußte. *Wo* sonst sein Aufenthalt war, hätte er nicht zu denken vermocht, aber daß er zu diesem allen hier nur *zurückkehrte*, in diesem Körper stand, wie in der Tiefe eines verlassenen Fensters, hinübersehend: – davon war er ein paar Sekunden lang so überzeugt, daß die plötzliche Erscheinung eines Hausgenossen ihn auf das qualvollste erschüttert hätte, während er wirklich, in seiner Natur, darauf vorbereitet war, Polyxène oder Raimondine oder sonst einen Verstorbenen des Hauses aus der Wendung des Weges heraustreten zu sehn. Er begriff die stille Überzähligkeit ihrer Gestaltung, es war ihm vertraut, irdisch Gebildetes so flüchtig unbedingt verwendet zu sehn, der Zusammenhang ihrer Gebräuche verdrängte aus ihm jede andere Erziehung; er war sicher, unter sie bewegt, ihnen nicht aufzufallen. Eine Vinca, die in seiner Nähe stand, und deren blauem Blick er wohl auch sonst zuweilen begegnet war, berührte ihn jetzt aus geistigerem Abstand, aber mit so unerschöpflicher Bedeutung, als ob nun nichts mehr zu verbergen sei. Überhaupt konnte er merken, wie sich alle Gegenstände ihm entfernter und zugleich irgendwie wahrer gaben, es mochte dies an seinem Blick liegen, der nicht mehr vorwärts gerichtet war und sich dort, im Offenen, verdünnte; er sah, wie über die Schulter, zu den Dingen zurück, und ihrem, für ihn abgeschlossenen Dasein kam ein kühner süßer Beigeschmack hinzu, als wäre alles mit einer Spur von der Blüte des Abschieds würzig gemacht. – Sich sagend von Zeit zu Zeit, daß dies nicht bleiben könne, fürchtete er gleichwohl nicht das Aufhören des außerordentlichen Zustands, als ob von ihm, ähnlich wie von Musik, nur ein unendlich gesetzmäßiger Ausgang zu erwarten sei.

Auf einmal fing seine Stellung an, ihm beschwerlich zu sein, er fühlte den Stamm, die Müdigkeit des Buches in seiner Hand, und trat heraus. Ein deutlicher Wind blätterte jetzt in dem Baum, er kam vom Meer, die Büsche den Hang herauf wühlten in einander« (SW VI 1036–1040).

Diese Aufzeichnung ist eine der vollkommensten Beschreibungen neptunischer Erfahrung. Es gibt kaum ein Moment ihres Wesens, das nicht darin, sei es in verborgener oder offener Weise, seinen Ausdruck gefunden hätte. Das Moment des Geheimnisvollen, Wunderlichen, Rätselhaften, die Ausweitung der Bewußtseinsgrenzen, das Leise, Unmerkliche, Sublime eines neuen großen Bezugs, als ob der Raum in Schwingung geraten sei, ein Einsehen des fast völlig Raum gewordenen Augenblicks und der in ihm enthaltenen Dinge, die in unbekannter, unerschöpflicher Bedeutsamkeit den so Verweilenden berühren. Rilke spricht von einem Verweilen in einem »beinah unbewußten Anschaun« und findet dafür den Ausdruck »auf die andere Seite der Natur geraten sein«. Er fragt sich, über welchen Sinn er eine »derartig feine und ausgebreitete Mitteilung« empfing, und er spürt die Entfernung von seinem gewohnten leibhaften Dasein. Wo er hingeraten ist, kann er nicht näher ersehen, aber deutlich spürbar ist ihm der veränderte Bezug zu den Dingen, sein Wahrnehmen von der anderen Seite der Natur, von welcher her Werden und Entwerden zugleich sind. So begriff er die Dinge in »nachdenklichem Einsehn«. »Er begriff die stille Überzähligkeit ihrer Gestaltung«, »und ihrem, für ihn abgeschlossenen Dasein kam ein kühner süßer Beigeschmack hinzu, als wäre alles mit einer Spur von der Blüte des Abschieds würzig gemacht«.

Rilke wußte instinktiv, daß sich in dieser Erfahrung für ihn ganz Zentrales und Kostbares verdichtet hatte. Er versuchte, der darin verborgenen Bedeutung noch weiter nachzugehen. So fügte er seiner ersten Aufzeichnung einen zweiten Text an, in welchem unter anderem die besondere Raumhaftigkeit seines Erlebens sichtbar wird:

»Er gedachte der Stunde in jenem anderen südlichen Garten (Capri), da ein Vogelruf draußen und in seinem Innern übereinstimmend da war, indem er sich gewissermaßen an der Grenze des Körpers nicht brach, beides zu einem ununterbrochenen Raum zusammennahm, in welchem, geheimnisvoll geschützt, nur eine einzige Stelle reinsten, tiefsten Bewußtseins blieb« (SW VI 1040).

Sind es nicht solche wesenhaft neptunischen Erfahrungen, aus welchen sich uns erschließt, was Rilke mit »Weltinnenraum« als einem ganzen Erlebens-Zusammenhang ursprünglich meint? Ein Gedicht, im Sommer 1914 entstanden, zeitlich und thematisch dem Erlebnis von Duino nahestehend, zeigt uns die Erfahrung des Neptunischen in einer weiteren Dimension und läßt sie in kühnen Worten allgemein werden:

Es winkt zu Fühlung fast aus allen Dingen,
aus jeder Wendung weht es her: Gedenk!
Ein Tag, an dem wir fremd vorübergingen,
entschließt im künftigen sich zum Geschenk.

Wer rechnet unseren Ertrag? Wer trennt
uns von den alten, den vergangnen Jahren?
Was haben wir seit Anbeginn erfahren,
als daß sich eins im anderen erkennt?

Als daß an uns Gleichgültiges erwarmt?
O Haus, o Wiesenhang, o Abendlicht,
auf einmal bringst du's beinah zum Gesicht
und stehst an uns, umarmend und umarmt.

Durch alle Wesen reicht der *eine* Raum:
Weltinnenraum. Die Vögel fliegen still
durch uns hindurch. O, der ich wachsen will,
ich seh hinaus, und *in* mir wächst der Baum.

Ich sorge mich, und in mir steht das Haus.
Ich hüte mich, und in mir ist die Hut.
Geliebter, der ich wurde: an mir ruht
der schönen Schöpfung Bild und weint sich aus.

SW II 92

In diesem Gedicht ist Wirklichkeit so sehr aus einer einzigen, hintergründigen Schwingung heraus erfahren, daß Innen und Außen in beinah zärtlicher Weise miteinander in Berührung kommen. Berührung, berührt werden, angerührt werden, gerührt werden – es ist derselbe Wortstamm. Berührung, Rührung, das sind Bezüge des

Liebens, aus einer feinsten eroshaften Bezogenheit heraus, in der sich »eins im anderen erkennt« und »an uns Gleichgültiges erwarmt«. Und auf einmal bringen es die Dinge »beinah zum Gesicht« und stehen »an uns, umarmend und umarmt«. Wo Begegnung so welthaft und innig zugleich geschieht, sind wir – für einen Augenblick – an jener geheimnisvoll geschützten »einzigen Stelle reinsten, tiefsten Bewußtseins«, von der her Weltinnenraum Ereignis werden kann.

Im griechischen Mythus zeigt sich das Neptunische unter anderem im *Okeanos*, dem hintergründigen Urstrom, in dessen Strömung noch alles mit allem grenzenlos, Rilke würde sagen unendlich, verbunden ist. Und ebenso früh wie Okeanos taucht in den verschiedenen Erzählungen der Griechen über die Entstehung der Welt *Eros* auf, durch dessen Macht und Walten alle Dinge in zärtlicher Berührung aufeinander bezogen sind.

Okeanos ist der Urstrom am Rande der Welt, aus dem alles entspringt, in den alles zurückfließt. Flüsse, Quellen, Brunnen, ja das ganze Meer entspringen ihm und sind seinem Wesen noch näher als die Stoff und Stein gewordene Erde. So sind wir vielleicht vom Strömen des Okeanos ganz plötzlich ergriffen in der Erfahrung des Wassers, sei es Fluß, Quelle oder Brunnen. In einem Sonett aus dem Umkreis der Sonette an Orpheus, in jenem schöpferischen Februar 1922, hat Rilke diese Erfahrung in Worte gesetzt:

Wir hören seit lange die Brunnen mit.
Sie klingen uns beinah wie Zeit.
Aber sie halten viel eher Schritt
mit der wandelnden Ewigkeit.

Das Wasser ist fremd und das Wasser ist dein,
von hier und *doch* nicht von hier.
Eine Weile bist du der Brunnenstein,
und es spiegelt die Dinge in dir.

Wie ist das alles entfernt und verwandt
und lange enträtselt und unerkannt,
sinnlos und wieder voll Sinn.

Dein ist, zu lieben, was du nicht weißt.
Es nimmt dein geschenktes Gefühl und reißt
es mit sich hinüber. Wohin?

SW II 469

Auch in diesem Gedicht erfahren wir Wirklichkeit als den *einen*, weit und groß gewordenen, strömenden Weltinnenraum. Ein Bezug, der im lange Gewachsenen wurzelt. »Wir hören seit lange die Brunnen mit.« Dieser Bezug ist ein Hören sosehr wie ein Sehen (Schauen) und übersteigt beides. Er übersteigt vor allem das eingrenzende Vorstellen des mentalen Weltbezugs und kommt, zurückgreifend auf magische und mythische Wahrnehmungsgestalten, dem nahe, was Jean Gebser als aperspektivische integrale Bewußtseinsstruktur beschreibt und *Gewahren* nennt.

Im Gewahren ist unser Blick nicht mehr vorwärts gerichtet und sich dort im Offenen verdünnend, wie es der Eigenart des mentalen Bewußtseins in seiner gesteigerten Perspektivik entspricht. In der Aufzeichnung des Erlebnisses hieß es:

»Überhaupt konnte er merken, wie sich alle Gegenstände ihm entfernter und zugleich irgendwie wahrer gaben, es mochte dies an seinem Blick liegen, der nicht mehr vorwärts gerichtet war und sich dort, im Offenen, verdünnte; er sah, wie über die Schulter, zu den Dingen zurück, und ihrem, für ihn abgeschlossenen Dasein kam ein kühner süßer Beigeschmack hinzu, als wäre alles mit einer Spur von der Blüte des Abschieds würzig gemacht« (SW VI 1039).

Vordergrund und Hintergründigkeit, Hiersein und Abschied, Leben und Tod sind in *einem* einzigen groß gewordenen Raum-Kreis miteinander in Berührung gekommen. Wirklichkeit ist zu *einem* feinschwingenden Feld geworden. »Durch alle Wesen reicht der *eine* Raum: Weltinnenraum.« Das ist Erfahrung des Neptunischen, wie sie Rilke mehr und mehr zu gestalten vermochte.

Wenn wir genauer noch in diesen so erfahrenen Welt-Raum hineinhören, lassen sich einzelne Momente des Neptunischen herauslösen und als Grundzüge seiner Phänomenologie beschreiben.

Einer davon besteht in der gesteigerten Vorsicht und Behutsamkeit dem *Geheimnis* gegenüber. Nichts darf diesen so störbaren Bezug beirren. Gerade diesen Wesenszug finden wir bei Rilke ganz ausgeprägt. In einem Brief an Ilse Jahr vom Februar 1923 kommt Rilke auf die Eigenart seines Weltbezugs zu sprechen. Zurückblickend schreibt er:

»Ich fing mit den *Dingen* an, die die eigentlichen Vertrauten meiner einsamen Kindheit gewesen sind, und es war schon viel, daß ich es, ohne fremde Hilfe, bis zu den Tieren gebracht habe ... Dann aber tat sich mir Rußland auf und schenkte mir die Brüderlichkeit und das Dunkel Gottes, in dem allein Gemeinschaft ist. So *nannte* ich ihn damals auch, den über mich hereingebrochenen Gott, und lebte lange im Vorraum seines Namens, auf den Knieen ... Jetzt würdest Du mich ihn kaum je nennen hören, es ist eine unbeschreibliche Diskretion zwischen uns, und wo einmal Nähe war und Durchdringung, da spannen sich neue Fernen, so wie im Atom, das die neue Wissenschaft auch als ein Weltall im Kleinen begreift. Das Faßliche entgeht, verwandelt sich, statt des Besitzes erlernt man den Bezug, und es entsteht eine Namenlosigkeit, die wieder bei Gott beginnen muß, um vollkommen und ohne Ausrede zu sein. Das Gefühlserlebnis tritt zurück hinter einer unendlichen Lust zu allem Fühlbaren ..., die Eigenschaften werden Gott, dem nicht mehr Sagbaren, abgenommen, fallen zurück an die Schöpfung, an Liebe und Tod ...; es ist vielleicht immer wieder nur das, was schon an gewissen Stellen im Stundenbuch sich vollzog, dieser Aufstieg Gottes aus dem atmenden Herzen, davon sich der Himmel bedeckt, und sein Niederfall als Regen. Aber jedes Bekenntnis dazu wäre schon zu viel« (BR 819).

Noch eine zweite Stelle sei angefügt, in welcher Rilke eigens diesen seinen Grundzug darlegt. Sie findet sich in einem langen Brief an Nora Purtscher-Wydenbruck vom August 1924, in welchem Rilke neben anderem auf parapsychologische Erfahrungen zu sprechen kommt. Über mediales Schreiben heißt es da:

»Ich bin überzeugt, daß diese Erscheinungen, wenn man sie hinnimmt, *ohne sich in sie zu flüchten*, und willens bleibt, sie immer wieder in das *Ganze* unseres Daseins einzuordnen, das ja voll nicht minder wunderbarer Geheimnisse ist in allen seinen Ereignissen –, ich bin, sage ich, überzeugt, daß diese Erscheinungen nicht einer falschen Neugier in uns entsprechen, sondern uns tatsächlich *unbeschreiblich angehen* und (wenn man sie ausschlösse) doch immer wieder an irgendeiner Stelle sich geltend zu machen fähig wären. Warum sollten sie nicht, wie alles noch Unerkannte oder überhaupt Unerkennbare, ein Gegenstand unserer Bemühung, unseres Staunens, unserer Erschütterung und Ehrfurcht sein?« (BR 870).

»Ich bin, zum Glück, medial vollkommen unbrauchbar, aber ich zweifle keinen Augenblick, daß ich mich auf *meine* Weise den Einflüssen jener oft heimatlosen Kräfte eröffnet halte und daß ich nie aufhöre, ihren Umgang zu genießen oder zu erleiden. Wie viele Worte, wie viele Entschlüsse oder Zögerungen mögen auf Rechnung ihrer Einwirkung zu schreiben sein! Im übrigen gehört es zu den ursprünglichen Neigungen meiner Anlage, das Geheime *als solches* aufzunehmen, nicht als ein zu Entlarvendes, sondern als das Geheimnis, das *so* bis in sein Innerstes, und überall, geheim ist, wie ein Stück Zucker an jeder Stelle Zucker ist. Möglicherweise, so aufgefaßt, löst es sich unter Umständen in unserem Dasein oder in unserer Liebe, während wir sonst nur eine mechanische Zerkleinerung des Geheimsten erreichen, ohne daß es eigentlich in uns überginge« (BR 873).

Diese letzten Aussagen sind ganz besonders kennzeichnend für die Eigenart neptunischer Erfahrung. Entlarvung geschieht aus Distanz, entspringt der urteilenden Kraft des Verstandes, objektiviert in trennender Unterscheidung. Spürbar wird hier die Wurzel des Merkurischen und, im Hintergrund, des Uranischen. Ganz anders das Anliegen aus dem Neptunischen: Indem sich das Geheime in unserem Dasein oder in unserer Liebe löst, geht es ganz in uns hinein, geschieht subtilste Berührung, die nicht verfügt oder verletzt, sondern aus dem Bezug, und tiefer: aus der Einheit lebt. An manchen Stellen gebraucht Rilke das Wort »lösen«. Es ist ein Wort ganz aus der Alchemie neptunischen Fühlens. Im zweiten Teil der Aufzeichnung des Erlebnisses heißt es:

»Auch fiel ihm wieder ein, wie viel er darauf gab, in ähnlicher Haltung an einen Zaun gelehnt, des gestirnten Himmels durch das milde Gezweig eines Ölbaums hindurch gewahr zu werden, wie gesichtshaft in dieser Maske der Weltraum ihm gegenüber war, oder wie, wenn er Solches lange genug ertrug, Alles in der klaren Lösung seines Herzens so vollkommen aufging, daß der Geschmack der Schöpfung in seinem Wesen war« (SW VI 1040).

Ein weiterer Wesenszug neptunischer Erfahrung ist das Stille, Leise, Lautlose, Unmerkliche, ja manchmal Stumme ihrer Bezüge. Da verträgt es kein lärmiges Dreinreden. Lärm, ja lärmige Öffentlichkeit ist für Rilke der Inbegriff des Wesenlosen. So finden wir die Worte »still, leise, lautlos« wie Anzeigen jeweils für eine wesentliche Erfahrung.

»Die Vögel fliegen still durch uns hindurch...«, heißt es im Gedicht des Weltinnenraums. »...es war, als ob aus dem Innern des Baumes fast unmerkliche Schwingungen in ihn übergingen...«, »...er meinte nie von leiseren Bewegungen erfüllt worden zu sein...«, »...er begriff die stille Überzähligkeit ihrer Gestaltung...«, »... bestrebt, sich gerade im Leisesten immer Rechenschaft zu geben, fragte er sich dringend, was ihm da geschehe...« – das sind Sätze aus der Aufzeichnung des Erlebnisses von Duino (SW VI 1036ff.).

Es sei, gerade in diesem Zusammenhang, noch ein Gedicht-Entwurf vom Februar 1924 angefügt, der eine der großartigsten Skizzen neptunischer Erfahrung darstellt:

Gieb deinem Herzen ein Zeichen,
daß die Winde sich drehn.
Hoffnung ist ohne gleichen
wenn sie die Göttlichen sehn.

Richte dich auf und verharre
still in dem großen Bezug;
leise löst sich das Starre,
milde schwindet der Bug.

Risse entstehn im Verhängnis
das du lange bewohnt,
und in das dichte Gefängnis
flößt sich ein fühlender Mond.

SW II 482

Man kann sich fragen, ob die Eigenart des Leisen, Stillen, Unmerklichen nicht vor allem kennzeichnend ist für die introvertierte Form des Neptunischen, wie wir sie bei Rilke in außerordentlicher Weise vorfinden. Es mag sein, daß das Neptunische überhaupt in der Extraversion seinem Wesen nach leichter gestört werden kann, wohl auch sich seiner weniger inne wird. Liz Greene gelingt es, ganz durchschnittliche Formen des Neptunischen sichtbar zu machen, indem sie auf Moden verweist, auf das, was aus Sehnsüchten heraus sich kollektiv konstelliert, was durch seinen Stil uns bezaubert und gefällt.[2] Hier wäre eine ganze kollektive Erotik zu orten und zu beschreiben. Aber auch in diesen Formen ist das Unmerkliche, wie wir davon umgriffen sind, kennzeichnend. In allem Lauten der Moden sind die leisen Einflüsterungen einer kollektiven Anima am Werk. Letztlich hat dieser Wesenszug des Leisen etwas mit dem zu tun, was sich auch in der Polarität des Venusischen und Marsischen zeigt. Aktion, Impuls, Kampf, Streit scheint wesenhaft mit Lautwerden verbunden zu sein, während die Bezüge des Eros friedvoll und eben leise geschehen.

Der Weltbezug aus dem Neptunischen geht ins *Offene*, ins Weite, Unverstellte – »die reine Richtung im unendlichen Entzug« (SW II 466). Aber es scheint, daß uns Menschen dieses Offene verstellt ist, wir, die wir im Gegensatz zu den Tieren immer auch einer Spaltung

2 Liz Greene, Jenseits von Saturn, München 1983, S. 32ff.

in Subjekt und Objekt unterliegen, immer auch ins »Gegenüber« zur Welt gestellt sind.

In der achten Elegie verdichtet Rilke diese unsere Grundsituation in kurzen, knappen, gemeißelten Sätzen:

»Mit allen Augen sieht die Kreatur
das Offene. Nur unsre Augen sind
wie umgekehrt und ganz um sie gestellt
als Fallen, rings um ihren freien Ausgang.
Was draußen *ist*, wir wissens aus des Tiers
Antlitz allein; denn schon das frühe Kind
wenden wir um und zwingens, daß es rückwärts
Gestaltung sehe, nicht das Offne, das
im Tiergesicht so tief ist. Frei von Tod.
Ihn sehen wir allein; das freie Tier
hat seinen Untergang stets hinter sich
und vor sich Gott, und wenn es geht, so gehts
in Ewigkeit, so wie die Brunnen gehen.
Wir haben nie, nicht einen einzigen Tag,
den reinen Raum vor uns, in den die Blumen
unendlich aufgehn. Immer ist es Welt
und niemals Nirgends ohne Nicht: das Reine,
Unüberwachte, das man atmet und
unendlich *weiß* und nicht begehrt. Als Kind
verliert sich eins im Stilln an dies und wird
gerüttelt. Oder jener stirbt und *ists*.
Denn nah am Tod sieht man den Tod nicht mehr
und starrt *hinaus*, vielleicht mit großem Tierblick.
Liebende, wäre nicht der andre, der
die Sicht verstellt, sind nah daran und staunen ...
Wie aus Versehn ist ihnen aufgetan
hinter dem andern ... Aber über ihn
kommt keiner fort, und wieder wird ihm Welt.
Der Schöpfung immer zugewendet, sehn
wir nur auf ihr die Spiegelung des Frein,

von uns verdunkelt. Oder daß ein Tier,
ein stummes, aufschaut, ruhig durch uns durch.
Dieses heißt Schicksal: gegenüber sein
und nichts als das und immer gegenüber.«

SW I 714

Und trotz dieses strengen Verdiktes, wo uns Gegenübersein zum Schicksal wird, ergreift es uns, das Offene, immer wieder, vielleicht nur für einen Augenblick. »Als Kind verliert sich eins im Stilln an dies...«, oder in einem Staunen mag etwas davon unvermittelt geschehen; eh wir's bemerken, sind wir umgriffen vom »Reinen, Unüberwachten, das man atmet und unendlich weiß und nicht begehrt«. Ein kurzes Gedicht, im Februar 1922 entstanden, rühmt das Unzerstörbare des Staunens:

Was hat uns der Gott für ein Staunen geschenkt,
ein großes Staunen aus Gold.
Ob einer es in die Erde versenkt
oder ins Meer verrollt,

es bleibt das Staunen vom ersten Tag
das große Staunen aus Gold,
sooft es in gräßlichen Gräbern lag
kein Wurm hat es jemals gewollt.

SW II 472

Und da wir mit diesem letzten kleinen Gedicht ganz unversehens auf Rilkes größte Zeit, jenen Februar 1922, gestoßen sind, wo ihm in einem gewaltigen Durchbruch der Inspiration die Beendigung der Elegien (neben den Sonetten an Orpheus und vielem anderen mehr) gelang, so soll noch ein Gedicht folgen aus ebendieser Zeit:

Welche Stille um einen Gott! Wie hörst du in ihr
jeden Wechsel im Auffall des Brunnenstrahls

am weilenden Wasser des Marmorovals.
Und am Lorbeer vorüber ein Fühlen: drei oder vier

Blätter, die ein Falter gestreift hat. An dir
taumelt er hin, im tragenden Atem des Tals.
Und du gedenkst eines anderen Mals,
da sie dir schon so vollkommen schien, hier,

diese Stille um einen Gott. Ward sie nicht *mehr*?
Nimmt sie nicht zu? Nimmt sie nicht überhand?
Drängt sie nicht fast wie ein Widerstand

an dein tönendes Herz? Irgendwo bricht sich sein Schlag
an einer lautlosen Pause im Tag...
Dort ist Er.

SW II 468

So berührt zu werden, in dieser Innigkeit, so unendlich fühlend zu sein, so sehr ein Geöffneter, so wach, so sehr bereit, ergriffen zu werden, in dieser Zartheit, wo Fernstes nah ist und alles Nahe seine unmittelbare Gegenständlichkeit und Eingegrenztheit verliert, das ist Erfahrung aus dem Neptunischen, das ist neptunisches Anliegen.

Wo Ergriffensein und Öffnung so sehr zu einem Grundzug des Erfahrenden werden, ist natürlicherweise die *Auflösung* der Bewußtseinsgrenzen, die Aufhebung der zentrierenden Kräfte des Ichs immer eine mögliche Gefahr. Im Autonomwerden der Inhalte des neptunischen Feldes geschieht ein Absinken ins Ungestaltete (ungestaltet allerdings nur von der Ebene des um Gestaltung und Unterscheidung bemühten Ichs her gesehen), ein Ertrinken in den Fluten des Ozeanischen. In der Auflösung der differenzierenden Gestaltung des Ichs verkehrt sich die Erfahrung in ihr Gegenteil: Der höchstmöglichen Offenheit des Schauens widerfährt das Erblinden. Der Spannungsbogen des wirklichen, immer noch erfahrenden Bezugs zerreißt. Höchstmögliche Ausweitung der Erfahrungs-Gestalt hat zu ihrer Auflösung geführt. Hierin zeigt sich das Kernproblem aller neptunischen Erfahrung.

Dennoch ist es die Ausweitung, die Öffnung, das Berührtwerden vom umgreifend Größeren, worum es ihr wesenhaft geht. Wo Abständigkeit und Distanz (als Gewähr der Klarheit und Urteilsfähigkeit) das Anliegen der Ausweitung, des Berührtwerdens aus dem Offenen unterlaufen, da überformt merkurisch-uranische Intention die Eigenart des Neptunischen. Eine solche Überformung kann in der Geburtskonstellation eines Menschen sichtbar sein. Je nach der Struktur des Geburtsbildes (der Ausprägung des Uranischen oder Neptunischen) ist das deutlich oder weniger deutlich entscheidbar. Wo zudem noch, wie bei einem Denker, Dichter oder besonders eigenständigen Naturwissenschaftler, ein ausgereiftes Werk uns vorliegt, ist die entsprechende Eigenart oft in klaren Zügen greifbar. Die Erfahrungs-Gestalt eines Menschen *setzt* anders an, je nachdem, ob dem Uranischen oder Neptunischen das »letzte Wort« gegeben ist. Es gibt eindrückliche Beispiele, in welchen die Hauptstoßrichtung eines Werkes im Uranischen wurzelt. Zu nennen wäre da – neben anderen – Immanuel *Kant*. In seiner Philosophie hat das Uranische abendländische Denk-Geschichte geschrieben. Nach seinem Werk der kritischen Reflexion war die alte, lange ungebrochene Beziehung von Mensch und Welt, von Subjekt und Objekt, wie sie in den Formen der christlichen Metaphysik sich über Jahrhunderte ausgestaltet hatte, unwiederbringlich zerstört. Gewiß, die zeitgeschichtliche Entwicklung mußte reif sein für das Werk dieser uranischen Philosophie. Aber solches ist in der Deutung des Geburtsbildes eines einzelnen immer vorauzusetzen. Kants Grundanliegen war *Kritik*. »Kritik der reinen Vernunft«, »Kritik der praktischen Vernunft«, »Kritik der Urteilskraft« – so lauten die Titel dreier Hauptwerke von ihm. Kritik will trennen, was nicht zusammengehört. Sie lebt von »springenden Punkten«, von Abstand und Distanz. Unter der uranischen Intuition von Kant zersprang die naive Einheit von erfahrendem Mensch und Welt der früheren Metaphysik. Der Bereich der Erscheinungswelt hob sich nun unwiederbringlich ab von jenem der Dinge an sich. Das Wißbare zu wissen und das Unentscheidbare in den Postulaten der praktischen Vernunft, aus den geklärten Voraussetzungen der menschlichen Subjektivität, zu entwerfen, das war die

Position seiner neu gewonnenen Distanz zur Welt.[3] In vieler uranisch geprägten philosophischen Denkarbeit ist, sei es im 19. oder 20. Jahrhundert, seine Methodik und sein Geist als kritische Reflexion lebendig geblieben.

3 Nur in einigen skizzenhaften Formulierungen (nun allerdings astrologisches Rüstzeug voraussetzend) sei das Geburtsbild von *Immanuel Kant* herangezogen:

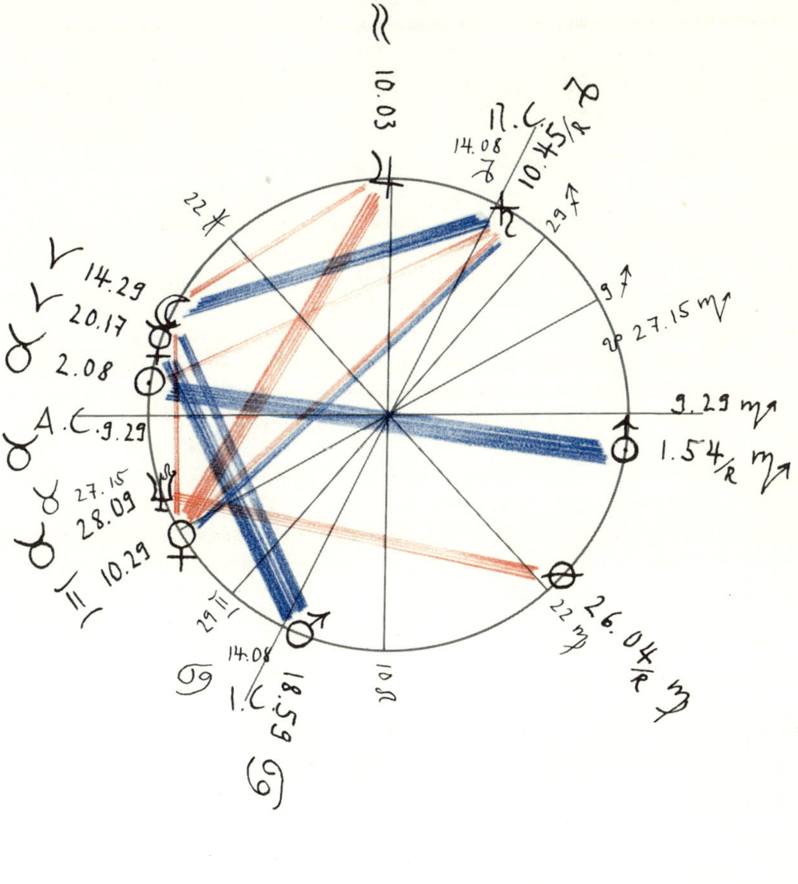

Unübersehbar ist die Rolle des Uranischen, wie es in der Opposition zum Sonnenhaften den Bezug von erfahrendem Ich und begegnender Welt aus den Angeln hebt. Anders stand nach Kants Lebensarbeit in der philosophischen Reflexion das Subjekt dem Objekt gegenüber. Auf die sinnlich greifbare Erscheinungsrealität (Widder ist mit Mond und Merkur, Stier mit Sonne und Aszendent betont; und Venus in den Zwillingen vervollständigt die Dreiheit der Frühlingszeichen) soll sich menschliches Erkennen beschränken und sich dem Wirklichen stellen aus der Verdichtungskaft des Saturnischen, das aus dem Eigenen des Steinbocks alle anderen Gestaltkräfte von der Himmelsmitte herab überstrahlt. Eingrenzung, Beschränkung, Verdichtung auf das Wesentliche konstitutiver und regulativer Form-Prinzipien kennzeichnen Kants Haltung zum übergreifend Offenen der Welt. Wie ein eherner Grenzsetzer steht Saturn vor dem Anfang des vierten Quadranten. In saturnischer Beschränkung wird demgemäß die Leistung gesehen, in der sich der Mensch aufrichtet, behauptet und dem Wirklichen stellt. Mit der Unbekümmertheit einer Denkanlage im Widder (Merkur in Widder, quadratisch gespannt zu Mars) treibt Kant die Arbeit der philosophischen Reflexion voran, pionierhaft in neue Räume vorstoßend, den Umsturz des Bezugs von Mensch und Welt (wie er bisher in der Auslegung der Metaphysik galt) anzielend.

Das Neptunische steht abseits, ohne direkte Aspekte zu den erdnahen Kräften (Mond, Merkur, Venus, Mars). Dadurch wird erst recht der Raum frei für uranisch geschärfte, kritische Reflexion, vom Saturnischen vor dem M.C. herausgefordert und auf die greifbare Sinnlichkeit der Frühlingszeichen Widder, Stier, Zwillinge bezogen. Der Bezug zum Neptunischen aber bleibt im Hintergrund bestehen und wird mit der Konjunktion zum aufsteigenden Mondknoten gar zu einem Anliegen, das niemals ohne Schaden für das menschliche Leben wegfallen könnte. Den ahnenden Kräften der Seele soll, nach der gründlichen Arbeit der Erkenntniskritik, durchaus ein weiter Raum offen bleiben. Das menschliche Bedürfnis der Verehrung und Bewunderung läßt Kant unangetastet. Aber vom sicheren Gang der Wissenschaft bleibt die Erfahrung des Neptunischen für ihn gründlich ausgeschlossen. Die schöne Welt, wie sie im sextilisch-trigonalen Zusammenschluß von Venus, Jupiter und Mond anklingt, läßt ihn ein Menschenbild entwerfen, in dem das Gute und Schöne, das Maßvolle organischer Entwicklung als fruchtbare Ideen der Vernunft erscheinen, als regulative Prinzipien, denen eine ständig fortschreitende Erziehung des Menschengeschlechtes entspringt. (Immanuel Kant, geboren am 22. April 1724 in Königsberg, Preußen, um fünf Uhr morgens; laut Eintragung der Mutter im Hausbuch. Quelle: Thomas Ring, Genius und Dämon, Freiburg i. Br. 1980, S. 476; Rings Rektifikation auf 5m vor 5h rückt die Uranus–Sonne-Opposition noch näher an die Horizont-Achse, was unseren Überlegungen entgegenkommt, aber am Grundsätzlichen von ihnen nichts ändert.)

Aber es hat sich auch, wie nicht anders zu erwarten war, die Intuition des Neptunischen in Gegenentwürfen konstelliert. Schopenhauer ist im 19. Jahrhundert ein einsames Beispiel dafür. Und in unserem Jahrhundert ist es unter anderem Martin Heidegger und mit ihm große Teile der deutschen Hermeneutik (H.G. Gadamer, E. Fink u.a.), wo sich Wirklichkeitserfahrung ganz stark aus dem Neptunischen heraus verdichtet. Was Heidegger in seinen so eindrücklichen Analysen der menschlichen Subjektivität (des Daseins) in »Sein und Zeit« versuchte, nämlich die zureichende Vorbereitung der Frage nach dem Sinn von Sein (Wirklichkeit), das geriet immer mehr in die Krise einer »Kehre«, in welcher sich eine große Wandlung und Wendung vollzog, weg von einer noch viel mehr in innersaturnischen Bezügen sich bewegenden Analyse des erlebenden Subjekts, hin zu einem Hinausstehen ins Offene, in den umgreifenden Raum der Un-Verborgenheit (und Geheimnishaftigkeit) des sich ereignenden Seins. Heideggers Denkweg ist ein Beispiel dafür, mit welcher Macht und Eindringlichkeit Konstellationen des Transsaturnischen, hier eine *Konjunktion des Neptunischen mit dem Plutonischen*, den erdnahen Raum des Menschen umwälzend durchdringen können. Immer mehr und radikaler wurde er zum »Sänger des Seins«, in dessen Erfahrungen sich die ganze bisher durchlaufene Phänomenologie des Neptunischen spiegelt.[4]

4 Im Gegensatz zur Konstellation von Kant ist in Heideggers Geburtsbild das Neptunische in radikaler Form dem Zusammenspiel der anderen Wesenskräfte angeschlossen. Mit dem Plutonischen unmittelbar gekoppelt, bildet es am Pol begegnender Welt (Du-Pol) den großen, transsaturnischen Schwerpunkt dieses Bildes.

Neben der Konjunktion mit Pluto sind Saturn, Venus und Mars in der Quadratur vom Neptunischen *gesteigert durchwirkt*, und die Sonne, selbst im Venusischen der Waage stehend, ist ihm verbunden in genauem Trigon.

Je weiter Heideggers Denkweg voranschritt, um so radikaler löste sich das begrenzte, in konkreten Bestimmungen noch beschreibbare Seiende auf in den ambivalent gegenwendigen ozeanisch-plutonischen Hintergrundraum des Seins. Zwar erscheint dieser Raum des Seins schon in den Analysen von »Sein und Zeit«, zum Beispiel in der Erfahrung von Geworfenheit, von abgründiger Nichtigkeit, die den Menschen mitten aus dem Gewohnten der Bedeutungszusammenhänge seiner Welt hinauszureißen vermag; aber noch war Heideggers seinserfragende Methodik allzusehr auf die Beschreibung der menschlichen Subjektivität (des Daseins) eingeengt.

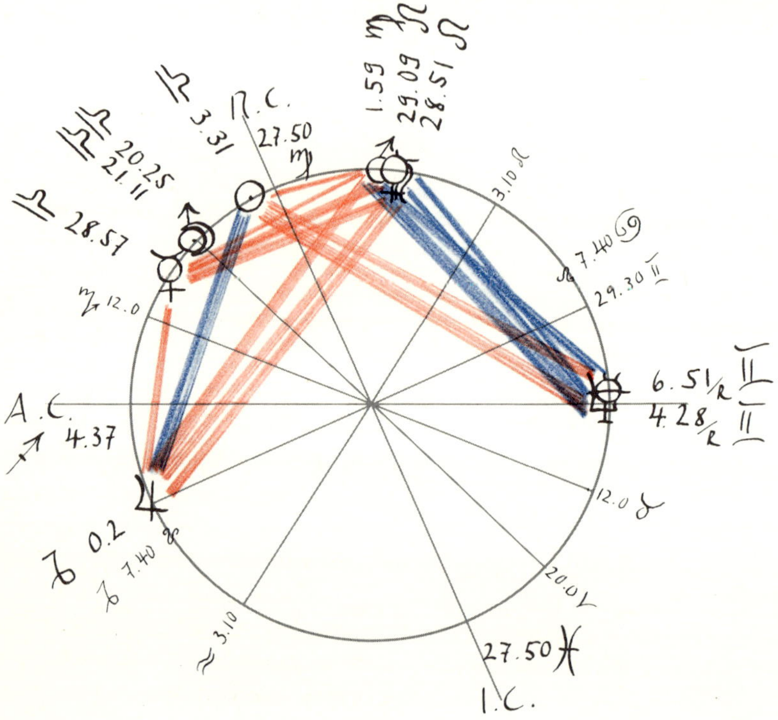

Dies war um so mehr der Fall, als ihn der Gang seines Lebens in der unteren Kreishälfte des Geburtsbildes zuerst durch den leeren Raum führte, ihn dadurch der Erfahrung von Bodenlosigkeit bedrängend weit offen sein ließ. Das Ganze seiner Konstellation ist wenig in der Eigenperson und überhaupt nicht in der Tiefenperson organisch abgestützt. Der Weg wird in die Räume des 9., 10. und 11. Hauses führen, in eine Wanderschaft ins Überpersönliche, ins Zeit- und Seinsgeschichtliche. Der offene Raum im Unten mußte die fast ausnahmslos in der oberen Kreishälfte gestellten Kräfte vor allem in der ersten Lebenshälfte in einen Versuch der Selbstbehauptung im Bodenlosen hineintreiben, denn tragend konnte die Konjunktion der Transsaturnier am Deszendenten (das »zweite Bein« in diesem Geburtsbild) zu dieser Zeit gewiß noch nicht sein. Die isoliert stehende Konjunktion von Mond und Uranus verstärkte eine Grundstimmung von Aufbruch, Abbruch, Rebellion, von Entschlossenheit im Sprung weg vom nicht mehr tragenden Boden. Daß die Analysen von »Sein und Zeit« auf eine Philosophie und Theologie der Existenz (im deutschen und später im französischen Sprachraum) befruchtend gewirkt haben, war gewiß nicht einfach ein Mißverständnis. Aber das Geburtsbild zeigt deutlich, daß zur Zeit der Ausarbeitung von »Sein und Zeit« Heidegger erst gerade begann, mit der weiträumigen Architektur seiner Konstellation tiefer in Kontakt zu treten. Allerdings begann dieser Kontakt fast explosionsartig: mit der Konjunktion von Neptun und Pluto. (Die innere Lebensbewegung im Sinne der Altersprogression erreichte diese Konjunktion 1925; 1927 erschien »Sein und Zeit«, womit Heidegger für viele mit einem Schlag unter die Größten der Philosophie rückte.)

Die Stellung des Jupiter, als einziger in den Quadranten der Eigenperson hineinragend (das »erste Bein« in diesem Geburtsbild), legt nahe, das in »Sein und Zeit« zentral Erfragte, den »Sinn von Sein« zuerst zu unvermittelt mit der seinsverstehenden Subjektivität, dem Für-sich-Sein des einzelnen zu verbinden und von dort her, als einer grundsätzlichen und streng verfügbaren Basis (Jupiter in Steinbock, im 2. Haus, allerdings in der Nähe des absteigenden Mondknotens!), alles Weitere aufzubauen. Von der *Enge* der Eigenperson aus war aber der gewaltigen Autonomie und Weite der Konjunktion von Neptun und Pluto, dem eigentlichen *Angelpunkt* in Heideggers Konstellation, nicht beizukommen. Und so mußte die eminente Gründlichkeit seines denkerischen Wesens von Jahr zu Jahr mehr – in einer *Umlagerung* der Akzente – den *Primat* des transsaturnischen Schwerpunktes am Du-Pol zum Ausdruck bringen. Zweifellos war dies, aus der Tiefe heraus gesehen, immer schon der Raum, woraufhin Heidegger unterwegs war. Aber dennoch ergab sich eine bemerkenswerte Wandlung der denkerischen Mittel unter der klarer werdenden Eigenart des Zieles. Die »Waage des Seins« drehte sich zunehmend den epochalen Schickungen im transsaturnischen Hintergrundraum zu. Das Denken wurde zum Andenken, zu einem Versuch, alle bisherige philosophische Differenzierung und Bestimmung im Sinne eines kategorialen Vorstellens hinter sich zu lassen, um tastend, in der Offenheit eines wesentlich arm und einfach gewordenen Gewahrens, den *Bezug* zu erfahren, den möglichen *Zuspruch* aus der Hut des Seins. Die Nähe zu dem, was wir »Phänomenologie des Neptunischen« nannten, wird immer ausgeprägter. Kaum ein Denker vor Heidegger hat die neptunische Erfahrung je mit solcher Konsequenz und unbedingter Strenge vorangetrieben. Und untrennbar verbunden damit das Plutonische: Die Erfahrung des Seins erweist sich in einer alles Bisherige überholenden Weise als *Geschichtlichkeit*, als gestaltwandelndes Geschick, als epochales Wandlungsgeschehen. Die Konjunktion von Mond und Uranus im 11. Haus, Heideggers Spürsinn im Zeitgeschichtlichen, seine gefühlshafte Erwartung eines umstürzend Kommenden, hat nun ihren Ort gefunden. In ihrer Isolation vom Zusammenspiel der übrigen Wesenskräfte bleibt sie allerdings ablenkbar, beirrbar, nicht jederzeit auf der Höhe der anderen, miteinander verbundenen Kräfte.

Durchformt von der asketischen Strenge des Saturnischen (es steht mit Venus, Merkur, Mars, Jupiter, Neptun und Puto in einem Aspekt!), zur Hauptsache im luftigen Element verlaufend (sechs von zehn möglichen Faktoren stehen im Luftigen), und unter ausgeprägter Beteiligung des Venusischen (Sonne, Mond, Merkur, Uranus im Waage-Prinzip und Venus selbst mitten in allen Aspekten stehend, unter den innersaturnischen Wesenskräften ein eigentliches Zentrum bildend) entwickelt sich eine denkerische Erfahrung, in welcher Konzentration, Strenge und Sammlung in den Dienst einer weiträumigen, subtil *sinnenhaften* Offenheit gestellt sind, ein *vernehmendes* Wahrnehmen, dem Dichterischen näher als jeder mentalen Ratio und ihren Mitteln: der Argumentation und Diskussion. Gegner sprechen von der irrationalen Verführungskraft dieses Denkens, und Eingeweihte bewundern die seismographische Behutsamkeit, mit der die unmerklichsten, leisesten »Winke« des Seins noch aufgenommen sind.

Und wie zeigt sich die späte Ausformung des mitten in den ersten Quadranten gestellten Jupiter-Prinzips? Auch im Denken des späten Heidegger hat der Mensch, nun im Spiegel-Spiel des Gevierts von Himmel und Erde, Göttlichen und Sterblichen, einen versammelnden Stellenwert. Nur ist das Wirkliche nun nicht mehr aus dem menschlichen Seinsverstehen heraus erschließbar, sondern der Mensch ist in seinem Wesen selbst der radikal *Bedingte* geworden. Als der Sterbliche, der »den Tod vermag«, gehört er ins abgründige Ganze. Der Tod eignet den Menschen dem Ereignis des Seins zu und bringt ihn so in sein Wesen: als Sterblicher zu sein. Insofern der Mensch in aller Not, in »dürftiger Zeit«, der *Entsprechende* bleibt, erfüllt sich in ihm seine Bestimmung.

Das Menschenwesen, wie es Heidegger entwirft, unermüdlich kreisend im zunehmend Unwegsamen seiner neptunisch-plutonischen Vision, ist erfüllt vom Pathos des Höchsten, Feierlichen, ja abgründig Bedeutsamen eines epochalen Auftrages. Im hymnischen Ton (und der Nähe zu Hölderlin) klingt zweifellos zu Rilke Verwandtes an. Neben ihrem großen gemeinsamen Hintergrund, dem Durchwirktsein vom Neptunischen, werden hier Heideggers Schütze-Aszendent und Jupiter als die bestimmende Kraft im Raume der Eigenperson durchscheinend.

Anders aber als bei Rilke ist Heideggers Weg in die *obere* Kreishälfte eingebunden; der Tagesraum ordnender Vernunft ist die Szenerie seiner Ausfaltung. Das gibt seinem Denken einen fordernden, weg-weisenden, wertsetzend-bestimmenden Ton, einen Anspruch auf Übersicht, Führung und Geltung. Das sind Züge, die sowohl der Thematik des Neptunischen (vernehmender Bezug) wie auch der Eigenart des Waage-Prinzips (seiner subtil reaktiven Wachheit) entgegenlaufen und eine *Ambivalenz* konstellieren, die sich in anderen Strukturmerkmalen fortsetzt: zuerst in der Koppelung von Venus (Ausgleich, Einpassung) und Mars (Kampf, Tat), dann in der Konjunktion des Waage-Mondes mit dem Uranischen, und zuletzt, am hintergründigsten, im Zusammengestelltsein von Neptun und Pluto selbst, wodurch zwei so grundverschiedene Konstellationen wie Neptun Quadrat Venus und Pluto Quadrat Mars unmittelbar nebeneinander zu liegen kommen. Diese durchgehende Ambivalenz gehört zum Tiefsten, womit Heidegger zu ringen hatte, und sie zeigt sich in vielfachen Formen: am umfassendsten wohl in der Erfahrung des Seins selbst, insofern in ihr Nähe, Bezug, Einklang des Zueinandergehörigen, Zuspruch, Entsprechung walten, aber ebensosehr das Strittige, Irrnis, Härte, Kampf, Bedrängnis, Gewalt. In etwas anderer Form tritt sie auf im hinhörenden, besinnlichen Andenken aus

Zu Recht stellt H. G. Gadamer seinem Hauptwerk »Wahrheit und Methode« einen Gedicht-Entwurf von Rilke voran, in welchem Erfahrung des Neptunischen und wirkungsgeschichtliches Bewußtsein im Sinne der deutschen Hermeneutik sich zusammenfinden:

> Solang du Selbstgeworfnes fängst, ist alles
> Geschicklichkeit und läßlicher Gewinn –;
> erst wenn du plötzlich Fänger wirst des Balles,
> den eine ewige Mit-Spielerin
> dir zuwarf, deiner Mitte, in genau
> gekonntem Schwung, in einem jener Bögen
> aus Gottes großem Brücken-Bau:
> erst dann ist Fangen-Können ein Vermögen, –
> nicht deines, einer Welt. Und wenn du gar
> zurückzuwerfen Kraft und Mut besäßest,
> nein, wunderbarer: Mut und Kraft vergäßest
> und schon geworfen *hättest* .... (wie das Jahr
> die Vögel wirft, die Wandervogelschwärme,
> die eine ältre einer jungen Wärme
> hinüberschleudert über Meere –) erst
> in diesem Wagnis spielst du gültig mit.
> Erleichterst dir den Wurf nicht mehr; erschwerst
> dir ihn nicht mehr. Aus deinen Händen tritt
> das Meteor und rast in seine Räume ...

SW II 132

der Gelassenheit, das in die Gegenwendigkeit härtester Not und unerbittlicher Konsequenz umschlagen kann. Ebensosehr kann im Entfesselten der weltweit gewordenen Technik, deren Wesen Heidegger als schrankenlos gewordenen Willen zum Willen begreift, ein abgründiger *Einklang* mit epochalem Geschick durchscheinen. Eine eingehende Analyse von Heideggers Werk und Leben mit astrologischen Mitteln müßte bei dieser gegenwendigen Thematik länger verweilen. Eine Fülle von Phänomenen liegt darin im Ansatz beschlossen. Unter anderem auch Heideggers Engagement in der Bewegung des Nationalsozialismus (1933/34). Dies gehört zweifellos in den verwirrend dunkeln Bereich dieser Ambivalenz. Inwieweit sein Verhalten dazu nach dem Krieg nochmals eine Entsprechung davon war, bleibe hier offen.

Wo das Neptunische konstelliert ist als Grundzug im Wesen eines Menschen und als Anliegen bestimmend zur Geltung kommen soll, da muß auch das Venusische, die erdnähere innersaturnische Gestaltkraft mitschwingen oder zumindest einstimmen in diese Bewegung. Wo das Venusische nicht miteinbezogen ist, da ist die Verbindung ins Konkrete, Sinnliche, Unmittelbare der Wahrnehmungsvollzüge erschwert. Auch dort, wo das Uranisch-Merkurische oder das Marsische besonders bestimmend ist, vermag das Neptunische oft nicht mehr rein zu seiner Geltung zu kommen.

Aus diesen Zusammenhängen ist es gewiß richtig, wenn die heutige Astrologie das Neptunische als eine subtilere Form des Venusischen versteht. Aphrodite-Venus, die Schaumgeborene, entsteigt den Fluten des Meeres. Und wieviel Meernixen-Erzählungen und Meerjungfrauen-Märchen zeigen das Verführerische, Lockende, den Zauber des Venusischen auf dem Hintergrund des Wassers, das doch letztlich dem grenzenlos strömenden Okeanos entspringt? In diesem Hintergrund waltet die Macht des Eros, wodurch alle Dinge noch *in* ihrem Werden sich untereinander zusammenfügen. Von dem griechischen Wort für »zusammenfügen«, »harmottein« leitet sich das Grundwort »Harmonie«, »Einklang«, »Zusammenklang« ab. Sowohl im Neptunischen wie auch im Venusischen waltet der Grundzug der Harmonie.

Um so bedeutungsvoller ist daher ein großes, genaues Trigon zwischen diesen beiden einander oktavierenden Wesenskräften. Die-

Aus dem Ganzen unserer Darstellung mag sich auch gezeigt haben, in welchem Maße die Ausweitung in den Hintergrundraum der Transsaturnier eine ans Tiefste gehende Herausforderung mit sich bringt. Und gerade deshalb: Wer könnte heute schon Gültiges sagen über Bedeutung und Reichweite von Heideggers Seinserfahrung? Er scheint zu den Zeugen einer gewaltigen Umgestaltung zu gehören, zu jenen, deren schöpferische Fähigkeiten ausreichten, die Konjunktion des Neptunischen mit dem Plutonischen in einer lebenslangen Arbeit des Denkens sichtbar gemacht zu haben.

(Martin Heidegger, geboren am 26. September 1889 in Meßkirch, 11 Uhr 30 morgens; Quelle: Th. Ring, Astrologische Menschenkunde Bd. 3, S. 540, und gleichlautend: Datenbank des DAV; Stichwort dort zur Quelle dieser Zeitangabe: Tony Bonin, Standesamtliche Zeit.)

ses Trigon wird im Geburtsbild Rilkes zur Hauptachse der durchgehenden Gestaltfigur zwischen Neptun, Venus, Merkur und Mars. Es ist wie der Klangkörper, auf dem die hintergründigeren Schwingungen des Neptunischen sinnlich wahrnehmbar werden. Die Weite des Neptunischen wird in diesem mächtigen Trigon mit der Unmittelbarkeit des sinnlichen Erlebens direkt zusammengeschlossen – und erst dann, in einem zweiten, kleineren Schritt, über das Halbsextil (30°-Abstand) und das Quincunx (150°-Abstand) tritt es in Verbindung mit dem Merkurischen, das dann allerdings über den Aszendenten im Jungfrau-Prinzip und das Medium Coeli im Zwillinge-Prinzip zu einem höchst einflußreichen Botschafter innerhalb der Gesamtpersönlichkeit von Rilke wird. Das sind feine, aber bedeutsame Unterschiede, die sich der astrologischen Wahrnehmung hier erschließen. Stünde das Merkurische in sich selber stärker da, wäre es nicht in den beiden Feinaspekten ganz an die mächtigere Figur des Neptun-Venus-Mars-Dreiecks angelehnt, dann würden wir Rilke vielleicht einen *Schriftsteller* nennen. So aber ist er, aus der Tiefe des Zusammenspiels dieser Figur, ein *Dichter*, ein Schaffender, dem das Medium der Sprache zwar bis in feinste Unterscheidungen Werkzeug war (Sprache ist gewiß in vielem eine Entsprechung des Merkurischen), der aber in aller Sprache eine noch tiefer gelegene *sinnliche Anschauung*, ein sinnliches Erleben zum Ausdruck bringt. So erweist sich das Merkurische als ein vermittelndes Organ, das in den Dienst der vorrangigen venusisch-neptunischen Erfahrung gestellt ist.

Wenn das Trigon zwischen Neptun und Venus die Hauptachse der ganzen Gestaltfigur bildet, so wird es auch die Wesensart des Marsischen *überformen*, das sowohl mit Neptun, aber auch mit Venus in einem Sextil zu einem durchgehenden Dreieck zusammengeschlossen steht. Gerade deswegen, weil auch das Marsische, sonst von seiner Natur her ein möglicher Kontrapunkt zum Venusisch-Neptunischen, in dieses einbezogen bleibt, gestaltet sich bei Rilke das Motiv der Harmonie so mächtig, ursprünglich und rein aus. Alles Verstehen, alles Welt-Erleben ist ihm im Tiefsten durchdrungen von *Eros*, Zusammenklang, liebendem Bezug. Eines seiner großen Grundworte heißt: Zustimmung, Zustimmung geben, auch dem

Schwersten und Härtesten gegenüber. Das ist der Grundklang seines Existierens und Dichtens gewesen, allerdings oft unter unglaublichen inneren Umständen der Not einer anderen, dunklen, verzweifelten Erfahrung abgerungen. Die Konstellation, der solches entsprang, steht schwer und wuchtig in der zweiten großen Gestalt-Figur seines Geburtsbildes vor uns. Aber das greift dem Gang unserer Beschreibung voraus.

Vorerst sei, in einer längeren Briefstelle, ein Beispiel dafür gegeben, wie sich die Überformung des Marsischen durch das Venusisch-Neptunische zeigen kann. In einem Brief an Hermann Pongs (Oktober 1924) kommt Rilke auf Fragen der Gesellschaft und Bestrebungen, diese zu verändern, zu sprechen. Er schreibt:

»Und nun... der schwierige Versuch, Ihren merkwürdigen Erwägungen in bezug auf ›reich‹ und ›arm‹ gerecht zu werden. Die Wendungen Ihres Briefes sind mir nicht durchaus verständlich, was wohl daran liegen mag, daß ich Ihren Ausgangspunkt nicht finde und so mich Ihrem Gedanken unterwegs anschließen muß, ohne zu wissen, von wo er aufgebrochen sein möchte. Kommt er aus dem Begriff des ›Sozialen‹ her – wie es den Anschein hat –, so muß da gleich versichert sein, daß man unrecht hätte, irgendeine meiner Bestrebungen in diese Rubrik einzuordnen. Ein menschlich Gleichgesinntes, ein Brüderliches ist mir freilich unwillkürlich und muß in meinem Wesen angelegt gewesen sein, sonst würde mich das Freiwerden dieser Eigenschaft unter dem Einfluß des russischen Beispiels nicht so tief und vertraulich ergriffen haben. Was aber eine solche freudige und natürliche Zuwendung vom Sozialen, wie wir es heute verstehen, durchaus unterscheidet, ist die völlige Unlust, ja Abneigung, irgend jemandes Lage zu verändern oder, wie man sich ausdrückt, zu verbessern. Niemandes Lage in der Welt ist so, daß sie seiner Seele nicht eigentümlich zustatten kommen könnte... Und ich muß gestehen, mir ist, wo ich an anderem Schicksal teilzunehmen genötigt war, immer vor allem dieses wichtig und angelegentlich gewesen: dem Bedrückten die eigentümlichen und besonderen Bedingungen seiner Not erkennen zu helfen, was jedesmal nicht so sehr ein Trost, als eine (zunächst unscheinbare) Bereicherung ist. Es scheint mir nichts als Unordnung zu stiften, wenn die allgemeine Bemühung (übrigens eine Täuschung!) sich anmaßen sollte, die Bedrängnisse schematisch zu erleichtern oder aufzuheben, was die Freiheit des anderen viel stärker beeinträchtigt, als die Not selber es tut, die mit unbeschreiblichen Anpassungen und beinahe zärtlich, dem der sich ihr anvertraut, Anweisungen erteilt, wie ihr – wenn nicht nach außen, so nach innen – zu entgehen wäre. Die Lage eines Menschen bessern wollen, setzt einen Einblick in seine Umstände voraus, wie nicht einmal der Dichter ihn besitzt, einer Figur gegenüber, die aus seiner eigenen Erfindung stammt. Wie viel weniger noch der so unendlich ausgeschlossene Helfende, dessen Zerstreutheit mit seiner Gabe vollkommen wird. Die Lage eines Menschen ändern, bessern wollen, heißt, ihm für Schwierigkeiten, in denen er geübt und erfahren ist, andere Schwierigkeiten anbieten, die ihn vielleicht noch ratloser finden. . . .Es kann nie meine Absicht gewesen sein, den Armen gegen den Reichen auszuspielen oder mich zu dem einen überzeugter zu bekennen als zu dem anderen. Wohl aber mag es mir aufgegeben gewesen sein, Armut und Reichtum eine Weile mit ihren reinsten Maßen zu messen, – denn wie sollte es, auch hier wieder, nicht dazu kommen, daß man beide rühmt, wenn man sie recht erkennt« (BR 884).

Gewiß sind eine ganze Reihe anderer Konstellationen herauszuhören aus dieser erstaunlichen, äußerst eigenwilligen Stellungnahme Rilkes. Und vielleicht hegt jemand den Verdacht, sie könne, als Einzelfall, gar nicht so sehr ins Gewicht fallen. Dem ist nicht so. Rilke hat, bei ähnlichen Gelegenheiten, durchaus im Sinn dieser Grundhaltung reagiert. Darin zeigen sich, schlaglichtartig, eine ganze Reihe von Konstellationen seines Kosmogramms. Die starke Unten-Lagerung der Wesenskräfte zeigt den fast ausschließlichen Schwerpunkt seines Wesens: Der Tiefenraum einer naturhaft-organisch erlebten Innerlichkeit. Und durch die Stellung der Transsaturnier (Neptun im achten Haus, Uranus im zwölften Haus) wird Rilke zu einem Mystiker dieses tiefinnerlichen Mikrokosmos. Dieser Weltinnenraum wird, über die neptunisch-venusische Erfahrungs-Gestalt, mit außerordentlicher Einfühlung, liebend, zustimmend ausgeleuchtet und muß zugleich über die spannungsgeladene Quadrate-Figur (in welcher ein durch die Quadrate aufgeladenes Saturnisches auf das Mondhafte prallt) in gewaltiger Härte und Unerbittlichkeit ertragen werden. Damit rang Rilke ein Leben lang. Das alles war zu leisten – und zwar nicht außen, kämpfend und verändernd, sondern innen, einfühlend und erleidend. Aus solchen Zusammenhängen ergibt sich mit großer Konsequenz Rilkes eigenwillige Stellungnahme, mit all ihrer Einseitigkeit und Ungeschichtlichkeit.

Der mit der Astrologie weniger vertraute Leser kann diesen kurzen Durchblick auf vielschichtigere Zusammenhänge ruhig übergehen. Der Gang der Deutung wird das Gesagte Schritt für Schritt verdeutlichen.

Es gibt ein anderes Beispiel noch, worin sich die Überformung des Marsischen durch das neptunisch-venusische Erleben zeigt: Rilkes Haltung der literarischen Kritik gegenüber. Ein Leben lang war er darum bemüht, sowohl lobende wie auch hinterfragende Kritik von seinem Schaffen fernzuhalten. Instinktiv spürte er, welche Gefahr eine aggressive Reflexion der neptunisch-venusischen Schwingungsebene gegenüber sein könnte. Das Marsische, in seiner Spannung (Quadrat) zum Merkurischen, durfte den größeren harmonischen Zusammenhang, die Gestalt-Ordnung der ganzen Figur (von Neptun, Venus, Merkur, Mars), nicht auseinandersprengen. Als Kritik aus der eigenen Tiefe heraus konnte es leben, weil es in dieser Form um die zu wahrenden Grenzen wußte. Aber jedes Hineingezogenwerden in den kritischen Meinungsstreit der Zeitgenossen hätte die Unmittelbarkeit und Einfalt des neptunischen Erlebens gestört. Es hätte einen »Anschein von Unrecht« aufkommen lassen und den Prozeß »der reinen Lösung« im Herzen des Dichters beeinträchtigt.[5]

5 Was wir von Rilkes Haltung zur literarischen Kritik feststellen, kann als ein übergreifender Zug sowohl seines Wesens wie seiner dichterischen Erfahrung gelten. Daneben gibt es sehr wohl Beispiele, in denen die Quadratur vom Marsischen zu Merkur (zusammenklingend mit den Spannungsaspekten vom Uranischen aus der Quadrate-Figur) heftig durchschlägt. Zu nennen wäre da die Empörung im »Brief

Noch wesentliche Entsprechungen des Neptunischen auf der Ebene des dichterischen Werks bleiben aufzuzeigen. Da ist vor allem seine Nähe zur *Raum*-Erfahrung.[6] Die neptunisch gestaltete Erfahrung scheint wesenhaft raum-nah, raum-bezogen, raumhaft zu sein.

des jungen Arbeiters« (SW VI 1111) oder die klare Absage an die sensationshungrige Prozeßführung gegen einen mutmaßlichen Kindsmörder (vgl. »Offener Brief an Maximilian Harden«, SW V 482), oder gar die berühmte Passage innerhalb der zehnten Elegie, wo der »Trostmarkt« von Gesellschaft und Kirche mit unübertrefflicher Schärfe ironisiert wird. Alle diese Texte sind durchdringende kritische Stellungnahme und Kampf.

Auch in seinem Briefwerk finden wir – vereinzelt – Bemerkungen, welche eine herrlich nuancierte Bissigkeit verraten.

Am offensichtlichsten eingesetzt ist Ironie noch in Texten des frühen Rilke. Man vergleiche »Ewald Tragy« als Parodie auf die Bürgerlichkeit seiner Herkunft. (Auch das Dunkel-Gewaltsame der Quadrate-Figur kommt beim frühen Rilke im Entsetzlichen gewisser Erzählungen stark zum Ausdruck. Vgl. etwa das Mörderische in »Die Näherin« (SW IV 414) oder »Frau Blahas Magd« (SW IV 623).

6 Dieser ausgeprägte Bezug zum Raumhaften ist ein Grundzug neptunischer Erfahrung. Er tritt bei Rilke um so stärker auf, als er sich verbindet mit der hauptsächlichen Lagerung der Wesenskräfte in der unteren Kreishälfte, mit Schwerpunkt des Sonnenhaften in der Himmelstiefe. Ausführlich wird davon das 4. Kapitel handeln.

Die Interpreten Rilkes haben diesen Grundzug früh bemerkt und immer wieder hervorgehoben. Am eigenwilligsten hat sich Rudolf Kassner dazu geäußert. Für ihn ist Rilkes »Gefühl für Raum« geradezu das Geheimnis der Form und der Grundidee von seinem ganzen Dichtertum. »Man lese einmal auf das, auf den Raum hin, seine Gedichte von Anfang bis zu Ende durch. Ich könnte hier ganze Spalten mit Zitaten solcher Raum-Metaphern bedecken. Wenn es für Rilkes Geist überhaupt einen Begriff gab oder geben konnte, ein Umgreifendes, Begreifend-Begriffenes, eine Umfassung, einen Zaun der Welt, so war es der Raum und kein anderer, der Raum des Sehers, der Raum, in welchen Gott mit ›Schöpferhänden‹ die Dinge hinein stellte, der mythische Raum der Verwandlungen, eben der Raum, der zugleich Welt war, Gottes- und Kinderwelt« (R. Kassner, Rilke, Gesammelte Erinnerungen 1926–1956, Pfullingen 1976, S. 16).

Diese Feststellung von Kassner steht nicht im Widerspruch zu den bemerkenswerten Resultaten von Beda Allemann, der die temporale Struktur von Rilkes Wirklichkeitserfahrung herausarbeitet. Denn die neptunisch erlebte Raumhaftigkeit ist ja gerade *nicht* vordergründige Räumlichkeit, sondern gewahrte Gegenwart des Hintergründigen, Fülle des Offenen, »überzähliges Dasein«, transparent gewordener Raum, »Zwischenraum«.

Auch in dieser Beziehung zeigt sich die Komplementarität zum Uranischen. Dieses drückt sich aus im Jähen, Plötzlichen, Augenblickhaften. Etwas Trennendes, Springendes, Durchbrechendes, Abbrechendes kennzeichnet es. Die Nähe zur Zeit als dem jähen Jetzt, dem einmaligen Augenblick ist offensichtlich. Dem Neptunischen dagegen eignet gerade die Kontinuität, die langsame, feine, unmerkliche Annäherung, das Zarte der Berührung, des Kontaktes. Im Einstimmen, Einschwingen wird unser Erleben »Raum«, Bezug, Feld, schwingendes Feld, in Schwingung geratener Raum. Sind wir da nicht ganz ursprünglich beim Summen? Im Summen hat sich ein Gefühl in uns so stark gesteigert, daß es den Raum in uns in Schwingung versetzt. Und die Steigerung des Summens in größere Gestaltung hinein wird zum Singen. Der in Schwingung geratene Raum *tönt*, wird *Klang*. Und dort, wo die gestaltete Ordnung ihr bestimmtes Maß erreicht, wird es dem Menschen hörbar als Musik, erreicht es sein Herz. Das singende Herz des Menschen und die Erfahrung des schwingenden Raumes als Klang und Musik sind Urphänomene des Neptunischen. Musikalität im weitesten Sinne muß daher ein Grundzug Rilkescher Welt-Erfahrung sein. Und so ist es. Der Dichter *singt*. Er singt auf, er macht das Geheimnis des Wirklichen *hörbar*. Eine der ältesten Formen, Singen zu begleiten, ist die Leier, die Lyra. Das ist Dichten als *Lyrik*. Rilke ist Lyriker, manche sagen, er sei *der* Lyriker der deutschen Sprache. In der Sprache als Lyrik ist der ganze Zauber des Neptunischen verborgen, da singt die Muse zu uns, sie ist eine sprachliche Form von Musik. Aus diesen Bezügen heraus ist es kein Zufall, daß in Rilkes später Dichtung, vor allem in jenen Wochen gewaltig durchbrechender Inspiration (Februar 1922), der singende Gott Orpheus zum Inbild wurde, in welchem sich all diese dichterische Erfahrung wie in einem mächtigen Brennpunkt versammelte. Schon das erste Sonett schlägt das Grundthema an, das Steigen des dichterischen Singens und in eins der Raum des Vernehmens, der »Tempel im Gehör«:

Da stieg ein Baum. O reine Übersteigung!
O Orpheus singt! O hoher Baum im Ohr!
Und alles schwieg. Doch selbst in der Verschweigung
ging neuer Anfang, Wink und Wandlung vor.

Tiere aus Stille drangen aus dem klaren
gelösten Wald von Lager und Genist;
und da ergab sich, daß sie nicht aus List
und nicht aus Angst in sich so leise waren,

sondern aus Hören. Brüllen, Schrei, Geröhr
schien klein in ihren Herzen. Und wo eben
kaum eine Hütte war, dies zu empfangen,

ein Unterschlupf aus dunkelstem Verlangen
mit einem Zugang, dessen Pfosten beben, –
da schufst du ihnen Tempel im Gehör.

SW I 731

Im jubelnden Aufsingen des Dichters selbst steigt »der Baum im Ohr«. Das Herz des Menschen weitet sich aus in nie gekanntes Hören, aus tiefsten Lebenshintergründen heraus. Die Tiere sind Ausdruck dafür. Und *wie* sie kommen, aus dem Wald, aus ihrem Lager und Genist, bereits ganz leise vor lauter Offensein und Hören!

Wo neptunische Erfahrung so rein zum Aufsingen kommt, da verdichtet sie sich zur *Gestalt*. Zu welcher Gestalt? Zu jener der Muse schlechthin, zur Anima, zur Seele in allem Wirklichen, wo es uns verzaubert und ergreift. Im zweiten Sonett sehen wir sie erstehen:

Und fast ein Mädchen wars und ging hervor
aus diesem einigen Glück von Sang und Leier
und glänzte klar durch ihre Frühlingsschleier
und machte sich ein Bett in meinem Ohr.

Und schlief in mir. Und alles war ihr Schlaf.
Die Bäume, die ich je bewundert, diese
fühlbare Ferne, die gefühlte Wiese
und jedes Staunen, das mich selbst betraf.

Sie schlief die Welt. Singender Gott, wie hast
du sie vollendet, daß sie nicht begehrte,
erst wach zu sein? Sieh, sie erstand und schlief.

Wo ist ihr Tod? O, wirst du dies Motiv
erfinden noch, eh sich dein Lied verzehrte? –
Wo sinkt sie hin aus mir?... Ein Mädchen fast...

SW I 731

Das Geheimnisvoll-Unbestimmte des Neptunischen als schöpferisches Seelenbild ist meisterlich vergegenwärtigt. Das Unmerkliche, Leise, Geheimnisvolle wird nur schon mit dem kleinen Wort »fast«, »fast ein Mädchen wars«, hervorgerufen, mit dem das Sonett beginnt und auch endet. Dann aber wird die Macht und Wirkung dieses »Mädchen fast« beredt beschrieben, bis zu der gesteigerten zusammenfassenden Feststellung: »Sie schlief die Welt.«

Rilke, der Dichter der Sonette, ist sich offenbar ganz sicher, daß sie schläft. Ganz klar ist das festgehalten: »...und machte sich ein Bett in meinem Ohr.« – »Und schlief in mir. Und alles war ihr Schlaf.« Und doch ersteht ihm die Frage: »Singender Gott, wie hast du sie vollendet, daß sie nicht begehrte, erst wach zu sein?« Was kann es bedeuten, daß dieses »Mädchen fast«, als Inbegriff des Neptunischen, schläft? Haben wir diesen Wesenszug nicht schon berührt? Das Neptunische ist der Sphäre des Urweiblichen, Urmütterlichen näher als dem archetypisch Männlichen. Die Wasser des Okeanos weisen darauf hin. Ebenso das Alldurchwaltende, Verbindende des *Eros*. Damit hängt ja auch das Raumhafte, Kontinuierliche, das Schwingende des Feldes zusammen. Und es ist das *Herz*, als Ort des Fühlens und der Innigkeit, wo sich neptunische Welt-Erfahrung realisiert. Das sind alles Momente, die dem Weiblichen, der Yin-Seite angehören. Fügt sich da nicht ganz selbstverständlich ein das *Dunkel* des Zaubers der Seele, des Lebens? Bezauberung will nicht Ernüchterung. Das Geheimnis will nicht enträtselt werden. Im Raume dieses großen Bezugs gibt es kein Erwachen. Die Bedeutung der Träume und des Schlafs hat uns diese Dimension wieder nahe gebracht. Schlafend, träumend, sind wir umgriffen, natürlich bezogen auf das Ganze des mütterlichen Raumes von Seele und Leben. Diesen Raum vermögen wir nirgends wirklich zu verlassen: Wir bleiben einbezogen in die »Träume« und archetypischen Bilder des Lebens. Sein Geheimnis, sein Zauber ist der natürliche Quellboden all unserer Lebensvollzüge. Hat nicht *darin* das Bild des schlafenden Mädchens seine Bedeutung? Sein Erwachen würde dem Herausfallen aus dem Geheimnisraum des Lebendigen, des Beseelten gleichkommen. Und das ist, jedenfalls innerhalb der Erfahrungen der Tiefenpsychologie, eine gänzlich unrealistische Vorstellung.

Daß Rilke in der letzten Strophe des Sonetts nach ihrem Tode fragt (»Wo ist ihr Tod? O, wirst du dies Motiv erfinden noch ...«) hat nichts zu tun mit der Frage nach ihrem Erwachen. Ganz im Gegenteil. Es ist die Steigerung ins Ganze der beiden Hälften von Leben und Tod. Erst dann wird der Kreis sich gerundet haben.

Rilke ist so sehr Dichter aus der Erfahrung des Neptunischen, daß fast ausnahmslos alle seine großen Themen Züge dieser transsaturnischen Wesenskraft in sich tragen. Das hier im einzelnen auszuführen würde den Rahmen unserer Arbeit sprengen. Nur stichwortartig sei erwähnt: Deutlich neptunisches Gepräge hat sein Verständnis der Liebe als Leisten eines reinen Bezugs, der hinausgeht ins Ungegenständliche, Offene, noch jeden Geliebten übersteigend. Oder, ganz ähnlich, der Prozeß der fortschreitenden »Ent-Ichung« in den »Aufzeichnungen des Malte Laurids Brigge«. Oder, ebendort, die Erfahrung der Armut- und Elends-Gestalten als Grenzfälle der Auflösung ins reine Sein hinein. Und, als ob er neptunisches Anliegen eigens hätte formulieren wollen, so kommt uns die Aufgabe vor, die er dem heutigen Menschenwesen als wichtigste zuweist: die Verwandlung des Sichtbaren, Hiesigen ins Unsichtbare unserer fühlenden Herzräume.

Berühmt geworden sind die Formulierungen im Brief an seinen polnischen Übersetzer Witold Hulewicz (November 1925):

»...denn unsere Aufgabe ist es, diese vorläufige, hinfällige Erde uns so tief, so leidend und leidenschaftlich einzuprägen, daß ihr Wesen in uns ›unsichtbar‹ wieder aufersteht. ...Die ›Elegien‹ zeigen uns an diesem Werke, am Werke dieser fortwährenden Umsetzungen des geliebten Sichtbaren und Greifbaren in die unsichtbare Schwingung und Erregtheit unserer Natur, die neue Schwingungszahlen einführt in die Schwingungs-Sphären des Universums. ... Und diese Tätigkeit wird eigentümlich gestützt und gedrängt durch das immer raschere Hinschwinden von so vielem Sichtbaren, das nicht mehr ersetzt werden kann. Noch für unsere Großeltern war ein ›Haus‹, ein ›Brunnen‹, ein ihnen vertrauter Turm, ja ihr eigenes Kleid, ihr Mantel: unendlich mehr, unendlich vertraulicher; fast jedes Ding ein Gefäß, in dem sie Menschliches vorfanden und Menschliches hinzusparten. Nun drängen, von Amerika her, leere gleichgültige Dinge herüber, Schein-Dinge, *Lebens-Attrappen*... Die belebten, die erlebten, die *uns mitwissenden Dinge* gehen zur Neige und können nicht mehr ersetzt werden« (BR 898).

Sosehr in dieser Vision der ins Unsichtbare hinschwindenden Dinge und ihrer bewahrenden Verwandlung in uns alle drei transsaturnischen Wesenskräfte einbezogen sind, das Uranische und selbst das Plutonische, so sehr steht das Neptunische auch hier im Zentrum. Die Verwandlung des Sichtbaren ins Unsichtbare, wie sie in uns geschehen soll, vollzieht sich auf der Ebene des fühlenden Herzens, seiner bewahrenden Innigkeit, in welcher der eigene Klang, die versammelnde Dichte eines jeden Dinges einfühlend, ja liebend erfaßt und ihrem ständigen Hinschwinden (das auch uns ergreift und mitreißt) eine steigernde Gegenbewegung entgegenhält.

»Schafft die Zeit sich keine großen Männer,
so schafft der Mann sich eine große Zeit.«
SW III 30

DIE SITUATION DES FRÜHEN RILKE

Der bisherige Gang der Deutung von Rilkes Geburtsbild weist ihn aus als einen Dichter aus der Erfahrung des Neptunischen. Dabei wurden nicht Entsprechungen aus Rilkes Anfängen herangezogen, sondern Erfahrungen aus seiner mittleren und späten Zeit, in welchen das Neptunische sich in seinen ausgereiften und wesenhaften Ausformungen zeigt. Es ist aber gerade im Falle von Rilke nicht minder erhellend, mit Hilfe der astrologischen Wahrnehmung Grundzüge *der Logik seiner Entwicklung* herauszuschälen. Das Geburtsbild stellt zwar – in seiner primären Bedeutung – einen bleibenden Grundriß der Individuations-Gestalt eines Menschen dar; aber die Weise, wie die Wesenskräfte in verschiedenen Gestaltordnungen zusammengefügt sind, und ebenso ihre Lagerung im Raume der Quadranten, läßt oft etwas von der Logik ihrer Ausfaltung, ihrer lebensgeschichtlichen Konkretion erkennen. Gerade bei Rilke sind, aus den konstellativen Zusammenhängen heraus, ganz überraschende Einsichten in die Zeit seiner frühen Anfänge möglich, wobei uns allerding wichtig scheint, daß diese Einsichten elementaren Gestaltzusammenhängen des Geburtsbildes entnommen werden – und nicht, wie das oft geschieht, aus der rechnerischen Rekonstruktion sogenannter früher Ereignisse abgeleitet werden. Gerade in solchen methodischen Unterscheidungen zeigt sich, inwieweit astrologische Deutung im Bewußtsein um die Aussagegrenzen zuerst bei den lebensgeschichtlichen Tatsachen (Ereignissen, Fakten) beginnt, um sie dann auf dem Hintergrund der Konstellationen tiefer und ganzheitlicher zu verstehen, oder ob sie den umgekehrten Weg wählt, der oft noch im Sinne einer »Blinddiagnose« von den Konstellationen aus möglichst schnell, handlich und treffsicher zu den scheinbar so sicheren Tatsachen führen soll.

Werfen wir also einen Blick auf die Anfänge von Rilkes Schaffen und versuchen wir näher zu verstehen, auf welchen Wegen er zu jenem Dichter geworden ist, der uns im vorherigen Kapitel in seinen reifen Entsprechungen begegnet ist. Zu diesem Ziel ist allerdings das *Ganze* des Geburtsbildes heranzuziehen: Es fällt auf, daß dieses Geburtsbild aus zwei großen, komplexen Gestalt-Figuren besteht. Da ist zum einen die überwiegend synthetische, das heißt harmonische Gestaltfigur von Neptun, Venus, Mars und Merkur. In ihr überwiegt das harmonische Zusammenspiel. Daß diese vorwiegend aus harmonischen Aspekten bestehende Figur sich auch noch aus Wesenskräften zusammensetzt, die bereits ihrem Inhalt und Wesen nach Harmonie und Einklang wollen (gemeint sind Neptun und Venus, welche die Trigon-Hauptachse bilden), das ist eine jener Beobachtungen, aus denen sich die astrologische Gestaltlogik aufbaut und die überhaupt eine Deutung ermöglichen. Aus solchen Bezügen heraus fügen sich Grundthemen in einem Geburtsbild allererst zusammen. Neben dieser einen überwiegend harmonischen Figur steht eine andere, ausschließlich disharmonische: die große Viereck-Figur, wie sie aus sechs Quadraten und drei Oppositionen gebildet wird. Das ist eine Figur, die in eindrücklicher Weise höchste Spannung einerseits und Statik, Geschlossenheit andererseits in sich vereinigt. Wenn Quadrate und Oppositionen das sind, als was wir sie in einer nüchternen Ordnung der Aspekte verstehen, nämlich Formen eines wechselseitigen *Widerspiels* oder der *Entgegensetzung*, dann muß ein erster Blick schon eine Einfühlung davon geben, was an spannungsgeladener Entgegensetzung dem schwächsten Glied, dem Mondhaften, in dieser Gesamtfigur zugemutet wird. Es leuchtet ein, daß diese Quadrate-Figur für das Mondhafte eine gewaltige Herausforderung darstellen mußte und daß sie in den Jahren der Kindheit und in Zeiten krisenhafter Übergänge zu einer Überforderung werden konnte. Das

Mondhafte in uns bedeutet ja ganz wesentlich unsere Empfänglichkeit allem gegenüber, was an uns herantritt, sei es im Innen- oder Außenraum. Leben wir aus dem Mondhaften, dann sind wir geöffnet, bildbar, formbar, beeindruckbar, ungeschützt. Der ganze Reichtum, aber ebenso die Schutzlosigkeit des Kindes, das wir waren und in tieferen Schichten der Seele immer noch sind, entspringt dem Mondhaften. Und dieses Organ elementarer Empfänglichkeit steht bei Rilke eingebunden in Quadrat-Spannungen und Oppositionen vom Plutonischen, Uranischen und von Jupiter her und, um das Maß vollzumachen, in Konjunktion mit dem Saturnischen, als ob noch eigens bestärkt werden müßte, daß es aus dieser Gestaltfigur kein Entrinnen, kein Fliehen, schon gar kein Sich-Wegschleichen gibt. »Wer spricht von Siegen? Überstehn ist alles.« Diese Zeile aus dem Requiem für Wolf Graf von Kalckreuth (SW I 664) gehört zu den berühmtesten aus Rilkes Werk. Hinter ihr steht das ganze Gewicht dieser geschlossenen Vierecks-Figur.

Jeder Rilke-Forscher weiß, wie beharrlich Rilke von den Schrekken seiner Kindheit sprach und wie er die Ängste und Verzweiflungen des heranwachsenden Zöglings in der Militär-Unterrealschule zu St. Pölten in unerbittlichen Worten beschrieb. Wer nun im Sinne einer durchschnittlichen menschlichen Einfühlung nach äußeren Ursachen dafür sucht, wird es schwer haben, Rilkes Aussagen zu verstehen. »Ob das wirklich so unmenschlich war?« fragt Egon Holthusen in seiner Monografie und fügt bei, daß wir Zeugnisse haben von anderen Zöglingen, welche diese Schule durchaus auch als menschlich und verständnisvoll schildern. Hier kann uns die Geburtsbild-Struktur, insbesondere die Stellung des Mondhaften, einige Einsicht bringen. Sie enthält zwar gerade *nicht*, was *tatsächlich* geschehen war, aber sie zeigt, *unter welchen gestalthaften inneren Bedingungen* Rilke diese Geschehnisse erleben mußte und was er hierbei, aus der Form seines Erlebens, zu bewältigen hatte. Und das ist, von der kosmischen Struktur her gesehen, ausnahmehaft viel.

Kehren wir zurück zum Blick auf das Ganze des Geburtsbildes: Da stehen zwei große, komplexe Gestaltfiguren, jede in sich selbst eine geschlossene Ordnung, nebeneinander da. Die eine überwiegend aus harmonischen, die andere ausschließlich aus disharmonischen Aspekten zusammengefügt. Nun war es nichts anderes als reinste Strategie des *Überlebens*, gesteuert aus dem unbewußten Zusammenhang der Gesamtpersönlichkeit, daß Rilke in den ersten zwei Jahrzehnten seines Lebens fast ausschließlich *innerhalb* der harmonischen Neptun-Venus-Merkur-Mars-Figur verbleiben mußte, das heißt nur aus *dieser* Figur heraus sein Existieren und Dichten aktiv *gestalten* konnte, und daneben, noch ohne viel wirkliche Gegenwehr, den Schrecknissen und Gewaltsamkeiten der Quadrate- und Oppositions-Figur unterliegen mußte.[1]

Eine Folge dieses Auseinanderklaffens der beiden so verschiedenen Gestaltfiguren ist nun das, was wir als die *Frühzeit* Rilkes kennen. Es ist das Phänomen eines betriebsamen, erstaunlich unkritischen, redseligen jungen Mannes, der bereits mit achtzehn, neunzehn Jahren die Literatur-Szene seiner Heimatstadt Prag mit lyrischen Veröffentlichungen geradezu überschwemmt, eine »merkwürdige Form kindlich-dreister Geschäftstüchtigkeit«.[2] In diesen Jahren ist Rilke ein junger Mann, der sich in Dramen ebenso versucht wie in unzähligen Gedichten, der auch »dem Volk« etwas vom Reichtum seiner dichterischen Versuche zukommen lassen möchte, zu diesem Zweck die »Wegwarten«, eine Gratiszeitschrift, übernimmt und jede Gelegenheit benützt, bei Leuten, die ihm namhaft und bedeutend erscheinen, sich in Erinnerung zu rufen oder in ein gutes Licht zu rücken.

1 Diese Formulierung scheint hart – und erinnert auf den ersten Blicke an eine Astrologie, die Schicksal zu verkünden sich anmaßt. Gerade der Gang unserer Darstellung wird jedoch zeigen, wie ungemein fruchtbar die innere Arbeit sein kann, zu der eine solche Konstellation herausfordert. Was letztlich als gelebte Gestalt daraus wird, ist ein vielschichtiges Zusammenspiel von tatsächlicher Umwelt, Erbfaktoren, schöpferischer Substanz und je neu vollzogener existenzieller Entscheidung. Die kosmische Struktur liegt in der *Mitte* dieser Faktoren, ordnet, gliedert, gestaltet ihr Zusammenspiel. Dennoch zeigt sich in ihr eine schicksalhafte Dimension unseres Wesens. Unser Sosein, soweit es dem Grundriß des Geburtsbildes entspringt, ist immer auch Bestimmung. Rilkes Geburtsbild zwingt uns, auch die dunkle Seite dieser Bestimmung anzuerkennen.

2 Hans Egon Holthusen, R.M. Rilke, Rowohlt-Monographie, 1958, S. 22.

Der astrologischen Wahrnehmung erschließt sich die Eigenart dieser frühen Zeit als ein Leben einseitig nur aus der einen, harmonisch-hellen Gestaltfigur heraus und, bedingt durch diese Einseitigkeit, als ein ihren Gefahren Erliegen. Vor allem die Quadrat-Spannung zwischen dem Marsischen und Merkurischen schlägt in diesen Jahren der Anfänge völlig durch. Wie ein Motor treibt dieses Quadrat die Wesenskräfte von Venus, Neptun, Mars und Merkur in ihr müheloses Zusammenspiel. Immer neu entstehen daraus neptunisch verzaubernde, träumerisch glänzende Verse, leicht dahinfließend, ganze Gedichtsammlungen voll schwelgerischer Seelenlyrik. Im Widerspiel der Quadrat-Spannung treibt das Marsische die Bewegung des Merkurischen voran und treibt das Ganze dieser Gestaltfigur, die darin konstellierte dichterische Welterfahrung, in einen gesteigerten Aktivismus. Was Rilke später zu großen und ergreifenden Erfahrungen des Neptunischen verdichten wird, das beginnt als ein einseitig harmonieseliges, überaktives lyrisches Reden.

Holthusens zusammenfassende Charakteristik dieser frühen Jahre sagt es deutlich:

»Mit ephemeren Lokalgrößen, deren Namen längst vergessen sind, verband ihn ein Gefühl von ehrgeiziger Kollegialität, bei ihnen bewarb er sich um kunstrichterliche Anerkennung und empfing sie in reichem Maße. Die Briefe dieser Jahre zeigen ihn sehr weitgehend mit den Aktualitäten des literarischen Jahrmarkts beschäftigt, mit den Stimulantien des jeweils Neuesten vom Tage, mit der Jagd nach Beziehungen und den noch frischen Genüssen des Gedrucktwerdens, mit den Eitelkeiten und Empfindlichkeiten des Besprechungswesens, nicht zuletzt mit den kleinen Sensationen des Theaters und seines Personals. Die nahezu peinliche Betriebsamkeit dieser Phase hat Rilke später damit erklärt, daß er sich bei seiner widerstrebenden Familie in ein erfolgreiches Licht habe setzen müssen; das unbefangene Studium der Quellen, wie sie erst neuerdings, vor allem durch das Demetzsche Buch, erschlossen worden sind, ergibt jedoch ein etwas abweichendes Bild. Der Mann, der sich später aus allen Vordergründigkeiten des literarischen Lebens konsequent heraushalten, der seine Einsamkeit beinahe vergötzen und durch die unbeirrbare Geradlinigkeit und Strenge seiner Kunstübung einen fast legendären Ruhm erwerben wird: mit zwanzig hat er die Allüren eines schreibenden Hans Dampf in allen Gassen.«[3]

Unübersehbar ist hier auch die Leichtigkeit des Merkurischen im Spiel, die jugendliche Gewandtheit, das leichtfüßig Bewegliche des Hermes-Merkur, der im zarten Alter von einigen Tagen dem Apoll bereits seine Rinderherden entführt und, trotz der Bemühungen von Jupiter-Zeus, noch aus dem Diebstahl einen Gewinn zu ziehen weiß. Dem Merkurischen ist bei Rilke eine ganz wichtige Rolle eingeräumt, formt doch das Jungfrau-Prinzip schon den Ich-Pol aus, den Aszendenten, und das Zwillinge-Prinzip steht in der Mitte des Himmels, am Medium Coeli, gestaltet also die Weise mit, wie dieser Mensch sich aufrichtet in die Welt hinein, wie er einen Standpunkt gegenüber der Welt gewinnt im Heranreifen seines Lebens und Werkes. Aber erst die ganzheitlichen strukturalen Zusammenhänge dieses Geburtsbildes lassen die Rolle, welche dem Merkurischen in Rilkes Frühzeit zukommt, genauer verstehen. Erst wenn klargeworden ist, wie sehr Rilke im Sinne einer Überlebensstrategie sich einseitig in das harmonische Zusammenspiel von Venus, Neptun, Mars und Merkur hineinflüchten mußte, wird uns die Entwicklungslogik seiner Anfänge deutlich. Denn eine Folge dieser Einseitigkeit war, daß das Saturnische für Rilkes frühe Lebensgestaltung unerreichbar *abseits* stand, insofern es ja gänzlich eingebunden steht im Gefüge der noch kaum zumutbaren, noch kaum lebbaren Quadrate-Figur. Nur wenig vom Wesen des Saturnischen konnte dadurch seinen Ich-Kräften verfügbar sein; und um so ungeschützter mußten ihn Erfahrungen treffen, wie sie in der noch autonom im Hintergrunde liegenden Quadrate-Figur beschlossen liegen.

Wenn das Leben gelingen soll, so müssen alle sieben Wesenskräfte der natürlichen Aufbau-Ordnung, vom Sonnenhaften als dem einigenden Drehpunkt und schöpferischen Wesenskern bis zum Saturni-

3 Hans Egon Holthusen, ebenda S. 21.

schen als Funktion der Abgrenzung, in der wir uns ver-halten und Halt gewinnen, an diesem Leben beteiligt sein. Aber gerade dieses Beteiligtsein bekommt in jedem einzelnen Geburtsbild ein ganz bestimmtes Gepräge. Dadurch, daß jede Wesenskraft ihren ganz bestimmten Ort hat im Gefüge des Ganzen und vom Ort der anderen Gestaltkräfte her in ganz bestimmten Weisen erblickt werden kann (vgl. aspicere → Aspekt), ist sie auch den Ich-Kräften unterschiedlich zugänglich, ist ihre Beteiligung dem Lebensprozeß unterschiedlich schwer erreichbar, oder vielleicht leicht und naheliegend. Naheliegend für Rilke war das Wohnen und Leben in der einseitig hellen, harmonischen Welterfahrung, wie sie der Gestaltfigur von Neptun, Venus, Mars und Merkur entspringt. Aus diesen Bezügen lebend, war er jedoch abgeschnitten vom *Saturnischen*, welchem als Gegenpol zum Neptunischen besondere Bedeutung zukommt.

In diesem Zusammenhang wird uns die Frage wichtig, von welcher Ecke aus die Welt dieser spannungsgeladenen Quadrate-Figur dem Lebensprozeß am ehesten zugänglich gemacht werden kann, von welcher Ecke aus die darin beschlossenen Wesenskräfte aufzuschließen sind. Die Ecken des Uranischen und Plutonischen können es nicht sein. Zu hintergründig und ich-fern sind diese beiden Wesensmächte selbst, was durch ihre Stellung im neunten und zwölften Haus noch verstärkt wird. Aber auch über die Ecke, wie sie Jupiter bildet, ergibt sich nicht leicht ein wirklich aufschließender Zugang. Denn das Geschlossene, Unentrinnbare dieses Vierecks aus Quadraten steht dem Wesen des Saturnischen deutlich näher als der Bewegung des Jupiter. Diese will Entfaltung, Gelingen, Heranreifen auf ein Bestmögliches und wird sich, vor allem in jugendlichen Entsprechungen, der Zähmungskraft der geschlossenen Gestaltfigur entziehen. So aber führt sie nicht in diese hinein, sondern erfährt sie widerstrebend als Behinderung, Verohnmächtigung. Aus dem Gesagten wird klar: Es ist die Konjunktion des Mondhaften mit dem Saturnischen, von welcher her die dunklen Räume dieser Figur erschlossen werden müssen. Nur wo es gelingt, mondhafte Empfänglichkeit zu verbinden mit einer längsten Geduld (und das ist ja nur eine der vielen Entsprechungsformen einer Mond–Saturn-Konjunktion), wird etwas vom positiven Wesen dieser schwierigen Quadrate-Figur zum Tragen kommen. Dafür aber braucht es Zeit, Reife und Stärke der Persönlichkeit.

Neben diesen grundsätzlichen Überlegungen zur Struktur eines Geburtsbildes und der darin entworfenen Logik der Entwicklung, der zeitlichen Ausfaltung, gibt es heute manche Versuche, die *innere Zeitgestalt* des Lebens eines einzelnen aus dem Grundriß seiner Konstellation zu erhellen. Je mehr sich die Astrologie unserer Tage dem Häuser-System zuwandte, es aus seinen alten, statischen und verdinglichten Stichworten heraushob und zu dynamischen Bezügen von Subjekt und Umwelträumen umformte, um so klarer zeigte sich in den Inhalten der Häuser auch eine Entwicklungslogik, ein Voranschreiten des Lebens durch eine Stufenfolge von Aufgaben. Solche Entwicklungslogik hebt in ein individuelleres Licht, was dem Häuser-System ohnehin zugrunde liegt: die Stufenfolge von Wachstums-Phasen, wie sie im Tierkreis seit je zum Ausdruck kommen.

Einer dieser Versuche, die innere Zeitgestalt eines Geburtsbildes rechnerisch konkret zu erfassen, ist die *Altersprogression von Bruno Huber*. Sie greift das Häuser-System als eine Abfolge von Lebensaufgaben auf und nimmt an, daß der Raum eines Hauses in je sechs Jahren durchlaufen wird, in dieser Weise die Entwicklung und Ausfaltung einzelner Konstellationen (oder ganzer Konstellationsgruppen) aufzeigend. Die zeitliche Bewegung beginnt beim Aszendenten und führt in 72 Jahren durch alle zwölf Häuser. So erscheint zum Beispiel die Thematik des dritten Hauses als lebensgeschichtlich besonders aktueller Entwicklungsprozeß in den Jahren zwischen zwölf und achtzehn. Ausweitung des Bewußtseins im Sinne kollektiver Denkformen, Aufnehmen dessen, was man weiß, denkt, sagt, Ausbildung eines Weltbezugs, wie er in Sprache, Brauchtum, Denktraditionen als einem mütterlichen Boden schon bereitliegt, das sind Inhalte, die in der Entwicklung dieser Jahre besondere Bedeutung haben. Meist ist in diesen Jahren das Maß der Verschulung am größten. Gegen achtzehn werden Fragen der eigenen Identität mit dem Konkretwerden von Berufswahl oder Studienwahl immer drängender. Damit ist die Thematik der Vertikal-Achse (von der Himmelstiefe zur oberen Mitte des Himmels laufend) konstelliert: Auf welchem Boden stehend (viertes Haus) gelange ich zu Leistung, Rückgrat, Selbstbehauptung (zehntes Haus)? Wie richte ich mich in die Welt hinein auf? Im Rhythmus der sechs Jahre für je ein Haus wächst der Baum des einzelnen Lebens aus, wächst im Sinne der Bewegung auf den Du-Pol hin immer tiefer in die Welt hinein, durchläuft in den zweiten achtzehn Jahren die Räume der Tiefenperson (Verwurzelung im Vital-Schöpferischen der eigenen Seele, Vollziehen von Geschlechtlichkeit und Fortpflanzung als Aufgaben der Natur), um dann, gegen 36, am Du-Pol umzuschlagen in die Bewegung nach oben und zurück, was der Lebensmitte und der veränderten Wachstumsrichtung in der zweiten Lebenshälfte gleichkommt.[4]

4 Die »Altersprogression«, wie sie Bruno Huber fand, hat vielleicht ihren größten Vorzug darin, daß sie aus dem anschaulich Ganzen des Geburtsbildes nacherlebt werden kann.

Das Häuser-System wird als Stufenfolge von Lebensaufgaben interpretiert und ein einzelnes Haus in je sechs Jahren durchlaufen. In einem großen Haus ist somit die Bewegung durch die Räume und Bezüge des Geburtsbildes schneller als in einem kleinen. Zwar ist dann mehr »Zug« im Durchmessen der Räume, aber die Eindringlichkeit der Begegnung innerer Gegebenheiten ist geringer als bei kleineren Häusern. In diesen haben wir mehr Zeit zur Erkundung innerer Bezüge (und ihrer Entsprechungen im Außen).

Es sind die Aspekte der Konjunktion und Opposition (beide mit stärkster Wirkung) und Trigon, Quadrat, Sextil, Halbsextil und Quincunx, welche bei dieser Methode zur Betrachtung herangezogen werden. Gemeint ist mit diesen Aspekten die jeweilige Beziehung zwischen dem imaginären Punkt (mittels dessen Bewegung die Progression, das Voranschreiten des Lebens vorgestellt wird) und den verschiedenen Planeten-Prinzipien. Gerade weil es um *innere* Gestaltungs-Prozesse geht, um Intensivierungen und Spruchreifwerden bestimmter Konstellationsgruppen (oder Anklänge an Früheres, nun vielleicht in veränderter, neu gewachsener Gestalt), ist eine nicht geringe zeitliche Streubreite anzunehmen. Bei der Konjunktion und Opposition (den beiden stärksten Aspekten) kann der konstellative Bezug schon Monate vor dem Erreichen der Aspektstelle wahrnehmbar werden und wiederum während Monaten ausklingen. Für die ins einzelne gehende Deutung sei auf die Literatur verwiesen: Bruno und Louise Huber, Lebensuhr im Horoskop, Bd. 1 und 2, 1980 Adliswil/Zürich.

Die Gefahr dieser Altersprogression liegt im Aufstellen trivialer Fahrpläne für das seelisch-geistige Wachstum des einzelnen und im Überschreiten der Aussagegrenze

Wenn wir nun im Lichte dieser inneren Zeitigungs-Gestalt die Situation des frühen Rilke betrachten, so vervollständigt sich unsere bisher mehr grundsätzliche Analyse, sie rundet sich ab im Konkreten der dynamischen Zeitbetrachtung (vgl. S. 315). Im Jahre 1903, als 28jähriger, überläuft Rilke den Talpunkt des fünften Hauses, wodurch sich seine innere Lebensgestaltung immer näher und radikaler auf die so entscheidende Ecke der Quadrate-Figur, die Konjunktion des Mondhaften mit dem Saturnischen, zubewegt. Im Februar 1903 beginnt Rilke mit den Aufzeichnungen des Malte Laurids Brigge. In den Kämpfen und Erlebnissen dieses jungen Dänen, der in Paris lebt und Dichter werden will, spiegeln sich Rilkes eigene abgründige

gegenüber der existentiellen Freiheit. Aber das ist im Grunde eine Frage ihrer Anwendung. Wo ein Geburtsbild sorgfältig und kritisch aus der Ganzheit seiner Bezüge interpretiert wird, ist sie ein hilfreiches Instrument der Deutung.

Unsere Anwendung versucht bewußt, in den übergreifenden Zusammenhängen zu bleiben. Was aus der grundsätzlichen Problematik der Konstellationen einsichtig ist, zeigt sich auch im einzelnen der »Zeitigungs-Gestalt«. Deutlicher ist auf dieser zeitlichen Ebene zudem die Unterteilung der Häuser in einzelne Drittel wahrzunehmen: erstes Drittel (Spitzenzone, höchste Intensität aktiver Lebensgestaltung), zweites Drittel (Mittelzone, Ausgestaltung, Sicherung der in der Spitzenzone gewonnenen Lebensbezüge) und letztes Drittel (zwischen dem sogenannten Talpunkt und der nächsten Häuserspitze gelegen). Besonders in der Zeit um den Talpunkt herum werden innere Umwälzungen aktuell; die Umstellung von der Lebensthematik des einen Hauses auf jene des nächstfolgenden hat ihren Preis: Krisen, Zweifel, Erschöpfung, und als Antwort darauf: notwendige innere Arbeit (und äußere Umstellungen), aus der die Anpassung an die Erfordernisse des kommenden Wegstückes möglich wird.

Der Talpunkt eines Hauses ergibt sich aus der Teilung der ganzen Hauslänge nach dem Goldenen Schnitt, wobei das größere Teilstück zwischen Hausspitze und Talpunkt liegt. Messen wir die größere Strecke vom Haus-Ende her ab, so erreichen wir den sogenannten Invertpunkt (Umschlagpunkt von Spitzenzone in Mittelzone eines Hauses).

Die innere Lebensbewegung im Sinne der Altersprogression erreicht den Talpunkt jeweils nach drei Jahren und acht Monaten nach dem Beginn eines Hauses. Die Bezeichnung »Haus-Drittel« gibt also nicht die genauen Zeitwerte an, ist aber eine brauchbare Annäherung.

Alle diese Werte sind an das Häuser-System nach W. Koch (Geburtsort-Häusersystem, GOHS) gebunden.

Erfahrungen, Dichter zu sein und heimatlos das Leben in Paris zu überstehn. Mit diesen Aufzeichnungen versucht Rilke erstmals bewußter, sich den Erfahrungen der Quadrate-Figur mit größtmöglicher Offenheit und Radikalität zu stellen, sich ihnen hinzugeben, ohne darin unterzugehen. Es ist kein Zufall, daß in ihm nun die Schrecken aus der Zeit der Militärschulen zu St. Pölten und Mährisch-Weißkirchen wieder neu aufleben. Denn nun begann erst wirklich, worum er ein Leben lang ringen mußte: *die Vereinigung der beiden so verschiedenwertigen großen Gestaltfiguren seines Geburtsbildes*. Mit achtzehn, neunzehn, zwanzig Jahren konnte nichts schon reif sein von diesem schweren, leidvollen Werk der Individuation. Nicht nur war die Zeit des Spruchreifwerdens des Saturnischen in seiner Konjunktion mit dem Mondhaften noch weit entfernt, sondern es waren Jupiter, Merkur und das Sonnenhafte, welche in ihrer Stellung im dritten und vierten Hause drängten, gelebt und ergriffen zu werden. Jupiter – Entfaltung, Optimierungsstreben, schöpferische Begeisterung; Merkur – unterwegs in Siebenmeilenstiefeln, erfinderisch und listenreich die guten Gelegenheiten mehr findend als suchend; das Sonnenhafte – der Inbegriff schöpferischen Willens und schaffender Autonomie, diese drei Wesenskräfte forderten schon früh ihren Raum, drängten ins Leben, unbekümmert um Niveau, Reife und Entwicklungsstand des betreffenden Menschen. Schon im fünfzehnten Lebensjahr hatte die innere Lebensbewegung im Sinne der Altersprogression das Jupiter-Prinzip erreicht, im siebzehnten Lebensjahr erfolgte die Konjunktion mit dem Merkurischen, und im neunzehnten Jahr war das Sonnenhafte bereits an der Reihe. Nichts konnte so früh schon wirklich reif sein, und doch drängte so vieles ans Licht. Mit dem Erreichen von Jupiter und Merkur waren auch die Quadratspannungen zum Mondhaften und Marsischen aktualisiert. Das Quadrat zwischen Merkur und Mars haben wir bereits beschrieben als inneren Motor, welcher die ganze Figur von Neptun, Venus, Merkur und Mars in unruhevolle Bewegung versetzt. Die Quadratspannung zwischen Jupiter und dem Mondhaften konstelliert eine Problematik, die in ähnliche Richtung ausschlagen kann. Empfänglichkeit, Fruchtbarkeit, gefühlshafte Öffnung (Mondprinzip) sind in der Quadratspannung schwer vereinbar mit gesamtzuträglicher Entfaltung, angemessener Ausreifung, Optimierung, sinnhafter Verwirklichung auf ein Bestmögliches hin (Jupiter-Prinzip). Dies besagt die Konflikt-Spannung grundsätzlich. Die astrologische Erfahrung entwirft meist konkretere Entsprechungen, in welchen die *eine* Gestaltkraft die Funktion der anderen bereits in eine bestimmte Richtung *überformt* hat. Erfahrungen des Jupiter-Prinzips im Sinne von gesteigerter Reife und gewachsener gültiger Leistung können das Gemüt, seine natürliche Empfänglichkeit allzu stark beeindrucken. Autoritätsgläubigkeit, naive Anerkennung geltender Werte, eine große Beeindruckbarkeit durch Ideale und deren Pathos des Hohen, Wertvollen, Gültigen sind ganz durchschnittlich vorfindliche Entsprechungen. In einem aktiveren Kontext konstelliert sich dieselbe Quadratur etwas anders. Nun mögliche Entsprechungen sind: Anklang und Beifall suchen, ohne den Prozeß der Ausreifung abwarten zu können, auf übereilten, unausgewogenen Wegen hohe Pläne realisieren wollen, ganz allgemein: eine Inflation der Werte. Und das nun bei einem Menschen wie Rilke, der das Sonnenhafte im Schütze-Prinzip gestellt hat, der somit die Bewegung des Jupiters, Begeisterung aufs Hohe und Höchste hin als tiefstes Anliegen seiner Kernhaltung in sich trägt. In diesem Zusammenhang müssen wir im weiteren beachten, daß in Rilkes Konstellation nicht ein einfaches Quadrat des Mondhaften zum Jupiter vorliegt, sondern es ist ein Quadrat des Mondhaften zu einem Jupiter-Prinzip, das über alle Maße gespannt-geladen steht. Denn es ist Teil der durchgehenden Quadrate-Figur und steht dadurch an jenem Schnittpunkt, in welchem die Opposition zum Plutonischen, die Quadratur zum Uranischen und jene zum Saturnischen zusammentreffen. Diese gespannte Aspektsituation muß die Bewegung des Jupiterhaften geradezu aufladen. So ergibt sich, ganz aus der Analyse der vorliegenden Aspekt-Struktur, *daß mondhafte Empfänglichkeit in der Quadratur zum Jupiter in einen hochaufgeladenen Strom der Jupiterbewegung förmlich hineingerissen wird.* Dem entspricht eine gewaltige Steigerung der Jupiterbewegung, der Bewegung auf Werte hin, des gemüthaften Aufschwungs; Übersteigerung des Aufschwungs, Sich-Überstürzen, Überschwang sind mögliche Entsprechungen dieser Konstellation. Als einer, der noch ganz überflutet ist vom Neptunischen, stürzt sich der jugendliche Rilke in den jupiterhaften Aufschwung, und in der Quadratspannung von Merkur und Mars ist er getrieben, schreibend, werbend, dichtend in großen Worten die hohen Ziele eines von der Kunst beherrschten Lebens zu verkünden.

> Ob dir der Stirne göttliches Schweigen
> auch kein rotgoldener Reif unterbrach, –
> Kinder werden sich vor dir neigen,
> selige Schwärmer staunen dir nach.
>
> Tage weben aus leuchtender Sonne
> dir deinen Purpur und Hermelin,
> und, in den Händen Wehmut und Wonne,
> liegen die Nächte vor dir auf den Knien ...
>
> SW I 73

In solchen Verszeilen (sie stehen in einem Gedicht, das der Sammlung »Traumgekrönt« von 1896 programmatisch vorangestellt ist) wird das Königliche des Künstlers, insbesondere des Dichters, in großen Worten gefeiert. In ihnen verbindet sich leichtfüßiges Verseschmieden mit der Attitüde eines naiv großsprecherischen Selbstbewußtseins, welches jedoch nur zu deutlich in der rührseligen, noch unverbindlich träumerischen Innerlichkeit der Neptun-Venus-Figur ertrinkt. Die verdichtende, zähmende Kraft des Saturnischen fehlt in dieser Zeit noch fast völlig. Zu sehr stand es abseits, noch eingeschlossen in die Quadrate-Figur und dadurch noch abgespalten, dem jugendlichen Ich des Hansdampf in allen Gassen in keiner Weise nah und verfügbar.

Es ist gerade aus diesen konstellativen Zusammenhängen heraus verständlich, daß Rilke in seinen späteren Jahren nicht bereit war, diese seine Produktion der Frühzeit als gültige Leistung seines Werkes anzuerkennen. Zu sehr war sie noch schwerwiegend einseitigem Erleben entsprungen, mehr *Verzerrung* des Ganzen als gültige Vorstufe des Kommenden. Die Eigenart seines Geburtsbildes, das Nebeneinander der beiden so verschiedenwertigen großen Aspekt-Figuren, machte eine frühe Ganzheitlichkeit seines Schaffens unmöglich, ja mußte ihn in die *Überstürzung von Halbheiten* treiben. Und vielleicht ist es berechtigt, vom Eigentlichen des Werkes erst zu sprechen, wenn die Ganzheit des Schaffenden darin einzufließen vermag, und sei das in noch so vorläufigen Entsprechungen. Diese Bedingung war bei wohl fast allem der Produktion seiner frühen Jahre nicht gegeben.

Es soll nun, als Abschluß der Analyse von Rilkes Frühzeit, noch eine genauere Schilderung der Entwicklung anhand der Altersprogression gegeben werden. Zuvor aber bedarf es noch einiger unterscheidenden Überlegungen: Zwar glauben wir, daß eine genaue Untersuchung des Lebensganges und der werkgeschichtlichen Entwicklung Rilkes eine glänzende Bestätigung von Hubers Altersprogression zutage bringt[5], vor allem, wenn wir uns auf die wirklich markantesten Stellen oder Wendepunkte innerhalb von Rilkes Konstellation beziehen. Dennoch scheint uns, daß ein solcher Versuch der zeitlichen Gliederung und Ausformung *nicht* mehr dieselbe Sicherheit beanspruchen kann, die in allen bisherigen Momenten unserer Deutung möglich war. Alle bisherige Deutung hielt sich bewußt im Grundsätzlichen, entwickelte elementare Grundzüge von Rilkes Konstellation, und das in einer Weise, daß selbst die genaue Geburtszeit nicht so sehr ins Gewicht fiel. Je mehr aus dem grundsätzlichen Zusammenspiel der Wesenskräfte, aus der Gestaltordnung der Aspekte gedeutet wird, um so mehr darf die scheinbar so genaue Geburtszeit relativiert werden. Rilke ist ein Dichter aus der Erfahrung des Neptunischen – daran ändert die Frage wenig, ob er am 3. 12. 1875 um 23.30 oder erst am 4. 12. um 0.05 geboren ist. Gleiches gilt von der Eigenart der nebeneinanderstehenden Aspekt-Figu-

5 Marianne Glünz hat, offensichtlich ohne Kenntnis des Briefes des 19jährigen Rilke (wo er von seiner Geburtszeit »gegen einhalb zwölf« spricht), nur aus der Analyse der Altersprogression auf 23.30 geschlossen. Vgl. ihr kurzer Bericht darüber in »Astrolog«, »Zeitschrift für Astrologische Psychologie«, Nr. 34 (1986).

ren ebenso wie von den Quadratspannungen zwischen Mond und Jupiter und Mars und Merkur. Hingegen fällt für die Deutlichkeit der Ausformung all dieser Konstellationen etwas anderes doch auch ins Gewicht: Rilkes ungewöhnliche dichterische Begabung und die menschliche wie künstlerische Radikalität, mit der er diese Konstellationen lebte und dadurch auch noch tiefste kollektive Bezüge durch die Objektivierungskraft seines Werkes sichtbar werden ließ. Wenn wir so, im Grundsätzlichen verbleibend, deuten, dürfen wir sicher sein, Grundzüge von Rilkes Werk mit Mitteln der astrologischen Wahrnehmung auch wirklich tiefer zu verstehen, müssen aber zugleich den Anspruch aufgeben, die Struktur seiner Konstellation in ihrer allerfeinsten individuellen Ausprägung oder gar Einmaligkeit zu erfassen. Das heißt: Wir vermögen eine Geburtsbild-Struktur nicht aus den Unterschieden ganz kurzer Zeit-Abstände *sicher* zu deuten. Wir können zwar feinste Unterschiede diskutieren, es für wahrscheinlicher halten, daß es so eher sei als anders; deutlich größere Sicherheit gewinnen wir jedoch erst bei Konstellationsfaktoren, die sich gerade ihrer *Grundsätzlichkeit* wegen in so kurzen Zeitdifferenzen nicht verändern. Es ist für die Astrologie von Bedeutung, in diesem Punkte so selbstkritisch und wahrhaftig wie möglich zu sein. Denn die kosmische Gestaltordnung im Hintergrund einer Persönlichkeit ist nur *eine* der Ebenen, aus denen sich die konkreten Tatsachen eines Lebens formen. Die tatsächlich so hohe dichterische Begabung Rilkes und seine menschliche Radikalität sind zumindest mit den Mitteln der bisher bekannten Astrologie nicht erfaßbar. Das gilt auch dann, wenn wir heute wissen, daß zwischen genetisch bedingter Begabung und Geburtsbild-Struktur ein Zusammenhang besteht und bestehen muß.

Bei einer klaren und selbstkritischen Einhaltung der Aussage-Grenzen, wie sie in der Einführung skizziert worden sind, kann man durchaus versuchen, auch noch die individuellere Ausprägung eines Geburtsbildes über eine besondere Differenzierung der Stellung der Wesenskräfte in den Häusern zu erfassen. Aber die Gefahr, daß sich der Deutende *täuscht, wächst mit der Vermehrung der unterscheidenden Gesichtspunkte.* So verdienstvoll die Unterteilung der Häuser in

Spitze, Mittelzone (endend im Talpunkt) und Ambivalenzbereich (zwischen Talpunkt und nächster Häuserspitze liegend) ist, so sehr bringt sie auch die Gefahr mit sich, zuviel Grundsätzliches in solche feineren Unterschiede hineinzulegen und damit einem illusionären Deuten Vorschub zu leisten. Man kann zum Beispiel mit allem Eifer Deutungs-Unterschiede herausarbeiten zwischen der Sonnenstellung kurz *vor* der Himmelstiefe und jener im Spitzenbereich des vierten Hauses, also kurz *nach* der Himmelstiefe. In der unterscheidenden Theorie scheint das auch durchaus evident. Aber wenn wir dann die vielfältige Wirklichkeit von Rilkes Leben und Werk vor uns haben, wird es schwierig, solches sicher unterscheiden zu wollen. Halten wir uns dagegen ans Grundsätzliche einer Sonnenstellung am tiefsten Punkt des Himmels, sei es nun kurz davor oder danach, dann gibt es dafür eine überwältigende Fülle von Entsprechungen. Davon wird später die Rede sein.

Wenn wir diesen Vorbehalten Rechnung tragen und uns also bewußt sind, daß wir bei diesen feineren Unterschieden einer Geburtsbild-Struktur (wozu auch die Betrachtungen der Altersprogression, der inneren Zeitigung gehören) uns in einem schwierigeren Gelände bewegen, gewissermaßen im Unterholz des Deutungswaldes, dann können wir versuchen, auch diese feineren Unterschiede mit dem Gang des Lebens in Beziehung zu setzen.

Legen wir unseren Betrachtungen die Geburtszeit »einhalb zwölf« zugrunde, wie wir sie aus Rilkes Brief zu seinem neunzehnten Geburtstag an seine damalige Freundin Valerie von David-Rhonfeld erfahren, so ergibt sich folgendes Bild: Die ersten Jahre seiner Kindheit verlaufen ohne direkte und einschneidende Berührung mit den zwei großen Konstellationsfiguren seines Geburtsbildes. Sie sind ein Gang durch den leeren Raum, zuerst im Jungfrau-Prinzip, dann, ab dem vierten Jahr, im Waage-Prinzip. Was es bedeutet haben mag, als Siebenmonats-Kind den Einbruch der Realität erleben zu müssen, läßt sich nur erahnen. Aber wenn wir uns in die Stellung des Mondhaften innerhalb der Quadrate-Figur einfühlen, das Überstürzende und Plötzliche der Jupiter- und Uranus-Spannungen sehen und das Gewaltsame, Unerbittliche des Pluto-Quadrats und der Saturn-Konjunktion bedenken, dann wird klar, daß sich darin das Geschehen einer Geburt als Siebenmonats-Kind spiegeln kann. Es ist also legitim, Rilkes frühe Geburt ebenso als eine Entsprechung der Quadrate-Figur zu verstehen, wie sie andererseits wohl auch mit dem Leben der Mutter zusammenhängt.

Schon in den ersten Kindheitsjahren ist die Zweiheit, das Nebeneinanderstehen der beiden verschiedenwertigen Aspektfiguren, bestimmend. Denn was Rilke uns von diesen Jahren schildert, erweckt den Eindruck, als ob auch die Erziehung das einseitige Erleben innerhalb der harmonisierenden Neptun-Venus-Figur nahegelegt habe. Ängstliche Abwehr und allzu sorgfältige Behütung des Kindes und nicht zuletzt das verzärtelnde Spiel der Mädchenkleidung gehen in diese Richtung. Wenn wir nun zusätzlich sehen, daß die innere Bewegung seiner Lebensentfaltung in den ersten Jahren durch das Jungfrau-Prinzip und das Waage-Prinzip gestaltet war, so schließt sich der Zusammenhang zur Neptun-Venus-Figur, der ja auch Merkur angegliedert ist (denn Jungfrau gehört dem Merkurischen an und Waage dem Venusischen). Eine einschneidende Veränderung dieser Bezüge müssen wir im Übergang vom Waage-Prinzip ins Skorpionische sehen. Mit dem Eintritt ins Skorpion-Prinzip war das Schonend-Schützende der Neptun-Venus-Welt durchbrochen. Was vorher noch fern war, die Erfahrungen der Quadrate-Figur, stürzte nun um so mächtiger auf den Ungeschützten ein. Dieser Einbruch fällt zeitlich ins Frühjahr 1886. Im September 1886 begann dann auch schon die schwere Zeit der Militär-Unterrealschule zu St. Pölten. Sie dauerte knapp fünf Jahre, bis in den Sommer 1891. Ausgesetzt im Skorpionischen, waren sie ein lang andauerndes Überwältigtwerden durch die Erfahrungen der Quadrate-Figur. Gegen Anfang des vierten Jahres in St. Pölten (Herbst 1889) hatte die Lebensbewegung Rilkes jene Grade im Skorpion erreicht, in welche die Aspekt-Spannungen genau fallen, zuerst die Quadratur zum Mondhaften, und dann, nach der Konjunktion mit Jupiter, in kurzer Zeit sich folgend: die Quadrate zu Uranus, zu Saturn und die Opposition zu Pluto. Ab Herbst 1889 begann sich Rilkes Gesundheit zu verschlechtern, im Sommer 1890 mußte er zu einer Erholungskur nach Salzburg, konnte das fünfte Militärschuljahr, nun in Mährisch-Weißkirchen, nur verspätet antreten, fand sich dort bald wieder auf der Krankenstation, wurde im Winter 1890/91 sogar nach Hause geschickt und im Juni 1891 wegen schlechter Gesundheit endgültig entlassen. Das erste frühe Durchlaufen einer der Ecken der Quadrate-Figur könnte also tatsächlich mit jenen letzten zwei Jahren der Militärschule zusammenfallen, in welchen die Verschlechterung der Gesundheit dann eine Veränderung erzwang. Mit der endgültigen Entlassung im Sommer 1891 sehen wir auch einen wirklichen Umschwung. Schon das Jahr an der Handelsakademie in Linz wie auch die darauf folgenden drei Jahre der Matura-Vorbereitung in Prag zeigen uns einen Rilke, der die Energien seines Lebens immer erfolgreicher in seine dichterischen Aufschwünge hineintreibt. Und tatsächlich: Ins Frühjahr 1891 fällt die »Kippstelle«, nach deren Durchgang die Nähe zur Quadrate-Figur bereits kleiner ist als die nun ständig wachsende Annäherung an die Venus-Neptun-Figur. Die erste direkte Berührung mit dieser Figur geschieht in der Konjunktion mit dem Merkurischen, welche in den Sommer 1892 fällt.[6] Im September 92 beginnt Rilke seine tägliche Lernarbeit zur Vorbereitung der Matur. Mit dem Erreichen des Merkurischen ist ja zugleich die Quadratur zum Marsischen aktualisiert. Lernarbeit ist eine präzise Entsprechung dafür. In den-

6 Eine eindrückliche Bestätigung des über die Konjunktion mit dem Merkurischen hergestellten direkten Kontaktes zur großräumigen Welt der Neptun-Venus-Figur sind die Ausführungen von Ernst Zinn in seinem Nachwort als Herausgeber der Sämtlichen Werke: »In Linz (vom September 1891 bis Mai 1892) ist der 16jährige Schüler der Handelsakademie schon durchaus ein fertiger und gewandter Verseschmied, der sich im eigenen wie in der Mitschüler Namen bei festlichen Anlässen und auch in Briefen nach Belieben in ›Stanzen‹ und sonstigen Reimereien ergeht. Ein erheblicher Teil des Erstlingsbändchens ›Leben und Lieder‹ stammt ebenfalls schon aus jener Zeit. Doch hat erst der Sommer 1892, mit dem Abbruch des Linzer Versuchs und dem Beginn des dreijährigen privaten Gymnasialstudiums in Prag, auch die innere Wende gebracht, aus der heraus sich von nun ab eine stetige, folgerechte Entwicklung in Lebenshaltung und Kunstübung anbahnte. Der förmliche Entschluß zur ›Autorschaft‹ muß im Hochsommer oder Herbst 1892 gefaßt worden sein« (SW III 860). »Wenn es überhaupt einen kenntlichen Einschnitt gegeben hat, von dem an die Geschichte von Rilkes Dichtertum datiert, so ist es der des Sommers 1892« (SW III 863).

selben Sommer 92 fällt auch noch der Umschlag ins Schütze-Prinzip. Nun kommen recht eigentlich die Jahre des schon beschriebenen dichterischen Hansdampfes. Sie dauern bis zum Sommer 1897, in welchem sich ein neuer wichtiger Übergang formt: Zum einen ist nun das Venusische in der Konjunktion erstmals direkt erreicht (wir dürfen das einer inneren Empfängnis gleichsetzen), zum anderen geschieht der Übergang vom Schütze- ins Steinbock-Prinzip (das dem Saturnischen angehört), und beides fällt zusammen mit dem Talpunkt des vierten Hauses, was die Notwendigkeit einer inneren Transformation noch endgültig besiegelt. Es scheint, daß dieser Übergang ein wirklich bedeutsamer Moment in der inneren Zeitgestalt von Rilkes Leben war, und wer diese Jahre sorgfältig durchgeht, der hat den Eindruck, daß er nicht in den Jahren früher, sondern eben im Umkreis des Sommers 97 stattfand, was einer Geburtszeit um 23.30 des 3. Dezembers 75 entspricht. Denn sowohl in den Jahren der Matura-Vorbereitung in Prag wie auch im ersten Jahr in München sehen wir Rilke in jener Betriebsamkeit, die Demetz und Holthusen zu ihrer Formulierung vom »Hansdampf in allen Gassen« veranlaßte. Mitten in diese Zeit, nämlich kurz vor dem neunzehnten Geburtstag, fällt auch die Konjunktion mit dem Sonnenhaften, was nur unterstreicht, daß Rilke auch bereits in seinen betriebsamen Jahren um den zentralen Drehpunkt seines Lebens wußte: Dichter zu sein mit allen ihm verfügbaren Mitteln. Im Sommer 97 aber begegnete er Lou Andreas-Salomé, und wir sehen erstaunliche Veränderungen vor sich gehen. Er beginnt mit einer neuen Handschrift zu schreiben, sein Name wird von René zu Rainer, die Winke von Lou in Richtung größerer Klarheit, Gründlichkeit und Nüchternheit fallen auf fruchtbaren Boden. Introversion und Alleinsein beginnen erstmals ein Thema zu werden. Es sind nicht mehr hochfliegende Pläne eines »Bundes der wahrhaft Modernen«, Literaturzeitschriften und deren Besprechungsbetrieb, womit er sich vor allem aufhält, sondern er wendet sich dem Studium der Renaissance und der Geschichte, Kultur und Sprache Rußlands zu. Eine russische Reise mit Lou soll vorbereitet werden. Die lebensvollste Entsprechung der Konjunktion mit dem Venusischen ist aber die Begegnung mit Lou selbst, der Durchbruch zu einer umfassenden Sinnlichkeit, wie sie für beide in dieser Ganzheitlichkeit erstmals zum Tragen kam. Man spürt förmlich, wie Rilkes Leben nach dieser zweiten direkten Berührung mit der Welt der Venus-Neptun-Figur auf einen ersten, ihm noch kaum faßbaren schöpferischen Höhepunkt zustrebt. Ein halbes Jahr vor dem Erreichen der Spitze des fünften Hauses findet seine erste Rußlandreise zusammen mit Lou statt, und wieder ein halbes Jahr später brechen sie zum zweiten Mal dorthin auf. Zwischen diesen beiden Reisen gelingt ihm in kurzer Zeit vieles: Der erste Teil des »Stundenbuchs« (das Buch vom mönchischen Leben) entsteht, ebenso die »Geschichten vom lieben Gott«, eine erste Fassung des »Cornet« und viele Gedichte, die später im »Buch der Bilder« erscheinen werden. Einzelne Liebesgedichte an Lou erreichen eine Vollendung, wie wir sie sonst nur aus der späten Zeit kennen.

Vor allem das Rußland-Erlebnis, wie es sich nach der ersten Reise im Stundenbuch (erster Teil) ausgestaltet, gibt uns Einblicke in diesen ersten Höhepunkt von Rilkes Leben, es stellt ihn dar und drückt ihn zugleich aus. Der astrologischen Wahrnehmung zeigt er sich als die erste Frucht aus der direkten Berührung mit dem Venusischen. Nun wirkt sich die Welt der Venus-Neptun-Figur eine Stufe konkreter, erdhafter, sinnlicher aus, mächtig erfahren wird auch das Sonnenhafte in der Himmelstiefe, allerdings noch ganz im Klang des fünften Hauses: Der verborgene, dunkle, nächtliche Gott ist, in seiner ahnungsvoll neptunischen Unbestimmtheit, ein Werdender, ein noch zu Gestaltender, im Aufschwung des eigenen künstlerischen Schöpfertums erlebt, steigende Unmittelbarkeit des Lebens, festlich schon, aber heranreifend erst zum großen Gesang. Noch ist das Saturnische wenig konkret erfahren und integriert. Das Unbestimmte, Vielgestaltige dieser Gotteserfahrung fällt auf. Dem entspricht auch die Vielfalt, der überquellende Reichtum der Bilder, die, beinahe spielerisch-spielend, für diesen Gott gefunden werden.

»Ich finde dich in allen diesen Dingen,
denen ich gut und wie ein Bruder bin;
als Samen sonnst du dich in den geringen
und in den großen giebst du groß dich hin.

Das ist das wundersame Spiel der Kräfte,
daß sie so dienend durch die Dinge gehn:
in Wurzeln wachsend, schwindend in die Schäfte
und in den Wipfeln wie ein Auferstehn.«

SW I 266

»Werkleute sind wir: Knappen, Jünger, Meister,
und bauen dich, du hohes Mittelschiff.
Und manchmal kommt ein ernster Hergereister,
geht wie ein Glanz durch unsre hundert Geister
und zeigt uns zitternd einen neuen Griff.

Wir steigen in die wiegenden Gerüste,
in unsern Händen hängt der Hammer schwer,
bis eine Stunde uns die Stirnen küßte,
die strahlend und als ob sie Alles wüßte
von dir kommt, wie der Wind vom Meer.

Dann ist ein Hallen von dem vielen Hämmern
und durch die Berge geht es Stoß um Stoß.
Erst wenn es dunkelt lassen wir dich los:
Und deine kommenden Konturen dämmern.

Gott, du bist groß.«

SW I 268

»Ich habe Geduld für Jahrhunderte in mir ...«
BR LAS 98

DER KAMPF UM DIE ANEIGNUNG DES SATURNISCHEN

Da saß ich an deinen Büchern, Eigensinniger, und versuchte sie zu meinen wie die andern, die dich nicht beisammen lassen und sich ihren Anteil genommen haben, befriedigt. Denn da begriff ich noch nicht den Ruhm, diesen öffentlichen Abbruch eines Werdenden, in dessen Bauplatz die Menge einbricht, ihm die Steine verschiebend.

Junger Mensch irgendwo, in dem etwas aufsteigt, was ihn erschauern macht, nütz es, daß dich keiner kennt. Und wenn sie dir widersprechen, die dich für nichts nehmen, und wenn sie dich ganz aufgeben, die, mit denen du umgehst, und wenn sie dich ausrotten wollen, um deiner lieben Gedanken willen, was ist diese deutliche Gefahr, die dich zusammenhält in dir, gegen die listige Feindschaft später des Ruhms, die dich unschädlich macht, indem sie dich ausstreut.

Bitte keinen, daß er von dir spräche, nicht einmal verächtlich. Und wenn die Zeit geht und du merkst, wie dein Name herumkommt unter den Leuten, nimm ihn nicht ernster als alles, was du in ihrem Munde findest. Denk, er ist schlecht geworden, und tu ihn ab. Nimm einen andern an, irgendeinen, damit Gott dich rufen kann in der Nacht. Und verbirg ihn vor allen« (SW VI 782).

Dieser Text ist eine Momentaufnahme aus den »Aufzeichnungen des Malte Laurids Brigge«. Malte, die Hauptfigur des einzigen größeren Prosawerks von Rilke, ist ein junger Däne, der als letzter

Sproß aus bedeutendem Geschlecht in der Fremde, in Paris, sein Glück als Dichter versucht. Aus Briefen Rilkes wissen wir, daß mit dem Eigensinnigen, an dessen Büchern Malte saß, der norwegische Dichter Henri Ibsen gemeint ist. Was Malte gerade klar wird und was er auch sich selbst in beschwörenden Worten sagt, ist kennzeichnend für Rilkes Verständnis von Kunst, Künstler und Ruhm, wie es sich heranbildete in den Jahren seiner Pariser Zeit, ab 1902. Ruhm macht unschädlich, indem er den Schaffenden ausstreut. Er ist der öffentliche Abbruch eines Werdenden. Widerspruch, gar Verachtung durch Zeitgenossen hat Rilke zwar kaum je erfahren müssen. Aber Ruhm hat er durchaus früh erlangt, sein Name ist unter den Menschen schnell herumgekommen. In der Zeit vor der Begegnung mit Lou hatte er auch vieles dafür unternommen, Anklang und den Anschein von Bedeutung zu gewinnen. Seine frühen Gedichtsammlungen, die Geschichten vom lieben Gott, der Cornet und Auszüge aus dem werdenden Stundenbuch begründeten bereits einen Anfang von Ruhm und zeigten ihn als einen Dichter ahnungsvoller Stimmungen und jubelnden Überschwangs. Aber wieviel des *ganzen* Rilke war in diesen Anfängen noch ungeboren, in den Hintergründen seiner erst werdenden Gestalt noch verborgen! Überdeutlich, fast in Überzeichnungen, tritt dann, in den Jahren ab 1902, der Grundriß der zweiten großen Gestaltfigur, aus lauter Oppositionen und Quadraten ein eindrucksvolles Ganzes bildend, in Erscheinung. Mehr in programmatischer Unerbittlichkeit als in schon gelebtem Leben werden ihre Grundzüge vorerst wirksam: Der Künstler ist, als ein im Verborgenen, Nächtlichen Werdender, einsam. Er ist wesenhaft einsam. Einsamkeit schließt ihn in sich ein, grenzt ihn ab von der Welt. Und das ist gut so. Nur so vermag er am Wesentlichen zu bleiben. Einsamkeit hält ihn zusammen wie eine Burg. Zwar ist auch er wie jeder Mensch geneigt, das Leichte zu suchen, die Zerstreuung. Aber es geht darum, sich an das Schwere zu halten. Und Einsamkeit ist schwer.

Mit dieser Kritik am Ruhm, mit dem Bedeutsamwerden der Einsamkeit und mit dem Lob des Schweren sind wir, auf ersten Zugangswegen, in den Raum der Quadrate-Figur eingetreten.

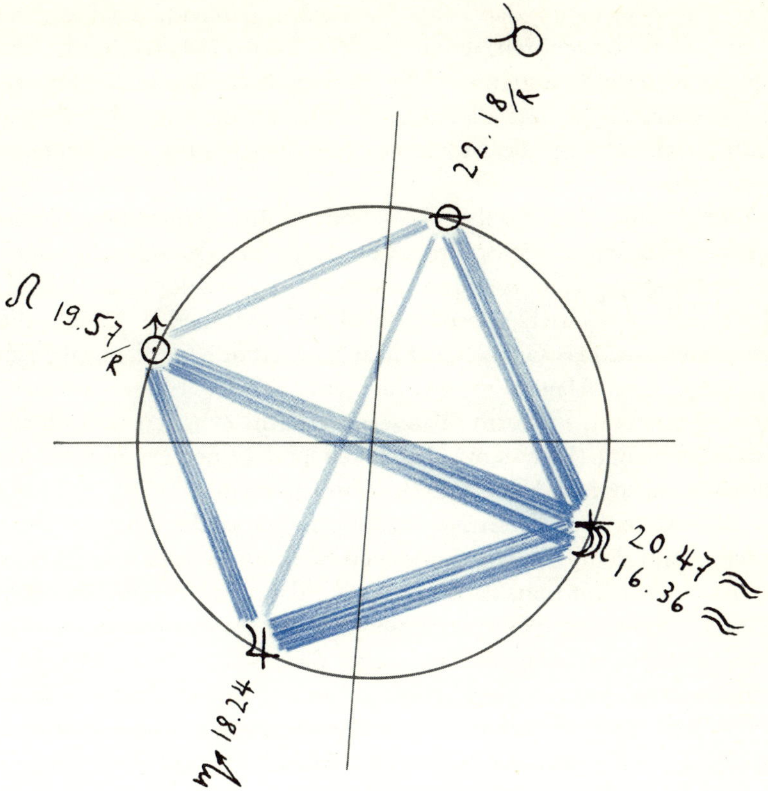

Betrachten wir sie vorerst in ihrer strukturalen Eigenart: Fünf Wesenskräfte, die beiden »harten« Transsaturnier Uranus und Pluto und die zwei Großen, Langsamlaufenden der normalen Ordnung, Jupiter und Saturn, haben sich mit dem Mondhaften zu einer Figur der *höchstmöglichen Spannung* zusammengefunden. Fünf Quadrate, drei Oppositionen und eine Konjunktion sind darin enthalten. Alle diese Aspekte erreichen eine genügend große Genauigkeit. Zwischen Saturn und Mars liegt wenig Raum. Es ist jene Stelle, an welcher die beiden Aspektfiguren sich am meisten einander annähern. Daß dennoch nicht von einer Konjunktion zwischen Saturn und Mars auszugehen ist, liegt daran, daß beide Planetenprinzipien je einer anderen Aspekt-Figur angehören, deren durchlaufende Gestaltordnung, analog der Kohäsion, abgrenzt und zusammenhält. Die beiden Figuren liegen *nebeneinander*, und dies um so mehr, als die eine aus überwiegend harmonischen, die andere aus nur disharmonischen Aspekten gebildet ist.

Die Quadrate-Figur selbst hat, schon aus ihrer Anordnung heraus, eine hohe Affinität zum Saturnischen. Denn in jedem Quadrataspekt liegt höchstmögliche Spannung, welche im geschlossenen Viereck der Quadrate so sich anordnet, daß der sprengende Druck alles zusammenhält. Das Ganze der Figur tendiert auf Verdichtung, Eingrenzung, Sich-Halten in geschlossener Form. Eingebundensein aber in Struktur, in Form (Baugesetz), darin gehalten sein, daraus Zusammenhang (Kohärenz), Festigkeit und Dauer gewinnen – das alles sind wesenhaft Merkmale des Saturnischen.

Viele Menschen, deren Konstellation eine solche Vierecks-Figur enthält, sind dem damit verbundenen Spannungsdruck nur halb gewachsen. Es kann sein, daß ihre Kräfte davon aufgerieben werden, *ohne* daß sich ihnen dies spannungsvolle Zusammenspiel der Götter als schicksalhafte Aufgabe erschließt. Sie erleiden es als ein ihnen fremdes Geschehen. Sie sind mehr als andere von inneren und äußeren Verhältnissen in Anspruch genommen, die sich ihnen als Zwang bestimmender Strukturen auferlegen. Manchmal sind sie Gefangene ihrer eigenen, eigenwillig absichernden Grenzen und haften mit ungewohnt hohem Aufwand an schicksalhaft schweren Situationen und erdrückenden Aufgaben. Die Symmetrie der Figur kann auch neutralisierend wirken: dann ist es ein Leben, eingefügt in hohe Spannungen, deren Resultante auf Null hin tendiert. Gegen den Raum des Bewußtseins erscheint das Ganze als Gleichgewicht und Ruhe; eine Ruhe allerdings, die sich im Tieferen mit allergrößtem Aufwand erhält. Im bewußten Erleben ist dann nicht viel Auffallendes zu sehen, vielleicht ein Beharren in stetig gleichen Bahnen, ein etwas steriler Eigensinn, das Trübe und Karge einer Lebens-Situation, die nur aus wenigen frei verfügbaren Wesenskräften gestaltet werden kann. Die anderen Kräfte (sicher vier, manchmal fünf und mehr) sind gebunden an den zähen Systemzusammenhang der kreuzweise liegenden Oppositionen und ihrer Quadrate, aus deren Spannungsfeld kein Weg nach draußen führt, es sei denn, der Weg *hinein* in die Spannungen kann gewagt werden.

Enthält bereits die Form des geschlossenen Vierecks eine Affinität zum Saturnischen, so wird dessen Bedeutung noch verstärkt, wenn dieses selbst als *Mitspieler* der Figur angehört. Bei Rilke wird es dadurch zur *bestimmenden* Wesenskraft innerhalb des Vierecks, das, ähnlich wie die Neptun-Venus-Figur, in sich eine eigene Welt von Erfahrungen konstelliert. Das Saturnische durchwirkt das Ganze dieser Quadrate-Figur, ist damit aber auch mit ihrem hohen Spannungspotential *untrennbar* verbunden. Seine positiven Kräfte zu gewinnen, das konnte daher für Rilke zunächst nur heißen: sich den Gewaltsamkeiten und Schrecken dieser Quadrate und Oppositionen zu stellen. Dies bedeutete: ihr je eigenes Zusammenspiel als eine unerbittliche Aufgabe verstehen zu lernen und zu übernehmen. So schwer ihm das fallen mußte, so sehr war das für seine schöpferische Ganzheit der einzig mögliche Weg. Daß er diese schicksalhafte Aufgabe als den Weg eines radikalen Künstlertums begreifen konnte, war ihm eine entscheidende Hilfe. Denn es ist fraglich, ob er einen solchen Kampf auch auf einer anderen Ebene des menschlichen Erlebens überstanden hätte, ohne diesen durch seine Begabung ermöglichten Raum der großen dichterischen Leistung um sich zu haben. Solange er dieses Raumes gewiß war, wußte er um den Sinn seines Kampfes.

Noch aus zwei weiteren astrologisch-strukturalen Zusammenhängen erschließt sich uns die grundlegende Bedeutung, welche dem Saturnischen im Leben Rilkes zukommen mußte: der eine ist die »Elementen-Verteilung«, der andere die »Dominanten-Verkettung«. Beides sei kurz dargestellt.

Durch die Verteilung der Wesenskräfte in den verschiedenen Tierkreis-Prinzipien ergibt sich für jedes einzelne Geburtsbild eine verschieden geartete Besetzung der Element-Ebenen. Je drei Tierkreis-Prinzipien gehören einem »Element« an: Stier, Jungfrau, Steinbock dem Erd-Element, Widder, Löwe, Schütze dem Feuer-Element,

Krebs, Skorpion, Fische dem Element des Wassers, und Zwillinge, Waage, Wassermann dem luftigen Element. Die Intuition der vier Elemente gehört zum Tiefsten, was uns die Ordnung des Tierkreises zeigt. Deshalb sei hier nur wenig und Vorsichtiges gesagt. Schon die Zuordnung der Erde zur Ebene des Materiellen, Physischen, des Feuers zum Organischen, des Wassers zum Seelischen und der Luft zum Geistigen hat zwar ihre relative Wahrheit, gibt eine Stufenfolge wieder, eignet sich aber wenig für schnelles Deuten. Das Erfassen von Entsprechungen ist hier oft besonders schwierig, eigentlich nur einer in der Schwebe sich haltenden Einfühlung zugänglich, weil die Element-»Ebenen« das Existieren eines Menschen wie hintergründige Stränge, »Tönungen« durchziehen. Dem unmittelbaren Erleben erschließen sie sich zwar manchmal leicht und mit großer Evidenz. Aber wenn diese Evidenz in Worte, Begriffe, grundsätzliche Aussagen umgesetzt werden soll, ist die Spannung zwischen erschautem Prinzip und konkreter Entsprechung oft besonders groß.

Bei Rilke finden wir folgende Verteilung:

Luft	☽	♂	♄
Wasser	☿	♃	
Feuer	☉	♀	
Erde			

Mit Absicht sind die Transsaturnier noch weggelassen. In die Deutung von Rilkes Werk als Ganzem werden wir ihre Element-Stellung einbeziehen. Aber die Not seines Existierens, dort wo sie mit der »fehlenden Erde« zusammenhängt, wird nicht gemildert dadurch, daß das Neptunische und Plutonische im Erdhaften des Stier-Prinzips sich ausdrücken will. Zu hintergründig, zu fern stehen diese Transsaturnischen zur Welt des handelnden konkreten Menschen in seinem Alltag.

Rilkes Weg und Leben beginnt in den Räumen des Feurigen, Wäßrigen und Luftigen. Keine Wesenskraft der erdnäheren Ordnung bis zum Saturnischen trägt die verdichtende, eingrenzende, festigende Kraft des Erdhaften schon mit sich. Ungeschützter, aber auch freier von der Dichtigkeit der physischen Dimension vollzieht sich sein Leben. Wenn das Tierkreis-Prinzip, das am Aszendenten aufsteigt, die Weise formt, wie der einzelne in seinem Für-sich-Sein den ersten Schritt in den Raum der Welt tut, im Ursprünglichen seines Soseins je schon getan hat, dann begreifen wir die Bedeutung des Jungfrau-Prinzips bei Rilke dort um so mehr: Es hat die Aufgabe, durch seine Zugehörigkeit zum Erd-Element schützende, festigende Abgrenzung zu ermöglichen. Vorsicht, Sorgfalt, Genausein stehen überstark im Dienste sichernder Selbstbewahrung und werden es trotz allem schwer haben ohne die Hilfe von Wesenskräften, die selbst sich erdhaft vollziehen. Wir wissen, wieviel Rilke das Genausein bedeutet hat. Wie wichtig war ihm jeweils die einrichtende Sorgfalt, mit der er sich seine genauen Bezüge und Räume herstellte, wenn er an einem neuen Ort wieder hoffte, zu Bleiben und Arbeit zu kommen. War dies einigermaßen zu seiner Zufriedenheit erledigt, begann meist das Briefeschreiben. Auch das gehörte zum Ritual der abgemessenen Bedingungen, ein Prüfen und Festigen seines momentanen Daseins, ob es gesicherten Raum genug schon enthalte, um Gefäß für größere Arbeit zu sein. Das sind Erdungsversuche auf Wegen des Jungfrau-Prinzips. Und erinnert sei hier an jenen Sommer 1897, in welchem die innere Zeitigung im Übergang vom Schützen ins Steinbock-Prinzip ihn (abgesehen von den ersten vier Lebensjahren) erstmals bewußter den Raum des Erdhaften betreten ließ. Wie sich seine Handschrift veränderte, wie er begann, sich zurückzunehmen aus der »vorwolfrathshauserschen Exaltiertheit«, wie er mit Lou barfuß durch die Wälder zog, Erde, Natur, Hausarbeit, alltägliches Kochen konkreter erlebend.

Deutlich wird aus diesen Hinweisen, daß erdhaft gestellte Wesenskräfte die lebenserhaltende Funktion des Saturnischen in natürlicher Weise unterstützen. Um so wichtiger wird die Aneignung der schützenden, festigenden Kräfte des Saturnischen, wo solche Unterstützung aus der Elementen-Verteilung heraus fehlt.

Auch die Dominanten-Verkettung führt uns zur zentralen Bedeutung des Saturnischen in Rilkes Geburtsbild. Was ist damit gemeint? Wir wissen, daß jedes Tierkreis-Prinzip einer Wesenskraft angehört. Mit den Element-Räumen zusammen zeigt sich darin schon viel vom inneren Organismus, vom Gestaltbau des Tierkreises. Das Jungfrau-Prinzip gehört im Raume des Erdhaften dem Merkurischen an. Das Zwillinge-Prinzip hat denselben Bezug, aber aus dem luftigen Bereich. So zeigt sich jedes Tierkreis-Prinzip einer bestimten Wesenskraft zugehörig, oder anders gesagt: Eine Wesenskraft steht in »ihrem« Tierkreisprinzip dominant. Aus diesen Bezügen heraus läßt sich innerhalb eines Geburtsbildes eine *Hierarchie* der Wesenskräfte entwerfen, eine Bezugsordnung, wie die einzelnen Wesenskräfte einander über- und untergeordnet sind.

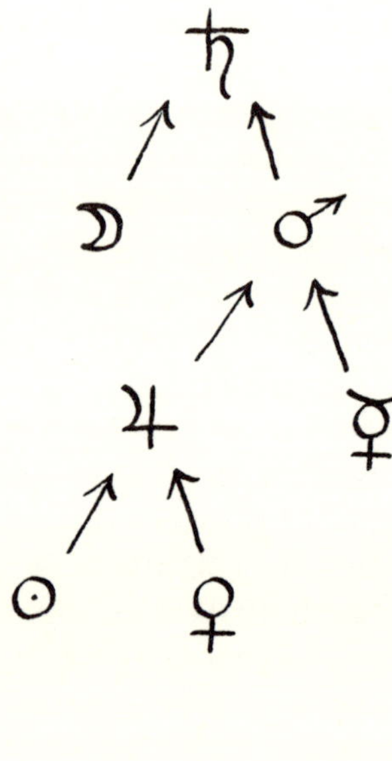

In Rilkes Konstellation: Sonne und Venus stehen im Schützen, welcher dem Jupiter-Prinzip zugehört. Also sind beide dem Jupiter zugeordnet. Die Weise ihrer Ausdruckseigenart trägt Züge der Jupiter-Bewegung. Jupiters Wesen klingt an, gestaltet sich aus in ihren

Vollzügen, ebenso wie die besonderen Bedingungen der Jupiter-Stellung (das dritte Haus: Sprache, schreibende Hand...) den Raum und die Bezüge anzeigen, in welchen die Kraft des Sonnenhaften und Venusischen, der Gestaltordnung dieser Konstellation gemäß, einfließt. Jupiter wiederum steht im Skorpion, welcher auf das Marsische verweist. Und dieses selbst, im Wassermann, ist dem Saturnischen untergeordnet. So ergibt sich eine Ordnung der Bezüge, an deren Spitze das Saturnische steht, alle Funktionskreise der anderen Wesenskräfte übergreifend. Das Saturnische selbst ist nicht auf eine weitere Wesenskraft verwiesen, steht es doch in seiner eigenen Ausdrucksform, im luftigen Wassermann. So laufen die verschiedenen Ordnungen und Unterordnungen im Anliegen des Saturnischen aus, finden darin ihren verpflichtenden, gültigen Ausklang.

Mit diesen bis jetzt zusammengetragenen Einsichten in die strukturale Eigenart der Quadrate-Figur und der zentralen Bedeutung des Saturnischen können wir nun den Gang durch die Vielfalt der konkreten Entsprechungen antreten.

Als Rilke als 22jähriger Lou Andreas-Salomé begegnete, war er noch tief in der allzu empfindsamen Venus-Neptun-Welt befangen, ein überschwenglicher Jüngling, der die reifere mütterliche Frau und Freundin suchte. Die erste Wendung ins mehr Erdhafte geschah ihm mit dieser Begegnung. Die Liebesbeziehung, wie sie am Anfang für beide war, hatte sich aber für Lou wohl schon auf der ersten Rußland-Reise verändert. Und später, während der zweiten Reise, schien ihr die Trennung die einzige Lösung. Sie ahnte richtig, welch großer Weg Rilke noch bevorstand, fürchtete aber für ihn die Gefahr von Verirrung und Hängenbleiben im Urmütterlichen. Rilke traf diese Trennung tief und vielleicht zu früh. Was ihm in Worpswede dann entgegenkam, dieses freie, freundschaftliche Leben junger Künstler unter einem Dach, im Barkenhof des Heinrich Vogeler, wo häusliches Leben und Künstlersein vereinbar schienen, wo sich alsbald auch Ehen und Familien zusammenfanden, mußte eine Einladung an Rilke sein, die Not seines erdlosen Lebens zu vermindern, saturnischen Schutz und Stabilität bei diesen Menschen zu suchen. Clara Westhoff, eine junge Bildhauerin, von ihrer Konstellation her genauso erdlos wie Rilke, aber (wieder gemäß ihrem Geburtsbild) mit einigen guten Gründen ausgestattet, ihr Leben ebenfalls auf ihre künstlerische Berufung allein zu bauen, diese junge Frau wurde Rilkes Partnerin bei seinem Eheversuch. Noch im selben Jahr wurden sie Eltern einer Tochter: Ruth. Schon nach wenigen Monaten muß ihnen klargeworden sein, daß ein Leben zu dritt kein Weg war, der der künstlerischen Arbeit von beiden genug Freiheit und Raum gewährleisten konnte. Ruth mußte Rilkes Schwiegereltern übergeben werden, und bereits im Sommer 1902 brach Rilke auf nach Paris. Der Erdungsversuch in Westerwede war schon nach kurzer Zeit mißglückt. Die Verbindung zu Clara allerdings blieb. Sie wuchs noch während der Pariser Jahre und hatte lange Zeit ein nicht zu unterschätzendes Gewicht in Rilkes notvollem Wanderleben. Es war Clara, durch die die Bildhauerkunst in seinem Leben eine Rolle zu spielen begann. Als Rilke zu Rodin aufbrach, mit dem Auftrag, eine Monografie über ihn zu schreiben, waren die Weichen gestellt für die alles entscheidende Aufgabe: der Aneignung des Saturnischen einen großen Schritt näher zu kommen.

Die Persönlichkeit Rodins traf Rilke mit elementarer Wucht. Seine Beschreibungen dieses Mannes in den verschiedensten Briefen lassen keinen Zweifel daran, wie sehr es gerade die saturnische Kraft des damals 63jährigen Künstlers war, welche Rilke über alle Maßen beeindruckte.

»Als ich zuerst zu Rodin kam und draußen in Meudon bei ihm frühstückte mit Menschen, die man nicht kennen lernte, mit Fremden, an einem Tische, da wußte ich, daß sein Haus nichts für ihn war, eine kleine armsälige Nothdurft vielleicht, ein Dach für Regen- und Schlafzeit; und daß es keine Sorge war für ihn und an seiner Einsamkeit und Sammlung kein Gewicht. Tief in sich trug er eines Hauses Dunkel, Zuflucht und Ruhe und darüber war er selbst Himmel geworden und Wald herum und Weite und großer Strom, der immer vorüberfloß. O was für ein Einsamer ist dieser Greis, der versenkt in sich selbst voller Säfte steht wie ein alter Baum im Herbst. Er ist tief geworden; seinem Herzen hat er eine Tiefe gegraben und sein Schlag kommt fernher wie aus eines Gebirges Mitte. Seine Gedanken gehen in ihm umher und füllen ihn an mit Schwere und Süßigkeit und verlieren sich nicht an die Oberfläche. Er ist stumpf geworden und hart gegen das Unwichtige und, wie von einer alten Rinde umgeben, steht er unter den Menschen. Aber dem Wichtigen reißt er sich auf, und ganz offen ist er wenn er bei Dingen ist, oder wo Thiere und Menschen ihn still und wie Dinge berühren. Da ist er Lernender und Anfänger und Zuschauer und Nachahmer von Schönheiten, die sonst immer nur unter Schlafenden vergangen sind, unter Zerstreuten und Theilnahmslosen. Da ist er der Aufmerksame, dem nichts entgeht, der Liebende, der beständig empfängt, der Geduldige, der seine Zeit nicht zählt und nicht daran denkt das Nächste zu wollen. Immer ist ihm das, was er schaut und mit Schauen umgiebt, das Einzige, die Welt, auf der alles geschieht; wenn er eine Hand bildet, so ist sie im Raum allein und es ist nichts außer einer Hand; und Gott hat in sechs Tagen nur eine Hand gemacht und hat die Wasser um sie ausgegossen und die Himmel gebogen über sie; und hat geruht über ihr als alles vollendet war, und es war eine Herrlichkeit und eine Hand« (BR LAS 92).

So schreibt Rilke an Lou. Rodin ist Bildhauer, macht Dinge, bearbeitet Stoff, Materie, Raum-Flächen, *Erde*. Seine Kunst wird für Rilke zum Inbegriff des *Genauen, Notwendigen, Dauernden*. Und er hat in seiner Kunst ein *Handwerk*, ein sicheres, festes Handwerk. Der ruhelose, erdlose Dichter des Neptunischen sehnt sich nach dem Boden eines klaren, alltäglichen Handwerks.

»Und diese Art zu schauen und zu leben steht so fest in ihm, weil er sie als Handwerker gewann: damals als er das so unendlich unstoffliche und einfache Element seiner Kunst gewann, gewann er sich diese große Gerechtigkeit, dieses vor keinem Namen schwankende Gleichgewicht der Welt gegenüber. Da es ihm gegeben ward, Dinge zu sehen in allem, erwarb er die Möglichkeit: Dinge zu bauen; denn dieses ist seine große Kunst. Nun beirrt ihn keine Bewegung mehr, da er weiß, daß auch im Auf und Ab einer ruhigen Fläche Bewegung ist und da er nur Flächen sieht und Systeme von Flächen, welche

Formen genau und deutlich bestimmen. Denn es ist nichts Ungewisses für ihn an einem Gegenstande, der ihm zu Vorbild dient: da sind tausend kleine Flächenelemente in den Raum hineingepaßt und seine Aufgabe ist, wenn er danach ein Kunstwerk schafft: das Ding noch inniger, noch fester, noch tausendmal besser in den weiten Raum einzufügen, gleichsam so, daß es sich nicht rührt wenn man daran rüttelt. Das Ding ist bestimmt, das Kunst-Ding muß noch bestimmter sein; von allem Zufall fortgenommen, jeder Unklarheit entrückt, der Zeit enthoben und dem Raum gegeben, ist es dauernd geworden, fähig zur Ewigkeit. Das Modell *scheint*, das Kunst-Ding *ist*. So ist das eine der namenlose Fortschritt über das andere hinaus, die stille und steigende Verwirklichung des Wunsches zu sein, der von allem in der Natur ausgeht. Damit fällt der Irrthum, der die Kunst zu dem willkürlichsten und eitelsten Gewerbe machen wollte, aus; sie ist der demütigste Dienst und ganz getragen von Gesetz« (BR LAS 93).

In der Begegnung mit Rodin verdichtete sich Rilkes fließende, einseitig dem Neptunischen verbundene Inspiration, wie sie noch im Stundenbuch kennzeichnend ist, zur *Arbeit auf das Wirkliche* hin. So jedenfalls formte sich in Rilke dieses Anliegen programmatisch aus. Arbeit sollte ihm zu einem Grundzug des künstlerischen Schaffens werden. Rodins »il faut travailler, rien que travailler« fiel auf fruchtbaren Boden. Rilke kam damit nicht ins Fremde, sondern ins Ureigenste. Die Konjunktion des Saturnischen mit dem Mondhaften (und ähnlich die fast gradgenaue Quadratur zwischen Saturn und Jupiter) meint ja dies: gemüthafte Öffnung, Empfänglichkeit muß sich eingrenzen, ver-halten lassen, muß sich verbinden mit Form, mit Gesetz. Solche Verdichtung bedeutet Arbeit. Nur in bewußter Arbeit kann eine höchstmögliche Objektivation der gefühlshaft-innigen Eindrücke gelingen.

Die langsam nur sich einstellende Frucht dieser Schule der Arbeit waren die sogenannten »Ding-Gedichte«, die unter der Bezeichnung »Neue Gedichte« in Rilkes Gesamtwerk eingegangen sind. Das sind nicht Gedichte vor allem über unbelebte Dinge, sondern sie enthalten den Charakter des Dinghaften aufgrund der Arbeit des strengen

Beobachtens, der höchstmöglichen Objektivierung. Alles kann in diesem Sinne »Ding« werden: ein Kunstwerk, Tier, Pflanze, Stadt, eine geschichtliche Gestalt, ja selbst ein Reiseeindruck. Es sind Ding-Gedichte aufgrund ihrer programmatisch saturnischen Bauform.

Obwohl Rilke seine Monografie zu Rodin in kurzen Monaten gelang (Anfang 1903 war sie fertig) und dort schon seine Faszination des Saturnischen als ein Programm entwarf, kam er erst im Sommer 1906 so recht in diese Arbeit hinein. Das erste aller Ding-Gedichte, das er wohl schon Ende 1902 schrieb, war allerdings auf Anhieb ein Meisterwerk. Neptunische Einfühlung und saturnische Knappheit und Präzision sind hier eine Einheit geworden.

Der Panther
Im Jardin des Plantes, Paris

Sein Blick ist vom Vorübergehn der Stäbe
so müd geworden, daß er nichts mehr hält.
Ihm ist, als ob es tausend Stäbe gäbe
und hinter tausend Stäben keine Welt.

Der weiche Gang geschmeidig starker Schritte,
der sich im allerkleinsten Kreise dreht,
ist wie ein Tanz von Kraft um eine Mitte,
in der betäubt ein großer Wille steht.

Nur manchmal schiebt der Vorhang der Pupille
sich lautlos auf –. Dann geht ein Bild hinein,
geht durch der Glieder angespannte Stille –
und hört im Herzen auf zu sein.

SW I 505

Ebenfalls ein Beispiel aus der Reihe der Ding-Gedichte ist das »Selbstbildnis aus dem Jahre 1906«, vermutlich im Frühjahr entstanden. Sein Inhalt spricht, im Zusammenhang mit der Aneignung des Saturnischen, für sich.

Selbstbildnis aus dem Jahre 1906

Des alten lange adligen Geschlechtes
Feststehendes im Augenbogenbau.
Im Blicke noch der Kindheit Angst und Blau
und Demut da und dort, nicht eines Knechtes
doch eines Dienenden und einer Frau.
Der Mund als Mund gemacht, groß und genau,
nicht überredend, aber ein Gerechtes
Aussagendes. Die Stirne ohne Schlechtes
und gern im Schatten stiller Niederschau.
Das, als Zusammenhang, erst nur geahnt;
noch nie im Leiden oder im Gelingen
zusammengefaßt zu dauerndem Durchdringen,
doch so, als wäre mit zerstreuten Dingen
von fern ein Ernstes, Wirkliches geplant.

SW I 522

Im Herbst 1902 schrieb an Rilke ein grad zwanzigjähriger junger Mann, Franz Xaver Kappus. Er sandte Rilke einige eigene Verse zur Beurteilung und schilderte ihm im Begleitbrief sein Vorhaben, Dichter zu werden. Rilke antwortete bald darauf, und so entstanden in den Jahren 1903/04 neun »Briefe an einen jungen Dichter«. Rilke war gerade in diesen beiden Jahren besonders tief in der Not seines Werdens. (Im Sommer 1903 überschritt er den Talpunkt des fünften Hauses und bewegte sich immer mehr auf die Konjunktion des Mondhaften mit dem Saturnischen zu.) Fast überzeichnend betont er die Notwendigkeit, sich dem Saturnischen zu unterziehen, um dessen positive Kräfte für sich zu gewinnen. Wenn wir Rilkes zweite Lebenshälfte betrachten, die langen Jahre des Erdauernmüssens der Elegien (ab 1912), und wenn wir die Grunderfahrungen seines Spätwerkes heranziehen, dann wird doch klar, wie sehr diese Briefe an einen jungen Dichter bereits der eigenen inneren Wahrheit entspringen. Als Rilke sie schrieb, waren sie mehr Entwurf als schon erfahrenes Leben, eine Vision seiner Bestimmung, wie sie ihm eben in dieser Zeit deutlich zu werden begann.

»Und Sie dürfen sich nicht beirren lassen in Ihrer Einsamkeit, dadurch, daß etwas in Ihnen ist, das sich herauswünscht aus ihr. Gerade dieser Wunsch wird Ihnen, wenn Sie ihn ruhig und überlegen und wie ein Werkzeug gebrauchen, Ihre Einsamkeit ausbreiten helfen über weites Land. Die Leute haben (mit Hilfe von Konventionen) alles nach dem Leichten hin gelöst und nach des Leichten leichtester Seite; es ist aber klar, daß wir uns an das Schwere halten müssen; alles Lebendige hält sich daran, alles in der Natur wächst und wehrt sich nach seiner Art und ist ein Eigenes aus sich heraus, versucht es um jeden Preis zu sein und gegen allen Widerstand. Wir wissen wenig, aber daß wir uns zu Schwerem halten müssen, ist eine Sicherheit, die uns nicht verlassen wird; es ist gut, einsam zu sein, denn Einsamkeit ist schwer; daß etwas schwer ist, muß uns ein Grund mehr sein, es zu tun« (BR JD 35).

In diesem Text haben wir eine genaue Intuition des Saturnischen als organische Gestalt-Bilde-Kraft vor uns. »Alles in der Natur wächst und wehrt sich nach seiner Art und ist ein Eigenes aus sich heraus, versucht es um jeden Preis zu sein und gegen allen Widerstand«, was auch bedeutet, sich ans Schwere zu halten. R.H. Francé sprach vom »Gesetz der Integration«: Alles Lebendige tendiert dazu, ein »Integrum« zu sein, ein »Reines«, von artfremden Einflüssen »Unberührtes«. Es erhält sich in der Form, im Baugesetz seiner Art, grenzt sich ein um jeden Preis und gegen allen Widerstand.

»Sie sollen nicht ohne einen Gruß von mir sein, wenn es Weihnachten wird und wenn Sie, inmitten des Festes, Ihre Einsamkeit schwerer tragen als sonst. Aber wenn Sie dann merken, daß sie groß ist, so freuen Sie sich dessen; denn was (so fragen Sie sich) wäre eine Einsamkeit, welche nicht Größe hätte; es gibt nur *eine* Einsamkeit, und die ist groß und ist nicht leicht zu tragen, und es kommen fast allen die Stunden, da sie sie gerne vertauschen möchten gegen irgendeine noch so banale und billige Gemeinsamkeit, gegen den

Schein einer geringen Übereinstimmung mit dem Nächstbesten, mit dem Unwürdigsten ... Aber vielleicht sind das gerade die Stunden, wo die Einsamkeit wächst; denn ihr Wachsen ist schmerzhaft wie das Wachsen der Knaben und traurig wie der Anfang der Frühlinge. Aber das darf Sie nicht irre machen. Was not tut, ist doch nur dieses: Einsamkeit, große innere Einsamkeit« (BR JD 29).

Was Rilke an den jungen Dichter mit so unbeirrbaren Worten schreibt, das war für ihn selbst ein lebenslanger Kampf, eine immer wiederkehrende Not, vielleicht im Tiefsten ein unlösbarer Konflikt.

Das Geburtsbild kann uns die konstellativen Umrisse zeigen, aus denen heraus dieser Konflikt erwächst. Von zehn Wesenskräften stehen deren sieben auf der *rechten* Seite des Raumkreises, während der Raum links von der Vertikalachse mit Ausnahme von Uranus nur gerade im dritten Haus besetzt ist. Er ist weitgehend leer – gegenüber der Vielfalt der Stellungen in der rechten Hälfte. Die rechte Kreishälfte enthält die Bereiche der Tiefenperson (zweiter Quadrant) und der Gemeinschafts-Person (dritter Quadrant). Sowohl der Mensch als Natur- und Geschlechtswesen wie auch als Glied von Gemeinschaftsbezügen (ens sociale) vollzieht sich im Kontakt mit seiner Um- und Mitwelt. Thomas Ring findet für den übergreifenden Sinn dieser rechten Kreishälfte die Bezeichnung: das organisch Kontaktgebundene. So erscheint diese Hälfte als Raum der Du-Bezüglichkeit, ihr steht jener der Ich-Bezüglichkeit als linke Kreishälfte gegenüber. Bei Rilke finden wir die Wesenskräfte überwiegend im Raum der Du-Bezüglichkeit, des organisch Kontaktgebundenen. Die Venus-Neptun-Figur wendet sich mit dem Marsischen dem Du-Pol zu, und ihre perspektivische Spitze, das Neptunische, zeigt mitten in die Tiefe des dritten Quadranten hinein, wo der einzelne sein Für-sich-Sein preiszugeben hat, um Beziehung, Gemeinschaft zu ermöglichen. Über das Fische-Prinzip am Deszendenten tritt das Neptunische nochmals gestaltend am Du-Pol auf; es kennzeichnet die besondere Weise, wie der Kontakt zur begegnenden Welt, zu Mitwelt und Mitmenschen gesucht werden will: das Schwingende einfühlenden Verstehens kann bis zu Formen der Auflösung, der Überidentifikation sich steigern. Auch die Lage der Mondknoten-Achse, mit dem aufsteigenden Knoten im Widder-Prinzip, im dritten Quadranten liegend, bestärkt das Übergewicht auf der Seite der Begegnung. (Das Thema der Mondknoten-Achse soll später erläutert werden.) Und nicht zuletzt besteht das Uranliegen der ganzen Venus-Neptun-Figur, gerade weil ihr umfassendster »Fluchtpunkt« das Neptunische bildet, in *Kontakt*, in der *Berührung*, in Bezogenheit und Bezug. Die Bewegung des *Eros* ist es, die hier bestimmt.

Gegen all diese Bezüge in den Raum der begegnenden Welt hinein stehen quer, unerbittlich, in sich geschlossen die Konturen der Vierecksfigur. Das Saturnische steht dem Deszendenten am nächsten und grenzt, als Hüter dieser Schwelle, nochmals ab. Die Quadratur vom Plutonischen (überwertige Energie) zum Saturnischen (Prozeß der Formung, Auskristallisierung) verriegelt den Raum zum Du. Gewaltsam prallt hier überwertige Energie auf die Notwendigkeit der Ausformung, der Fassung in gültiger Struktur.[1] Wie soll solche Konstellation gelebt werden, wenn nicht in einem *Willen zum Werk*, der allerdings fast gewaltsam menschliche Beziehung durchkreuzt? Der Mitwelt weit abgewandt, steht das Uranische, die Wesenskraft aufblitzender Einsicht. Jäh und unberechenbar konstelliert sie sich aus dem zwölften Haus, aus der Abgeschiedenheit des Welthintergrundes: ein unvermittelt sich ereignender Gott aus der Tiefe des Seins.

1 In manchen Deutungsformulierungen der Quadrate-Figur ist die obere Ecke des Plutonischen selbstverständlich miteinbezogen, ohne daß der Leser in das Wesen dieser im Außen erstmals 1930 gesehenen Wesenskraft eigens eingeführt worden wäre.

Thomas Ring spricht im Zusammenhang mit dem Plutonischen vom »Gestaltwandelnden« und von »überwertiger Energie«. Wir dürfen annehmen, daß unsere Erfahrungen mit der atomaren Energie in diesem Jahrhundert ein Licht werfen auf das Wesen dieses (bis jetzt!) hintergründigsten Planeten-Prinzips: das »Überwertige«, alle menschliche Geschichte Sprengende dieses ambivalenten Reichtums (der Name »Pluto« steht in Beziehung zum griechischen Wort »plutos«: Fülle, Reichtum) hat die Situation unserer Erde in wenigen Jahrzehnten völlig verändert. Ein energetisches Potential von unvorstellbarer Größe, welches bis vor kurzem noch im Reich der Natur verschlossen lag, hat sich dem menschlichen Zugriff geöffnet. Seither bemühen sich »Warngeister« aus verschiedensten Fachbereichen darum, die Tragweite

Das Saturnische ist die eine, bestimmende Kraft in der Vierecksfigur: das Sich-Einschließen in der Einsamkeit, die »Geduld für Jahrhunderte« bedingend. Die andere Gestaltkraft, dem Saturnischen genau gegenüberliegend, ist das Uranische: Es bringt den Durchbruch, die unberechenbare Eruption. Sosehr Rilkes dichterische Erfahrung Züge des Neptunischen trägt, so sehr ist sie dennoch, was den *Werk-Prozeß* angeht, die konkreten Arbeitsbedingungen seines Dichtens, stark uranisch geformt. Ständig ringendes Bemühen (eine Entsprechung der Mond-Saturn-Konjunktion), in Zeiten fehlender Inspiration zu einem nagenden schlechten Gewissen werdend (da erdrückt die Nähe zum Saturnischen die mondhafte Empfänglichkeit), konnte umspringen in einen plötzlichen Lösungsversuch: die Reise zu irgendeinem neuen/alten versprechlichen Ort. Uranus, als Spannungsherrscher der gesamten Konstellation, hatte damit sein Wesen bekundet.

Rilke war ein Leben lang auf der unruhevollen Suche nach jenen Bedingungen, in welchen seine dichterischen Durchbrüche möglich werden konnten. Immer wieder suchte er hierfür die Einsamkeit, aber ebenso beharrlich war er zu Gast hier, zu Gast dort. Er suchte

dieser gewandelten Sachlage vor Augen zu führen (Karl Jaspers, C.G. Jung, Jean Gebser, Arthur Koestler..., um nur einige zu nennen). Die seelische und geistige Herausforderung, die der Durchbruch zum Plutonischen nur schon auf der physischen Ebene mit sich bringt, ist auch heute noch wohl nur wenigen bewußt – und vielleicht ist die Tragweite dieses Geschehens im Ganzen noch gar nicht genügend zu ermessen. C.G. Jung mag einiges davon aufgenommen haben in seinen Erfahrungen. Seine Einsichten in die dunkeln Aspekte des kollektiven Unbewußten, in die Autonomie des Objektiv-Psychischen, in die Schattenwirkungen auf der emotional hochgeladenen Hintergrundebene des Archetypischen, in das Zerstörerische von völlig unbewußt bleibenden Gegensatz-Spannungen, sind vielleicht ein Schritt in diese Richtung. (In Jungs Geburtsbild finden wir das Plutonische in der Himmelstiefe, in Quadrat-Spannung zum Saturnischen in der Nähe des Aszendenten im Wassermann-Prinzip. Eine gestaltwandelnde Erfahrung des naturhaft-mütterlichen Urgrundes war damit vorentworfen.)

In Rilkes Werk gibt es viele Hinweise auf die Erfahrung des Plutonischen – sie sind in unserer Beschreibung jedoch kaum abzulösen von der spannungsvollen Ganzheit der Quadrate-Figur. Wo deren härteste, unerbittlichste Seiten zur Sprache kommen, ist immer auch vom Gestaltwandelnden des Plutonischen die Rede.

die Einsamkeit – und floh sie zugleich, in sich selbst ungeheuer störbar, irritierbar. Das spannungsgeladene Viereck wirkte in solchen Zeiten wie ein überempfindliches Alarm-System, das allzu schnell das Gemüt in Unruhe versetzte, es in Rastlosigkeit hielt mit Störungen, die innerhalb dieses Systems zu Schrecken und übergroßen Ängsten anwachsen konnten. Als eine tiefere und ganzheitliche Entsprechung aber stellt es den Grundriß für einen unerbittlichen *Werk-Formungs-Prozeß* dar. Langandauernde Stagnation mußte unter fortwährend hohem Spannungsdruck ausgehalten werden, bis jeweils neue Inspiration (in uranischer Form) jäh wieder durchzubrechen vermochte. Das eindrücklichste Beispiel hierfür sind die Elegien selbst, deren Formungsprozeß im Januar 1912 auf Schloß Duino plötzlich begann, in einzelnen Schüben sich fortsetzte (Herbst 1913 und Herbst 1916), um dann, nach zehn Jahren Geduld, Verzweiflung und Erdauern, in der Einsamkeit von Muzot endlich ihren Abschluß, ihre Vollendung zu finden. Was dann im Sturm des Februar 1922 ausbrach, waren nicht nur acht Elegien, sondern ein großer Zyklus von 55 Sonetten und unzählige weitere Sonette, neben einem langen Brief eines jungen Arbeiters.

Vielleicht hat der Aufruhr der Beschreibung das eine deutlich werden lassen: *Rilke war der Gefangene seines Werkes*; und das Harte, Spannungsvolle, ja Gewaltsame dieses Werk-Prozesses zeigt sich uns in den Quadraten und Oppositionen der durchgehenden Vierecksfigur. Rilke war nicht frei genug für eine Beziehung, und noch viel weniger für eine Ehe, die Partnerschaft, Elternschaft und Lebensunterhalt in ein relatives Gleichgewicht zu bringen versucht.

In den Jahren des Kampfes um ein erstes Aneignen des Saturnischen, in der Zeit des Scheiterns seines Zusammenlebens mit Clara und Ruth in Westerwede, begann der Konflikt zwischen Werk und Beziehung deutliche Gestalt anzunehmen. Er war in diesen Jahren um so notvoller, als der Prozeß der *Erdung* im Bereich des Werkes gerade in eine entscheidende Phase trat (Paris, Rodin, Ding-Gedichte, Malte) und im Raume der Beziehung die Folgen der mißglückten Familiengründung zu tragen waren. Vor allem in den Briefen an Lou, der er auch nach der Trennung rückhaltlos vertraute, kommt Rilke immer wieder auf die Not seines noch wenig geerdeten Lebens zu sprechen. Im folgenden Brief, aus dem wir einen längeren Ausschnitt zitieren, spricht Rilke zuerst von Rodin:

»... jemehr die Dinge um ihn wuchsen, desto seltener waren die Störungen die ihn erreichten; denn an den Wirklichkeiten, die um ihn standen, brachen alle Geräusche ab. Sein Werk selbst hat ihn beschützt; er hat darin gewohnt wie in einem Wald, und sein Leben muß schon lange dauern, denn was er selbst gepflanzt hat ist ein Hochwald geworden. Und wenn man unter den Dingen herumgeht, bei denen er wohnt und lebt, die er täglich wiedersieht und täglich vollendet, so ist sein Haus und die Geräusche darin etwas unsagbar geringes und nebensächliches und man schaut es nur wie in einem Traum, seltsam verschoben und mit einer Auswahl blasser Erinnerungen erfüllt. Sein tägliches Leben und die Menschen die hineingehören, liegen da wie ein leeres Bette, durch das er nichtmehr strömt; aber das hat nichts trauriges an sich: denn nebenan hört man das große Rauschen und den gewaltigen Gang des Stromes, der sich nicht an zwei Arme theilen wollte...

Und ich glaube, Lou, so muß es sein; dieses ist *ein* Leben und das andere ein anderes, und wir sind nicht gemacht zwei Leben zu haben; als ich mich immer nach einer Wirklichkeit sehnte, nach einem Haus, nach Menschen, die weithinsichtbar zu mir gehörten, nach dem Täglichen –: wie irrte ich da. Seit ich es habe, fällt es von mir ab, eins nach dem anderen. Was war mir mein Haus anderes, als eine Fremde, für die ich arbeiten sollte, und was sind mir die nahen Menschen mehr als ein Besuch, der nicht gehen will. Wie verliere ich mich jedesmal, wenn ich ihnen etwas sein will; wie gehe ich von mir fort und kann zu ihnen nicht kommen und bin zwischen ihnen und mir unterwegs und so auf der Reise, daß ich nicht weiß wo ich bin und wie viel Meines mit mir und erreichbar ist. Wem kann ich was sein, da ich doch keinen Beruf habe zu den Menschen und kein Recht auf sie? Wie müßte der leben, der sein Kind wirklich sein nennen dürfte; wie sollte er etwas anderes thun, als es erwerben wollen Tag und Nacht? Da kommen Aufgaben aus jedem Verhältnis, Anforderungen und Gesetze legen sich aus jeder Beziehung auf und man kann des Lebens Glück und Größe in sie hineinlenken und wachsen an ihnen zu sich selbst. Es giebt solche, die es können. Andere aber sind Einsame von Grund aus und es ist ihnen nicht bestimmt gesellig zu sein; aus jeder Beziehung kommt ihnen eine Gefahr und eine Feindschaft; das Haus, das sie bauen, steht auf ihnen auf, weil sie keine Heimat haben, die es trägt, und mit lieben Menschen, die nahe sind, tritt Allzunahes bei ihnen ein und Weite bleibt aus.

O Lou, in einem Gedicht, das mir gelingt, ist viel mehr Wirklichkeit als in jeder Beziehung oder Zuneigung, die ich fühle; wo ich schaffe bin ich wahr und ich möchte die Kraft finden, mein Leben ganz auf diese Wahrheit zu gründen, auf diese unendliche Einfachheit und Freude, die mir manchmal gegeben ist. Schon als ich zu Rodin ging suchte ich das; denn ahnungsvoll wußte ich seit Jahren von seines Werkes unendlichem Beispiel und Vorbild. Nun, da ich von ihm kam, weiß ich, daß auch ich keine anderen Verwirklichungen verlangen und suchen dürfte, als die meines Werkes; dort ist mein Haus, dort sind die Gestalten, die mir wirklich nahe sind, dort sind die Frauen, die ich brauche und die Kinder, die aufwachsen und lange leben werden. Aber wie soll ich es anfangen, diesen Weg zu gehen, – wo ist das Handwerk meiner Kunst, ihre tiefste und geringste Stelle, an der ich beginnen dürfte tüchtig zu sein? Ich will jeden Rückweg gehen bis zu jenem Anfang hin und alles, was ich gemacht habe, soll nichts gewesen sein, geringer denn das Fegen einer Schwelle, zu der der nächste Gast wieder die Spur des Weges trägt. Ich habe Geduld für Jahrhunderte in mir und will leben als wäre meine Zeit sehr groß. Ich will mich sammeln aus allen Zerstreuungen, und aus den zu schnellen Anwendungen will ich das Meine zurückholen und aufsparen. Aber ich höre Stimmen, die es gut meinen, und Schritte, die näher kommen, und meine Thüren gehen...

Und wenn ich Menschen suche, so rathen sie mir nicht und wissen nicht was ich meine. Und Büchern gegenüber bin ich ebenso (so unbeholfen), und sie helfen mir auch nicht, als ob auch sie noch zu sehr Menschen wären... Nur die Dinge reden zu mir. Rodins Dinge, die Dinge an den gothischen Kathedralen, die antikischen Dinge, – alle Dinge, die vollkommene Dinge sind. Sie wiesen mich auf die Vorbilder hin; auf die bewegte lebendige Welt, einfach und ohne Deutung gesehen als Anlaß zu Dingen. Ich fange an, Neues zu sehen: schon sind mir Blumen oft so unendlich viel und aus Thieren kamen mir Anregungen seltsamer Art. Und auch Menschen erfahre ich schon manchmal so, Hände leben irgendwo, Munde reden, und ich schaue alles ruhiger und mit größerer Gerechtigkeit.

Aber mir fehlt immer noch die Disciplin, das Arbeitenkönnen und Arbeitenmüssen, nach dem ich mich seit Jahren sehne. Fehlt mir die Kraft? Ist mein Wille krank? Ist es der Traum in mir, der alles Handeln hemmt? Tage gehen hin und manchmal höre ich das Leben gehen. Und noch ist nichts geschehn, noch ist nichts Wirkliches um mich; und ich theile mich immer wieder und fließe auseinander, – und möchte doch so gerne in *einem* Bette gehen und groß werden. Denn, nichtwahr Lou, es soll so sein; wir sollen wie ein Strom sein und nicht in Kanäle treten und Wasser zu den Weiden führen? Nichtwahr, wir sollen uns zusammenhalten und rauschen? Vielleicht dürfen wir, wenn wir sehr alt werden, einmal, ganz zum Schluß, nachgeben, uns ausbreiten, und in einem Delta münden... *liebe* Lou!« (BR LAS 96).

Rilke ist 27½ Jahre alt, als er diesen Brief an Lou schreibt. Es ist August des Jahres 1903. Auf diesen August fällt der Talpunkt des fünften Hauses. Die Notwendigkeit, sich der Konjunktion des Mondhaften mit dem Saturnischen weiter anzunähern, in das Schwere der Vierecks-Figur bewußt einzutreten, diese Aufgabe wird immer dringender. Im Umschlag des fünften Hauses zum sechsten ist, ganz durchschnittlich und kollektiv gesehen, ähnliches aufgegeben: Das Spiel der schöpferischen Triebe, die Selbstdarstellung des Lebens, wie es aus der Tiefe des zweiten Quadranten im einzelnen aufsteigt, muß sich wandeln zu einem Prozeß, in welchem die Kräfte konkret werden, einer Arbeit zufließen, Existenz sichern. Die Fülle aufsteigenden Lebens muß Werktag werden. Rodins Dinge sind Rilke ein Stück dieses Weges. Das erste der Ding-Gedichte, »Der

Panther«, ist ihm bereits gelungen. Seine Sehnsucht nach einem Handwerk ist ein anderer Ausdruck für diesen Umschlag. Wie soll ihm aber ein Handwerk erwachsen in Paris, in der Nähe von Rodin, wenn er diese Stadt nur für Monate aushält? Schon im Frühling 1903 flieht er erschöpft nach Viareggio, wo in wenigen Tagen der dritte Teil des Stundenbuchs entsteht. Die bedrückenden Erfahrungen der Großstadt fließen ein in herrliche Verse, aber Arbeit im Sinne der Ding-Gedichte ist das nicht. Es wird noch drei Jahre dauern, bis er so richtig in Werktage hineinkommen wird. Im Sommer 1906 ist es soweit. Kurz bevor seine innere Lebensbewegung die Spitze des sechsten Hauses erreichte, bot Rodin ihm den Posten eines Privatsekretärs an. Das war im September 1905. Rilke muß gespürt haben, welche Gelegenheit sich ihm hier bot. Ein Zuwachs an Boden, Sicherheit, größere Erdung war nun möglich. Er nahm an. Die Monate Ende 1905, Frühjahr 1906 sind sichtlich erfüllt von zunehmendem Selbstbewußtsein und wachsender Nähe zur Arbeit. Er hält Vorträge über Rodin in Dresden und Prag, das Stundenbuch (alle drei Teile) kommt zur Veröffentlichung, er handelt erstmals Verträge mit Juncker und dem Insel-Verlag aus und widmet sich, zwischen Vortragsreisen und Besuchen seiner nun schon recht zahlreichen »Stützpunkte« in ganz Europa, der Arbeit als Rodins Sekretär. Diese Arbeit konnte im Grunde nur ein Teilstück sein auf dem Weg zum eigenen Handwerk. Gerade rechtzeitig geschah ein kleiner Zwischenfall: Rodin vermeinte in der Beantwortung zweier Briefe bei Rilke zu große Eigenmächtigkeit zu sehen, und sein Zornausbruch bedeutete die Entlassung. Rilke ging sofort, mit schmerzlichen Gefühlen der geschehenen Ungerechtigkeit, aber zugleich mit dem Wissen, daß er seine neue Freiheit gebrauchen würde. Es war Mitte Mai 1906. Schon im Juni war er ganz in der eigenen Arbeit drin. Es entstanden viele der Neuen Gedichte. In diesem Sommer 1906 ist in der Altersprogression das Mondhafte erreicht. Der zweite Kontakt (nach jenen frühen Jahren der Militärschule) mit den Wesenskräften einer Ecke der Vierecksfigur war endlich hergestellt. Vorüber war die Zeit des angstvollen Bevorstehens und Daraufzugehens. Die Jahre 1906, 1907, 1908 und zum Teil 1909 bedeuten die Zeit der

Konjunktion (der inneren Lebensbewegung) mit dem Mondhaften, Saturnischen und Marsischen. Eine Vielfalt von Aspekten beider großer Gestaltfiguren war damit spruchreif geworden. Vor allem in den Sommermonaten dieser Jahre finden wir Rilke in fruchtbarer Arbeit. Fast alle der Neuen Gedichte entstehen nun, und es gelingt ihm, seine umfänglichste Prosaarbeit, die Aufzeichnungen des Malte Laurids Brigge, die er schon anfangs 1904 in Rom begonnen hatte, über weite Teile zu Ende zu bringen. Überschaut man das Ganze von Rilkes Leben, so stellt sich der Eindruck ein, daß diese Jahre von 1906 bis 1909 die einzige Zeit waren, in welcher ihm bedeutende Arbeit in solcher Kontinuität und Länge möglich geworden ist. Der »Malte« mußte in diesen Jahren geschrieben werden, oder er wäre vielleicht Fragment geblieben. Die Elegien und Sonette an Orpheus kommen, wie so vieles bei Rilke, in einem kurzen großen Durchbruch. Die Länge dieser relativ kontinuierlichen Arbeit könnte mit dem Zuwachsen von Mond, Saturn und Mars während dieser Jahre zu tun haben. Es ist allerdings selbstverständlich, daß diese Betrachtung nur in großen Umrissen gilt, gewissermaßen aus der Vogelschau. Bei näherem Zusehen, dem auch viele kleine Bewegungen nicht entgehen, zeigen sich in allen Jahren seines Lebens die Ringe, in welchen sein Werk heranwuchs. In der Tiefe geschah fortwährend Arbeit.

Schon zu Beginn des Jahres 1909 scheint diese fruchtbare Kontinuität abzubrechen. Zwar ist die Konjunktion mit dem Marsischen grad eben erreicht, was ein Aufsingen der ganzen Neptun-Venus-Figur erwarten ließe. Aber grad danach erfolgt, im Mai, der Umschlag vom Wassermann-Prinzip in jenes der Fische, und im gleichen Sommer noch ist der Talpunkt des bis jetzt so arbeitsreichen sechsten Hauses erreicht. Die Arbeit am Malte kam bereits im Januar 1909 ins Stocken, Krankheit, Besuche und allerlei Verpflichtungen konnten den offenbar wieder wehrloseren Dichter vollends beirren, die Zugkraft des Peripheren hatte ihn wieder. Die klugen Angebote und Termin-Vorschläge von Anton Kippenberg, des Leiters des Insel-Verlags, waren sicher auch daran beteiligt, daß es Rilke gegen Ende 1909 grad eben noch gelang, den Malte wirklich zu beenden. Was darauf folgte, war langandauernde Erschöpfung. Gefühle des Untergangs und Selbstverlustes trieben ihn herum. Bereitwilliger schien er sich versprechlichen Gelegenheiten zu öffnen. Bis nach Afrika und Ägypten führten ihn die Reisen. Die Jahre seiner Lebensmitte waren wieder neu unterströmt von der Grenzenlosigkeit des Neptunischen. Vom Sommer 1909 bis Herbst 1915 lief seine innere Lebensbewegung durch das Weiträumige und Durchlässige des Fische-Prinzips. Die so mühselig errungenen Kräfte des Saturnischen schienen sich wieder zu zerstreuen. Jetzt erst recht mußte sich zeigen, ob er »Geduld für Jahrhunderte« aufzubringen vermochte. Was in den ersten Pariser Jahren in programmatischen Entwürfen sich ausdrückte, der *luftigen* Systematik des Wassermännischen entspringend, und später, ab Sommer 1906, in konkreter Arbeit eine erstaunlich lange Zeit gelang, das mußte nach dem Abschluß des Malte während zwölf Jahren konkret gelebt und erdauert werden. Davon soll später gehandelt werden.

Der Gang der Untersuchung führt uns vorerst zurück in den Sommer 1903, zum Talpunkt des fünften Hauses, in die Zeit des unerbittlichen Spruchreifwerdens seiner wenig geerdeten Existenz. Es ist vor allem in den Briefen an Lou, wo Rilke in fast visionären Bildern seine Not beschreibt.

»Und was kostet es mich, am Wichtigen festzuhalten! Da reden alle die Kleinigkeiten hinein, die der Tag bringt, die Sorgen um Geld, die nichtigen Unbehaglichkeiten und Zufälle, die Thüren, die Gerüche, die Stunden die schlagen und immer wieder zu etwas rufen, – das alles hat Stimmen und thut sich keinen Zwang an vor mir und hat die ganze niedrige Geschwätzigkeit des Alltags. Das war früher schon so, aber es ist in den sorgenvolleren und unbeschützten Jahren viel schlimmer geworden: alles jagt durch mich durch, das Wichtige und das Nebensächlichste, und es kann sich kein Kern bilden in mir, keine feste Stelle: ich bin nur der Schauplatz einer Reihe innerer Begegnungen, ein Durchgang und kein Haus! Und ich möchte mich irgendwie tiefer zurückziehen in mich, in das Kloster in mir, in dem die großen Glocken hängen« (BR LAS 104).

»... O daß ich Werktage hätte, Lou, daß meine heimlichste Herzkammer eine Werkstatt wäre und Zelle und Zuflucht für mich; daß all dieses Mönchische in mir klostergründend würde, um meiner Arbeit und Andacht willen« (BR LAS 105).

Gibt es ein sprechenderes Bild für das Zwingende *und* Schöpferische der großen Quadrate-Figur als »das Kloster in mir, in dem die großen Glocken hängen«?

Im Februar 1904 in Rom beginnt Rilke die »Aufzeichnungen des Malte Laurids Brigge«. Es wird fünf Jahre dauern, bis er sie beendet haben wird. Rilke hat davor gewarnt, Malte, diesen 28jährigen dänischen Dichter, dessen Erfahrungen in der Großstadt Paris geschildert werden, unvermittelt autobiografisch zu verstehen. Rilke ist nicht Malte. Malte ist nicht Rilke. Im Einzelnen, Konkreten gibt es erhebliche Unterschiede. Um nur ein Beispiel zu nennen: Maltes Maman ist nicht Rilkes Mutter – und doch: Maltes Maman hat gewiß viel mit Rilkes Beziehung zum Mütterlichen zu tun. Wir begegnen an vielen Stellen des Malte dem werdenden Dichter, Rilke selbst. In einem Brief an Lou vom Dezember 1911, also fast zwei Jahre nach der Beendigung des Malte, kommt die spannungsvolle Einheit und Unterschiedenheit von Rilke-Malte deutlich zum Ausdruck:

»Du siehst, ich hab es immer noch eilig, auf mich zu kommen, ich setze immer noch voraus, daß dieses Thema interessieren kann, magst Du Dich wieder einmal hineinfinden? Bitte, bitte thu's, ich will Dir helfen so gut ich kann, vielleicht kann ichs schlecht, – dann ist ein Anhaltspunkt da: der *Malte Laurids Brigge*. Ich brauch keine Antworten auf meine Bücher, das weißt Du, – aber nun hab ichs herzlich nöthig, zu wissen, welchen Eindruck dieses Buch auf Dich gemacht hat. Die gute Ellen Key hat mich natürlich umgehend mit dem *Malte* verwechselt und aufgegeben; aber niemand als Du, liebe Lou, kann unterscheiden und nachweisen, ob und wie weit er mir ähnlich sieht. Ob er, der ja zum Theil aus meinen Gefahren gemacht ist, darin untergeht, gewissermaßen, um mir den Untergang zu ersparen, oder ob ich erst recht mit diesen Aufzeichnungen in die Strömung gerathen bin, die mich wegreißt und hinübertreibt.

Kannst Dus begreifen, daß ich hinter diesem Buch recht wie ein Überlebender zurückgeblieben bin, im Innersten rathlos, unbeschäftigt, nicht mehr zu beschäftigen? Je weiter ich es zuende schrieb, desto stärker fühlte ich, daß es ein unbeschreiblicher Abschnitt sein würde, eine hohe Wasserscheide, wie ich mir immer sagte; aber nun erweist es sich, daß alles Gewässer nach der alten Seite abgeflossen ist und ich in eine Dürre hinuntergeh, die nicht anders wird. Und wärs nur das: aber der Andere, Untergegangene hat mich irgendwie abgenutzt, hat mit den Kräften und Gegenständen meines Lebens den immensen Aufwand seines Untergangs betrieben, da ist nichts, was nicht in seinen Händen, in seinem Herzen war, er hat sich mit der Inständigkeit seiner Verzweiflung alles angeeignet, kaum scheint mir ein Ding neu, so entdeck ich auch schon den Bruch daran, die brüske Stelle, wo er sich abgerissen hat. Vielleicht mußte dieses Buch geschrieben sein wie man eine Mine anzündet; vielleicht hätt ich ganz weit wegspringen müssen davon im Moment, da es fertig war« (BR LAS 237).

Mit den Aufzeichnungen des Malte werden wir tief hineingeführt in die dunkle, unheimliche, gespenstische Gefahrenzone der Quadrate-Figur. Das Abgründige, Entsetzliche, das Bodenlose der menschlichen Angst wird darin Wort, kommt in großer Eindringlichkeit zur dichterischen Gestaltung. Die Bewältigung dessen, was an Erfahrungen aus der Quadrate-Figur an Rilke herantrat, war nicht zu leisten *nur* in den Ding-Gedichten, ihrem saturnischen Programm. Sie sind die Verbindung eines Gestaltens aus der Venus-Neptun-Figur mit dem Saturnischen. In ihnen wird *die* Seite des Saturnischen zugänglich, welche angeeignet, gemeistert werden kann. Aber die *andere* Seite, die dunkle, in welcher das Übergroße an den Menschen herantritt, diese ins Hintergründige stürzende Tiefe des Saturnischen (wie sie in seiner Stellung innerhalb der Quadrate-Figur vorgezeichnet ist) tritt uns erst in den Erfahrungen des Malte in Paris entgegen. Erst später wird Rilke die Fähigkeit haben, auch diese dunkelste Seite in der Form von Gedichten auszudrücken: in den Elegien und ihren Vorstufen, Entwürfen ist das geschehen.

Manche Schilderungen im Malte standen zuerst in Briefen an Lou. So auch der folgende Text:

»Ich möchte Dir sagen, liebe Lou, daß Paris eine ähnliche Erfahrung für mich war wie die Militärschule; wie damals ein großes banges Erstaunen mich ergriff, so griff mich jetzt wieder das Entsetzen an vor alledem was, wie in einer unsäglichen Verwirrung, Leben heißt. Damals als ich ein Knabe unter Knaben war, war ich allein unter ihnen; und wie allein war ich jetzt unter diesen Menschen, wie fortwährend verleugnet von allem was mir begegnete; die Wagen fuhren durch mich durch, und die welche eilten, machten keinen Umweg um mich und rannten voll Verachtung über mich hin wie über eine schlechte Stelle in der altes Wasser sich gesammelt hat.«

»O es haben tausend Hände gebaut an meiner Angst und sie ist aus einem entlegenen Dorf eine Stadt geworden eine große Stadt, in der Unsägliches geschieht. Sie wuchs die ganze Zeit und nahm mir das stille Grün aus meinem Gefühl, das nichts mehr trägt. Schon in Westerwede wuchs sie und es entstanden Häuser und Gassen aus den bangen Umständen und Stunden, die dort vergingen. Und als Paris kam, da wurde sie rasch ganz groß. Im August vorigen Jahres traf ich dort ein. Es war die Zeit, da die Bäume in der Stadt welk sind ohne Herbst, da die glühenden Gassen, ausgedehnt von der Wärme, nicht enden wollen und man durch Gerüche geht wie durch viele traurige Zimmer. Da ging ich an den langen Hospitälern hin, deren Thore weit offen standen mit einer Gebärde ungeduldiger und gieriger Barmherzigkeit. Als ich zum ersten Mal am *Hotel Dieu* vorüberkam fuhr gerade eine offene Droschke ein, in der ein Mensch hing, schwankend bei jeder Bewegung, wie eine zerbrochene Marionette schief, und mit einem schweren Geschwür auf dem langen, grauen, hängenden Halse. Und was für Menschen bin ich seither begegnet, fast an jedem Tage; Trümmern von Karyatiden, auf denen noch das ganze Leid, das ganze Gebäude eines Leides lag, unter dem sie langsam wie Schildkröten lebten. Und sie waren Vorübergehende unter Vorübergehenden, alleingelassen und ungestört in ihrem

Schicksal. Man fing sie höchstens als Eindruck auf und betrachtete sie mit ruhiger sachlicher Neugier wie eine neue Art Thier, dem die Noth besondere Organe ausgebildet hat, Hunger- und Sterbeorgane. Und sie trugen das trostlose, mißfarbene Mimicry der übergroßen Städte und hielten aus unter dem Fuß jedes Tages der sie trat wie zähe Käfer, dauerten, als ob sie noch auf etwas warten müßten, zuckten wie Stücke eines zerhauenen großen Fisches, der schon fault aber immer noch lebt. Sie lebten, lebten von nichts, vom Staub, vom Ruß und vom Schmutz auf ihrer Oberfläche, von dem was den Hunden aus den Zähnen fällt, von irgend einem sinnlos zerbrochenen Dinge, das immer noch jemand kaufen mag zu unerklärlichem Gebrauch. O was ist das für eine Welt. Stücke, Stücke von Menschen, Theile von Thieren, Überreste von gewesenen Dingen und alles noch bewegt, wie in einem unheimlichen Winde durcheinandertreibend, getragen und tragend, fallend und sich überholend im Fall.«

»O, Lou, ich habe mich so gequält, Tag für Tag. Denn ich verstand alle diese Menschen und obwohl ich in einem großen Bogen um sie herumging, hatten sie kein Geheimnis vor mir. Es riß mich aus mir heraus in ihr Leben hinein, durch alle ihre Leben durch, durch alle ihre beladenen Leben. Ich mußte mir oft laut sagen, daß ich nicht einer von ihnen bin, daß ich wieder fortgehen würde aus dieser schrecklichen Stadt, in der sie sterben werden; ich sagte es mir und fühlte, daß es kein Betrug war. Und doch wenn ich merkte, wie meine Kleider von Woche zu Woche schlechter und schwerer wurden und sah, wie sie zerschliessen waren an vielen Stellen, erschrak ich und fühlte daß ich rettungslos zu den Verlorenen gehören würde, wenn nur irgend ein Vorübergehender mich sah und mich halb unbewußt zu ihnen zählte. Jeder konnte mich zu ihnen hinunterstoßen mit dem flüchtigen Aburtheil eines geringschätzigen Blickes.«

»Hätte ich die Ängste, die ich so erlebte, *machen* können, hätte ich Dinge bilden können aus ihnen, wirkliche stille Dinge, die zu schaffen Heiterkeit und Freiheit ist und von denen, wenn sie sind, Beruhigung ausgeht, so wäre mir nichts geschehen. Aber diese Ängste, die mir aus jedem Tage zufielen, rührten hundert andere Ängste an und sie standen in mir auf wider mich und vertrugen sich, und ich kam nicht über sie hinaus. Im Bestreben, sie zu formen, wurde ich schöpferisch an ihnen selbst; statt sie zu Dingen meines Willens zu machen, gab ich ihnen nur ein eigenes Leben, das sie wider mich kehrten und mit dem sie mich verfolgten weit in die Nacht hinein. Hätte ich es besser gehabt, stiller und freundlicher, hätte meine Stube zu mir gehalten und wäre ich gesund geblieben, vielleicht hätte ich es doch gekonnt: Dinge machen aus Angst« (BR LAS 65 ff.)

»Dinge machen aus Angst« – das ist die Aufgabe, wie sie Rilke sich gab. Auch die entsetzlichsten Eindrücke von Elend, Angst und Untergang noch umzuformen in die schauende Unbestechlichkeit der dichterischen Wahrnehmung. Was aber dabei mit ihm geschah, überstieg fast seine Kräfte. Er wurde förmlich angesogen und zugedeckt von der Abgründigkeit des Großstadt-Elends.

Es ist nicht leicht, solches Erleben durch eine strukturale Analyse der Quadrate-Figur in einen überzeugenden Bezug zu setzen. Nüchterne Sätze, die zudem nicht mehr als einen formalen Grundriß umschreiben dürfen, können es wenig und sind doch die einzige Möglichkeit dazu.

Durch das Zusammenstehen des Mondhaften mit dem Saturnischen wird gemüthafte Empfänglichkeit dem harten, unerbittlich formenden Aufprall der Realität unmittelbar ausgesetzt. Das Wort »Aufprall« ist in dieser Aspekt-Figur nicht beiläufige Dramatik, sondern es gibt den genaueren strukturalen Kontext wieder: Denn das Saturnische steht durch die Quadrate zum Plutonischen und zum Jupiter-Prinzip und durch die Opposition zum Uranischen in einem so hohen Spannungsfeld, daß eine Aufladung mit hintergründigen Energien zustande kommt. Uranus und vor allem das Plutonische gehören ja den transsaturnischen Wesenskräften an, die uns mit ichfernen weiten Räumen verbinden. Die Spannungsfelder der einander widerstrebenden Gestaltkräfte von Jupiter und Saturn, von Pluto und Saturn und Uranus und Saturn greifen je einzeln und allesamt miteinander über auf die ungeschützte Empfänglichkeit des Mondhaften. Die Polarität von Jupiter und Saturn, im Quadrat zum gegenseitigen Widerstreit gesteigert, legt sich auf das Mondhafte: Kräfte der Entfaltung, der Entwicklung auf ein Bestmögliches hin ringen mit der Beharrungskraft, der Trägheit und Widerständigkeit des Realen, an dessen Grenzen das Lebendige zu scheitern droht. Ebenso legt der Widerstreit zwischen dem Plutonischen und Saturnischen sein Gewicht auf das Mondhafte: Überwertige Energie steht auf aus den Tiefen des Seins und prallt auf gegen die eingrenzende Struktur des menschlichen Daseins. Und, unmittelbar daneben, *im Zwang*, es fühlend zu erleben: die mondhafte Empfänglichkeit. Ist es einer »aus der Engel Ordnungen«, der in seinem Eingreifen die Grenzen des Menschlichen zerschlägt, gewaltsam und gewaltig in einem? Oder ist es das Namenlose der Ängste aus der Kindheit? Oder das Übergroße, das »nicht verschmäht, sich so vertraut mit uns einzulassen«? Die astrologische Wahrnehmung muß das offen lassen. Sie hat nur das Grundsätzliche der Konstellation und die Vielfalt der möglichen Entsprechungen zu beschreiben. All das Genannte macht das Spannungsgeladene dieser Saturn-Stellung aus, und die Opposition vom Uranischen her kann es durchbrechen lassen, unberechenbar, augenblickhaft, jäh.

Wie sollte also mondhafte Ansprechbarkeit des Gemüts *nicht* in den Bann geraten, angesogen werden, ja manchmal geradezu krank machend fixiert werden von der Übermacht dieser saturnischen Erfahrungen? In den Aufzeichnungen des Malte gibt es viele Annäherungen an diese gewaltsam schrecklichen Eindrücke. Man hat darin mit Recht auch vorweggenommene Beschreibungen der Geworfenheit des menschlichen Daseins gesehen, wie sie nach dem Ersten Weltkrieg der Existenzphilosophie zum zentralen Thema geworden ist. Lassen wir uns mitnehmen und hineinführen in eine dieser Erfahrungen, in der Begegnung mit dem blinden Zeitungsverkäufer.

»Ich habe niemals gewagt, von ihm eine Zeitung zu kaufen. Ich bin nicht sicher, daß er wirklich immer einige Nummern bei sich hat, wenn er sich außen am Luxembourg-Garten langsam hin und zurück schiebt den ganzen Abend lang. Er kehrt dem Gitter den Rücken, und seine Hand streift den Steinrand, auf dem die Stäbe aufstehen. Er macht sich so flach, daß täglich viele vorübergehen, die ihn nie gesehen haben. Zwar hat er noch einen Rest von Stimme in sich und mahnt; aber das ist nicht anders als ein Geräusch in einer Lampe oder im Ofen oder wenn es in eigentümlichen Abständen in einer Grotte tropft. Und die Welt ist so eingerichtet, daß es Menschen giebt, die ihr ganzes Leben lang in der Pause vorbeikommen, wenn er, lautloser als alles was sich bewegt, weiter rückt wie ein Zeiger, wie eines Zeigers Schatten, wie die Zeit.

Wie unrecht hatte ich, ungern hinzusehen. Ich schäme mich aufzuschreiben, daß ich oft in seiner Nähe den Schritt der andern annahm, als wüßte ich nicht um ihn. Dann hörte ich es in ihm ›La Presse‹ sagen und gleich darauf noch einmal und ein drittes Mal in raschen Zwischenräumen. Und die Leute neben mir sahen sich um und suchten die Stimme. Nur ich tat eiliger als alle, als wäre mir nichts aufgefallen, als wäre ich innen überaus beschäftigt.

Und ich war es in der Tat. Ich war beschäftigt, ihn mir vorzustellen, ich unternahm die Arbeit, ihn einzubilden, und der Schweiß trat mir aus vor Anstrengung. Denn ich mußte ihn machen wie man einen Toten macht, für den keine Beweise mehr da sind, keine Bestandteile; der ganz und gar innen zu leisten ist. Ich weiß jetzt, daß es mir ein wenig half, an die vielen abgenommenen Christusse aus streifigem Elfenbein zu denken, die bei allen Althändlern herumliegen. Der Gedanke an irgendeine Pietà trat vor und ab –: dies alles wahrscheinlich nur, um eine gewisse Neigung hervorzurufen, in der sein langes Gesicht sich hielt, und den trostlosen Bartnachwuchs im Wangenschatten und die endgültig schmerzvolle Blindheit seines verschlossenen Ausdrucks, der schräg aufwärts gehalten war. Aber es war außerdem so vieles, was zu ihm gehörte; denn dies begriff ich schon damals, daß nichts an ihm nebensächlich sei: nicht die Art, wie der Rock oder der Mantel, hinten abstehend, überall den Kragen sehen ließ, diesen niedrigen Kragen, der in einem großen Bogen um den gestreckten, nischigen Hals stand, ohne ihn zu berühren; nicht die grünlich schwarze Krawatte, die weit um das Ganze herumgeschnallt war; und ganz besonders nicht der Hut, ein alter, hochgewölbter, steifer Filzhut, den er trug wie alle Blinden ihre Hüte tragen: ohne Bezug zu den Zeilen des Gesichts, ohne die Möglichkeit, aus diesem Hinzukommenden und sich selbst eine neue äußere Einheit zu bilden; nicht anders als irgendeinen verabredeten fremden Gegenstand. In meiner Feigheit, nicht hinzusehen, brachte ich es so weit, daß das Bild dieses Mannes sich schließlich oft auch ohne Anlaß stark und schmerzhaft in mir zusammenzog zu so hartem Elend, daß ich mich, davon bedrängt, entschloß, die zunehmende Fertigkeit meiner Einbildung durch die auswärtige Tatsache einzuschüchtern und aufzuheben. Es war gegen Abend. Ich nahm mir vor, sofort aufmerksam an ihm vorbeizugehen.

Nun muß man wissen: es ging auf den Frühling zu. Der Tagwind hatte sich gelegt, die Gassen waren lang und befriedigt; an ihrem Ausgang schimmerten Häuser, neu wie frische Bruchstellen eines weißen Metalls. Aber es war ein Metall, das einen überraschte durch seine Leichtigkeit. In den breiten, fortlaufenden Straßen zogen viele Leute durcheinander, fast ohne die Wagen zu fürchten, die selten waren. Es mußte ein Sonntag sein. Die Turmaufsätze von Saint-Sulpice zeigten sich heiter und unerwartet hoch in der Windstille, und durch die schmalen, beinah römischen Gassen sah man unwillkürlich hinaus in die Jahreszeit. Im Garten und davor war so viel Bewegung von Menschen, daß ich ihn nicht gleich sah. Oder erkannte ich ihn zuerst nicht zwischen der Menge durch?

Ich wußte sofort, daß meine Vorstellung wertlos war. Die durch keine Vorsicht oder Verstellung eingeschränkte Hingegebenheit seines Elends übertraf meine Mittel. Ich hatte weder den Neigungswinkel seiner Haltung begriffen gehabt noch das Entsetzen, mit dem die Innenseite seiner Lider ihn fortwährend zu erfüllen schien. Ich hatte nie an seinen Mund gedacht, der eingezogen war wie die Öffnung eines Ablaufs. Möglicherweise hatte er Erinnerungen; jetzt aber kam nie mehr etwas zu seiner Seele hinzu als täglich das amorphe Gefühl des Steinrands hinter ihm, an dem seine Hand sich abnutzte. Ich war stehngeblieben, und während ich das alles fast gleichzeitig sah, fühlte ich, daß er einen anderen Hut hatte und eine ohne Zweifel sonntägliche Halsbinde; sie war schräg in gelben und violetten Vierecken gemustert, und was den Hut angeht, so war es ein billiger neuer Strohhut mit einem grünen Band. Es liegt natürlich nichts an diesen Farben, und es ist kleinlich, daß ich sie behalten habe. Ich will nur sagen, daß sie an ihm waren wie das Weicheste auf eines Vogels Unterseite. Er selbst hatte keine Lust daran, und wer von allen (ich sah mich um) durfte meinen, dieser Staat wäre um seinetwillen?

Mein Gott, fiel es mir mit Ungestüm ein, so *bist* du also. Es giebt Beweise für deine Existenz. Ich habe sie alle vergessen und habe keinen je verlangt, denn welche ungeheuere Verpflichtung läge in deiner Gewißheit. Und doch, nun wird mirs gezeigt. Dieses ist dein Geschmack, hier hast du Wohlgefallen. Daß wir doch lernten, vor allem aushalten und nicht urteilen. Welche sind die schweren Dinge? Welche die gnädigen? Du allein weißt es« (SW VI 899).

Diese Elendsgestalten (der blinde Zeitungsverkäufer ist nur einer unter vielen, die Rilke im Malte beschreibt) werden zu Chiffren für das Menschliche überhaupt, für die Brüchigkeit und Ungeschütztheit unseres Daseins. Sie stehen aber zugleich tiefer im Geheimnis des Wirklichen, sind seiner Mitte, dem Göttlichen näher. Sie werden Rilke zu Inbildern für Geduld, für ein Dasein in reinem, fast übermenschlichem Geschehenlassen. »Sie sind fast wie Ewige«, weil sie in ihrer grenzenlosen Ohnmacht hinabgesunken sind bis auf den Grund. Malte kann sich ihnen nur annähern, spürt er doch den Sog von Faszination und Entsetzen zugleich.

»Nein, es ist nicht, daß ich mich von ihnen unterscheiden will; aber ich überhübe mich, wollte ich ihnen gleich sein. Ich bin es nicht. Ich hätte weder ihre Stärke noch ihr Maß. Ich ernähre mich, und so bin ich von Mahlzeit zu Mahlzeit, völlig geheimnislos; sie aber erhalten sich fast wie Ewige. Sie stehen an ihren täglichen Ecken, auch im November, und schreien nicht vor Winter. Der Nebel kommt und macht sie undeutlich und ungewiß: sie sind gleichwohl. Ich war verreist, ich war krank, vieles ist mir vergangen: sie aber sind nicht gestorben« (SW VI 903).

Mit der Beschreibung dieser Elendsgestalten ist Rilke vorgestoßen in neue, tiefere Räume des Saturnischen. An diesen Fortgeworfenen, Ohnmächtigen und Elenden zeigt sich Saturnisches in jener gewaltsamen Zuspitzung, wie sie in der durchgehenden Quadrate-Figur gegeben ist. Durch das spannungsvolle Zusammentreten von Uranus, Pluto, Jupiter und Mond zum Saturnischen ist eine Konstellation außerordentlichen Zuschnitts entstanden: Immer wieder steht, gebieterisch und ohne Möglichkeit des Ausweichens, das geballte, mit Hintergründigem verbundene Schwere neben der Empfänglichkeit des Mondhaften, droht, überfällt, bricht durch. Jedes Fruchtbarwerden, Wachsen und Zunehmen des Lebendigen muß *diesem* Schweren abgerungen werden. Die Aufzeichnungen des Malte Laurids Brigge stellen einen ersten großen Höhepunkt dar in Rilkes ringender Auseinandersetzung mit diesem übermächtig Schweren. Je klarer wir diese Auseinandersetzung aus der Stellung des Saturnischen im Gesamt der Quadratefigur einsehen, um so tiefer begreifen wir das Unumgängliche, Zentrale, Not-Wendige dieser Thematik. Das Heranwachsen eines immer tieferen Bezugs zu *diesem, so* konstellierten Saturnischen, was zugleich auch heißt: das Zusammenwachsen der Erfahrungen aus den beiden so verschiedenwertigen Gestaltfiguren (der hellen, harmonischen Venus-Neptun-Figur und der dunklen, spannungsgeladenen Quadrate-Figur), dieses Zusammenwachsen enthüllt sich als die entscheidende Aufgabe, wie sie aus dem Ganzen des Geburtsbildes Rilke aufgegeben war. An dieser alles bestimmenden Aufgabe sehen wir ihn in den Jahren seiner zweiten Lebenshälfte. In unmerklichen Schritten, manchmal mehr notvoll erleidend, dann wieder mehr in gelingendem Sagen, wuchs ihm das Leben in seiner unergründlichen Zweiheit von Leben und Tod, von Jubel und Schmerz zu immer tieferer Einheit heran. Das Geburtsbild betont die *Zweiheit* im spannungsvollen Nebeneinander der beiden verschiedenartigen Gestaltfiguren. Aus der einen spricht sich ihm das Leben zu als das unendlich Heile, das aus den fernsten neptunischen Tiefen heraus Versöhnte, dem wir, *vor* allem Bewußtsein, immer schon zugestimmt sind. Es ist immer wieder dieses Urerleben, dem sein spätes Schaffen auf komplexen, subtil vermittelnden Spuren folgt. Aus der anderen Gestaltfigur zeigt sich ihm das Leben in seiner Todesseite, in seiner »völligen, unmaskierten Grausamkeit«. Das unbedingte Gewicht der einen Figur widerruft die Erfahrung der anderen. Diese Zweiheit ist in Rilke so überstark bestimmend, daß er den Eindruck hat, der größte Teil des Bemühens der Menschheit um ihre Erfahrung und Einigung sei nichts als Tröstung und Beschönigung.

»Ich werf es allen modernen Religionen vor, daß sie ihren Gläubigen Tröstungen und Beschönigungen des Todes geliefert haben, statt ihnen Mittel ins Gemüt zu geben, sich mit ihm zu vertragen und zu verständigen. Mit ihm, mit seiner völligen, unmaskierten Grausamkeit: diese Grausamkeit ist so ungeheuer, daß sich gerade bei ihr der Kreis schließt: sie führt schon wieder an das Extrem einer Milde, die so groß, so rein und so vollkommen *klar* ist (aller Trost ist trübe!), wie wir nie, auch nicht im süßesten Frühlingstag, Mildigkeit geahnt haben. Aber zur Erfahrung dieser tiefsten Milde, die, empfänden sie nur einige von uns mit Überzeugung, vielleicht alle Verhältnisse des Lebens nach und nach durchdringen und transparent machen könnte: zur Erfahrung *dieser* reichsten und heilsten Milde hat die Menschheit niemals auch nur die ersten Schritte getan, – es sei denn in ihren ältesten, arglosesten Zeiten, deren Geheimnis uns fast verloren gegangen ist. Nichts, ich bin sicher, war je der Inhalt der ›Einweihungen‹, als eben die Mitteilung eines ›Schlüssels‹, der erlaubte, das Wort ›Tod‹ *ohne* Negation zu lesen; wie der Mond, so hat gewiß das Leben eine uns dauernd abgewendete Seite, die *nicht* sein Gegenteil ist, sondern seine Ergänzung zur Vollkommenheit, zur Vollzähligkeit, zu der wirklichen heilen und vollen Sphäre und Kugel des *Seins*« (BR 806).

Aus diesen Zusammenhängen heraus ist es nicht erstaunlich, daß Rilke immer wieder, wie kaum ein anderer, von der Bedeutung der Schmerzen spricht. »Vergeuder der Schmerzen« nennt er uns in der zehnten Elegie. Wir sehen immer wieder ab von ihnen, ob sie nicht bald enden.

»Sie aber sind ja
unser winterwähriges Laub, unser dunkeles Sinngrün,
eine der Zeiten des heimlichen Jahres –, nicht nur
Zeit –, sind Stelle, Siedelung, Lager, Boden, Wohnort«

SW I 721

Vielleicht sind es die reifsten Entsprechungen des Saturnischen, wie wir sie in der zehnten Elegie vor uns haben. In ihnen wird tatsächlich »Jubel und Ruhm« aufgesungen »zustimmenden Engeln«; sie stehen am »Ausgang der grimmigen Einsicht«, wo »von den klar geschlagenen Hämmern des Herzens« keiner mehr versagt »an weichen, zweifelnden oder reißenden Saiten«. In dieser visionärsten von allen Elegien läßt uns Rilke mit der ganzen Macht seiner Bilder teilnehmen am Gang eines jungen Toten durch ein »Zwischenreich«, in welchem er, geführt durch eine »ältere Klage«, in die weiten, schweigenden Räume des »Leidlandes« gelangt.

»Wir waren,
sagt sie, ein Großes Geschlecht, einmal, wir Klagen. Die Väter
trieben den Bergbau dort in dem großen Gebirg; bei Menschen
findest du manchmal ein Stück geschliffenes Ur-Leid
oder, aus altem Vulkan, schlackig versteinerten Zorn.
Ja, das stammte von dort. Einst waren wir reich. –

Und sie leitet ihn leicht durch die weite Landschaft der Klagen,
zeigt ihm die Säulen der Tempel oder die Trümmer
jener Burgen, von wo Klage-Fürsten das Land
einstens weise beherrscht. Zeigt ihm die hohen
Tränenbäume und Felder blühender Wehmut,
(Lebendige kennen sie nur als sanftes Blattwerk);
zeigt ihm die Tiere der Trauer, weidend, – und manchmal
schreckt ein Vogel und zieht, flach ihnen fliegend durchs
Aufschaun,
weithin das schriftliche Bild seines vereinsamten Schreis.«

SW I 723

Abends führt sie den staunenden jungen Toten zu den Gräbern der Alten aus dem Klage-Geschlecht, und nachts zeigt sie ihm das Höchste: die Sterne des Leidlandes. An ihren Bildern wird ihm der tiefste Sinn erahnbar, der heranwächst in den Schmerzen der Menschen. Und am Ende seines Ganges mit der »älteren Klage«, bevor er alleine in die Berge des Urleids hinaufzusteigen hat, bringt sie ihn an jene Talschlucht, in welcher die Quelle der *Freude* entspringt. Voller Ehrfurcht nennt sie sie und sagt: »Bei den Menschen ist sie ein tragender Strom.« Die Quelle der Freude entspringt in einer Talschlucht des Leidlands. Die letzten Verszeilen beschließen das Ganze dieses visionären Ganges, indem sie verdichtend zurückführen ins Einfachste:

»Aber erweckten sie uns, die unendlichen Toten, ein Gleichnis,
siehe, sie zeigten vielleicht auf die Kätzchen der leeren
Hasel, die hängenden, oder
meinten den Regen, der fällt auf dunkles Erdreich im Frühjahr. –

Und wir, die an *steigendes* Glück
denken, empfänden die Rührung,
die uns beinah bestürzt,
wenn ein Glückliches *fällt*.«

SW I 726

Mit diesen letzten Ausführungen können wir unseren Gang durch die wichtigsten werkhaften Entsprechungen des Saturnischen fürs erste beschließen.

Eine kleine Nachbetrachtung sei jedoch noch angeführt: Man kann sich fragen, woran es liegt, daß es Rilke gelang, *neben* dieser so bestimmenden Saturn-Konstellation die Unschuld des Mondhaften so rein und ungetrübt zur Geltung zu bringen. Die Unmittelbarkeit des Lebendigen, wie es in kindlicher Selbstverständlichkeit sich zeigt, war ihm bedingungslos heilig. Das »Im Rechtsein des Lebens« hat er verteidigt gegen alle schuldigmachenden Instanzen. Das

Leben in seinen kindlichen Anfängen bereits in Zusammenhang mit Schuld zu bringen, das erschien ihm als ein Irrtum, ja mehr noch: als ein Verbrechen. Was die christliche Weltsicht unter Erbschuld begreift, *diese* Erfahrung des Saturnischen war ihm fremd, unbegreiflich. Gegen ein Christentum, welches das Irdische herabsetzt, Leben und Geschlecht grundsätzlich schuldhaft versteht, richten sich seine zornigsten Gefühle.

»Und hier in jener Liebe, die sie mit einem unerträglichen Ineinander von Verachtung, Begierlichkeit und Neugier die ›sinnliche‹ nennen, hier sind wohl die schlimmsten Wirkungen jener Herabsetzung zu suchen, die das Christentum dem Irdischen meinte bereiten zu müssen. Hier ist alles Entstellung und Verdrängung, obwohl wir doch aus diesem tiefsten Ereignis hervorgehen und selber wieder in ihm die Mitte unserer Entzückungen besitzen. Es ist mir, wenn ich es sagen darf, immer unbegreiflicher, wie eine Lehre, die uns *dort* ins Unrecht setzt, wo die ganze Kreatur ihr seligstes Recht genießt, in solcher Beständigkeit sich, wenn auch nirgends bewähren, so doch weithin behaupten darf« (SW VI 1123).

»... warum läßt man uns im Stich, dort an den Wurzeln alles Erlebens? Wer uns *dort* beistände, der könnte getrost sein, daß wir nichts weiter von ihm verlangten. Denn der Beistand, den er uns dort einflößte, wüchse von selbst mit unserem Leben und würde größer und stärker mit ihm zugleich. Und ginge nie aus. Was setzt man uns nicht ein in unser Heimlichstes? Was müssen wirs umschleichen, und geraten schließlich hinein, wie Einbrecher und Diebe, in unser eigenes schönes Geschlecht, in dem wir irren und uns stoßen und straucheln, um schließlich wie Ertappte wieder hinauszustürzen in das Zwielicht der Christlichkeit. Warum, wenn schon Schuld oder Sünde, wegen der inneren Spannung des Gemüts, mußte erfunden werden, warum heftete man sie nicht an einen anderen Teil unseres Leibes, warum ließ man sie fallen dorthin und wartete, daß sie sich auflöse in unserem reinen Brunnen und ihn vergifte und trübe? Warum hat man uns das Geschlecht heimatlos gemacht, statt das Fest unserer Zuständigkeit dort hin zu verlegen?

Gut, ich will zugeben, es soll nicht uns gehören, die wir nicht imstande sind, so unerschöpfliche Seligkeit zu verantworten und zu verwalten. Aber warum gehören wir nicht zu Gott von *dieser* Stelle aus?« (SW VI 1123).

Hinter diesen Sätzen, die Rilke einem jungen Arbeiter in den Mund legt, steht nicht einfach nur eine Haltung »rabiater Antichristlichkeit«, sondern eine starke, eigen-artige Gestaltung seines Zugangs zum Leben. Astrologisch zeigt sie sich darin, daß sowohl das Venusische wie auch das Marsische in den Gestaltbau der harmonischen Neptun-Figur einbezogen sind. Damit stehen gerade diejenigen Wesenskräfte, welche in ihrer polaren Bezogenheit Geschlechtlichkeit ausdrücken, angeschlossen an das Strömende der neptunischen Inspiration. Zusammen mit dem Neptunischen und Merkur bilden sie eine Welt, eine selige Einheit, die in sich schwingt, ohne daß das Saturnische die Reinheit dieser Bewegung trüben könnte.

Zu bedenken ist in diesem Zusammenhang auch, daß alle drei transsaturnischen Wesenskräfte in so naturhaft vitalen Tierkreiszeichen stehen, wie es Stier und Löwe sind. Das Leben selbst in seiner naturhaften Sinnlichkeit wird zum heiligen Raum, zum Brennpunkt der Erfahrung des Numinosen, Hintergründigen. Aber auch das Umgekehrte muß deutend bedacht werden: Transsaturnische Hintergründigkeit bewährt und vertieft sich im naturhaften Raum einer sinnlichen Lebensunmittelbarkeit. Diese Deutungslinie wird bestärkt durch die Tatsache, daß alle sieben Wesenskräfte der normalen Ordnung (von Sonne bis Saturn) unterhalb der Horizont-Achse stehen, im Unten-Innen-Raum des ersten und zweiten Quadranten. Dort entfaltet sich die Subjektivität der Eigenperson, der Einzelne in seinem Für-sich-Sein (erster Quadrant), und es geschieht die Einwurzelung in das »Reich der Mütter«, das Heranwachsen aus Naturtiefen (zweiter Quadrant). Das Leben als organischer Raum schwingt in eigener Autonomie, erhält Resonanz aus seiner eigenen Tiefe und Kreatürlichkeit. So finden wir es in Grundzügen bei Rilke. Aus *diesen* Räumen heraus gestaltet sich sein Existieren, was der Polarität von

Mars und Venus, dem Leben in seiner Unmittelbarkeit und Geschlechtlichkeit einen großen, tragenden Spielraum entwirft. Daher sein Rechtgeben dem Leben. Daher sein Bauen auf die elementarsten Regungen aus der eigenen Tiefe, das Vertrautsein mit seiner Natur. Denn auch das Saturnische ist *diesem* Raume eingebunden, hat ihm als inneres Baugesetz zu dienen, hat ihn abzusichern und zu festigen. Anders lägen die Dinge, stände Saturn oberhalb der Horizontlinie oder gar kulminierend am höchsten Punkt. Dann träte er von oben her entgegen, das Unmittelbare des Lebens würde seiner normierenden Formkraft unterstellt, Spannung und Entgegensetzung zwischen Oben- und Unten-Raum konstellierte sich als Thema.

Diese großräumigen Zusammenhänge der Saturn-Stellung unter dem Horizont sind im Auge zu behalten, wenn wir nun noch kurz auf seine Einbindung ins sechste Haus eingehen: Da liegt das Hauptgewicht seiner Bedeutung im *Konkretwerden*, im Umsetzen in Handwerk und Alltag, in der Werkstatt täglicher Arbeit. In diesen Bezügen wird Festigkeit, Absicherung und Dauer gesucht, in ihnen hat sich Rilke immer wieder seine Form, sein tragendes Gesetz zu geben versucht. Die konkrete Geschichte seines Kampfes um die Aneignung des Saturnischen, wie wir sie geschildert haben, ist daher nicht nur auf die Zeit der Pariser Jahre zu beschränken, sie spiegelt Grundsätzliches. Dies gilt um so mehr, als das Marsische und Mondhafte auch im Raume des sechsten Hauses stehen und das Jungfrau-Prinzip, welches diesen Motiv-Raum in der Ordnung des Tierkreises wiedergibt, den Aszendenten ausformt. So erstaunt es nicht, daß wir Rilke ein Leben lang berichten hören von den Bedingungen seiner Arbeit, wie er sie jeweils, von Ort zu Ort verschieden, vorfand. Immer hat ihn die Sorge begleitet, wie seine Berufung Werkstatt und Alltag werden könne. Rilke hat nicht gelebt, und daneben war er Dichter. Sein Werk ist nichts anderes als die notvolle Leistung, als Dichter zu existieren. Arbeit, Existenz und Dichtung sind bei ihm untrennbar miteinander verschlungen. Persönliches und Überpersönliches sind nur schwer voneinander zu sondern. Es ist kein Zufall, daß ein großer Teil seiner Arbeitskraft ins Briefeschreiben ging und daß er die Briefe als Teil seines Werkes autorisierte. Briefeschreiben war ihm schreibendes Existieren, Teil seiner Arbeit und Ort, wo er genau und unermüdlich über all die alltäglichen Bedingungen berichtete, innerhalb denen er sich einzurichten versuchte. Das Unruhige, Störbare, Leidende, Angstvolle, manchmal Selbstquälerische dieses Prozesses gibt getreulich die Kräfte-Verspannungen und Druck-Verhältnisse wieder, wie sie aus der großen Quadrate-Figur zu erwarten sind. Das Marsische, als Teil der harmonischen Venus-Neptun-Figur, steht *tiefer* im sechsten Haus, »hinter« der sperrigen Konjunktion von Mond und Saturn. Wie jede Anreihung von Wesenskräften kurz nacheinander dürfen wir das auch prozeßhaft und zeitlich verstehen: Oft hatten sich seine Energien bereits aufgerieben im störbaren Alltag, so daß er zum Marsischen als Teil eines heilen Vollzugs gar nicht mehr kam.

Die Bezüge, die wir hier schildern, angefangen mit den drei Transsaturniern im organisch-vital-sinnlichen Raum von Stier und Löwe (beide gehören, in einer grundsätzlichen Raum-Ordnung betrachtet, nach Unten-Innen, sind die festigende Mitte jeweils des ersten und zweiten Quadranten), die Lagerung aller sieben Wesenskräfte der normalen Ordnung unter der Horizont-Linie und die besondere Betonung des sechsten Hauses, alle diese Bezüge entwerfen eine Erfahrungsgestalt, deren Schwerpunkt, trotz aller neptunischen Weite, im Alltäglichen, Werktäglichen, lebendig Greifbaren, im sinnlich-vitalen Hiersein liegt. In Grundworten Rilkes: im Hiesigen, das uns braucht.

»Nirgends, Geliebte, wird Welt sein, als innen.«
SW I 711

DIE VERSAMMLUNG DER WESENSKRÄFTE IM UNTEN-INNEN

Die letzten deutenden Überlegungen zur Stellung des Saturnischen haben bereits in das neue, nun genauer auszulegende Thema geführt: die Lagerung aller sieben Gestaltkräfte der normalen Ordnung unterhalb der Horizontlinie, im Unten-Innen-Raum, und insbesondere die fast symmetrische Versammlung von Sonne, Merkur, Venus und Jupiter um die Himmelstiefe, im dritten und vierten Haus. Die Bedeutung dieser Konstellation wird sich als ziemlich einzigartig erweisen, vor allem wenn wir uns ihrer Parallelität zu zeitgeschichtlichen kollektiven Hintergründen bewußt werden.

Springen wir sofort ins Zentrum und greifen wir die wesenhafteste Entsprechung dieser Unten-Innen-Lagerung heraus: den »Weltinnenraum«. Rilkes gesamte Wahrnehmungs-Eigenart ist zentriert in dieser Grunderfahrung. Es gibt kaum ein Wort seiner Sprache, das umfassender und zentraler wäre als dieses. Alles, was ihn tiefer berührt, wird ihm Teil des Weltinnenraums. Die Verwandlung des Sichtbaren ins unsichtbare Innen unserer fühlenden Herzräume ist die entscheidende Aufgabe, die er dem Menschen heute zuweist. So hat er es selbst als die Grundausrichtung seiner Kernhaltung, seines zentralen schöpferischen Anliegens erfahren, ganz entsprechend der Stellung des Sonnenhaften am tiefsten Punkte des mitternächtlichen Himmels.

»Nirgends, Geliebte, wird Welt sein, als innen. Unser
Leben geht hin mit Verwandlung. Und immer geringer
schwindet das Außen. Wo einmal ein dauerndes Haus war,
schlägt sich erdachtes Gebild vor, quer, zu Erdenklichem
völlig gehörig, als ständ es noch ganz im Gehirne.
Weite Speicher der Kraft schafft sich der Zeitgeist, gestaltlos
wie der spannende Drang, den er aus allem gewinnt.
Tempel kennt er nicht mehr. Diese, des Herzens, Verschwendung
sparen wir heimlicher ein. Ja, wo noch eins übersteht,
ein einst gebetetes Ding, ein gedientes, geknietes –,
hält es sich, so wie es ist, schon ins Unsichtbare hin.
Viele gewahrens nicht mehr, doch ohne den Vorteil,
daß sie's nun *innerlich* baun, mit Pfeilern und Statuen, größer!«

SW I 711

Diese Stelle aus der siebten Elegie umreißt große, zeitgeschichtliche Hintergrunds-Vorgänge, wie sie später auch andere, M. Heidegger, C.G. Jung, J. Gebser, A. Rosenberg, um nur einige wenige zu nennen, von ihren Zugängen aus beschrieben haben. Immer geringer schwindet das Außen als ein vom Menschlichen eingerichteter und dem Menschen bewohnbarer Raum. Die Welt im Außen verliert ihr menschliches Gesicht, ihr Maß, ihre Anschaulichkeit, ihre erlebbare Verständlichkeit. Statt dessen »schlägt sich erdachtes Gebild vor, quer, zu Erdenklichem völlig gehörig«. Der naturwissenschaftlich-technische Verstand ist in unserem Jahrhundert in Hintergründe der Natur vorgestoßen, sowohl im Kleinsten der subatomaren Struktur der Materie wie auch im Größten der kosmischen Stern-Systeme, und hat schon früh begonnen, aus den Dimensionen dieser völlig unanschaulichen, nur noch »erdenklichen« Räume und ihrer alles menschliche Maß übersteigenden Kräfte die Erde, die Welt des Menschen, Schritt für Schritt zu verwandeln. Mit jedem Jahrzehnt unseres Jahrhunderts ist diese Verwandlung als ein alles durchdringendes Geschehen weiter vorangeschritten. Im Raume der astrologischen Wahrnehmung drängt es sich auf, dieses Geschehen mit dem

Vorstoßen über die Grenze des Saturnischen hinein in die Räume des Transsaturnischen in Verbindung zu bringen. Es bestände, so gesehen, eine epochale Gleichzeitigkeit dieses Vorgangs mit der Entdekkung von Uranus, Neptun und Pluto im Außenraum. Unübersehbar ist die Ähnlichkeit der Grundzüge, unter denen die moderne Physik die Welt der Elementarteilchen beschreibt, mit dem, was die Astrologie unter dem Uranischen, Neptunischen und Plutonischen versteht. Das Jähe, Unerwartete, Plötzliche, grundsätzlich im Einzelfall Unberechenbare, nur noch in statistischer Wahrscheinlichkeit Beschreibbare der Elementarteilchen spiegelt die uranische Dimension. Das Universelle der Feld-Vorstellung (gewisse Experimente lassen es zu, die Elementarteilchen als Körperchen zu verstehen, andere zwingen uns, sie als Welle, als Feld zu beschreiben) verweist auf das Neptunische. Und im Überwertigen der atomaren Energie, die im wirklichen Wortsinn gestaltwandelnd wirkt (man denke an die Umwandlung von Materie in Energie), ist unschwer die plutonische Dimension zu sehen. Trotz dieser erstaunlichen Analogie dürfen wir die transsaturnischen Gestaltmächte nicht mit der subatomaren Hintergrundschicht gleichsetzen. Was sich in den Erfahrungen der modernen Physik und Astronomie zeigt, sind *Entsprechungen* der Transsaturnischen. Es war auch nicht die Physik des 20. Jahrhunderts, welche zu diesen Inhalten allein vorgestoßen ist; sind sie doch bereits in der mythischen Wahrnehmung der Griechen beschrieben als Mächte, welche der Welt des olympischen Kosmos vorangingen und an den Grenzen dieses Kosmos, in seinem Hintergrunde, mühsam unter Verschluß gehalten wurden.

Der Vorstoß über die Grenzen des Saturnischen ist geschehen. Kaum hatte die Physik in der Kopernikanischen Wende begonnen, sich ein wohlgeordnetes Bild unseres Sonnensystems mit den Umlaufbahnen der Planeten zu machen (Kepler und Newton hatten es noch mit der alten, heiligen Seins-Ordnung der christlichen Metaphysik verbunden), kaum war dies geschehen, drängte der Erfolg ebendieser Newtonschen Physik in eine weitere, sich überstürzende Entwicklung, die in knapp drei Jahrhunderten zu den Durchbrüchen am Anfang des 20. Jahrhunderts führte, in welcher die schön geordnete dreidimensionale Anschaulichkeit der Newtonschen Welt einstürzte ins Unanschauliche, Ungegenständliche und Vieldimensionale der Relativitätstheorie und Quantenphysik. Analoge Entwicklungen wären in der Kunst, in der Philosophie und vor allem in der Tiefenpsychologie (und ihren Folgen) zu beschreiben.

In Rilkes dichterischer Erfahrung spiegelt sich der Durchbruch ins Transsaturnische vor allem von Malte an und greift immer tiefer in den Jahren des Spätwerks. »Weltinnenraum« ist ein Grundwort ganz aus der neptunischen Erfahrung. Wirklichkeit wird in seinem Ereignen zum Feld, zum einen Raum, der Innen und Außen, Vordergrund und Hintergründigkeit, Leben und Tod in den einen großen Bezug zusammenstellt. Der Schwerpunkt dieser Erfahrung liegt allerdings im Unten-Innen. *Dort* wird Welt sein, sagen die Verse der siebten Elegie. *Dort* steigert sich des menschlichen Herzens Verschwendung noch, *dort* geschieht die Verwandlung ins Unsichtbare, werden die Dinge gefaßt, gesagt, innerlich gebaut. Unten-Innen, das ist in Rilkes Konstellation jener Raum, in welchem sich *alle* innersaturnischen Wesenskräfte versammeln und dadurch ihr *Maß*, das ganze Gewicht ihrer *erdnahen* (menschlicheren) Ordnung der transsaturnischen Weite und Maßlosigkeit entgegenstellen. Mit dieser Deutung erschließt sich uns die Raumverteilung sämtlicher Wesenskräfte in Rilkes Geburtsbild in einzigartiger Weise. Unten-Innen, in der Tiefe des menschlichen Herzens, geschieht die Verwandlung ins Unsichtbare – aber dieser Vorgang ist gerade *nicht* eine auflösende Ausweitung ins Transsaturnische, sondern eine Gegenbewegung dazu: ein Fassen der Dinge, ein Bleiben im Sagbaren, ein Treusein der Erde als Ort des Menschlichen. Denn Unten-Innen haben sich im Geburtsbild Rilkes alle erdnahen Gestaltkräfte versammelt, die ganze Ordnung unseres kleinen Sonnensystems, soweit es mit dem unbewaffneten Auge (und das heißt: seit je) erblickt werden kann; und sie treten an zum Gegengewicht gegen die übergreifenden Kräfte der Transsaturnier, die alle drei im Oben-Außen-Raume stehen, unübersehbar jenes epochale Geschehen im Außen anzeigend, die Auflösung ins Unanschauliche, Ungegenständliche und Vieldimensionale. »Immer geringer schwindet das Außen.«

»Weite Speicher der Kraft schafft sich der Zeitgeist, gestaltlos
wie der spannende Drang, den er aus allem gewinnt.«

In dem Wort »gestaltlos« kommt das Auflösende dieses Geschehens zum Ausdruck.

»Mehr als je
fallen die Dinge dahin, die erlebbaren, denn,
was sie verdrängend ersetzt, ist ein Tun ohne Bild.«

SW I 718

Dem »Tun ohne Bild« ist nur das Einfache, von uns selbst Gestaltete, Sagbare entgegenzuhalten.

»Preise dem Engel die Welt, nicht die unsägliche, *ihm*
kannst du nicht großtun mit herrlich Erfühltem; im Weltall,
wo er fühlender fühlt, bist du ein Neuling. Drum zeig
ihm das Einfache, das, von Geschlecht zu Geschlechtern gestaltet,
als ein Unsriges lebt, neben der Hand und im Blick.
Sag ihm die Dinge.«

SW I 719

Es erweist sich also, daß zum Verständnis der Unten-Innen-Lagerung der Wesenskräfte bei Rilke sofort auch, neben der Polarität von Oben-Außen und Unten-Innen, jene des Transsaturnischen und Innersaturnischen deutend einbezogen werden muß. Dann allerdings erschließen sich in überraschender Weise die astrologischen Konturen von Erfahrungen, wie sie zentraler bei Rilke nicht sein könnten. Es ist eine bemerkenswerte Eigenart seiner Konstellation, daß alle drei Transsaturnier auf die Oben-Außen-Hälfte gestellt sind und ihnen sämtliche innersaturnischen, erdnäheren Kräfte im Unten-Innen, in der anderen Hälfte gegenüberstehen. Solche Gegenüberstellung profiliert die im Spiele stehenden Polaritäten. Die Erfahrung des Hinschwindens der Dinge, die Auflösung ins Gestaltlose (das

Tun ohne Bild), der Verlust des Maßes (Maß und Eingrenzung waren über Jahrtausende ein *natürliches* Kennzeichen der menschlichen Welt, *insofern* sie mit dem innersaturnischen Raume zusammenfiel), das Entbundenwerden überwertiger Energien aus dem Naturhintergrunde – das ist die eine Hälfte, das sind die im Oben-Außen erfahrenen Transsaturnier. Um so klarer wird nun die andere Hälfte, die Unten-Innen-Welt: Sie ist der Ort, wo die Kräfte des Menschlichen sich zusammengefunden haben, wo sie sich verdichten, wo das fühlende Herz übersteht und im faßlichen Sagen der Dinge, im »Ein Mal« des Hierseins seinen Auftrag übernimmt.

Diese Zusammenhänge führen uns zu einer Innerlichkeit, die alles andere als harmlos ist und in keinem Fall im Rückzug von der Welt als schwindendem Außen besteht. Ganz im Gegenteil: Die astrologischen Konturen machen uns, wenn wir sie zu lesen verstehen, die Tragweite dessen bewußt, was Rilke mit dem Auftrag der Verwandlung ins Unsichtbare unserer Herzräume gemeint hat.

Tief – innig – wesenhaft sind fast gleichbedeutende Grundworte von Rilkes Welterfahrung. In der Tiefe seiner selbst kam ihm Weisung entgegen, dort erfuhr er das Unerbittliche seines schöpferischen Anliegens. Dort, im Verborgenen, rief ihn Gott in der Nacht. »Bitte keinen, daß er von dir spräche, nicht einmal verächtlich«, hieß es im Malte.

»Und wenn die Zeit geht und du merkst, wie dein Name herumkommt unter den Leuten, nimm ihn nicht ernster als alles, was du in ihrem Munde findest. Denk, er ist schlecht geworden, und tu ihn ab. Nimm einen anderen an, irgendeinen, damit Gott dich rufen kann in der Nacht. Und verbirg ihn vor allen« (SW VI 783).

Dem jungen Dichter Kappus, der Rilke um ein Urteil über seine Verse bat, wird das Anfragen bei anderen als Illusion entlarvt:

»Sie sehen nach außen, und das vor allem dürften Sie jetzt nicht tun. Niemand kann Ihnen raten und helfen, niemand. Es gibt nur ein einziges Mittel. Gehen Sie in sich. Erforschen Sie den Grund, der Sie schreiben heißt; prüfen Sie, ob er an der tiefsten Stelle Ihres Herzens seine Wurzeln ausstreckt« (BR JD 8).

Die Wendung nach Unten-Innen, zur »tiefsten Stelle des Herzens«, ist zugleich, im Vieldimensionalen der astrologischen Raum-Deutung, die Bewegung hin zu den *tragenden mütterlichen Ursprüngen*. Es erstaunt deshalb nicht, daß Rilke in seiner Antwort an den jungen Dichter vom Reichtum der Kindheit spricht:

»Wenn Ihr Alltag Ihnen arm scheint, klagen Sie ihn nicht an; klagen Sie sich an, sagen Sie sich, daß Sie nicht Dichter genug sind, seine Reichtümer zu rufen; denn für den Schaffenden gibt es keine Armut und keinen armen, gleichgültigen Ort. Und wenn Sie selbst in einem Gefängnis wären, dessen Wände keines von den Geräuschen der Welt zu Ihren Sinnen kommen ließen – hätten Sie dann nicht immer noch Ihre Kindheit, diesen köstlichen, königlichen Reichtum, dieses Schatzhaus der Erinnerungen? Wenden sie dorthin Ihre Aufmerksamkeit. Versuchen Sie die versunkenen Sensationen dieser weiten Vergangenheit zu heben ...« (BR JD 9).

Rilke selbst ist der Urbewegung zu den tragenden mütterlichen Ursprüngen und ihrem verborgenen Reichtum ein Leben lang auf immer neuen Wegen nachgefolgt, getreulich der Konstellation, die Jupiter, Merkur, Sonne und Venus in der Tiefe des nächtlichen Himmels versammelt hält. In die Tiefe der Er-innerung, ins eigene Kindsein hinab mußte er diesen vier Wesenskräften folgen. Was dabei entstand, war allerdings nicht schlicht autobiografisch oder psychoanalytische Aufarbeitung von Verdrängtem. Zu mächtig und eigenständig war ihm dieses Thema ins Ganze seiner Welterfahrung eingefügt. Es war nicht die Beziehung zu Lou oder später seine Begegnung mit Freud und der Psychoanalyse, welche das Kindsein zu einem Schwerpunkt seines Erlebens und Schaffens werden ließ. Es war auch nicht vor allem das Unbewältigte seiner Kindheit, so hoch man das veranschlagen darf und kann, das ihn immer wieder zurück zu diesen Ursprüngen trieb, sondern aus der Gestalt seines Geburtsbildes erhellt, wie sehr ihm uranfängliches Einssein mit den tragenden Kräften des Seins zentralste Erfahrung und übergroße Sehnsucht zugleich werden mußte. So besingt er als Dichter das Kindsein als eine große, schöpferische Möglichkeit des menschlichen Herzens, worin immer neu wieder alle Seligkeit des Daseins entspringt.

»O Stunden in der Kindheit,
da hinter den Figuren mehr als nur
Vergangnes war und vor uns nicht die Zukunft.
Wir wuchsen freilich und wir drängten manchmal,
bald groß zu werden, denen halb zulieb,
die andres nicht mehr hatten, als das Großsein.
Und waren doch, in unserem Alleingehn,
mit Dauerndem vergnügt und standen da
im Zwischenraume zwischen Welt und Spielzeug,
an einer Stelle, die seit Anbeginn
gegründet war für einen reinen Vorgang.«

SW I 699

In diesen Verszeilen der vierten Elegie wird das Kindsein zum Inbild selbstverlorener Hingabe an den Augenblick, worin die größere Fülle einer völlig losgelassenen Zeit zum Durchbruch kommt. Nicht die Perspektivik des treibenden, ordnenden Tagesbewußtseins, wie es am kulminierenden anderen Ende der Vertikalen (am M.C.) sich heraus-stellt, ist bestimmend, sondern die Aperspektivität eines umgreifenden reinen Vorganges, in den wir, plötzlich, zeitlos, mit Dauerndem vergnügt, uns eingebunden finden. Erleben wir's? Oder ist es immer schon, im Innewerden, der Abschied davon, der Fall in die Welt des Gegenüberseins? Ist die Sehnsucht die einzige Weise unseres Erinnerns? Wie ein mächtiges Heraufrufen jener Ganzheit klingen die Zeilen aus einem der Elegien-Fragmente des Jahres 1920:

»Laß dir, daß Kindheit war, diese namenlose
Treue der Himmlischen, nicht widerrufen vom Schicksal,

selbst den Gefangenen noch, der finster im Kerker verdirbt,
hat sie heimlich versorgt bis ans Ende. Denn zeitlos
hält sie das Herz.«

SW II 130

Das alles spricht nicht gegen Angst, gegen Gefahr. Kindheit ist beides: namenlose Treue der Himmlischen und tiefste Schutzlosigkeit. Wie hat Rilke im Malte die Ängste der Kindheit beschrieben! Was vermag der mütterliche Schutz gegen die Gefährdung von *Innen*, wo aus größeren, älteren Bildern »die Fluten der Herkunft« steigen. In der dritten Elegie ist diese Erfahrung in Worte gefaßt:

»Wo, ach, hin sind die Jahre, da du ihm einfach
mit der schlanken Gestalt wallendes Chaos vertratst?
Vieles verbargst du ihm so; das nächtlich-verdächtige Zimmer
machtest du harmlos, aus deinem Herzen voll Zuflucht
mischtest du menschlichern Raum seinem Nacht-Raum hinzu.
Nicht in die Finsternis, nein, in dein näheres Dasein
hast du das Nachtlicht gestellt, und es schien wie aus Freund-
schaft.
Nirgends ein Knistern, das du nicht lächelnd erklärtest,
so als wüßtest du längst, *wann* sich die Diele benimmt...
Und er horchte und linderte sich. So vieles vermochte
zärtlich dein Aufstehn; hinter den Schrank trat
hoch im Mantel sein Schicksal, und in die Falten des Vorhangs
paßte, die leicht sich verschob, seine unruhige Zukunft.

Und er selbst, wie er lag, der Erleichterte, unter
schläfernden Lidern deiner leichten Gestaltung
Süße lösend in den gekosteten Vorschlaf –:
schien ein Gehüteter... Aber *innen*: wer wehrte,
hinderte innen in ihm die Fluten der Herkunft?
Ach, da *war* keine Vorsicht im Schlafenden; schlafend,
aber träumend, aber in Fiebern: wie er sich ein-ließ.

Er, der Neue, Scheuende, wie er verstrickt war,
mit des innern Geschehns weiterschlagenden Ranken
schon zu Mustern verschlungen, zu würgendem Wachstum, zu
tierhaft
jagenden Formen. Wie er sich hingab –. Liebte.
Liebte sein Inneres, seines Inneren Wildnis,
diesen Urwald in ihm, auf dessen stummem Gestürztsein
lichtgrün sein Herz stand. Liebte. Verließ es, ging die
eigenen Wurzeln hinaus in gewaltigen Ursprung,
wo seine kleine Geburt schon überlebt war. Liebend
stieg er hinab in das ältere Blut, in die Schluchten,
wo das Furchtbare lag, noch satt von den Vätern. Und jedes
Schreckliche kannte ihn, blinzelte, war wie verständigt.
Ja, das Entsetzliche lächelte... Selten
hast du so zärtlich gelächelt, Mutter. Wie sollte
er es nicht lieben, da es ihm lächelte. *Vor* dir
hat ers geliebt, denn, da du ihn trugst schon,
war es im Wasser gelöst, das den Keimenden leicht macht.«

SW I 694

Diese Darstellung sprengt die Grenzen damaliger psychoanalytischer Entwürfe des Es. Sie dringt vor in den Raum des Archetypischen, wo das Leben des einzelnen sich verliert in den Hintergrundschichten des kollektiven Unbewußten. Das ist nun die Bewegung in die mitternächtliche Himmelstiefe, zu den größeren, älteren Ursprüngen, wo unsere individuelle Geburt immer schon überlebt ist. Da verbindet sich die Konstellation der vier in die Tiefe gestellten Wesenskräfte mit jener der großen Quadrate-Figur. Das Reich des »verborgenen schuldigen Fluß-Gott des Bluts« ist jenes von Pluto. Und es ist das Reich des Transsaturnischen überhaupt, im Sinne elementarer, archaischer Mächte: Das neue, werdende Leben, das Mondhafte, ist neben das Saturnische gestellt, und dieses steht, als eingrenzender Schutz und Verhängnis zugleich, genau an jenem Punkt, wo die Kräfte der älteren Götter Pluto und Uranus widerstrebig und in Auflehnung gegen die neue, jüngere Ordnung des Jupiter am mächtigsten aufprallen und so ihre archaische Gewalt in der Spannung der Quadrate und Oppositionen mächtig zur Geltung bringen.

Auch dies ist wiederum eine Weise, wie das Komplexe der Quadrate-Figur »gelesen« werden kann: spiegelt sich in ihr doch spannungsvoll der ewige Kampf zwischen Jupiter und Saturn, zwischen den jupiterhaften Kräften, die auf einer neuen Entfaltungs-Stufe eine menschen-mögliche Ordnung (den Kosmos der olympischen Gottheiten) herausstellen und bewahren möchten – und den dunklen, regressiven Kräften des Saturn-Kronos, hinter dem, aufwiegelnd und widerstrebig (die Quadrate und Oppositionen zeigen es an!) das Geschlecht der älteren Götter, der Titanen steht. Saturn-Kronos gehört, neben Uranus und Pluto, ja selbst noch der Titanen-Welt an, in der es noch kein höheres, lichtvoll begreifbares Gesetz gab, sondern alles dem Walten dunkler Schicksalhaftigkeit anheimgestellt war.

»Siehe, wir lieben nicht, wie die Blumen, aus einem
einzigen Jahr; uns steigt, wo wir lieben,
unvordenklicher Saft in die Arme. O Mädchen,
dies: daß wir liebten *in* uns, nicht Eines, ein Künftiges, sondern
das zahllos Brauende; nicht ein einzelnes Kind,
sondern die Väter, die wie Trümmer Gebirgs
uns im Grunde beruhn; sondern das trockene Flußbett
einstiger Mütter –; sondern die ganze
lautlose Landschaft unter dem wolkigen oder
reinen Verhängnis –: *dies* kam dir, Mädchen, zuvor.«

SW I 696

Und dennoch: Auch die harmonische Venus-Neptun-Figur greift mit Merkur und Venus weit in die Himmelstiefe hinunter, und ihr enthüllen sich, im Gesteigerten der neptunischen Einfühlung, die Geheimnisse des Kindseins, des Wachsens im urmütterlichen Schoß.

Sie weiß zwar um »die ganze Gefährdung der Welt«, doch diese schlägt um in Schutz: »Das innige Kindsein steht wie die Mitte in ihr. Sie *aus*-fürchtend, furchtlos« (SW II 131). Die unvollendete Elegie aus dem Winter 1920 beschreibt beides, Gefährdung und Seligkeit der Kindheit.

»Nicht, daß sie harmlos sei. Der behübschende Irrtum,
der sie verschürzt und berüscht, hat nur vergänglich getäuscht.
Nicht ist sie sichrer als wir und niemals geschonter;
keiner der Göttlichen wiegt ihr Gewicht auf. Schutzlos
ist sie wie wir, wie die Tiere im Winter, schutzlos.
Schutzloser: denn sie erkennt die Verstecke nicht. Schutzlos,
so als wäre sie selber das Drohende. Schutzlos
wie ein Brand, wie ein Ries', wie ein Gift, wie was umgeht
nachts, im verdächtigen Haus, bei verriegelter Tür.

Denn wer begriffe nicht, daß die Hände der Hütung
lügen, die schützenden –, selber gefährdet. Wer *darf* denn?
Ich!
– Welches Ich?
Ich, Mutter, ich *darf*. Ich war Vor-Welt.
Mir hats die Erde vertraut, wie sie's treibt mit dem Keim,
daß er heil sei. Abende, o, des Vertrauens, wir regneten beide,
still und aprilen, die Erde und ich, in den Schooß uns.
Männlicher! ach, wer beweist dir die trächtige Eintracht,
die wir uns fühlten. *Dir* wird die Stille im Weltall
niemals verkündet, wie sie sich schließt um ein Wachstum. –«

SW II 130

Was Rilke hier der Stimme der Mutter, diesem »Ich, das darf«, zu sagen überläßt und zugibt, das hat seine Wurzel in seiner eigenen, in der Tiefe des mitternächtlichen Himmels gründenden neptunischen Erfahrung. Diese ist »Vor-Welt«, ihr »hat's die Erde vertraut, wie sie's treibt mit dem Keim, daß er heil sei«. Ihr wird »die Stille im Weltall verkündet, wie sie sich schließt um ein Wachstum«. Rilkes eigenes Erleben und Schaffen hat sich immer wieder dieser urmütterlichen Tiefe und Nächtlichkeit anheimgegeben. Vielleicht gründet darin der Kern einer letzten Gelassenheit, die ihn, trotz aller Ängste, nie völlig verließ.

Ein Zusammenklingen dieser Nähe zum Urmütterlichen mit der Kraft des Saturnischen finden wir in den Briefen an den jungen Dichter Kappus:

»Lassen Sie Ihren Urteilen die eigene stille, ungestörte Entwicklung, die, wie jeder Fortschritt, tief aus innen kommen muß und durch nichts gedrängt oder beschleunigt werden kann. *Alles* ist austragen und dann gebären. Jeden Eindruck und jeden Keim eines Gefühls ganz in sich, im Dunkel, im Unsagbaren, Unbewußten, dem eigenen Verstande Unerreichbaren sich vollenden lassen und mit tiefer Demut und Geduld die Stunde der Niederkunft einer neuen Klarheit abwarten: das allein heißt künstlerisch leben: im Verstehen wie im Schaffen.

Da gibt es kein Messen mit der Zeit, da gilt kein Jahr, und zehn Jahre sind nichts, Künstler sein heißt: nicht rechnen und zählen; reifen wie der Baum, der seine Säfte nicht drängt und getrost in den Stürmen des Frühlings steht ohne die Angst, daß dahinter kein Sommer kommen könnte. Er kommt doch. Aber er kommt nur zu den Geduldigen, die da sind, als ob die Ewigkeit vor ihnen läge, so sorglos still und weit. Ich lerne es täglich, lerne es unter Schmerzen, denen ich dankbar bin: *Geduld* ist alles!« (BR JD 17)

Ermessen wir, als Anreicherung und Zusammenfassung, in kurzen Stichworten die polare Spannung des Oben-Außen zum Unten-Innen: Oben ist gerichtete Zeitlichkeit, unten umgreifende Raumhaftigkeit. Oben ist Sichtbarkeit, unten das Unsichtbare. Oben ist Meisterung entgegenstehender Welt, unten Geschehenlassen aus tragenden Ursprüngen. Oben herrscht die Perspektivik des ordnenden Tagesbewußtseins, unten die Aperspektivität des nächtlichen Unbewußten. Oben geschieht das Tagewerk der geschichtlichen Vernunft, die Welt, wie sie als Gemeinschaft und Gesellschaft das Werk politischer Kämpfe und Auseinandersetzungen ist, in je neuen Entwürfen errichtet, erstellt – unten wirkt das nächtliche Geschehen naturhaft wachsender Prozesse, aus dem je Gewesenen entspringend, kreisend im Uralten, Zeitlichkeit wird raumhaft überholende Gleichzeitigkeit.

Was für eine Fülle von Entsprechungen wäre noch aufzuweisen in den Erfahrungen, im Werk von Rilke – nur aus dieser großen Ur-Teilung heraus, in welcher sich das Oben vom Unten gesondert hat. Welche Fülle und Vielfalt von Urteilen entspringen daraus, Urteile, welche in der Grundgestalt seiner Welterfahrung immer schon einbeschlossen und mitgegeben sind. In jeder größeren Stellungnahme, zu welcher Frage auch immer, schwingt dieses Ge-ur-Teilte mit. Gewiß ist auch schon aufgefallen, wie sehr die Phänomenologie des Neptunischen sich ganz natürlich manchen Grundzügen des Unten-Innen annähert, so daß die Ausgestaltung der spezifisch neptunischen Erfahrung Rilkes im Unten-Innen und *aus* ihm heraus einer Steigerung gleichkommt. Hier fügen sich zwei bedeutende Konstellationen zusammen und ergeben ein eindringliches und unverwechselbares Ganzes: eine Welt, deren Herz in der neptunischen Erfahrung besteht, welche im Unten-Innen einen mächtigen, ihr entsprechenden Raum gefunden hat.

Statt vielen einzelnen Entsprechungen in ihrer feineren Verästelung nachzugehen, soll eine größere Linie der Bewegung in die Himmelstiefe noch aufgezeigt werden: Rilkes Sehnsucht nach dem Hineingehören ins Ganze, Eine, wie sie sich besonders eindrücklich in seinem Bezug zu Tier und Blume gestaltet.

Die Tiere, diese »Mitwisser des Ganzen«, gehören dem Offenen an. »Mit allen Augen sieht die Kreatur das Offene« – so beginnt die achte Elegie, die klagend unsere menschliche Situation des Gegenüberstehens zur Welt dem Eingelassensein ins Ganze des Tiers entgegenhält. Doch auch innerhalb der Tiere gibt es Stufungen. Da ist das »wachsam warme Tier«, das auch »Gewicht und Sorge einer großen Schwermut« kennt. Es steht nicht gänzlich außerhalb der Urteilung von Unten und Oben, ist es doch bereits aus späterem Ursprung innerhalb der Evolution, welche selbst einen Zug zu immer größerem Aufgerichtetsein erkennen läßt. In der »Seligkeit der kleinen Kreatur, die immer *bleibt* im Schooße, der sie austrug«, ist der heile Kreis des Unten-Innen noch geschlossen da. Schon des Vogels Sicherheit wird eine »halbe« genannt. »Und wie bestürzt ist eins, das fliegen muß und stammt aus einem Schooß. Wie vor sich selbst erschreckt, durchzuckts die Luft...« (Sämtliche Zitate: aus der achten Elegie, SW I 714ff.)

Sehr vielfältig wird das einzelne Tier in Rilkes dichterischer Erfahrung gegenwärtig. Einmal ist es Bild für die Unerreichbarkeit des heilen Unten-Innen, dann wieder Inbild und Erweckung des großen Bezugs. Auch gibt es Stellen, wo ein gemeinsames Los von Mensch und Tier zum Ausdruck kommt, wo gar Solidarität zwischen beiden möglich scheint, oder es zeigt sich die Angst des Menschen vor den Erwartungen des Tiers, die ihn überfordern könnten.

Fast immer ist Rilkes dichterische Erfahrung des Tiers Anklang, Wink, Weisung auf dem Weg in die Tiefe des mitternächtlichen Himmels, an dessen tiefstem Punkt es zum Ereignis des Weltinnenraums kommen kann, als eine Erfahrung des Höchsten. Höchstes und Tiefstes fallen hier, wie in jeder Erfahrung des Selbst, der größtmöglichen Mitte, zusammen. Nicht zufällig ist es der Flug des Vogels oder sein sich steigernder Ruf, welcher am häufigsten den Aufschwung zu diesem Tiefsten verrät.

Leben aus dem Sonnenhaften am tiefsten Punkt des mitternächtlichen Himmels heißt leben aus einer Vision ursprünglichen Heilseins, »ewiger Kindheit«, schwebender Schwerelosigkeit, reinster Einfachheit, innigen Schlafens mit den Dingen, umfangen von dem *einen* Raum, der durch alle Wesen reicht.

Ist es noch erstaunlich, daß für diese Vision von Sein sich uns Tiefstes aus dem Dasein der Blumen und Dinge zuspricht? Sind nicht sie, in ihrem einfachen Dasein, Offenheit schlechthin, »unendlicher Empfang«, leicht im Schicksalslosen ihres Hierseins? Wir Menschen aber gehen umher, legen auf alles die Schwere unser selbst, leihen den Dingen und Blumen Schicksal von unserem Schicksal. Die Elegien ringen mit dem Gewicht der menschlichen Situation. Sie widerspiegeln den »Ausgang der grimmigen Einsicht« aus den Erfahrungen der spannungsvollen Quadrate-Figur. Anders ist es bei den Sonetten an Orpheus: Sie entspringen, als Fülle »überzähligen Daseins«, der aufsingenden Venus-Neptun-Figur und reichen weit in die Schwerelosigkeit der Himmelstiefe hinein. Deshalb wird in ihnen das Dasein der Blumen bedeutend, als Inbild einer Weise zu sein.

Siehe die Blumen, diese dem Irdischen treuen,
denen wir Schicksal vom Rande des Schicksals leihn, –
aber wer weiß es! Wenn sie ihr Welken bereuen,
ist es an uns, ihre Reue zu sein.

Alles will schweben. Da gehn wir umher wie Beschwerer,
legen auf alles uns selbst, vom Gewichte entzückt;
o was sind wir den Dingen für zehrende Lehrer,
weil ihnen ewige Kindheit glückt.

Nähme sie einer ins innige Schlafen und schliefe
tief mit den Dingen –: o wie käme er leicht,
anders zum anderen Tag, aus der gemeinsamen Tiefe.

Oder er bliebe vielleicht; und sie blühten und priesen
ihn, den Bekehrten, der nun den Ihrigen gleicht,
allen den stillen Geschwistern im Winde der Wiesen.

SW I 760

Könnte es gar sein, daß von dieser Konstellation des Sonnenhaften am tiefsten Punkt der Nacht und der damit zusammenhängenden Vision von Sein ein Weg hinführt zu Rilkes Grabspruch?

Rose, o reiner Widerspruch, Lust,
Niemandes Schlaf zu sein unter soviel
Lidern.

SW II 185

Ist damit nicht das Geheimnis des Lebens aus dem Tiefsten des Urmütterlichen angesprochen, reines Sein in der Schwerelosigkeit unendlich einfachen Daseins, schlafend, aber darin so grenzenlos eins mit allem, daß sich jede Sonderung, Einzelung aufhebt, wie es das kühne Wortbild sagt: »Niemandes Schlaf«? Sind das nicht äußerste Bilder der Zustimmung ins Ganze, des völligen Hingegebenseins, der Preisgabe bis ins Letzte, worin – das ist der unausdenkbare Widerspruch – Erfüllung, Vollendung geschieht? Der Widerspruch bleibt, er ist nicht weg- oder aus-denkbar, aber er ist rein. Das will heißen: Er entsteht nicht aus dem Trüben möglicher Täuschung, sondern auf ihn stoßen wir auf dem Weg höchstmöglicher Klärung.

Sollte diese Deutung dem von Rilke Gemeinten nahe kommen, dann würde sich eine alte Weisheit astrologischer Wahrnehmung bewähren: daß die Stellung des Sonnenhaften ganz besonders Ausdruck einer letzten geistigen Kernhaltung ist, Inbild einer Erfahrung tiefster Mitte. Dies gilt vor allem dann, wenn wir uns deutend an die großen, übergreifenden Räume halten, wie sie aus der Scheidung von links und rechts und oben und unten, im Kreuz der Horizontlinie und der Vertikalen entstehen. Bei Rilkes Konstellation kommt hilfreich hinzu, daß die Raumstellung des Sonnenhaften am tiefsten Punkt des Unten-Innen als zentrale Ausrichtung noch bestärkt, was durch die Versammlung aller innersaturnischen Wesenskräfte in der unteren Hälfte des Kreises bereits in diese Richtung entworfen ist.

Eine Stelle aus einem Brief an Nora Purtscher faßt Grundzüge dieser Konstellation so beispielhaft zusammen, daß wir sie hier zum Abschluß wiedergeben:

»So ausgedehnt das ›Außen‹ ist, es verträgt mit allen seinen siderischen Distanzen kaum einen Vergleich mit den Dimensionen, *mit der Tiefendimension unseres Inneren*, das nicht einmal die Geräumigkeit des Weltalls nötig hat, um in sich fast unabsehlich zu sein. Wenn also Tote, wenn also Künftige einen Aufenthalt nötig haben, *welche* Zuflucht sollte ihnen angenehmer und angebotener sein, als dieser imaginäre Raum? Mir stellt es sich immer mehr so dar, als ob unser gebräuchliches Bewußtsein die Spitze einer Pyramide bewohne, deren Basis in uns (und gewissermaßen unter uns) so völlig in die Breite geht, daß wir, je weiter wir in sie niederzulassen uns befähigt sehen, desto allgemeiner einbezogen erscheinen in die von Zeit und Raum unabhängigen Gegebenheiten des irdischen, des, im weitesten Begriffe, *weltischen* Daseins. Ich habe seit meiner frühesten Jugend die Vermutung empfunden (und hab ihr auch, wo ich dafür ausreichte, nachgelebt), daß in einem tieferen Durchschnitt dieser Bewußtseinspyramide uns das einfache *Sein* könnte zum Ereignis werden, jenes unverbrüchliche Vorhanden-Sein und Zugleich-Sein alles dessen, was an der oberen »normalen« Spitze des Selbstbewußtseins nur als »Ablauf« zu erleben verstattet ist. Eine Gestalt anzudeuten, die Vergangenes und noch nicht Entstandenes einfach als Gegenwärtigkeit letzten Grades aufzufassen fähig wäre, ist mir schon, seinerzeit, im »Malte« Bedürfnis gewesen, und ich bin überzeugt, daß diese Auffassung einem wirklichen Zustande entspricht, mag er auch durch alle Vereinbarungen unseres ausgeübten Lebens widerrufen sein« (BR 871).

»Beginn
immer von neuem die nie zu erreichende Preisung.«
SW I 686

AUFSCHWUNG DES HERZENS IM FEUER DES SCHÜTZEN

Die Stellung des Sonnenhaften muß uns weiterhin noch Thema bleiben. Läßt es sich zeigen, daß Rilkes Werk und Leben im tiefsten Kern aus der Eigenart des Schütze-Prinzips entspringt? Gerade hier nun, bei der Tierkreis-Stellung des Sonnenhaften, werden wir ganz besonders auf der Hut sein müssen, nicht auf die breit ausgetretenen Pfade jener allzu einfachen Sprache und ihrer Vorstellungen zu geraten, mit der sich eine auf den Tierkreis reduzierte Astrologie in den Köpfen vieler hartnäckig erhält. Es kann nicht darum gehen, einen Schütze-Typus zu entwerfen im Sinne eines so und so seienden, sich so und so verhaltenden konkreten Menschen. Wenn das Sonnenhafte zur Frage steht, dürfen wir nicht zu schnell ins Konkrete blicken, sondern müssen, mit abstrahierender Intuition in die Erfahrungen, in das Werk eines Menschen hineinhören, um die darin waltende Grund-Bewegtheit, Kern-Bewegtheit zu erfassen. Diese Bewegung hat ihren eigenen Klang, ihre ganz eigene Ausdrucksqualität, sie hat aber auch eine inhaltlich umreißbare Seite. Denn jedes Tierkreis-Prinzip enthält keimhaft eine *Vision von Sein* und müßte eigentlich im Schaffen eines Menschen wie Rilke umrißhaft sichtbar werden. Wir setzen voraus, daß, wo das Leben eines Menschen sich werkhaft objektiviert, Grundzüge seiner Konstellation besonders deutlich wahrnehmbar werden können.

Worin zeigt sich nun die eigene Ausdrucksqualität der Bewegtheit aus dem Schütze-Prinzip, und zwar als zentraler Klang, der, wie das schlagende Herz, jede wesenhafte Erfahrung Rilkes durchwaltet? Sie zeigt sich im Aufsingen, im Rühmen, im steigernden Aufschwung seines begeisterten Herzens. J.R. von Salis sagt es mit trefflichen Worten:

»Kaum hat er das ruhmwürdige Objekt gefunden, kommt auch das spontane Gefälle seiner Natur wieder zum Vorschein – nämlich das begeisterte, hingebungsvolle Aufsingen seiner vom Daseinsschmerz unverkümmerten Seele.«[1]

Alles, was Rilke als Dichter wahrnehmend formt, trägt diesen unverkennbaren Grundklang an sich, diesen Klang des Hohen, Heiligen, Verehrungswürdigen, zu Feiernden. Aber, und darin zeigt sich die Unten-Innen-Lagerung der Wesenskräfte wieder, nicht das öffentlich Bedeutende wird besungen, sondern das Kleine, Unscheinbare, Unbetonte, Verborgene. Wer kennt nicht als Rilke-Leser das Gefühl der Beschämung und Ermutigung zugleich, wenn, vielleicht nur durch eine sprachliche Wendung oder die besondere Sorgfalt einer Nuancierung, einem das Bedeutungsvolle irgendeiner unscheinbaren Lebenstatsache aufgeht. In der Zerstreutheit unseres alltäglichen Bewußtseins meinen wir, von Gewöhnlichem umgeben zu sein, und werden, mitgerissen in den steigernden Aufschwung des Herzens, in unserer Kleinmütigkeit beschämt. Nichts, was Rilke mit seinem dichterischen Wort ergreift, bleibt gewöhnlich. Unüberhörbar waltet darin die Bewegtheit des Schütze-Prinzips[2], der feurige

1 J.R. von Salis, Rilkes Schweizer Jahre, Frankfurt 1975, S. 110.

2 Eine Charakteristik des Schütze-Prinzips gewinnen wir, wenn wir uns seiner Zugehörigkeit zum Jupiter-Prinzip klar werden. Es bringt das Wesen des Jupiter im Element des Feurigen zum Ausdruck, und dies in der Eigenart des Veränderlichen. In dieser Grundstruktur gründen alle in diesem Kapitel vorkommenden Kennzeichnungen: der Klang des Hohen, Heiligen, Verehrungswürdigen; der Aufschwung des Herzens, wenn es sich der übergreifenden Kräfte bewußt wird, wie sie in der Entfaltung, Ausreifung und Vollendung auch des Kleinsten, Unbedeutendsten wirksam sind; der Schritt ins Überpersönliche der geistigen Erfahrung, worin menschliche Freiheit und Würde letztlich gründen; das Ausgespanntsein in den vertikalen Stufungen des Seins (die kentaurische Vision), wodurch die Zugkraft des Absoluten, das Gefälle vom Höchsten zum Niedrigen sich zeigt...

Aufschwung des Jupiterhaften, worin die einzelnen Lebenskräfte übergreifend zusammengefaßt werden, um im Spannungsbogen von Entfaltung, Ausreifung und Vollendung sich zu steigern auf ein Höchstes hin.

Es ist im Grunde das Pathos *weisheitsvollen Wissens*, welches die Kräfte des Herzens aufflammen läßt, hinreißt, hinaufreißt, in Begeisterung versetzt. Rilke hat diesen Grundton seit je in sich getragen. Schon seine frühsten Gedichtversuche zeigen ihn an, und er hat ihn durch alle seine verschiedenen Werkstufen zu immer größerer sprachlicher Meisterschaft entwickelt. Klanglichkeit, Melodik, Rhythmik, Satzbau, Wortwahl, Zeitstilwahl (insbesondere seine Verwendung des Konjunktivs) – alle diese sprachlichen Mittel sind in den Dienst genommen zum Ausdruck dieser einen zentralen Bewegung. Vor allem in den Elegien haben wir sie vor uns, nicht abgeklärt, nicht ruhig und rund, sondern, wie es dem Dramatischen und Ringenden dieser großen Gedichte entspricht, immer wieder neu sich steigernd zu leidenschaftlichem Sturm. Das vielleicht hinreißendste Beispiel eines solchen Sturmes ist in der siebten Elegie gegeben: Da wird die Rühmung des Hierseins von Stufe zu Stufe umfassender, steigert sich in einen langgezogenen, unglaublichen Aufschwung, »...da ist keine Stelle, die nicht trüge den Ton der Verkündigung«. Über viele Verszeilen steigt es an, über die Stufen des Frühlings zur Höhe des Sommers, über die Morgen alle des Sommers, die strahlen vor Anfang, zur Fülle seiner Tage, über die Stunden und Räume dieser Tage bis zum Abend mit seinem atmenden Klarsein, über den nahenden Schlaf, der begleitet ist von Ahnungen des Größeren, bis zu den Nächten, und endlich, über das Hohe der sommerlichen Nächte bis zu den Sternen der Erde. Es ist ein einziger, hinreißender Aufschwung zum Tiefsten.

»Werbung nicht mehr, nicht Werbung, entwachsene Stimme,
sei deines Schreies Natur; zwar schrieest du rein wie der Vogel,
wenn ihn die Jahreszeit aufhebt, die steigende, beinah vergessend,
daß er ein kümmerndes Tier und nicht nur ein einzelnes Herz sei,
das sie ins Heitere wirft, in die innigen Himmel. Wie er, so

würbest du wohl, nicht minder –, daß, noch unsichtbar,
dich die Freundin erführ, die stille, in der eine Antwort
langsam erwacht und über dem Hören sich anwärmt, –
deinem erkühnten Gefühl die erglühte Gefühlin.

O und der Frühling begriffe –, da ist keine Stelle,
die nicht trüge den Ton der Verkündigung. Erst jenen kleinen
fragenden Auflaut, den, mit steigernder Stille,
weithin umschweigt ein reiner bejahender Tag.
Dann die Stufen hinan, Ruf-Stufen hinan, zum geträumten
Tempel der Zukunft –; dann den Triller, Fontäne,
die zu dem drängenden Strahl schon das Fallen zuvornimmt
im versprechlichen Spiel .... Und vor sich, den Sommer.

Nicht nur die Morgen alle des Sommers –, nicht nur
wie sie sich wandeln in Tag und strahlen vor Anfang.
Nicht nur die Tage, die zart sind um Blumen, und oben,
um die gestalteten Bäume, stark und gewaltig.
Nicht nur die Andacht dieser entfalteten Kräfte,
nicht nur die Wege, nicht nur die Wiesen im Abend,
nicht nur, nach spätem Gewitter, das atmende Klarsein,
nicht nur der nahende Schlaf und ein Ahnen, abends ...
sondern die Nächte! Sondern die hohen, des Sommers,
Nächte, sondern die Sterne, die Sterne der Erde.
O einst tot sein und sie wissen unendlich,
alle die Sterne: denn wie, wie, wie sie vergessen!«

SW I 709

Könnte sich eindrucksvoller zeigen, wie im Feuer des Schützen die Bewegung des Jupiters alle Wahrnehmungs- und Lebenskräfte zusammenfaßt und einmünden läßt in jubelnde Zustimmung, in welcher Leben in seiner höchsten Fülle aufzuscheinen vermag und in seiner tiefsten Gesetzmäßigkeit ahnbar wird. »O einst tot sein und sie wissen unendlich, alle die Sterne ...«

Verstehen wir den Tierkreis als ein Modell lebendiger Entwicklung, so ist mit dem Schütze-Prinzip der Schritt ins Überpersönliche der geistigen Erfahrung entworfen. Was am Anfang der Tierkreis-Ordnung mit dem Widder-Prinzip (dem Marsischen zugehörig) als konkreter Impuls ins Sichtbare treibt und sich im Löwen (dem Sonnenhaften zugeordnet) als selbstbewußte schöpferische Kraft zentriert, gerät im Skorpion-Prinzip ins Ringen um Verwandlung: ichhaft fixierte Lebensenergien, an die Enge der Eigenperson und die Naturhaftigkeit der Tiefenperson noch gebunden, kämpfen um die Verwandlung und Ausweitung ins Höhere. Was so im Brennpunkt des Marsischen (Widder) beginnt, im Sonnenhaften seine selbstbewußte Mitte (Löwe) findet, soll in der Bewegung des Jupiters (Schütze) über sich selbst hinauswachsen. So erst erlangt Sonnenhaftigkeit die Weite und überpersönliche Gültigkeit wirklicher schöpferischer Entfaltung. In der darin vollzogenen Hingabe, aber auch im Opfer unmittelbarer Triebhaftigkeit reift Umfassenderes heran, geschieht der Durchbruch ins Freiheitliche des Geistes. Der Mensch richtet sich auf und erreicht in der Unterordnung unter das Höchste seine eigentliche Würde.

Aus dem Schritt vom Skorpionischen ins Schütze-Prinzip und dem Zusammenklang der Erfahrungen beider läßt sich Rilkes Schau der menschlichen Grundsituation umreißen: Wie der Kentaur, halb Mensch, halb Tier, den Bogen zum Abschuß nach oben spannt, so steht der Mensch, aufs Höchste bezogen, zwischen den vertikal sich weitenden Stufungen des Seins. Aufschwung, Ergriffensein vom Höchsten, aber auch werbende Sehnsucht über das menschliche Maß hinaus, wofür der Engel zwiespältig schillerndes Inbild in Rilkes Dichtung geworden ist, kennzeichnen das Herz des Menschen ebenso wie die ständige Erfahrung der eigenen Nichtigkeit. Rühmung *und* Klage sind der natürliche Ausdruck dieser urmenschlichen Ambivalenz. Wie hat Rilke in der siebten Elegie die Leistungen des menschlichen Herzens gepriesen! Säulen, Pylone, den Sphinx und das strebende Stemmen des Doms nennt er uns, aber auch Chartres und die Musik, und zuletzt eine Liebende alleine am nächtlichen Fenster.

»Dies *stand* einmal unter Menschen,
mitten im Schicksal stands, im vernichtenden, mitten
im Nichtwissen-Wohin stand es, wie seiend, und bog
Sterne zu sich aus gesicherten Himmeln. Engel,
dir noch zeig ich es, *da*! in deinem Anschaun
steh es gerettet zuletzt, nun endlich aufrecht.
Säulen, Pylone, der Sphinx, das strebende Stemmen,
grau aus vergehender Stadt oder aus fremder, des Doms.

War es nicht Wunder? O staune, Engel, denn *wir* sinds,
wir, o du Großer, erzähls, daß wir solches vermochten, mein
Atem
reicht für die Rühmung nicht aus. So haben wir dennoch
nicht die Räume versäumt, diese gewährenden, diese
unseren Räume. (Was müssen sie fürchterlich groß sein,
da sie Jahrtausende nicht unseres Fühlns überfülln.)
Aber ein Turm war groß, nicht wahr? O Engel, er war es, –
groß, auch noch neben dir? Chartres war groß –, und Musik
reichte noch weiter hinan und überstieg uns. Doch selbst nur
eine Liebende –, oh, allein am nächtlichen Fenster....
reichte sie dir nicht ans Knie –?«

SW I 712

Aber ebenso eindrücklich ist das Hinschwindende unserer Existenz beklagt, der Ausdruck unserer eigenen Nichtigkeit:

»Denn wir, wo wir fühlen, verflüchtigen; ach wir
atmen uns aus und dahin; von Holzglut zu Holzglut
geben wir schwächern Geruch. Da sagt uns wohl einer:
ja, du gehst mir ins Blut, dieses Zimmer, der Frühling
füllt sich mit dir... Was hilfts, er kann uns nicht halten,
wir schwinden in ihm und um ihn. Und jene, die schön sind,
o wer hält sie zurück? Unaufhörlich steht Anschein
auf in ihrem Gesicht und geht fort. Wie Tau von dem Frühgras

hebt sich das Unsre von uns, wie die Hitze von einem
heißen Gericht. O Lächeln, wohin? O Aufschaun:
neue, warme, entgehende Welle des Herzens –;
weh mir: wir *sinds* doch.«

SW I 689

Eine Wurzel der großen Wirkung Rilkes auf so viele Menschen mag gerade in der Radikalität liegen, mit der er die Schütze-Thematik lebte. Denn im Schütze-Prinzip ist jene im Grunde dramatische Nahtstelle gegeben, in welcher sich der Überstieg ins Unsichtbare des Geistes vollzieht. Nirgend sonst im Tierkreis ist die Zugkraft des Absoluten, aber auch das Gefälle vom Höchsten zum Niedrigen, reiner, machtvoller erfahrbar. Nirgends geht es so sehr um die Bewegung des Aufrichtens, des Aufrechtstehens, worin der menschliche Blick erst frei wird, sich in den Raum des Himmels zu erheben. Kein Zufall ist es, daß in der Grundordnung von Tierkreis und Häusersystem das Schütze-Prinzip dem neunten Haus entspricht, jenem Haus, das kurz vor der Himmelsmitte steht und den Aufschwung in die Vertikale, in die Selbständigkeit vorbereitet. Verstehen wir die »Meisterung entgegenstehender Welt« (so haben wir den oberen Pol der Vertikalachse unter anderem beschrieben) in einem umfassenden Sinne, so kann damit nur der *Durchbruch ins Geistige* gemeint sein, worin der Himmel, die übergreifende Ordnung als letzte, tiefste Gesetzmäßigkeit aufzuscheinen vermag. Das neunte Haus und analog ihm die Bewegung des Schützen betonen den *Weg* zu dieser Orientierung am Höchsten, die »große Reise« (so drückte es die alte Tradition bildhaft aus). Weg aber verstanden als Ausrichtung auf das Absolute hin, als Pathos der hohen Ziele, als »geträumter Tempel der Zukunft«. Enthält solche feurige Bewegung des Jupiter nicht zeitlos einen inneren Anruf, einen Zuruf, wie er von vielen Menschen immer wieder neu gehört werden kann?

»Denn das eigene Herz übersteigt uns
noch immer... Und wir können ihm nicht mehr
nachschaun in Bilder, die es besänftigen, noch in
göttliche Körper, in denen es größer sich mäßigt.«

SW I 692

Die Ordnungen des Geistes, wie sie früher der Mythus, die Religion und Philosophie zum gültigen Ausdruck brachten, sind in den Umwälzungen des 19. und 20. Jahrhunderts bis zur Unkenntlichkeit eingeebnet worden. Es herrschen der Relativismus und die Maßlosigkeit eines weltweit gewordenen naturwissenschaftlich-technischen Verstandes. Zwecksinn und lineare Verständigkeit, im Grunde legitime Ausdrucksformen des Merkurischen, sind in unheimlicher Weise selbständig geworden. Der ehemalige Götterbote Hermes-Merkur ist in Siebenmeilenstiefeln unterwegs, nun in eigener Sache. Das Merkurische formt sich in zwei Tierkreis-Prinzipien aus: in den Zwillingen, die dem Luft-Element angehören, und in der Jungfrau, der Erde zugehörig. Beiden stellt sich das Schütze-Prinzip entgegen, einmal in der Opposition, einmal im Quadrat. Seine Erfahrung ist nicht auf den Ton des Merkurischen gestimmt. Wohl gerade deshalb berührt es die Menschen tiefer und wird zum Medium des Herzens, das uns noch immer übersteigt. Und vielleicht geschieht das noch mächtiger dort, wo es nicht eigens (und absichtsvoll) als Philosophie oder in Form eines Glaubens uns entgegenkommt, sondern als dichterisches Wort.

Bei Rilke kommt vieles zusammen, wodurch die Vision von Sein aus dem Schütze-Prinzip in einzigartiger Weise dichterische Erfahrung wird: die Unten-Innen-Lagerung aller sieben innersaturnischen Wesenskräfte bindet diese Vision ein in das unmittelbare Leben der Tiefenperson, aus der sie heranwächst und sich ausgestaltet in die Räume der beiden großen Gestalt-Figuren. Vor allem das spannungsvolle Viereck der Quadrate wirkt als ein »vas hermeticum« mit großer Zähmungskraft und wird so zum Gefäß voller »unbeschreiblicher Verwandlungen«. Die Erfahrung der Auflösung der Oben-

Außen-Welt (angezeigt durch die Stellung der Transsaturnischen) steigert die Radikalität der Verdichtung im Unten-Innen-Raum. Und dort, am tiefsten Punkt des mitternächtlichen Himmels: die Sonne im Schützen. *Dort* wächst die Erfahrung des Umschlags ins Unsichtbare heran, aus der Mitte der Großen Mutter Natur, tief irdisch; und sie setzt sich fort in die schwingenden Bezüge der Venus-Neptun-Figur. Denn auch die Venus nimmt teil an der feurigen Bewegung des Schützen, wodurch sich ihr weite Räume neptunisch durchwirkter Sinnlichkeit erschließen. Was so im Dichterischen entsteht, sind lyrische Gebilde sublimster Art, in welchen die sinnliche Erscheinung in ihrer meisterhaften sprachlichen Ausformung unmittelbar zu einer Erfahrung des Geistigen wird. Was Rilke in einem Brief an die Malerin Sophy Giauque von ihren Bildern sagt, gilt in hohem Maße von seinen Gedichten:

»Le visible est pris d'une main sûre, il est cueilli comme un fruit mûr, mais il ne pèse point, car à peine posé, il se voit forcé de signifier l'invisible« (BR 904).

Oft genügt eine Verszeile der vollendeten Ausformung, wie sie Rilke erreichte, um bereits geheimnisvoll und unmerklich die Zugkraft des Absoluten in den verwandelten Raum zu bringen. Und völlig mühelos hat sich die Vision von Sein des Schütze-Prinzips mit der Weite des Neptunischen verbunden: Sie ist Gesang geworden.

»Mandelbäume in Blüte

Unendlich staun ich euch an, ihr Seligen, euer Benehmen,
wie ihr die schwindliche Zier traget in ewigem Sinn.
Ach wers verstünde zu blühn: dem wär das Herz über alle
schwachen Gefahren hinaus und in der großen getrost.«

SW II 43

Wie zahlreich sind die Bezüge, die durch die vier Zeilen dieses kleinen Gedichtes in uns schon zum Anklingen kommen. Was wird da – und wie? – gegenwärtig im Zauber dieser Sprach-Schöpfung! Das Sichtbare ist mit sicherer Hand ergriffen und fügt sich ohne Zwang ein in die steigernde Vergegenwärtigung des Unsichtbaren. Ist nicht alles gesagt, der ganze Rilke, in diesen vier Zeilen? Aufschwung und Anruf, aber auch Klage und fast resignative Distanzierung klingen in den beiden Konjunktiv-Formen (»verstünde«, »wär«) an. Die Verben des ersten Satzes, das »Anstaunen« und das »Tragen« der schwindlichen Zier, stehen im Gesicherten des Indikativs. Der zweite Satz enthält dann das Komplexe, Ambivalente der menschlichen Wirklichkeit und läßt in der Zweideutigkeit der Konjunktive das Wesentliche spannungsvoll offen. Was als Fülle des Heiligen schon mit dem ersten Wort, dem »unendlich«, angeschlagen ist und das ganze Gedicht in seinen verschiedenen Bedeutungs-Momenten trägt, das bleibt als ein Fragliches, *uns angehend*, im geweiteten Raume stehen.

Gerade in dieser heraufrufenden Wirkung erweist sich Rilkes große Meisterschaft. Mit subtilsten sprachlichen Mitteln verhilft er dem dichterischen Wort zu seiner Macht. Manchmal herrscht mehr das kühn Vordringende abstrahierender Intuition vor, dann wieder ist es ganz nur das schlichte Nennen, ein inniges Sagen des Unmittelbarsten. Vor allem in den Gedichten der späten Zeit können diese verschiedenen, im Laufe der Jahrzehnte gewonnenen Stil-Formen einander ablösen oder auch, in höchster Verdichtung, sich gegenseitig durchdringen. Was daraus entsteht, ist ein Gebilde voll verwandelnder Kraft.

»... In das Bereich des Zaubers / scheint das gemeine Wort hinaufgestuft ... / und ist doch wirklich wie der Ruf des Taubers, / der nach der unsichtbaren Taube ruft« (SW II 174).

Götter schreiten vielleicht immer im gleichen Gewähren,
    wo unser Himmel beginnt;
wie in Gedanken erreicht unsere schwereren Ähren,
    sanft sie wendend, ihr Wind.

Wer sie zu fühlen vergaß, leistet nicht ganz die Verzichtung:
dennoch haben sie teil.
Schweigsam, einfach und heil legt sich an seine Errichtung
plötzlich ihr anderes Maß.

SW II 159

Wenn wir diese Zeilen mit fester und doch leiser Stimme mehrere Male lesen, erschließt sich uns – über Rhythmus, Sprachbau (Form) und Melodik – zuerst vielleicht nur die Möglichkeit einer Erfahrung. Vielleicht bleiben wir an einer dieser Zeilen hängen, lesen sie neu wieder, und wieder – staunen und spüren plötzlich, für einen Augenblick, »das ferne Herz, das heil inmitten aller Dinge weilt« (SW II 144). Vielleicht, daß wir mit einem Male etwas vom »anderen Maß« erahnen, das sich »schweigsam, einfach und heil« plötzlich an unsere Errichtungen legt. »Ohne unseren wahren Platz zu kennen, handeln wir aus wirklichem Bezug«, heißt es in einem der Sonette an Orpheus (XII, erster Teil). Dieses Wort könnte in einem besonderen Sinne von der dichterischen Aussage gelten, dort, wo sie uns überraschend ergreift, berührt, in Unruhe versetzt, zu Nachdenklichen macht, oder im Vollendeten ihrer Form uns Übersteigendes, in einer einzigen sicher ausgezogenen »Sprach-Linie«, als ein Gültiges nahebringt.

Wollen wir Rilkes Aufschwung im Feuer des Schützen in seinen weiteren Entsprechungen verfolgen, wird es notwendig, die Stellung des Jupiter im Gefüge der Quadrate-Figur deutend hinzuzunehmen, sie neu zu lesen unter den lebensgeschichtlichen Bedingungen des mittleren und späten Rilke. Aufschlußreich in hohem Maße war sie uns schon beim Verstehen der Situation des jugendlichen Dichters. Nun soll sie wiederum Leitfaden sein. Denn wenn Jupiter und das Schütze-Prinzip einander angehören, wie es die Logik der astrologischen Gestaltordnung entwirft, so wird die Jupiter-Stellung bei der Ausformung der Schütze-Kernhaltung und ihrer verschiedenartigsten Bewegungen ein entscheidendes Wort mitreden.

Jupiters Stellung im Geburtsbild Rilkes ist außerordentlich gespannt. Er steht genau an jener Stelle im Tierkreis, von wo aus er mit vier anderen Wesenskräften, mit Mond, Saturn, Uranus und Pluto, in einen strittigen Bezug gerät. Die Quadratspannungen zum Mondhaften und Saturnischen fallen dabei besonders ins Gewicht, gehören doch alle drei zu den innersaturnischen Wesenskräften, aus denen sich die normale Lebensgestalt aufbaut, vollzieht und erhält. Die Aufschwung-Bewegung der Schütze-Kernhaltung ist schwer zu vereinigen mit einem natürlichen, zwanglos dahinfließenden Vollzug des Mondhaften. Auch zu den elementaren Notwendigkeiten des Saturnischen (Sicherung, Statik, Eingrenzung, Dauer) ist sie in problematische Spannung gesetzt. Dies zeigen die Quadrate von Jupiter zu Mond und Saturn an.

Folgen wir genauer den Konturen der Quadratspannung zwischen Jupiter und Saturn. Wie formt sich durch sie die Aufschwung-Bewegung des Sonnenhaften und Venusischen im Schütze-Prinzip aus? Das führt vorerst zur nächsten Frage: Ist einem von beiden, dem Saturnischen oder Jupiterhaften, ein Übergewicht über den anderen gegeben, so wie sie gestellt sind im *Ganzen* des Geburtsbildes? Diese Frage zielt auf Letztes im Leben und Werk von Rilke und ist behutsam anzugehen. Ob sie schlüssig beantwortet werden kann, wird sich weisen, nachdem wir deutend die wichtigsten Gegenzüge beider im Widerstreit gegeneinander, aber auch die Spielformen ihrer Vereinigung berücksichtigt haben. *Beide* Wesenskräfte sind in Rilkes Geburtsbild von großer Bedeutung. Jede steht in der Mitte, im Zentrum jeweils anderer strukturaler Zusammenhänge und herrscht in ihrem Reich.

Den Stellenwert des Saturnischen haben wir im Kapitel über den Kampf um seine Aneignung eingehend beschrieben. Es ist entscheidender Mitspieler innerhalb der Quadrate-Vierecksfigur, deren Eigenart selbst Affinität zum Saturnischen zeigt: Ein hohes Spannungspotential ist so angeordnet, daß der sprengende Druck zusammenhält, auf Verdichtung, Eingrenzung, Sich-Halten in geschlossener Form tendiert. Zudem steht es innerhalb der Dominanten-Verkettung alleine an oberster Stelle: Während jede der übrigen Wesenskräfte durch ihre Tierkreis-Stellung jeweils in den Bezug einer anderen verwiesen ist, bezieht sich das Saturnische nur auf sich selbst. Es kann sich im Wassermännischen in seiner eigenen Ausdrucksqualität darlegen: Strenge und Transparenz der Form blieben Rilke ein Leben lang unkündbares Anliegen, so auch das Pathos höchstmöglicher Auskristallisierung des ihm Gültigen. Diese letzte Formulierung verrät allerdings grad beides: die gespannt aufragende Jupiterbewegung *und* den unbedingten Stellenwert des Saturnischen im Wassermann. Daß Rilkes Werk seit je auch in den philosophischen und theologischen Erfahrungsraum hineingewirkt hat, daß viele Leser in seiner dichterischen Erfahrung ganz selbstverständlich eine Lehre sehen, hängt mit der Endstellung des Saturnischen in der Dominanten-Verkettung zusammen. Die Verteilung der Wesenskräfte in den Elementen war uns ein weiterer Hinweis auf die Wichtigkeit des Saturnischen. Denn wo die Einbindung in die Erde mit Ausnahme von Neptun, Pluto und dem Aszendenten Jungfrau fehlt, also das Feurige, Luftige und Wäßrige deutlich überwiegt, werden die eingrenzenden, sichernden Kräfte des Saturnischen zum notvoll Wichtigen. Genaugenommen ist die Elementenverteilung (die relative Erdlosigkeit) jedoch ein Argument nur für die Wichtigkeit der *Aneignung* der Saturn-Kräfte; denn innerhalb einer nüchternen Bestandsaufnahme der vorliegenden Struktur bedeutet sie das Gegenteil: eine Schwächung des saturnischen Faktors. Zum Schluß verbleibt noch die Raumstellung; auch sie wurde beschrieben und gedeutet. Daß das Saturnische im sechsten Haus eingebunden ist, zusammen mit dem Mondhaften und Marsischen, konstelliert in hohem Maße Erdungsversuche im Alltäglich-Werktäglichen. Wesensart des Saturnischen und Motivrichtung, Aufgabe des sechsten Hauses stimmen gut überein, was einer struktural gegebenen Bestärkung gleichkommt.

Wie zeigt sich nun demgegenüber das Reich des Jupiterhaften, des anderen der beiden großen, langsam laufenden Wesenskräfte der normalen Ordnung, die, in der Raum-Verteilung unseres Sonnensystems als die beiden äußeren, alle anderen in ihrer Bewegung umgreifen? Es gehört wiederum zum Sinn des Tierkreises als universeller

Gestalt- und Raumlogik, daß die beiden umgreifenden Wesenskräfte der alten Siebnerreihe den Tierkreis-Prinzipien Schütze und Fische (Jupiter) sowie Steinbock und Wassermann (Saturn) angehören, formen doch diese vier mit dem Auftakt des neunten Hauses den weiten Oben-Außen-Raum, den Himmelsraum des vierten Quadranten, wo die Stellung des Menschen im Ganzen der Wirklichkeit sich thematisiert.

Jupiters bedeutende Stellung in Rilkes Geburtsbild gründet zuerst einmal in seinem Bezug zum Schütze-Prinzip, wodurch er die feurige Aufschwung-Bewegung des Sonnenhaften und Venusischen mit seinem Wesen durchdringt. Ja sie *ist* ganz einfach der feurige Ausdruck seines Wesens. So wird er zur Mitte Rilkes schöpferischen Willens. Als Mitspieler der Quadrate-Figur ist er, innerhalb der Ordnung der alten sieben Wesenskräfte, *der* Gegenspieler zum Saturnischen, die spannungsvollen Bezüge von Mond, Uranus und Pluto *mehr* in sich hineinreißend, als das dem Saturnischen möglich ist. Seine Tierkreis-Stellung im Skorpion trübt allerdings etwas von seiner aufschwingenden Linie, bindet ihn ein in die »unvergleichlichen Verwandlungen«, in das Zwingende des Widerstreites der Quadrate und Oppositionen. Um so mehr aber lebt er auf im Schwingenden der Venus-Neptun-Figur. Dort ist seine Bewegung rein und weit und gewaltig sich steigernd in den großen Gesang.

Auch das Überwiegen des Feurigen und Luftigen gibt ihm mächtigen Spielraum, während durch das Fehlen der Erdbesetzungen seiner Steigerung wenig natürliche Grenze gesetzt ist. Seine Stellung im dritten Haus bindet ihn ein in die Prozesse des auslegenden Verstehens, in Sprache als Mutterboden unseres Tuns und Denkens, kurz unseres Begreifens von Welt. Unschwer ist hier die merkurische Natur dieses Motivraums herauszuhören (Verständigung, Kommunikation, Texte, schreibende Hand). Merkur steht zudem, etwas tiefer gegen die untere Himmelsmitte gerückt, in seinem eigenen Motivraum, einerseits an die Venus-Neptun-Figur angelehnt, andererseits Aszendent und Himmelsmitte über Jungfrau und Zwillinge ausformend. Die Jupiter-Bewegung verbindet sich also mächtig mit dem Merkurischen: Rilkes Aufschwung zum Höchsten ist durch und durch sprachlicher Natur. Das Wort ist nicht nur Medium, sondern die Sache selbst seiner Kunst.

Fast gleichgewichtig mächtig scheinen also Jupiter und Saturn im Gesamt des Kosmogramms dazustehen, und ihre Quadratur läßt recht eigentlich das Drama der griechischen Gigantomachie[3] in seiner ganzen Schärfe wieder aufleben. Ergreifend nah und menschlich können wir das Hin und Her, das Auf und Ab dieses großen Kampfes miterleben. Was wir bisher als die Zweiheit der beiden so verschiedenwertigen Gestaltfiguren verstehen gelernt haben, setzt sich fort im Widerstreit der beiden Großen: Jupiter und Saturn. Hoffnungsvoller Aufschwung, Glaube an Sinn und Entfaltung des Lebendigen, Hingabe an die Zugkraft des Absoluten stehen unverfügbar spannungsvoll gegen die Kräfte des Saturnischen, deren einer Teil in der gewaltigen Anstrengung des Werkprozesses, der Individuation Rilkes fruchtbar gemacht werden konnte. Wir sagen: der eine Teil. Und vielleicht war es der größte. Ein anderer Teil hat sich wohl jedem Willen der Bemeisterung, vielleicht auch jeder Hingabe, wie sie Rilke möglich war, entzogen. Der so notvolle Kampf um die Aneignung der fruchtbaren Kräfte des Saturnischen konnte nicht zu einer verläßlichen, breit auswachsenden Verbindung führen. Zu unruhig spannungsgeladen stehen die beiden großen Götter miteinander im Widerstreit. Wo zudem die Erde in einer Konstellation fast fehlt, da gehen die Wellen des Wassers, die Bewegungen der Luft, das Aufbrennen des Feuers intensiver und schneller vor sich. Wo hoffnungsstarker Aufschwung (Jupiter) so sehr zum Pathos des Lebensgefühls gehört und das Saturnische als Mitspieler einer so mächtigen Figur umklammernd entgegentritt (die Quadrate-Vierecksfigur), wird es da je eine länger andauernde Versöhnung beider geben können? Und welcher Aufwand der inneren Arbeit war jeweils nötig,

3 In der griechischen Gigantomachie wird der große, langandauernde Kampf von Jupiter-Zeus und seinen Helfern mit der alten Ordnung der Titanen (unter der Führung von Saturn-Kronos) geschildert. Herakles (als Held auf seinem Weg ein Inbild der menschlichen Entwicklung) kämpfte mit auf der Seite von Jupiter-Zeus und half mit, die neue Ordnung der olympischen Götter gegen die alten, verschlingenden Kräfte zu errichten.

den wieder tiefer aufbrechenden Widerstreit beider nur schon hinzunehmen, geschweige denn einer neuen, schöpferischen Vereinigung zuzuführen!

Auf dem Hintergrund dieser astrologischen Zusammenhänge wird uns die Beschreibung, wie sie von Salis von Rilke in seinen letzten Jahren gibt, evident und beinahe selbstverständlich:

»Als ein Mensch, der ein Leben lang das Erhabene, das Reine, das Absolute gesucht hat, empfand Rilke zutiefst die Gefahren seines verwegenen Vorhabens; wenn er versuchte, die Welt mit den Augen der Engel, dieser von allen Unvollkommenheiten der Menschennatur befreiten ›Verwöhnten der Schöpfung‹ zu betrachten, wohnten die Dämonen und ihre Schrecken gleich um die Ecke. Aber auch, was Rilke auf Erden geliebt hat, was seinem Wesen Auftrieb gab, es in Begeisterung versetzte, verfiel oft mit überraschender Plötzlichkeit seinem Überdruß, so daß es ihm schal und reizlos, wenn nicht gerade unerträglich oder unheimlich vorkam (es konnte eine geliebte Frau, eine bewunderte Stadt oder Landschaft, ja sogar ein Rosenstrauß sein). Die schönen Briefe und Gedichte, die Rilke zum Ruhm des Wallis und seines ihm liebgewordenen Wohnsitzes in diesem Bergland geschrieben hat, dürfen uns nicht darüber täuschen, daß sein Verhalten gegenüber der Walliser Landschaft und allem, was mit Muzot zusammenhing – von den Tagen seines Einzugs in das harte kleine Haus an –, ambivalent war. Wir haben bereits gehört, wie er bald nach der Niederschrift der Quatrains valaisans aus Muzot berichtete, Sommer und Herbst seien in diesem Jahr ›wie riesige Spiegel, durch die ein Sprung gegangen ist‹, und man wisse nun nicht, ›ob dieses Zerschlagensein das Bild des Weltalls verzerrt, oder ob es sich wirklich seltsam entstellt darüber neigt‹.«[4]

Astrologisch gesehen, sind in dieser Beschreibung nicht nur die gespannt gesteigerte Schütze-Bewegung und der Gegenzug des Saturnischen am Werk, sondern wir erleben auch den Umschlag von

4 J.R. von Salis, ebenda S. 215.

der neptunisch inspirierten Innigkeit (die harmonieselige Venus-Neptun-Figur) in die Dissonanz der Quadrate-Figur. Besonders deutlich wird dabei das Uranische, in der Plötzlichkeit der Abkühlung, im Zerspringen des Bezugs. Im astrologischen Zusammenhang ist klar, daß alles Erleben aus der Venus-Neptun-Figur vom Gefühlsstrom des Mondhaften getragen werden muß, jedenfalls in ihm sich in die kleinsten alltäglichen Bezüge und Bewegungen übersetzt. Wie störbar aber ist das Mondhafte gestellt, welchen Verspannungen ist seine Empfänglichkeit in der Quadrate-Figur ausgesetzt! Und doch ist es nichts weniger als der Spiegel, in dessen Bild-Raum sich alle Erfahrung von Menschen und Welt brennpunktartig versammelt, woraus Nähe, Berührung und Verbindung erwächst.

Diese Problematik der Stellung des Mondhaften müssen wir im Sinn behalten, wenn wir im folgenden einem der verschlungensten Themen in Rilkes Werk uns annähern wollen: seiner *Vision der großen Liebenden.* Kaum irgendwo anders wird der Aufschwung im Feuer des Schützen offensichtlicher, aber wohl auch die Ausweglosigkeit, in die er in den Quadraten von Mond und Saturn zu Jupiter hineingeraten konnte. Nirgends können wir das Hochaufragende der Jupiter-Stellung besser einsehen, wie er im Unerlösten des Quadrate-Vierecks sich auflädt mit den Energien des Plutonischen und Uranischen und diese in seine Bewegung hineinzureißen vermag. Aus dieser Konstellation heraus konnte Rilke unmöglich ein Mensch des Maßes sein, der ruhig wachsenden Grenze, des verläßlichen Kompromisses. Der junge Rilke war es nicht, aber auch der gereifte Dichter des Spätwerks konnte es nicht sein. Unendliche Steigerung, grenzenlose Vertiefung waren seinem Erleben näher als jedes Maß eingrenzender Endlichkeit. Eben dies zeigt sich mit aller Deutlichkeit in den so merkwürdigen Konturen seiner Vision der grenzenlos großen Liebe.

In den »Aufzeichnungen des Malte Laurids Brigge« können wir verfolgen, wie diese Vision langsam Gestalt annimmt. In einem der Kapitel ist von den jungen Mädchen die Rede, die aus ihren Familien fortgezogen sind, um auf den eigenen Weg zu kommen.

»Sie sind fast schon überzeugt, daß man einen Genuß sucht und wieder einen und einen noch stärkeren Genuß: daß darin das Leben besteht, wenn man es nicht auf eine albere Art verlieren will. Sie haben schon angefangen, sich umzusehen, zu suchen; sie, deren Stärke immer darin bestanden hat, gefunden zu werden.

Das kommt, glaube ich, weil sie müde sind. Sie haben Jahrhunderte lang die ganze Liebe geleistet, sie haben immer den vollen Dialog gespielt, beide Teile. Denn der Mann hat nur nachgesprochen und schlecht. Und hat ihnen das Erlernen schwer gemacht mit seiner Zerstreutheit, mit seiner Nachlässigkeit, mit seiner Eifersucht, die auch eine Art Nachlässigkeit war. Und sie haben trotzdem ausgeharrt Tag und Nacht und haben zugenommen an Liebe und Elend. Und aus ihnen sind, unter dem Druck endloser Nöte, die gewaltigen Liebenden hervorgegangen, die, während sie ihn riefen, den Mann überstanden; die über ihn hinauswuchsen, wenn er nicht wiederkam, wie Gaspara Stampa oder wie die Portugiesin, die nicht abließen, bis ihre Qual umschlug in eine herbe, eisige Herrlichkeit, die nicht mehr zu halten war. Wir wissen von der und der, weil Briefe da sind, die wie durch ein Wunder sich erhielten, oder Bücher mit anklagenden oder klagenden Gedichten, oder Bilder, die uns anschauen in einer Galerie durch ein Weinen durch, das dem Maler gelang, weil er nicht wußte, was es war. Aber es sind ihrer zahllos mehr gewesen; solche, die ihre Briefe verbrannt haben, und andere, die keine Kraft mehr hatten, sie zu schreiben« (SW VI 832).

Mit der Portugiesin ist die Nonne Marianna Alcoforado gemeint. 1905 war Rilke auf ihre Liebesbriefe in einer deutschen Übersetzung gestoßen. 1913 wird er sie selbst aus dem Französischen neu übertragen. 1907 schreibt er einen kleinen Aufsatz zu diesen Briefen, worin er ein Bild der Liebe dieser Nonne entwirft:

»Wir ahnten es zwar, doch ist es uns niemals vielleicht so deutlich aufgezeigt worden, daß das Wesen der Liebe nicht im Gemeinsamen läge, sondern darin, daß einer den andern zwingt, etwas zu werden, unendlich viel zu werden, das Äußerste zu werden wozu seine Kräfte reichen. Die Briefe der Verlassenen beweisen, daß der Graf von Chamilly sich diesem Zwange fast ganz zu entziehn gewußt hat, wenn man nicht annimmt, daß er sich schon damals überanstrengte, als er, ein paar Monate lang, der Liebende dieser Seligen war, die die Liebe so ernst nahm. Damals stellte er, eitel und selbstsüchtig, ein paar Anforderungen an ihr Gefühl, die sie so glänzend erfüllte und mit so viel Genie übertraf, daß er sich erschrocken zurückzog. Sein Fortgehn war für sie das Unbegreifliche, aber es bestimmte sie zu ihrer Aufgabe. Alleingelassen, nahm ihre Natur es auf sich, alle die Ansprüche nachzuholen und zu erfüllen, die der Geliebte, in seiner Oberflächlichkeit und Eile, vergessen hatte. Und fast möchte man sagen, daß Einsamkeit nötig war, um aus dieser hastig und nachlässig begonnenen Liebe etwas so Vollkommenes zu machen.

Diese Seele, die fähig war, ein Glück so groß zu empfinden, kann nicht mehr unter das Unermeßliche herabsinken. Ihr Schmerz wird ungeheuer; aber ihre Liebe wächst noch über ihn hinaus: sie ist nicht mehr zu halten. Und schließlich schreibt Marianna dem Geliebten von ihr: ›*sie hängt nicht mehr davon ab, wie du mich behandelst*‹. Sie hat alle Proben bestanden.

Mit diesen Briefen des siebzehnten Jahrhunderts ist uns eine Liebe von unvergleichlicher Arbeit erhalten. Wie in einer Spitze so laufen in ihnen die Fäden von Schmerz und Einsamkeit auf unbegreifliche Weise zusammen, um Blumen zu bilden, eine Bahn verwirrender Blumen« (SW VI 1001).

Auf dem Hintergrund der astrologischen Zusammenhänge erweist sich mit großer Klarheit und Konsequenz, wie sehr diese Vision von Liebe Rilkes eigener Konstellation entspringt. Paraphrasierend dürfen wir sagen: Wie in einer alten Spitze, so laufen in dieser Vision die Fäden von Schmerz und Einsamkeit auf unbegreifliche Weise zusammen, um Blumen zu bilden, eine Bahn verwirrender Blumen. Jähe Abkühlung des Gefühls, Trennung und Einsamkeit, aber auch das Unbedingte des Willens zum Werk sind bei der Deutung der geschlossenen Quadrate-Figur ausführlich zur Sprache gekommen. Im Schwingenden der Venus-Neptun-Figur kann die konkrete, wesenhaft begrenzte Beziehung zu einem Menschen sich auflösen ins Weite, ins geheimnisvoll Grenzenlose. So geht sie über in Weltraum, wird zur »reinen Richtung im unendlichen Entzug«. Im gesteigerten Aufschwung des Schütze-Prinzips und im überspannenden Bogen der Jupiter-Quadrate fügt sich das Weitere an: Die Lebensbewegung kann unter diesen Bedingungen vollends ins Ausweglose geraten. Rilkes Vision der großen Liebe nimmt alle diese Bezüge in eins zusammen und läßt sie umschlagen in den Anschein des Positiven. »Diese Seele, die fähig war, ein Glück so groß zu empfinden, kann nicht mehr unter das Unermeßliche herabsinken. Ihr Schmerz war ungeheuer; aber ihre Liebe wächst noch über ihn hinaus: sie ist nicht mehr zu halten ...«

Es kann kein Zweifel bestehen: In dieser schwindelerregenden Deutung der menschlichen Liebeserfahrung wird die *eingrenzende, mäßigende* Kraft des Saturnischen durch das Hochfahrende der Jupiter-Bewegung *übertönt*. Das Gleichgewicht, um das Rilke ein Leben lang zu ringen hatte, ist hier verfehlt. Wir hören zwar beide Götter zugleich: Jupiter im Aufschwung des großen Gefühls und Saturn im Herben, Eisigen dieser Herrlichkeit. Aber die Bewegung beider bleibt im Unerlösten stehen. Auf der einen Seite hat sich die Übermacht des Saturnischen angstmachend, überfordernd, fixierend in der Tiefe des Unbewußten aufgerichtet, und auf der anderen Seite treiben die Jupiter-Quadrate die Lebensenergie in die Überstürzung auf ein Höchstes hin.

Rilkes Erleben von Beziehung hat lange Zeit im Schatten dieser so konstellierten Mächte gestanden. Vor allem in den Jahren nach 1912, in denen die Arbeit an den begonnenen Elegien ins Stocken kam und alle Versuche der Fortsetzung mißlangen, war er ihnen ratlos ausgeliefert. Mit einzigartiger Intensität gerät er 1914 in ihren Bann, als er in Briefen Magda von Hattingberg (Benvenuta) begegnet. Innerhalb knapp eines Monats schreibt er dieser ihm damals noch unbekannten Frau fünfzehn lange Briefe, in denen er mit rückhaltloser Offenheit von seiner Not des Lebens und Liebens erzählt. In diesen Briefen, die übrigens zu den hinreißendsten Texten gehören, die wir von Rilke besitzen, kreist er immer wieder um die Frage seiner Beziehungsfähigkeit, seines so eigenen Erlebens von Beziehung.

»Sehen Sie, was mich an meinem Telegramm so überaus bedrückt, ist dies: daß eine Spur, eine kleine Spur Zurücknehmung in ihm war, und daß gerade dies die Geste ist, die mir seit der Kindheit immer wieder im Menschlichen zufällt, den Drang unendlichen Gebenwollens aufzuheben durch ein unbegreifliches Wiederansichnehmen, wo dies mitten im Hinstürmen geschah, geschehen mußte mit einem Ruck, da wars als stürbe man daran. Und nun will ichs, ich *wills* nicht wieder erleben, nicht aus Furcht vor dem Leidenmachen und Leiden, einfach aus Wahrhaftigkeit, denn daß ich in diese Lage gerathe, muß es nicht seinen innersten Grund darin haben, daß ich nicht wahr in meiner Hingabe bin? Ist es dies?«

So ganz davon überzeugt ist Rilke nicht. Dies allein konnte es nicht sein. Denn er fährt in einer etwas erweiterten Blickrichtung fort, sein Erleben zu schildern:

»Ungeheure Mächte die mich zuweilen erfüllen, haben mich eine Hingabe gelehrt, die ohne Grenzen ist –, begeh ich den Irrtum, was ihnen gegenüber im Recht ist, an Anderes anzuwenden, draußen, wo es zu Verhängnissen führt? Darum ging mich der Heilige so namenlos an, weil *er* allein es dazu bringt, weder Überschwemmungen zu bilden, noch Sümpfe, noch auszutrocknen, noch in kleinen Adern ins Geröll zu versickern, noch muß er daran denken, schiffbar zu sein –, er hat nichts zu thun, als alle die reinen Rinnsale seines Herzens zu sammeln, hundert unbewußte Quellen aufzunehmen und die Zuflüsse seiner Thränen, um dann, durch das immer größere Gemüt seiner Natur, hinzustürzen in das steinige Strombett Gottes, rauschend, rauschend von dem Vorgefühl der unendlichen Mündung« (BR BE 33).

Diese Erfahrung des Heiligen, die ihn selbst in seinem Fühlen so namenlos anging, kommt seiner Schau der großen Liebenden schon sehr nahe. Wir können darin die Konturen aller vorher beschriebenen Konstellationen erkennen. Der Heilige muß allerdings nicht daran denken, für einen menschlichen Partner schiffbar zu sein, ähnlich wie die großen Liebenden, die als die Verlassenen ihren Partner schon hinter sich gelassen haben. Beide haben sich vom Menschlichen und Alltäglichen entfernt. Rilke bezweifelt, ob darin sein eigener Weg bestehen könne.

»Was hab ich mich gesehnt, so zu sein wie er. Aber bin ich nicht, durch meine Kunst, näher ins Menschliche hineingeboren, soll ich davon wegleben und es nicht kennen? Es nicht kennen in seinem einfachen, arglosen Wohlthun, in seiner Besänftigung, in seiner innigen Eindringlichkeit? Seh ichs doch aus der Ferne so gut und vollzählig ineinandertreiben; solang michs nicht angeht, ists mir freundlich begreiflich und noch bis in sein Grausamstes hinein vertraut, so daß ich meine, ich könnt es an jeder Stelle, wo's einer gerade losläßt, fortführen, lieben, leisten, leiden – ohne es je gelernt zu haben. Wo ich ihm aber je verpflichtet war oder mich ihm verband, da hats mich gelähmt, da hab ichs nicht gekonnt, da hab ich mich erschreckt zurückgenommen, ich weiß nicht wohin –, da hab ich alles widerrufen« (BR BE 34).

Wir wissen, wie wahr diese letzten Sätze sind, aber es bleibt fraglich, ob ihre Hintergründe je genügend verstanden werden können *ohne* die Bezugsebene der astrologischen Konstellation. Aus ihr heraus, insbesondere aus der Stellung des Saturnischen, wird einsichtig, welche *Forderungen* sich Rilke seit je, aus der Tiefe der Gestaltordnung des Lebendigen in ihm, auf die Seele legten. Eine Stelle aus einem der Notbriefe an Lou von 1903 kann uns hellhörig machen:

»Wie müßte der leben, der sein Kind wirklich sein nennen dürfte; wie sollte er etwas anderes thun, als es erwerben wollen Tag und Nacht? Da kommen Aufgaben aus jedem Verhältnis, Anforderungen und Gesetze legen sich aus jeder Beziehung auf und man kann des Lebens Glück und Größe in sie hineinlenken und wachsen an ihnen zu sich selbst. Es giebt solche, die es können« (BR LAS 97).

Rilke zählte sich nicht zu diesen, und er wußte zugleich mit einer großen instinktiven Sicherheit, daß es nur seine dichterische Arbeit sein konnte, worin er, unter den Anforderungen, wie er sie in sich selbst erlebte, etwas Wirkliches und Gültiges zu erreichen vermochte. Im Raume der dichterischen Erfahrung, im Prozeß seines Werkes, unterzog er sich letztlich *allem*, was aus der durchgehenden Quadrate-Figur zu der Unerbittlichkeit des Saturnischen noch hinzukam. Und so nahm die Arbeit dann auch mit einer großen, erschöpfenden Gewaltsamkeit von ihm *Besitz*. Das Übergroße verschmähte nicht, sich vertraut mit ihm einzulassen. Auf diesem *einen* Feld, das zugleich eins war mit seinem Existieren (eine bürgerliche Existenz »neben« der Arbeit kannte er nicht), leistete er die Opfer, die das Saturnische in dieser seiner Konstellation sich erzwang. Für eine weitere Erfahrung auf einem anderen Feld des Lebens reichte die Kraft nicht aus. Im Gegenteil: wenn immer er sich aus neptunisch regressiven Sehnsüchten heraus dazu verführen ließ, in einer *Beziehung* den Anschluß ans Schöpferisch-Heile zu erwarten, endete dies in der Trennung. Denn unter *diesen* Voraussetzungen mußte sich die Übermacht des Saturnischen vernichtend konstellieren. Die Angst, einem Menschen so gewaltsam verpflichtet zu sein, wie er es in seiner Arbeit erlebte, konnte ihn nur lähmen.

Rilke mußte, aus der Gestaltordnung seines Geburtsbildes heraus, manches opfern, was viele Menschen ohne besonderen Aufwand erleben können. Die Sicherheit von materiellem Besitz, die Geborgenheit einer alltäglich nahen Beziehung, überhaupt das »einfache, arglose Wohltun« des Menschlichen. Und er hat geopfert, in seiner ureigensten Art. An einer Stelle der Benvenuta-Briefe kommt er, angerührt durch einen Satz von Rudolf Kassner, auf die Frage nach dem Wesen des Opfers zu sprechen:

»Was ist Opfer? Ich meine, es ist nichts anderes, als der grenzenlose, nirgends mehr einschränkbare Entschluß eines Menschen zu seiner reinsten inneren Möglichkeit« (BR BE 97).

Das ist eine Aussage, die in größter Verdichtung fast alles von Rilkes Wesen enthält. Der reine Klang des Schütze-Prinzips, der

Aufschwung ins Höchste der Jupiter-Quadrat-Spannungen, das übermächtig Zwingende der Saturn-Stellung. Rilke spricht nicht von Möglichkeiten, sondern vom grenzenlosen, nirgends mehr einschränkbaren Entschluß eines Menschen zu seiner reinsten, das heißt höchsten und einzigen Möglichkeit. Welche Kompromißlosigkeit steckt in dieser Formulierung! Und was für Ängste und Gefühle der Schuld können sich damit verbinden! Was geschah mit ihm in Zeiten, wo er diese reinste Möglichkeit verfehlt sehen mußte? In der Offenheit der Benvenuta-Briefe sind auch solche Erfahrungen beschrieben:

»Oh Reinheit: ists denn noch möglich? Ists dennoch möglich wieder rein zu sein? Giebts denn einen Quell, dems nicht schadet einem das Schmähliche fortzureißen? Darf sich dies mißfärbige Wasser noch zeigen in der Natur, die Abfall und Unrath kennt, aber nichts Böses, nichts wider sich selbst, denn um ihr Fremdestes noch reicht sie außen herum. – Caroline Schelling schreibt einmal in einem Brief, daß nie wieder gute Früchte zu erwarten seien von Menschen, die einmal schlechte getragen haben. Wenn ich an den Künstler denke, so war ich davon immer überzeugt und war jedesmal ganz außer mir vor Entsetzen über einen, der nebenbei, mit einem alten Kraftrest, ein Mindestes hervorbrachte, meinend, er könne, wann es ihm gefiele, wieder das Gute leisten. Als ob einer sich darauf verließe, wieder wunderschön zu schreiben mit einer Feder, mit der er schon einmal versucht hat, eine Kiste zu öffnen. Wer je, in der Kunst, *unter* seinem gegenwärtig Größesten sich zufriedengegeben hat, der ist für sein Größtes verloren. Darum hab ichs auch immer vermieden, meine Natur zu verführen, daß sie hervorbrächte um jeden Preis. Darum hab ich sie nie gedüngt, noch irgend eine Kunst oder List gebraucht gegen sie, noch von ihr verlangt, daß sie mir eine Pflanze auftreibe unter einem umgestülpten Korbe im Handumdrehen wie das die indischen Zauberer thun. Ich wollte nie zaubern; ich wollte nie ein Gift, das mir das Blut glänzen mache wie eine Giftblume; mein Herz sollte nie aufwallen von der Gährung hineingegossenen Getränks: wo es stieg, da stieg es nach den unwidersprechlichen Gesetzen der Meerfluth. Wo ich begeistert war, da war ichs durch den unfaßlichen Geist, durch den herrlichen Geist, der sich nicht rufen läßt, nicht einmal erbitten. Magda, Geliebte: ich spreche zu Gott in Dir und so darf ich mich rühmen in Deinem Herzen. Magda, meine Kunst ist von einer Herrlichkeit wie nicht das Haus Davids herrlich war. Magda, da stehen die goldenen Säulen wie die Stämme des Waldes und in den Bildern der Vorhänge ist kein Faden, der nicht in der echtesten Farbe schön geworden wäre. Was muß Gott bei mir gestanden haben, daß ich *das* sagen darf. Hier bin ich rein, denn ich habe dagelegen, wenn ich unfruchtbar war, und habe nichts hervorgebracht« (BR BE 104).

Gibt es ein deutlicheres, reineres Bild der Schütze-Kernhaltung? Kann ihre Bewegung, ihr Klang noch hörbarer sein? Und die Jupiter-Stellung: wie dieser Gott zieht, spannt – in den Quadraten; aufruft zum Höchsten, zur reinsten Entfaltung. Ungetrübt durch irgendeinen Kompromiß, sei es auch nur der kleinste. Und zwischen den Zeilen meldet sich schon, unruhevoll, etwas vom Gärend-Ambivalenten der Skorpion-Tönung, die überleitet zum Saturnischen, zur Figur der Quadrate und Oppositionen, die einen gefährlichen Resonanzraum bildet für das Furchtbare und Schmähliche.

»Und wär ich dann wirklich ein Stein gewesen, so wär alles gut. Aber da ich kein Stein war, sondern nur ein Menschliches, das darniederlag, so haben die großen Gewalten, die ich sonst mitreißen durfte, mit mir gespielt in meinem Elend, wie die Traumbilder mit dem Schlafenden spielen. Die Mächte meiner Kindheit haben mit mir gespielt, die Erinnerungen haben mit mir gespielt, träge müßige Wünsche haben mit mir gespielt, mein eigenes Blut wußte nicht, was thun, und spielte mit mir –: und wie es Spielzeugen geht: ich bin darüber nicht schön geworden, wie eine getragne Waffe, sondern abgebrochen, sondern schlecht: wie eben ein Spielzeug.

Sage mir nicht, daß das Schlechtsein des Spielzeugs etwas Unschuldiges habe; es bedarf, im Gegentheil, der ganzen Unschuld des Kindes, um das Schmutzige und Verdorbene an ihm schuldlos zu erhalten; denk jener Gegenstand hätte sich in den Händen eines

Erwachsenen entstellt, Du würdest Dich mit Grauen von ihm wegwenden. Und die unsichtbar spielenden Hände, die mich zurichteten, waren jahrtausendalte« (BR BE 105).

Hörbar ist in diesen beiden letzten Briefstellen nochmals der ganz charakteristische Ton von Rilkes Weg geworden, das Reinste seines Wesens und auch die Gefährdung. Das Zueinander der beiden fast gleichgewichtig stehenden Götter, Jupiter und Saturn, blieb ein Leben lang im Höchsten wie im Abgründigen *spannungsvoll problematisch*. Der in den Quadraten so steil aufgerichtete Jupiter traf Rilke mitten in das Herz seiner schöpferischen Leistung. Der Überschwang, die Überstürzung der Gefühle riß den jugendlichen Dichter in eine allzu frühe, unausgereifte Produktivität hinein. Aber auch der späte Rilke war diesen Spannungen weiterhin verpflichtet, gerade dort, wo er sich rückhaltlos nur von seiner reinsten inneren Möglichkeit bestimmen lassen will. So blieb ihm Jupiter Auftrag und Gefahr zugleich. Mit der Sonne im Schützen konnte er jedoch um beides wissen, er war darüber an der tiefsten Stelle seines Wesens verständigt.

»Jeder glückliche Raum ist Kind oder Enkel von Trennung.«

SW I 759

ZUGKRÄFTE DES URANISCHEN AUS DEM WELTHINTERGRUND

So vielschichtig unser Gang durch Rilkes Konstellationen schon gewesen sein mag, vom Uranischen ist bisher nur beiläufig die Rede gewesen. Es war der Dichter aus der Erfahrung des Neptunischen, der bis jetzt im Zentrum der Auslegung stand; und es ist nicht leicht, aus der Berührung mit dem Neptunischen zugleich auch das Wesen des Uranischen sich nah zu haben. Zwischen diesen beiden Transsaturnischen waltet eine Komplementarität. Das zeigt sich schon darin, daß es sehr verschiedene seelische Befindlichkeiten sind, in welchen wir im Vollzug der einen und der anderen Wesenskraft uns erleben. Da ist das Jähe, Plötzliche, Unvorhersehbare des Uranischen. Ganz anders dazu das Allmähliche, Unmerkliche, leise Eindringliche des Neptunischen. Diskontinuität eignet dem einen, Kontinuität dem anderen. Trennung, Aufbruch, Durchbruch konstelliert sich im Uranischen, universelle Verbindung, Näherung, Berührung im Neptunischen. Vereinzelung, kritische Distanz, Schärfe des springenden Punktes stehen liebendem Bezug, Einfühlung aus Berührtsein, Innigkeit nuanciertester Annäherung gegenüber. Offensichtlich kommt auch in diesen beiden etwas von der Polarität der mythischen Ureltern zum Ausdruck: das Uranische scheint die Qualität des Archetypisch-Männlichen in sich zu tragen. Der schöpferische Sprung entstammt dem freiheitlich Weiten des Himmelsraumes; »Uranos« ist das griechische Wort für »Himmel«. Das Neptunische hingegen weist auf Okeanos zurück, den anfänglichen Urstrom, das Urmeer, welches wie das Wasser überhaupt in der mythischen Wahrnehmung archetypisch-weiblicher Natur ist und dem Bereich des Urmütterlichen angehört.

Wenn wir das Ganze von Rilkes Geburtsbild betrachten, tritt das Uranische vorerst neben dem Neptunischen zurück. Zu eindrücklich haben sich Venus, Merkur und Mars mit dem Neptunischen in einer fast gänzlich harmonischen Gestalt-Figur zusammengeschlossen. Drei der vier erdnahen Wesenskräfte sind dadurch neptunisch durchwirkt. Und vor allem Merkur, der über den Jungfrau-Aszendent und das Zwillinge-Medium-Coeli Rilkes Erleben gewiß stark mitformt, ist Mitspieler und Botschafter der weiten Schwingungsräume venusisch-neptunischer Empfänglichkeit. Das bedeutet aber, daß dem Uranischen sein ihm verwandtes erdnahes Organ, das Merkurische, entzogen ist. Als einzige der erdnahen Gestaltkräfte steht das Mondhafte in einem direkten Bezug zum Uranischen, ihm spannungsvoll angegliedert in der Opposition, wodurch dieses im Hin und Her der Entgegensetzung einfließt in die Rhythmik der alltäglichen Lebensbewegungen.

Dennoch wächst, genau besehen, die Stellung des Uranischen zu einem eigentlichen Thema aus, ist es doch von allen zehn Wesenskräften die einzige, die *allen anderen gegenübersteht*! Das allein schon gibt ihm besonderes Gewicht. Uranus wird dadurch zum »schöpferischen Sprung« aus der Tiefe des Welthintergrundes (zwölftes Haus), dem durchaus die Qualität des berühmten archimedischen Ortes zukommt, woher die ganze Welt aus den Angeln zu heben wäre. Hören wir nicht jetzt schon, nun vom Blickpunkt uranischer Wachheit für das Welthintergründige, Rilkes Anliegen der Einheit von Leben und Tod neu wieder anklingen? Was wir bisher ganz selbstverständlich auf der Linie der neptunischen Grenzüberschreitung sahen (im achten Haus, im Raume der Hingabe, des »wolle die Wandlung«), das fügt sich nun aus der Stellung des Uranischen als Spannungsherrscher im zwölften Haus zu einem vollständigeren Bild: Rilkes gesamte Konstellation ist unruhevoll gespannt bezogen auf Durchbrüche aus dem verborgen-weitesten Kreis des Wirklichen (zwölftes Haus). Aus der Tiefe des vierten Quadranten bricht es durch, unverfügbar mächtig, und läßt alles Hiersein in einem neuen Lichte erscheinen.

Dennoch führt das nicht zu einer uranischen Wahrnehmungsgestalt – diese bleibt bei Rilke grundsätzlich dem Neptunischen verpflichtet –, sondern das Uranische gliedert sich, neben dem Mondhaften, den beiden Großen, Langsamlaufenden, Jupiter und Saturn, an. Es verbindet sich damit dem tiefer gelegenen »Getriebe« der menschlichen Existenz, greift ein in langfristig sich anbahnende Prozesse von Entfaltung, Ausreifung, Vollendung beziehungsweise Verdichtung, Vertiefung, Realisierung und ihre wechselseitige Durchdringung. Es ist nicht die Weise der Wahrnehmung, die sich uranisch prägt, sondern vielmehr das konkrete Dasein, das In-der-Welt-Sein dieses Menschen. Davon wird später zu handeln sein.

Verfolgen wir vorerst das Thema des Uranischen auf anderen Spuren. In der Opposition zum Mondhaften fließt es am meisten ein in die erdnahen, konkreten Lebensbezüge. Das Mondhafte steht, wie Saturn und Mars auch, im Wassermann-Prinzip, wodurch nochmals ein Bezug zum Uranischen sich ergibt. Denn das Wassermann-Prinzip hat eine besondere Nähe zum Uranischen. (Soweit die moderne Astrologie eine Zuordnung der Tierkreis-Prinzipien zu den Transsaturniern überhaupt unternahm, haben sich die Bezüge von Wassermann zu Uranus, Fische zu Neptun und Skorpion zu Pluto als bedeutsam erwiesen.)

Wo zeigen sich nun im Wesen und Werk Rilkes Entsprechungen dieser uranischen Mond-Stellung (uranisch, weil im Wassermann-Prinzip gestellt und in der Opposition zu Uranus)? Am meisten dort, wo er ein Bild der menschlichen *Beziehung* entwirft. Wieder haben wir es, wie schon bei der näheren Beschreibung der Mond-Saturn-Konjunktion, mit programmatischen Entwürfen zu tun. Das Systematische abstrahierenden Verstehens formt sich aus, wie es sich aus der luftigen und fixen Qualität des Wassermännischen ergibt. In der Grundordnung von Tierkreis und Häuser-System finden wir das Wassermann-Prinzip in der Mitte des vierten Quadranten, analog dem elften Haus. Dort will die Stellung des Menschen im Ganzen sich klären, in Grundzügen sich festigen und auswachsen zu einer

Schau, welche die Gegensätze des Dranghaft-Lebendigen und der Gemeinschaft (beziehungsweise Gesellschaft) ins Weite des Menschlichen übersteigt. Ganz diesen Ton übergreifender und zugleich unterscheidender Durchsichtigkeit finden wir in Rilkes Bild der Beziehung. Das Freiheitliche, Brüderliche, ja Geschwisterliche steht im Vordergrund.[1] Der Gegensatz von Mann und Frau ist überstiegen ins Menschheitliche und will aus diesen weiten Zusammenhängen verstanden sein. Die Individualität des einzelnen und darin wurzelnd seine Unabhängigkeit, sein selbstverständliches Recht auf eigene Entwicklung stehen als Leitidee im Zentrum. Beziehung zwischen den Geschlechtern dieser Art verlangt Bewußtsein, Klarheit, unterscheidende Abgrenzung – und eben auf dieser Linie finden wir Rilke in seinen verschiedenen »Lehr-Briefen«, etwa in jenen an den jungen Dichter Kappus oder auch an Anita Forrer, die junge St. Gallerin. Bewußtwerden, Bewußtsein verlangt Arbeit. Ohne innere Arbeit an der Eigenwahrnehmung und jener des anderen Menschen kann keine Beziehung zur Klarheit kommen. Daß die Liebe Arbeit verlangt, ist ein Gedanke, der früh bei Rilke auftaucht und sich durchzieht durch sein ganzes Werk.

»...kann das etwas Schönes sein, sich fortzugeben nicht als etwas Ganzes oder Geordnetes, sondern so dem Zufall nach, Stück für Stück, wie es sich trifft? Kann solche Fortgabe, die einem Fortwerfen und Zerreißen so ähnlich sieht, etwas Gutes, kann sie Glück, Freude, Fortschritt sein? Nein, sie kann es nicht... Aber junge Menschen, die sich lieb haben, werfen sich einander hin in der Ungeduld und Hast ihrer Leidenschaft, und sie merken gar nicht, welcher Mangel an gegenseitiger Schätzung in dieser unaufgeräumten Hingabe liegt, merken es erst mit Staunen und Unwillen an dem Zerwürfnis, das aus aller dieser Unordnung zwischen ihnen entsteht... Sie müssen, wenn sie lieben, nicht vergessen, daß sie Anfänger sind, Stümper des

1 Es ist – neben anderem – auch gerade diese Wassermann-Seite seines Wesens, die Rilke mit Lou Andreas-Salomé in einen Gleichklang des Verstehens brachte. Vgl. die Ausführungen im Kapitel zur Tageskonstellation von Lou Andreas-Salomé.

Lebens, Lehrlinge in der Liebe, – müssen Liebe *lernen*, und dazu gehört (wie zu *jedem* Lernen), Ruhe, Geduld, Sammlung!

Liebe ernst nehmen und leiden, und wie eine Arbeit lernen, das ist, was jungen Menschen not tut« (BR 72).

Erst in der inneren Arbeit an sich selbst mag es ihnen gelingen, ins Unabhängige, Eigene, ihrem Wesen Entsprechende zu kommen und bloße Konvention hinter sich zu lassen. Rilkes Verständnis der Konventionalität ist so aktuell, als ob es aus einem Buch unserer achtziger Jahre stammte:

»Sie handeln aus gemeinsamer Hilflosigkeit, und geraten, wenn sie dann, besten Willens, die Konvention, die ihnen auffällt (etwa die Ehe), vermeiden wollen, in die Fangarme einer weniger lauten, aber ebenso tödlichen konventionellen Lösung; denn da ist alles, weithin um sie – Konvention; da, wo aus einer früh zusammengeflossenen, trüben Gemeinsamkeit gehandelt wird, ist *jede* Handlung konventionell: jedes Verhältnis, zu dem solche Verwirrung führt, hat seine Konvention, mag es auch noch so ungebräuchlich (d.h. im gewöhnlichen Sinne unmoralisch) sein; ja, sogar Trennung wäre da ein konventioneller Schritt, ein unpersönlicher Zufallsentschluß ohne Kraft und ohne Furcht« (BR JD 37).

Die Zugkräfte des Uranischen führen zur Aussonderung des Einzelnen, lassen das Unverwechselbare, Einmalige des Individuums hervortreten. So jedenfalls ist es heute, in unserem Jahrhundert, in welchem das Werden der menschlichen Persönlichkeit zu einem eigentlichen Brennpunkt geworden ist. Liegt die individualisierende Kraft des Uranischen in seinem Bezug zum schöpferischen Geistfunken aus dem Himmelsraum, so wie es der Name »Uranos« nahelegt? Vielleicht ist dem so. Die Metaphysik der Wesenskräfte mag im Dunkeln liegen, die Konturen ihrer Beschreibung aber sind hinreichend deutlich. Das Jähe, Unvorhersehbare, bestehende Zusammenhänge Zerreißende, Trennende, Durchbrechende läßt auf eine Form urtümlich-elementaren Geistes schließen, ein Prinzip, das mit »schöpferischem Lichtfunken« bildhaft umschrieben werden kann.

Wo es sich konstelliert, geraten die Dinge in Unruhe und Bewegung, spitzen sich krisenhaft zu, schlagen um in eine neue Qualität.

Seit Kronos-Saturn, der Sohn des Titanen Uranos, seinen Vater entmannte, ist die tägliche Vereinigung des Uranischen mit der urmütterlichen Gaia (Erde) unterbrochen. Der unruhevoll zeugerische Impuls findet zwar noch immer statt, aber er ist in die Tiefe des archaischen Welthintergrundes gebannt, während im jüngeren Vordergrund die Dinge zu festen Konturen und Gesetzen sich ausformten (das Eingrenzend-Beschränkende, Form-Erhaltende des Saturnischen) und nach dem siegreichen Kampf der Kräfte des Jupiter-Zeus mit dem Saturnischen in der olympischen Götterordnung eine Welt heranwuchs, die auch heute noch Teil unseres Lebensuntergrundes bildet. In jedem Menschen sind die Kräfte des Uranischen noch da. Die Konstellation seines Geburtsbildes zeigt gar in faszinierenden Struktur-Zusammenhängen an, in *welche* Räume es eingebunden steht und mit welchen anderen Wesenskräften es in ein anlagehaftes Zusammenspiel gestellt ist. Aber wenige tragen die wirkliche Begabung und Radikalität in sich, um es aus der transsaturnischen Tiefe heraufzuholen. Einigen ist es vielleicht in einer jugendlich genialischen Form begegnet, aber sie haben sich keine »Geduld für Jahrhunderte« erworben, und so bleibt seine Kraft im Halbherzigen stecken.

Wo es sich aber wirklich konstelliert, erscheinen die alten Verhältnisse in neuem Licht, wird ihre Konventionalität bewußt. Da ist keine trübe Gemeinsamkeit mehr möglich, der schöpferische Sprung setzt unerwartete Kräfte frei, bahnt sich seinen Weg, entwirft sich seine Räume.[2]

Ist vielleicht deswegen die Nähe des Uranischen zum Wassermann-Prinzip gegeben, weil dieses den weitesten, offensten Raum

2 Es sind in diesem Buch drei Uranus-Stellungen in ihrer grundsätzlichen Raumlagerung erwähnt: Diejenige von I. Kant (den Bezug von Eigenperson und begegnender Welt umstürzend), diejenige von Rilke (Welthintergrund und Hiersein zueinander verändernd) und jene von Clara Rilke-Westhoff (mehr in persönlichen Zusammenhängen, als Zentrum ihrer unruhevollen ersten Lebenshälfte).

des Luftigen darstellt? Was im Luftigen der Zwillinge noch jugendliche Neugier, Lust der vielfältig-zwiespältigen Wahrnehmung ist, die gerade das Unterscheiden gelernt hat und eifrig das Schwarze vom Weißen trennt, was im Waage-Prinzip sich ausfaltet zu Gleichgewicht und Proportion, zur Schönheit abgestimmter Anordnung, das erreicht im Wassermann-Prinzip seine weiteste Ausdehnung, die abstrakteste Form, im höchsten Fall eine wirkliche Durchsichtigkeit. Könnte darin die Eignung liegen, dem Uranischen Medium zu sein, mit kleinstem Widerstand des Stofflichen, gleichsam sein Himmelsraum innerhalb der Tierkreis-Ordnung?

Wie müssen die Kräfte des Uranischen in der Opposition zum Mondhaften im Wassermann-Prinzip in helle, luftige Räume des Gemüts einfließen können! Und das Bild der Beziehung, das darin sich formt, wird seinen Schwerpunkt in einer unkonventionellen, das Geistige betonenden Blickweise haben. Hören wir Rilke dazu:

»Und auch im Mann ist Mutterschaft, scheint mir, leibliche und geistige; sein Zeugen ist auch eine Art Gebären, und Gebären ist es, wenn er schafft aus innerster Fülle. Und vielleicht sind die Geschlechter verwandter, als man meint, und die große Erneuerung der Welt wird vielleicht darin bestehen, daß Mann und Mädchen sich, befreit von allen Irrgefühlen und Unlüsten, nicht als Gegensätze suchen werden, sondern als Geschwister und Nachbarn und sich zusammentun werden als *Menschen*, um einfach, ernst und geduldig das schwere Geschlecht, das ihnen auferlegt ist, gemeinsam zu tragen« (BR JD 24).

In einem der Briefe aus Rom an den jungen Dichter vom Mai 1904 findet sich eine nahezu prophetische Schilderung Rilkes zur Entwicklung der Beziehung der Geschlechter.

»Wir kommen ja doch eben erst dazu, das Verhältnis eines einzelnen Menschen zu einem zweiten einzelnen vorurteilslos und sachlich zu betrachten, und unsere Versuche, solche Beziehung zu leben, haben kein Vorbild vor sich. Und doch ist in dem Wandel der Zeit schon manches, das unserer zaghaften Anfängerschaft helfen will.

Das Mädchen und die Frau, in ihrer neuen, eigenen Entfaltung, werden nur vorübergehend Nachahmer männlicher Unart und Art und Wiederholer männlicher Berufe sein. Nach der Unsicherheit solcher Übergänge wird sich zeigen, daß die Frauen durch die Fülle und den Wechsel jener (oft lächerlichen) Verkleidungen nur gegangen sind, um ihr eigenstes Wesen von den entstellenden Einflüssen des anderen Geschlechts zu reinigen. Die Frauen, in denen unmittelbarer, fruchtbarer und vertrauensvoller das Leben verweilt und wohnt, müssen ja im Grunde reifere Menschen geworden sein, menschlichere Menschen als der leichte, durch die Schwere keiner leiblichen Frucht unter die Oberfläche des Lebens herabgezogene Mann, der, dünkelhaft und hastig, unterschätzt, was er zu lieben meint. Dieses in Schmerzen und Erniedrigungen ausgetragene Menschentum der Frau wird dann, wenn sie die Konventionen der Nur-Weiblichkeit in den Verwandlungen ihres äußeren Standes abgestreift haben wird, zutage treten, und die Männer, die es heute noch nicht kommen fühlen, werden davon überrascht und geschlagen werden. Eines Tages (wofür jetzt, zumal in den nordischen Ländern, schon zuverlässige Zeichen sprechen und leuchten), eines Tages wird das Mädchen da sein und die Frau, deren Name nicht mehr nur einen Gegensatz zum Männlichen bedeuten wird, sondern etwas für sich, etwas, wobei man keine Ergänzung und Grenze denkt, nur an Leben und Dasein –: der weibliche Mensch.

Dieser Fortschritt wird das Liebe-Erleben, das jetzt voll Irrung ist (sehr gegen den Willen der überholten Männer zunächst), verwandeln, von Grund aus verändern, zu einer Beziehung umbilden, die von Mensch zu Mensch gemeint ist, nicht mehr von Mann zu Weib. Und diese menschlichere Liebe (die unendlich rücksichtsvoll und leise, und gut und klar in Binden und Lösen sich vollziehen wird) wird jener ähneln, die wir ringend und mühsam vorbereiten, der Liebe, die darin besteht, daß zwei Einsamkeiten einander schützen, grenzen und grüßen« (BR JD 38).

Sehr weit ist der Inhalt dieser erstaunlichen Briefstelle entfernt von der harmonieseligen, träumerischen Welt des frühen Rilke, in welcher die Übermacht des Neptunischen alles verwandelte in Seele, Sehnsucht und Einsamkeit. Besonderer Ausdruck dafür waren die jungen Mädchen, die so zahlreich vorkommen in seinen frühen Gedichten.

Es gibt vielleicht nur *ein* Gedicht in Rilkes Werk, das in gültiger und vollendeter Ausformung die Liebe ganz aus dem Wesen des Neptunischen beschreibt. Es ist überschrieben mit »Liebes-Lied« und entstand in Capri, im Frühling 1907:

Wie soll ich meine Seele halten, daß
sie nicht an deine rührt? Wie soll ich sie
hinheben über dich zu andern Dingen?
Ach gerne möcht ich sie bei irgendwas
Verlorenem im Dunkel unterbringen
an einer fremden stillen Stelle, die
nicht weiterschwingt, wenn deine Tiefen schwingen.
Doch alles, was uns anrührt, dich und mich,
nimmt uns zusammen wie ein Bogenstrich,
der aus zwei Saiten *eine* Stimme zieht.
Auf welches Instrument sind wir gespannt?
Und welcher Geiger hat uns in der Hand?
O süßes Lied.

SW I 482

Wie ein mächtiger Kontrapunkt dagegen tönt die Stellungnahme in einem Brief (1904) an seinen Schwager Friedrich Westhoff. Nun ist Beziehung aus der Konjunktion von Mond und Saturn im Wassermann-Prinzip erlebt, die aussondernde Kraft des Uranischen gestaltet mit, zusammen mit dem schicksalhaft Eingrenzenden der Quadrate-Figur:

»Clara und ich, lieber Friedrich, wir haben uns gerade darin gefunden und verstanden, daß alle Gemeinsamkeit nur im Erstarken zweier benachbarter Einsamkeiten bestehen kann, daß aber alles, was man Hingabe zu nennen pflegt, seinem Wesen nach der Gemeinsamkeit schädlich ist: denn wenn ein Mensch sich verläßt, so ist er nichts mehr, und wenn zwei Menschen beide sich selbst aufgeben, um zueinander zu treten, so ist kein Boden mehr unter ihnen und ihr Beisammensein ist ein fortwährendes Fallen« (BR 71).

Die Zugkraft des Uranischen hat sich früh schon im Leben von Rilke bemerkbar gemacht. Auch in den Anfängen, in welchen seine männliche Identität noch fast völlig vom Weiblich-Neptunisch-Urmütterlichen überwältigt war (vgl. auch die starke Betonung der Himmelstiefe!), bricht es durch in Stimmungen des Berufenseins zu außergewöhnlichen Leistungen, zu einem Künstlertum, das jenseits aller geltenden bürgerlichen Ordnungen steht. Das Überstürzte seiner frühen Produktivität war angefacht ebenso aus dem Uranischen, das aus dem Hintergrund des zwölften Hauses in das problematische Widerspiel von Saturn und Jupiter und Mond und Jupiter aufwiegelnd hineinfährt. Je weniger die zusammenhaltenden Kräfte des Saturnischen angeeignet waren, um so ungeschützter trieben die uranischen Durchbruchskräfte das noch schwache Ich in die Gefahren der Jupiter-Quadrate hinein. Noch die »Weise von Liebe und Tod des Cornets Christoph Rilke« erweist sich, trotz aller danach erfolgten sprachlichen und stilistischen Straffungen, in seinem Kern als ein uranisches Husarenstück: Ein achtzehnjähriger Fähnrich aus dem Türkenkrieg erfährt, in atemberaubender Überstürzung der Ereignisse, in einem einzigen Tag und einer Nacht, was ihm Leben, Männlichkeit, Liebe und Tod bedeuten. Was sich hier konstellierte, war ein uranischer Durchbruch in mehrfacher Hinsicht: einmal auf der inhaltlichen Ebene der Geschichte selbst, dann auf der realen Ebene des dichterischen Aktes: Rilke schrieb den Cornet in einer einzigen Nacht, in Berlin, im Herbst 1899; und zuletzt auf der Ebene des Erfolges bei den Lesern: Von diesem kleinen Büchlein wurden in den ersten sechzig Jahren seines Bestehens über eine Million Exemplare verkauft.

Auch die reformerischen und volkserzieherischen Ideen, die Rilke mit der Herausgabe der »Wegwarten« verband und die ihm in den Jahren seiner hektischen Betriebsamkeit zum Teil als Vorspann zu dienen hatten, tragen Züge uranischen Geistes in sich, noch wenig geerdet und noch kaum verbunden mit dem Gegengewicht des opponierenden Saturn. Erst mit den Jahren konnte es dazu kommen, daß sich die Energien seiner Arbeit radikaler in *jene* Räume einbanden, in welche die Wesenskräfte in seiner Konstellation auch wirklich gestellt sind: in das Unten-Innen des dritten, vierten und sechsten Hauses. Diese Verlagerung des Schwerpunktes seines Schaffens in die Himmelstiefe minderte die Zugkraft des Uranischen keineswegs, ließ sie aber immer mehr im Unsichtbaren der »kapillaren Lebensprozesse« wirken.

Auch ohne daß wir noch ein Trigon zwischen Uranus und dem Sonnenhaften annehmen (die Ungenauigkeit von fast neun Grad ist dafür zu groß), greift die Unruhe des Uranischen hinein bis ins Zentrum von Rilkes Dasein. Als Spannungsherrscher, aber auch durch die gespannten Aspekte auf Jupiter, Mond und Saturn, setzt seine Kraft an im tieferen Getriebe seines Existierens als Dichter, dem Ausformen (Saturn) und Ausreifenlassen (Jupiter) eines ständig schwelenden schöpferischen Potentials. Durch die Anordnung der Quadrate und Oppositionen zum Geschlossenen der Vierecks-Figur werden die sprengenden Energien des Uranischen in die Konzentration des Werkprozesses geradezu hineingezwungen, können aber auch in dieser Form jederzeit ausbrechen aus dieser Bestimmung und ins Ungerichtete geraten, ins Ruhelose, ja Selbstquälerische eingeschlossener Energie. Nichts auf dieser Welt konnte Rilke dann Erlösung bringen, nichts als nur wieder neu das Sich-Ausrichten auf das Werden des Werkes. Wir haben in Rilke einen in seiner Wahrnehmungsgestalt ganz auf das Neptunische gestimmten Menschen vor uns, der aber – gerade in seiner Erdlosigkeit – vom Uranischen in ständig neue Umwälzungen getrieben wird. So ist er unterwegs voller Sehnsucht nach einem Ort, wo Bleiben ihm möglich sein könnte; in genealogischen Nachforschungen steigt er zurück zu Vätern und Vorvätern, um gar einmal den mütterlichen Boden seines Geschlechts, seiner Abstammung wiederzufinden. Nirgendwo aber hält es ihn lange. Die Angst, zu einem nur mehr konventionellen, unfruchtbaren Bleiben genötigt zu sein, läßt ihn ein Leben lang *gegen* alle familiären und sozialen Bindungen seine innere Unabhängigkeit radikal bewahren. Wohin ihn sein Dämon trieb, rastlos, dahin brach er auf; oft war es nur gerade eine Hoffnung, manchmal eine Verführung, oder einfach, daß er es am alten Ort nicht mehr aushalten konnte.

Wenn wir die Dichte und Konzentration, aber auch die Innigkeit und das Herangewachsensein des mittleren und späten Werkes vor Augen haben, dann ist uns das *Ausmaß* von Rilkes Ruhelosigkeit, das Hin und Her seines ständigen Reisens nach dem Ort möglichen Bleibens wohl kaum wirklich einfühlbar. Und doch war diese Ruhelosigkeit zutiefst in ihm, und sie wird uns überdeutlich, wenn wir die Stellung des Uranus als Mitspieler der Quadrate-Figur und als Spannungsherrscher des ganzen Bildes bedenken. Greifen wir zur Veranschaulichung dieses Sachverhaltes einmal zwei seiner Lebensjahre, 1905 und 1906, heraus und folgen wir nur einfach den Orten seines Aufenthaltes: 1905: Den Winter verbringt er mit Clara und Ruth in Oberneuland. Vom März bis Mitte April lebt er im »Weißen Hirsch« bei Dresden. Ende April: Berlin. Mai bis Anfang Juni: Aufenthalt in Worpswede. Mitte Juni bis Ende Juli ist er in Göttingen, Berlin, Treseburg am Harz, Kassel, Marburg. Im August: Schloß Friedelhausen. Anfang September: Darmstadt, Godesberg. Mitte September bis Ende Oktober wohnt er bei Rodin in Meudon (Paris). Anfang November: Köln, Dresden (Vortrag), Prag (Vortrag), Leipzig, Köln. Ab Mitte Dezember kehrt er zurück nach Oberneuland. 1906: Bis Mitte Mai wohnt er bei Rodin. In dieser Zeit ist er im Februar in Ebersfeld (Vortrag), im März in Berlin und Hamburg (Vortrag), dann in Worpswede. Mitte März stirbt sein Vater. Rilke reist nach Prag. Ende des Monats ist er bereits wieder in Berlin (Vortrag). Ab Mitte Mai: neue Wohnung, rue Casette, Paris. Die Trennung von Rodin hat stattgefunden. Ende Juli bis Mitte August reist er nach Flandern (Furnes, Brügge, Gent). Zweite Hälfte August: Godesberg. Im September: Schloß Friedelhausen. Oktober bis November: Berlin. Im Dezember: Capri. Dort wird er bis zum 20. Mai Gast sein in der Villa Discopoli.

So weit also die Reisebewegungen Rilkes in diesen zwei Jahren.

Gewiß hätten wir andere Jahre auswählen können. Der Haupteindruck wäre nicht wesentlich anders ausgefallen. Wer sich näher mit Rilkes Leben befaßt, dem wird klar: Dieses ruhelose Unterwegssein spiegelt radikal die innere Situation. Von Salis und der von ihm zitierte Bassermann heben gerade diesen Zusammenhang hervor:

»Diese zwangshafte Lösung von allem bedeutete aber eine selbstgewählte, schwer erträgliche Schutzlosigkeit. Es hat vielleicht kein Mensch seiner Generation noch der nachfolgenden so vollständig als Dichter gelebt, wie Rilke, und es ist klar, daß nach 1914 eine derartige, ausschließlich werkgebundene Lebensführung mit neuen Risiken und Gefahren aller Art verknüpft war. Dieter Bassermann, in seinem vortrefflichen Buch ›Der späte Rilke‹, hat die Besonderheit dieser Gefährdung, wie sie in Rilkes Leben immer (also unabhängig von Krieg und äußeren Unzukömmlichkeiten) bis zuletzt bestand und an seiner Lebenskraft zehrte, mit folgenden Worten umschrieben: ›Das, woran Malte zugrunde geht, wovon Rilke bis zur Selbstaufhebung leidet, ist die Unfähigkeit zur gemäßen Haltung der Umwelt an Menschen und Dingen gegenüber.‹ Eigentlich ist seine Haltung nie in seinem Leben ›gemäß‹ geworden, nie ganz den gewöhnlichen Erfordernissen angepaßt, das heißt angepaßt den Regeln und Konventionen, die über dem Tun und Lassen der in die gesellschaftliche Umgebung geborenen Menschen stehen. Weshalb denn bei Rilke das Leiden am Leben erst mit dem Leben selbst zu Ende ging.

Klar und konsequent ist dieser Lebensweg nur, wenn man ihn an dem Auftrag mißt, dem dichterischen und künstlerischen Auftrag, dem Rilke immer gehorcht hat – dem allein er gehorchen wollte, und den zeitweise nicht ausführen zu können das einzige tiefe Leid seines Lebens war, das einzige, was ihm wie eine Schuld und Verfehlung vorkam.«[3]

Im Geburtsbild können wir die inneren Konturen dieses Auftrags erkennen, die Gestaltordnung, aus der Rilke sein innerstes, verpflich-

3 J.R. von Salis, Rilkes Schweizer Jahre, Frankfurt 1975, S. 18/19.

tendes Maß zog und die er lebte in der Form einer nahezu bedingungslosen dichterischen Existenz. In den Zugkräften des Uranischen erkennen wir die Radikalisierung ins Ungewöhnliche, Ungebundene, jedem durchschnittlichen Leben »Ungemäße«. Die Einbindung des Uranischen in die Bezüge der geschlossenen Quadrate-Figur aber zeigt, wie sehr diese ungewöhnliche Distanzierung von allem *zugleich* die Konzentration auf ein Einziges, in sich Geschlossenes ist, welches sich nur im Übernehmen spannungsvollster Schwer-Arbeit realisieren konnte. Wie soll das Rastlose, auf Durchbruch Angelegte des Uranischen sich einbinden lassen in das Geschlossene dieser Figur, um sich zu verbinden mit der Verdichtungskraft des Saturnischen? Alle fünf an diesem System beteiligten Wesenskräfte stehen zudem in den Tierkreis-Prinzipien der fixen Qualität: Dies betont einmal mehr Momente des Sicherns, Festigens, Verfestigens, Anreicherns, Ansammelns, Systematisierens – kurz: des Beharrens. Was solcher Art zum Gefestigten auswachsen soll, braucht Dauer, Weile, Statik gleichbleibender Bedingungen, um *dann* allerdings, im so entstandenen tieferen »Innenraum« der Kräfte, die Bewegtheit der Quadrate und Oppositionen erst recht zur Ausgestaltung zu bringen. So gesehen stellt das Ganze ein kaum steuerbares, schwerfälliges (schwer-fallendes) System kreuzweis gespannter Gegensätze dar, die zum fruchtbaren Austausch gelangen können in den seltenen Momenten eines labilen Gleichgewichts. Ist jeweils der schmale Punkt dieses Gleichgewichts überschritten, zerfällt die eben noch erreichte *Integration* der gegensatz-gespannten Kräfte und sinkt ab in uranische Dissoziation. Statt eines wirklichen Durchbruchs konstelliert sich ein Abbruch und vielleicht, darauf folgend, ein Ausbruchsversuch aus den schnell unerträglich gewordenen Bedingungen. Bleiern setzt sich nun das Gewicht des Saturnischen auf die Empfänglichkeit des Mondhaften. Und das bei einem Menschen, dessen andere Wesensseite ganz dem Neptunischen gehört, dessen Auftrag es ist, sich noch mit den leisesten, unmerklichsten Bewegungen der ihn umgebenden Räume zu verbinden.

Eine analoge Gegensatz-Spannung haben wir vor uns, wenn wir die Raum-Stellung der Quadrate-Figur näher betrachten: Alle vier

Ecken stehen im jeweils *dritten* Haus eines Quadranten, das heißt, daß allen diesen Häusern die Qualität des »Veränderlichen« zukommt. In ihnen klingt die Thematik des Quadranten jeweils aus, gerät in Verbindung und Austausch mit neuen Bezügen; der Raum weitet sich aus auf die Thematik des folgenden Quadranten. So ist der Mensch in diesen veränderlichen Häusern *lernend unterwegs*, je nach Maßgabe der sich ablösenden Räume. Im dritten Haus weitet sich die Vereinzelung der Eigenperson aus im Mutterboden von Sprache, Verständigungssystemen und kollektiven Deutungen der Welt. Im sechsten Haus muß sich der schöpferische Reichtum der Tiefenperson umsetzen ins Konkrete der vorfindlichen Bedingungen, was immer auch heißt: sich eingliedern in die vielfältigen Bezüge der gemeinschaftlichen Um- und Mitwelt. Im neunten Haus spannen sich die Kräfte der Aufrichtung ins Hohe gültiger Ziele. Leben erweist sich als »große Reise«, als Er-fahrung des Wirklichen, als dessen Teil wir im vierten Quadranten bestehen müssen. Und das zwölfte Haus, das letzte der veränderlichen Reihe? Hier steigert sich die Wahrnehmung zur Erfahrung der Veränderlichkeit überhaupt: Das Sichtbare stürzt ins Unsichtbare des Welthintergrundes hinein. Das lernende Unterwegssein hat seine größte Radikalität erreicht.

Kann die vorher erwähnte analoge Gegensatz-Spannung nun deutlich werden? Auf der einen Seite das geschlossene System der Quadrate-Figur, mit allen fünf Wesenskräften in fixen Tierkreisprinzipien, *aber* eingebunden auf der anderen Seite in die veränderlichen Häuser, das heißt in den vierfachen Auftrag lernenden Unterwegsseins. In aufsteigend größeren Bezugsraum hinein soll die beharrlich-verdichtende auskristallisierende Kraft der Quadrate-Figur zum Tragen kommen. Bis in die radikalste Veränderlichkeit hinein Wahrnehmender sein und bleiben und diese Wahrnehmung noch steigern ins Gültige der dichterisch-vollendeten Form – dies war wohl die höchste Möglichkeit, diesem spannungsreichen Gefüge zu entsprechen.

Damit hat sich der Bogen zum Anfang zurückgeschlagen: zum Uranischen als Spannungsherrscher der gesamten Konstellation. *Aufbruch in die radikalste Veränderlichkeit hinein* erweist sich neben und mit den Anliegen aus der Erfahrung des Neptunischen als herausragendes Motiv unter den Grunderfahrungen Rilkes. In dieser umfassenden Entsprechung der abschiedlichen Existenz, die sich von jeder Form des Besitzes, des Bleibens, des Schutzes, des Befestigten abgelöst hat, fügt sich die Zugkraft des Uranischen im zwölften Haus ein in die weiträumige Empfänglichkeit des Neptunischen, welches selbst im achten Haus eingebunden steht, dem Motivraum der verwandelnden Preisgabe. So erweist es sich, daß hier, in der hintergründigen Stellung der beiden Transsaturnischen, der Raum *beginnt*, in dem beide der dominierenden, so verschiedenwertigen Aspektfiguren von Rilkes Geburtsbild zu einer einzigen, übergreifenden Erfahrung sich zusammenfinden.

Im dreizehnten Sonett an Orpheus (zweiter Teil) klingen beide an, in den Anfangszeilen das Uranische und dann immer deutlicher das Neptunische. In diesem Sonett gelingt eine Durchdringung von beidem, eine Summe von seltener Vollendung:

Sei allem Abschied voran, als wäre er hinter
dir, wie der Winter, der eben geht.
Denn unter Wintern ist einer so endlos Winter,
daß, überwinternd, dein Herz überhaupt übersteht.

Sei immer tot in Eurydike –, singender steige,
preisender steige zurück in den reinen Bezug.
Hier, unter Schwindenden, sei, im Reiche der Neige,
sei ein klingendes Glas, das sich im Klang schon zerschlug.

Sei – und wisse zugleich des Nicht-Seins Bedingung,
den unendlichen Grund deiner innigen Schwingung,
daß du sie völlig vollziehst dieses einzige Mal.

Zu dem gebrauchten sowohl, wie zum dumpfen und stummen
Vorrat der vollen Natur, den unsäglichen Summen,
zähle dich jubelnd hinzu und vernichte die Zahl.

SW I 759

»Es war doch wie eine Verstümmelung meines Herzens, daß die Elegien nicht da-waren.«
BR LAS 445

RINGEN UM DIE GANZHEIT

Verlauf der inneren Zeitgestalt von 1912 bis 1922

Bis in die Jahre nach dem Abschluß des Malte haben wir den Gang von Rilkes innerer Lebensbewegung näher verfolgt. Wir haben gesehen, wie sehr der Umschlag vom Wassermann- ins Fische-Prinzip (1909) ihn wieder neu und für Jahre (bis 1915) der Grenzenlosigkeit und Durchlässigkeit des Neptunischen ausgesetzt sein ließ. Die Jahre seiner Lebensmitte waren schmerzlich unterströmt von den Auflösungstendenzen des Neptunischen, und die so mühselig errungenen Kräfte des Saturnischen schienen sich wieder zu zerstreuen. Auf das Jahresende 1911 fällt das Überschreiten der Horizont-Achse und der Eintritt in die zweite, die obere Hälfte des Lebenskreises. Oft setzt in diesen Jahren eine Blütezeit des Lebens ein. Was im Durchgang durch die ersten 36 Jahre heranwuchs und zur Ausgestaltung kam, kann nun, im Austausch mit der Umwelt und den in ihr gewachsenen Beziehungen, genossen und weiter vertieft werden. Die Strömung des Lebens reißt uns hinein in den kardinalen Beginn des neuen Quadranten und läßt uns die Fülle der Lebensmitte, des Herangereiften bewußter ergreifen. Denn die Exposition unserer Lebenskräfte ist geschehen, das Zögernde der Anfänge ist zu einem breiteren Strom geworden, und die länger werdenden Schatten sind noch für eine kurze Weile kaum spürbar. So kann es sein, allerdings unter der Voraussetzung eines geglückten Aufbaues in der ersten Lebenshälfte.

Rilke hat diese Zeit der Lebensmitte ganz anders erlebt. Die Erfahrungen des scheiternden Malte hatten ihn ratlos zurückgelassen, und alle Hoffnungen auf eine neue Zukunft schienen sich nicht zu erfüllen. Dann aber geschah dennoch ein Durchbruch: Mit der Jahreswende 1911/12 war die Spitze des siebten Hauses erreicht. Kurz vorher, Ende Oktober, war das Sonnenhafte in der Quadratur mit der inneren Lebensbewegung gesteigert angerührt. Und Uranus, der Spannungsherrscher der ganzen Konstellation, stand Ende Januar als Transit im 29.° des Steinbock-Prinzips; am 20. Januar 1912 war sein Halbsextil auf Venus bogenminuten-genau (29.24 Steinbock). An diesem 20. Januar geschah ein erster, plötzlicher Anfang der Elegien-Erfahrung. Mitten auf einem Spaziergang im Schloßpark in Duino, dessen Felsen steil zum Adriatischen Meer hinunterfallen, war es ihm plötzlich, als ob er eine Stimme hörte, und es bildeten sich die Anfangszeilen der ersten Elegie. Noch am selben Tag hatte sich in ihm bereits die ganze Elegie ausgeformt. In den Wochen darauf kam eine zweite, und einige Fragmente noch dazu, und, erstaunlich klar, die Anfangszeilen der letzten, der zehnten Elegie.

Erinnern wir uns kurz: Schon mit neunzehn Jahren stand Rilke seine innerste Bestimmung, Dichter zu sein, klar vor Augen. Kurz vor dem neunzehnten Geburtstag, an welchem er seiner damaligen Freundin Vally in hochfliegenden Worten seine Lebensperspektiven mitteilte, hatte seine Lebensbewegung die Konjunktion mit dem Sonnenhaften in der Himmelstiefe erreicht. Nun, annähernd achtzehn Jahre später, war diese seine zentrale schöpferische Bestimmung mit der Quadratur in eine ganz entscheidende Phase eingetreten.

Im Rückblick heute wissen wir, daß mit dieser Berührung des Sonnenhaften kurz vor Ende 1911 sich für Rilke zwar *die* zentrale Aufgabe seines Lebens angekündigt hatte, daß er aber, trotz der ersten zwei Elegien, noch sehr weit entfernt war von einem ganzheitlichen Fassen-Können und Realisieren dieser seiner größten Erfahrung. Der wirklich befreiende Durchbruch geschah erst im Februar 1922, was im Raume unserer astrologischen Zeitbetrachtung *zusammenfällt mit dem Erreichen der oberen Spitze der Venus-Neptun-Figur.* Erst als – in der inneren Lebensbewegung – der *ganze* Raum dieser

Gestalt-Figur einmal abgeschritten war, gelang ihm die so sehnlich erwartete Vollendung des ganzen Zyklus; nun erst war der innere Ort erreicht, von dem her sich der Kreis für alle zehn Elegien schlagen ließ. Dafür mußte Rilke tief in den dritten Quadranten, ins achte Haus hineinwachsen und vor allem die Zugkraft des neptunisch durchfluteten Du-Poles überwinden lernen. Denn in diese Kräfte finden wir Rilke in all den Jahren vielleicht am meisten verstrickt.

Das Überschreiten der Horizont-Achse am Du-Pol brachte zwar einen ersten Durchbruch des zukünftigen Weges, aber ebenso war es begleitet von quälenden Fragen an sein bisheriges Leben. Der Übertritt in die obere Kreishälfte stellt eine natürliche Gelegenheit dar, daß sich die Kräfte des Bewußtseins steigern. Das Verlassen des Raumes Unten-Innen, wo die Unmittelbarkeit der Lebensprozesse vorherrscht, schafft mehr und mehr eine Distanz zu den Entwicklungen und Entscheidungen der ersten Lebenshälfte. Vordergründiges trennt sich vom tieferen Hintergrund, schicksalhafte Verwicklungen werden dem Bewußsein allmählich faßbar. So sehen wir Rilke gerade in den Monaten dieser Wendezeit wieder einmal mehr mit der Frage einer Psychoanalyse beschäftigt. Auch seine Beziehung zu Clara bekommt für ihn deutlichere Konturen. Nun ist er bereit, das gegenseitige Scheitern einzugestehen. Ohne seine sonstige Rücksichtnahme schildert er in einem Brief an Lou die Sachlage:

»Das ist seltsam: unser Verhältnis bestand darin, daß sie mich unendlich restlos bejahte, acceptierte, und dann wieder, wenn sie merkte, wie viel absolut Fremdes, ja Feindsäliges sie da mit unterschrieben hatte, in Ablehnung verfiel. Sucht man dahinter nach *ihr*, nach dem, was sie seit der Mädchenzeit geworden ist, so findet sich (von der Mütterlichkeit und der Beziehung zu Ruth abgesehen) nichts Greifbares, nichts als diese abwechselnde Funktion des Micheinnehmens und Mich-ausscheidens, und wenn es, wie ich hoffe der Analyse gelingt, mich (offenbar doch Schädling ihrer Natur) völlig auszutreiben, so wird sie vermutlich dort fortzusetzen haben, wo ich kam und sie unterbrach ...« (BR LAS 259).

Die Beziehung begann sich, wohl auch stark unter dem Einfluß von Clara, die sich tatsächlich 1911 für eine Analyse entschieden hatte, zu verändern. Clara drängte auf eine Scheidung. Dies hätte dem Prozeß ihrer wachsenden Selbständigkeit auch ein klares äußeres Zeichen gesetzt. Als sich aber in diesem Zusammenhang die Schwierigkeiten, vorwiegend bürokratischer Art, häuften, sah man davon ab. Die Beziehung blieb noch über Jahre bestehen, zwar mit deutlicher innerer und äußerer Distanz, aber in gegenseitiger Verläßlichkeit.

Rilkes Versuche, den schöpferischen Strom der Elegien-Erfahrung wiederzufinden, führen ihn zuerst, im Sommer 1912, nach Venedig – und dann, gegen Jahresende, ist es Spanien, an das er alle seine Hoffnung knüpft. Mit dem Aufbruch nach Spanien tritt er – einmal mehr nach den fruchtbaren Jahren der damaligen Konjunktion mit der Mond-Saturn-Ecke – in die innere Berührung mit der Quadrate-Figur. Innerhalb von sechzehn Monaten durchläuft seine Lebensbewegung sämtliche Tierkreisgrade, von denen aus sich ein besonderer Bezug zu den fünf Wesenskräften ergibt (zuerst der Halbsextil-Aspekt zum Mondhaften, dann das Trigon zu Jupiter, darauf das Quincunx zu Uranus, gefolgt vom Halbsextil zu Saturn und Sextil zu Pluto). Während dieser von innen her bedeutsamen Zeit (sie reicht vom November 1912 bis in den Februar 1914) sehen wir Rilke fast verzweifelt auf der Suche nach den Spuren der Elegien. Es war ihm, als müßte er schon nächstens auf sie stoßen. Für Augenblicke glaubte er sich fast schon mitten drin, etwa im Winter 1912 unter den ihn so beeindruckenden Himmeln von Toledo, oder, etwas später, in der Stille von Ronda. Dann aber schlägt alles doch wieder um in die enttäuschende Einsicht, daß die erst in weitesten Konturen ahnbar gewordene Elegien-Erfahrung durch keine noch so angestrengte Bemühung zu erjagen ist. Bedeutende Gedichte entstehen, die vor allem um die Tiefe des nächtlichen Himmels kreisen. Er wird sie später zu einem Zyklus von 22 Gedichten an die Nacht vereinigen. Auch die Aufzeichnung »Erlebnis« entsteht in Ronda, Anfang 1913, und die dritte Elegie (Spätherbst 1913). Aber das alles war nur Stückwerk, gemessen am Ganzen des Elegien-Zyklus, wie er viele

Jahre später zum Vorschein kommen sollte. Vorerst zogen die Kräfte der Gesamtlagerung in der rechten Kreishälfte zum Du-Pol hin. Das »Ausfließen in die Sehnsucht« stand wieder neu gegen die Aufgabe, wie er sie schon längst in sich gespürt und als das Entscheidende entworfen hatte: in sich selbst einen inneren Aufenthalt zu bauen. Wider alle seine früheren Einsichten gab er sich erneut der Hoffnung hin, eine Begegnung mit der so sehr ersehnten geliebten Frau könnte seine schöpferische Krise beenden. Im gleichen Zuge verfiel er, nach Spanien nun wieder in »seinem Paris«, jener Betriebsamkeit, wie wir sie aus den Klagen seiner Briefe kennen.

Ein einzigartiger Höhepunkt solch gesteigerter Liebes-Sehnsucht konstellierte sich in der erste Hälfte von 1914. Mitte Februar hatten die Aspektberührungen der Lebensbewegung mit der Quadrate-Figur im Sextil zu Pluto gerade ihren Endpunkt erreicht, und eben dieser Planet stand zum selben Zeitpunkt als Transit rückwärts laufend genau im 29.° der Zwillinge. So streifte er die gesamte Venus-Neptun-Figur und ließ sie in übermächtige Schwingung geraten.

Das Geschehnis, das diesen Konstellationen zu entsprechen scheint, sind die Briefe an Benvenuta (Magda von Hattingberg). Innerhalb knapp eines Monats (21. 1.–26. 2. 1914) schreibt Rilke dieser ihm vorerst völlig unbekannten Frau fünfzehn lange Briefe, die zum Hinreißendsten gehören, was wir an Briefwerk von Rilke haben. Von Tag zu Tag steigert sich seine Offenheit, wächst sein Vertrauen und entbindet in ihm einen Strom seligster Gefühle. Was als kurzer Dank an den Dichter begann (Magda von Hattingberg hatte Rilkes »Geschichten vom lieben Gott« gelesen und sich dafür bei ihm bedankt), setzte in Rilke ihm selbst völlig unerwartet starke Gefühle frei. Unversehens und ganz neu erlebte er sich als ein Ergriffener und gewahrte staunend, was aus ihm herausbrach. Lou gegenüber schildert er, bereits Monate später, seine Situation:

»In diesen Briefen kam (mehr und mehr begriff ichs) eine unwillkürliche Lebendigkeit herauf, als wäre ich auf ein neues volles Entspringen meines eigensten Wesens gestoßen, das nun, in unerschöpfliches Mittheilen gelöst, sich über die heiterste Neigung ergoß, während ich, Tag um Tag schreibend, zugleich seine glückliche Strömung empfand und das räthselhafte Ausruhn, das ihm in einem empfangenden Menschen aufs Natürlichste bereitet schien. Diese Mittheilung rein und durchsichtig zu halten und dabei nichts zu fühlen oder zu denken, was von ihr ausgeschlossen wäre: dies wurde auf einmal, ohne daß ich wußte wie, zum Maaß und Gesetz meines Handelns, – und wenn je ein innig getrübter Mensch rein werden kann, so wurde ichs in jenen Briefen. Das Tägliche und meine Beziehung dazu wurde mir auf eine unbeschreibliche Weise heilig und verantwortlich, – und von da aus ergriff mich eine starke Zuversicht, als ob nun endlich der Ausweg aus dem trägen Mitgerissenwerden im stetig Verhängnishaften gefunden sei« (BR LAS 323).

Im Grunde ist in diesen Briefen an Benvenuta ein analytischer Prozeß in Gang gekommen. Einen Monat lang blieb das Gefäß schützend geschlossen, und ein gewaltiger Strom der Übertragung entstand. Rilke spürte instinktiv das verpflichtende Maß einer neuen Wahrhaftigkeit, und im »räthselhaften Ausruhn, das ihm in einem empfangenden Menschen aufs Natürlichste bereitet schien«, war die bitterste Wahrheit für ihn noch auszuhalten. Dennoch war diese Situation nur gleichsam analytisch, denn über die wirklichen Voraussetzungen dieses tiefgründigen Geschehens war keine der beiden Seiten sich bewußt. So war der Umschlag in den Versuch einer konkreten Beziehung unvermeidlich, und der Schutz des unwillkürlich entstandenen analytischen Gefäßes zerbrach. Nur kurz dauerte die ins Reale geworfene Beziehung. Nach wenigen Monaten schon mußten beide ihr gegenseitiges Scheitern eingestehen. Rilkes Verzweiflung war dieses Mal besonders groß; erschütternd klar erfährt er das Verhängnis seiner unerlösten Liebeskräfte:

». . .einsehn müssend diesmal, daß keiner mir helfen kann, keiner; und käme er mit dem berechtigtesten, unmittelbarsten Herzen und wiese sich aus bis an die Sterne hinan und ertrüge mich, wo ich mich noch so schwer und steif mache, und behielte die reine, die unbeirrte Richtung zu mir, auch wenn ich ihm zehnmal den Liebesstrahl breche mit der Trübe und Dichte meiner Unterwasser-Welt –: ich würde doch (das weiß ich nun) ein Mittel finden, ihn in der ganzen Fülle seiner immer neu nachwachsenden Hülfe bloßzustellen, ihn in ein Bereich luftleerer Lieblosigkeit einzuschließen, so daß sein Beistand, unabwendbar, an ihm selber überreif wird und welk und schrecklich abgestorben« (BR LAS 322).

Dies seine Worte an Lou.

Noch war ihm der Weg aus der Umklammerung der Quadrate-Figur nicht möglich geworden – und alle Versuche, mit der enormen Kraft seiner Einfühlung aus den Bezügen der Venus-Neptun-Figur es dennoch um jeden Preis erleben zu wollen, führten ihn nur tiefer weg von sich selbst. Aber jene neue Wahrhaftigkeit, die in den Benvenuta-Briefen aufgebrochen war, ließ ihn im Juni desselben Jahres ein Gedicht schreiben, welches die Überschrift »Wendung« trägt und dem er Kassners Satz »Der Weg von der Innigkeit zur Größe geht durch das Opfer« voranstellte:

»Lange errang ers im Anschaun.
Sterne brachen ins Knie
unter dem ringenden Aufblick.
Oder er anschaute knieend,
und seines Instands Duft
machte ein Göttliches müd
daß es ihm lächelte schlafend.
...
Und das Gerücht, daß ein Schauender sei,
rührte die minder,
fraglicher Sichtbaren,
rührte die Frauen.

Schauend wie lang?
Seit wie lange schon innig entbehrend,
flehend im Grunde des Blicks?

Wenn er, ein Wartender, saß in der Fremde; des Gasthofs
zerstreutes, abgewendetes Zimmer
mürrisch um sich, und im vermiedenen Spiegel
wieder das Zimmer
und später vom quälenden Bett aus
wieder:
da beriets in der Luft,
unfaßbar beriet es
über sein fühlbares Herz,
über sein durch den schmerzhaft verschütteten Körper
dennoch fühlbares Herz
beriet es und richtete:
daß es der Liebe nicht habe.

(Und verwehrte ihm weitere Weihen.)

Denn des Anschauns, siehe, ist eine Grenze.
Und die geschautere Welt
will in der Liebe gedeihn.

Werk des Gesichts ist getan,
tue nun Herz-Werk
an den Bildern in dir, jenen gefangenen; denn du
überwältigtest sie: aber nun kennst du sie nicht.
Siehe, innerer Mann, dein inneres Mädchen,
dieses errungene aus
tausend Naturen, dieses
erst nur errungene, nie
noch geliebte Geschöpf.«

SW II 82

Herzwerk zu tun an den Bildern in sich selbst, den gefangenen, und dieses innere Mädchen, das nur erst errungen war, auch lieben zu lernen – darin zeichnete sich Rilke seinen Weg vor, so wußte er es im Grunde seiner selbst, nach den ersten zwei Jahren durchschrittenen Weges im siebten Haus, in welchem ihn die neuen Lebenskräfte, wie sie angefacht wurden beim Überschreiten der Horizont-Achse (beim kardinalen Beginn des dritten Quadranten) so recht durcheinandergewirbelt hatten. Schon im März 1914 war der Invertpunkt erreicht. Noch Ende Februar war Rilke von Paris nach Berlin abgereist, um Magda von Hattingberg persönlich kennenzulernen. Drei Monate später schrieb er das Gedicht »Wendung«.

Dann aber brach, im August 1914, der Krieg aus und legte sich von Jahr zu Jahr gebieterischer über alle Versuche, dem Weg der Wendung zu folgen und gar zurückzufinden zum Strom der angebrochenen Elegien. Rilke wurde vom Krieg buchstäblich überrascht und mußte bleiben, wo er reisend grad unterwegs war: in Deutschland. An eine Rückkehr nach Paris war nicht mehr zu denken. Wir finden ihn im Herbst 1914 in München und bereits ein halbes Jahr nach der so schmerzlichen Erfahrung mit Benvenuta wieder neu in eine Beziehung verstrickt. Lou Albert-Lasard, eine Malerin, war nun die Glücklich-Unglückliche. Nach ersten Monaten hoffnungsvoller Gefühle nimmt auch diese Beziehung ihren bisher bekannten Verlauf.

Im Sommer 1915, in welchen der Talpunkt des siebten Hauses fällt, beginnt eine neue Berührung der Venus-Neptun-Figur. Innerhalb des zweiten Halbjahres erfolgt ein Aufleben all ihrer Bezüge, des Marsischen im Halbsextil, des Merkurischen im Trigon, des Venusischen im Kritisch-Gesteigerten des Quadrats und des Neptunischen nun bereits in der kleinen Distanz des Halbsextils. Daneben geschieht, was vielleicht noch von größerer Bedeutung ist, im Oktober der Übergang von den Fischen in das Widder-Prinzip. Damit ist der lange Gang (seit 1909) durch das Fische-Prinzip zu seinem Ende gekommen und die damit verbundene auflösende Unterströmung des Neptunischen umgeschlagen in das Feurige, Tatkräftige, aber auch nach außen Gewendete des Widders. Und tatsächlich: Die dichterische Gestaltungskraft scheint greifbarer. Rilke beginnt zu arbeiten. Es entsteht ein Zyklus von sieben Gedichten, in welchen die sexuelle Vereinigung in ihren subtilsten kosmisch-welthaften Bezügen aufzuscheinen vermag. Ist es Zufall, daß sich gerade diese Thematik des Geschlechtlichen ausgestaltet, nachdem kurz vorher in der inneren Zeitigung das Ganze der Venus-Neptun-Figur wieder tiefen Anschluß an das Bewußtsein fand, und von allen anklingenden Tönen das Venusische (in der Quadratur) gewiß am stärksten durchdrang? Damals, in jenem Sommer 1897, als die innere Lebensbewegung die Konjunktion mit dem Venusischen durchlief, war die Begegnung mit Lou A.-Salomé die stärkste konkrete Entsprechung dafür. Nun, achtzehn Jahre später, hat sich Rilkes dichterische Erfahrung tief ins Sinnliche eingestaltet und so sehr ausgeweitet, daß er, wie es kaum je zuvor im deutschen Gedicht geschah, die Wirklichkeit der geschlechtlichen Begegnung bis in ihre hintergründigsten Bezüge auszusagen vermag (Sieben Gedichte, SW II 435 ff.).

Gegen Ende November gelingt gar noch der Anschluß an den Raum der Elegien. Es entsteht die vierte Elegie. In ihrem Ton überwiegt die Klage. In ergreifenden Zeilen kommt die Zwiespältigkeit, das Uneinheitliche, Gebrochene des menschlichen Daseins zum Ausdruck.

»O Bäume Lebens, o wann winterlich?
Wir sind nicht einig. Sind nicht wie die Zug-
vögel verständigt. Überholt und spät,
so drängen wir uns plötzlich Winden auf
und fallen ein auf teilnahmslosen Teich.
Blühn und verdorrn ist uns zugleich bewußt.
Und irgendwo gehn Löwen noch und wissen,
solang sie herrlich sind, von keiner Ohnmacht.

Uns aber, wo wir Eines meinen, ganz,
ist schon des andern Aufwand fühlbar. Feindschaft
ist uns das Nächste. Treten Liebende
nicht immerfort an Ränder, eins im andern,
die sich versprachen Weite, Jagd und Heimat.
Da wird für eines Augenblickes Zeichnung
ein Grund von Gegenteil bereitet, mühsam,

daß wir sie sähen; denn man ist sehr deutlich
mit uns. Wir kennen den Kontur
des Fühlens nicht: nur, was ihn formt von außen.«

SW I 697

Das sind Zeilen gewiß von tiefer Wahrheit für jedes menschliche Leben. Aber sie formten sich Rilke nicht zufällig kurz nach dem Talpunkt des siebten Hauses, nach Jahren rastlosen Herumreisens und »Ausfließens in die Sehnsucht«. »Seit fünf Jahren, seit sich der Malte Laurids hinter mir geschlossen hat, steh ich als Anfänger da, freilich, als einer, der nicht anfängt. Also anfangen –, aber wie?!« – so schreibt er an die Fürstin im Sommer 1915 (BR FUE 438).

Bassermann hat herausgearbeitet, wie sehr Rilke im Grunde seines Herzens um sein Versagen wußte, seit er, nach dem Untergang des Malte, auf der *Flucht* war vor dessen Gefahren. Aber in allem Versagen und Verzagen scheinen zugleich, in der Tiefe, auch Kräfte am Werk zu sein, die ihn der alles verpflichtenden Aufgabe näherbringen. In der eben entstandenen Elegie weiß er um sie, wie er so oft in seinem Werk *mehr* weiß, als ihm im Leben umzusetzen gelingt.

»Wer saß nicht bang vor seines Herzens Vorhang?
Der schlug sich auf: die Szenerie war Abschied.«

Gewiß, das hatte er nun über Jahre erleben müssen: daß sich ihm nicht wirkliche Zukunft mehr erschloß, wie noch in den Zeiten des Stundenbuchs – die erwähnt er mehrmals sehnsuchtsvoll in Briefen –, sondern nur die Erfahrung der Vergänglichkeit und das Ausbleiben der schöpferisch zusammenfassenden Kräfte. Um so größer ist in solcher Situation die Gefahr, daß der »Tänzer« kommt. Rilke war in dieser Zeit längst ein berühmter Dichter und hätte sich in der Gesellschaft, im literarischen Betrieb über seine Leere hinwegtrösten können.

»Nicht *der*. Genug! Und wenn er auch so leicht tut,
er ist verkleidet und er wird ein Bürger
und geht durch seine Küche in die Wohnung.
Ich will nicht diese halbgefüllten Masken,
lieber die Puppe. Die ist voll. Ich will
den Balg aushalten und den Draht und ihr
Gesicht aus Aussehn. Ich bin davor.
...
...wenn mir zumut ist,
zu warten vor der Puppenbühne, nein,
so völlig hinzuschaun, daß, um mein Schauen
am Ende aufzuwiegen, dort als Spieler
ein Engel hinmuß, der die Bälge hochreißt.
Engel und Puppe: dann ist endlich Schauspiel.
Dann kommt zusammen, was wir immerfort
entzwein, indem wir da sind. Dann entsteht
aus unsern Jahreszeiten erst der Umkreis
des ganzen Wandelns. Über uns hinüber
spielt dann der Engel.«

SW I 697

Mitten in seine eben wieder begonnene Arbeit wurde er in den Kriegsdienst einberufen. Im Januar 1916 hatte er einzurücken in Wien, trotz aller Versuche, doch noch eine Freistellung zu erreichen. Ein Schlag des Schicksals, ähnlich wie die Versteigerung der Sachen, die er in der Wohnung in Paris zurückgelassen hatte? Die Nachricht der Versteigerung traf ihn im Sommer 1915, die Einberufung kam im Herbst. Hat er diese Wendungen vielleicht doch hingenommen im Sinne des nun immer näher rückenden achten Hauses, der Preisgabe an die Wandlung, damit zusammenkommt, »was wir immerfort entzwein«, und »aus unseren Jahreszeiten erst der Umkreis des ganzen Wandelns« entsteht? Bassermann vermeint Anzeichen in dieser Richtung in Rilkes Briefen aus dieser Zeit zu sehen. Von der inneren Zeitgestalt und der darin eingebundenen Lebensbewegung wäre das jedenfalls, nach dem Durchschreiten des siebten Talpunktes und dem Näherrücken des achten Hauses, die zu leistende Aufgabe. Vielleicht, daß auch mehr Boden am Wachsen war, durch den Umschlag ins Widder-Prinzip.

Der Dienst in Wien, obwohl nicht im Feld, sondern in einem Kriegsarchiv, verstärkte seine innere Verschüttung. Bereits im Sommer 1916 aber hatten die Bemühungen vieler seiner Freunde Erfolg: Er wurde entlassen und konnte nach München zurückkehren. In den drei Jahren, die bis zu seiner Einreise in die Schweiz noch vergingen, geschah, was die Fortsetzung seines Werkes angeht, kaum mehr etwas. Dafür wendet Rilke sich dem Zeit- und Kunst-Geschehen um ihn herum zu. Er nimmt teil an öffentlichen Veranstaltungen, liest Zeitungen und neu erscheinende Bücher, lernt viele Künstler der jüngsten Generation kennen und führt – neben manchen leidenschaftlichen Beziehungen mit nun auffallend jüngeren Frauen – ein ausgedehntes Gesellschaftsleben. Der Blick auf seine innere Lebensbewegung läßt uns einiges davon verstehen: Der Umschlag ins Widder-Prinzip brachte, abgesehen von den Anfängen im Herbst 1915, wo ja auch das Ganze der Venus-Neptun-Figur in neuer Nähe angeklungen war, keine innere Sammlung auf die Arbeit hin; jedoch entstand eine Art Notprogramm zum Überleben. Rilke tut das im Moment Nächstliegende und nimmt teil an den vielen interessanten Bezügen seiner Mit- und Umwelt. Er ergreift, vielleicht auch in einer Art Nachholen, was ihm die Welt des gemeinschaftlichen Außen zu geben hat. Keine der beiden großen Gestalt-Figuren bringt sich aus der Tiefe über Aspekte mit seiner Lebensbewegung in Erinnerung. Erst im Frühling 1918 wird er wieder eintreten, zum zweitletzten Mal dann, in die Bezüge der Quadrate-Figur. Die Zeit bis dorthin liegt im »Leeren«, »zwischen« den beiden großen Konstellationen. Aber sie liegt im Feurigen des Widders und erinnert an die Jahre des jugendlichen Rilke *vor* der Begegnung mit Lou, die Zeit des damaligen Durchgangs durch das Feuer des Schützen. So gehen die Konjunktion mit dem aufsteigenden Mondknoten (im Herbst 1916) und das Trigon zum Sonnenhaften in der Himmelstiefe (Frühling 1918) im Wirbel des stark im Außen gelebten achten Hauses unter.

In diesem Lebensaugenblick gehörte er der Welt an, mit all ihren umwälzenden Ereignissen – Zu-Ende-Gehen des Krieges, Revolution in Rußland, Ausrufung der Räterepublik in München –, und stand im Gespräch mit vielen bedeutenden Menschen gerade auch aus der Politik. Aber ein solches Leben mußte längerfristig mit den Schwerpunkten seines Geburtsbildes unvereinbar sein. Und so erstaunt es nicht, daß Rilke letztlich nicht in Deutschland blieb, sondern mit der Schweiz ein Land aufsuchte, wo Stille ihn wieder mehr umgab.

Dieser Zusammenhang stand allerdings nicht im Vordergrund, als er, der Einladung des Lesezirkels Hottingen (Zürich) folgend, im Sommer 1919 Deutschland verließ. Nichts deutete vorerst darauf hin, daß er nach München nie mehr zurückkehren sollte. Aber es wirft ein Licht darauf, wie bereit er zu diesem Zeitpunkt war, *irgendeiner* Wendung des Schicksals zu vertrauen, ganz gleichgültig, auf welchen Wegen sie zu ihm kam. Was er brauchte, wußte er seit Jahren genau: einen Ort, wo ihm ein innerer Aufenthalt zuwachsen könnte, so lange, bis die Elegien ihren vollständigen Abschluß gefunden hätten. Über welche Wege das zu erreichen war und wo, blieb für ihn offen und unklar.

In der Schweiz angekommen, genoß er zuerst einmal die Ruhe, die ein Land zu bieten hatte, das vom Kriege unversehrt geblieben war. Nach kurzem Aufenthalt am Genfer See, in Bern und Zürich zog es ihn ins Engadin, wo er Inga Junghanns, die dänische Malte-Übersetzerin, besuchte, und dann nach Soglio, wo sein Glück im alten Palazzo Salis schon fast vollkommen schien. Ungeachtet der Bodenlosigkeit seiner Zukunftssituation vertiefte er sich in die Bibliothek und die Geschichte des alten Geschlechtes der von Salis und entwarf sogar eine kleine Prosa-Skizze: »Ur-Geräusch«.

Im Oktober hatte er seine Leseabend-Verpflichtung in Zürich. Daraus wurde eine rechte Vortrags-Tournée, mit Lesungen in St. Gallen, Luzern, Basel, Bern und Winterthur. Des Geldes wegen hatte sich ein solches Unternehmen kaum ergeben. War es der Versuch, mit dem neuen Land und seinen Menschen in Kontakt zu kommen? Vielleicht, zu einem Teil. Gewiß kam es ihm gelegen, neue, einflußreiche Freunde aus alteingesessenen Familien zu gewinnen. Im übrigen stand diese Anfangszeit in der Schweiz noch stark unter der Perspektive des achten Hauses, das heißt seiner *ersten*, aktiven zwei Jahre, in welchen Rilke – wie wir das schon in München gesehen haben – bereitwilliger Beziehungen und Kontakte einging, ja gar zu einem beinah aktiven Mitglied der menschlichen Gesellschaft wurde. Die Berührung der Lebensbewegung mit dem Mondhaften (Sextil) und mit Jupiter (Quincunx) innerhalb dieses Jahres 1919 widerspricht dieser Perspektive nicht, sie unterstützt sie im Sinne der Entfaltung von Kontakt, von Ausstrahlung und Resonanz.

Schon im November 1919 hatte er mit Nanny Wunderly-Volkart eine schwesterliche Vertraute gefunden, die fortan in größter Hingabe seine fast täglichen Briefe entgegennahm und ihn in tausend Sorgen des Alltäglichen beriet und tatkräftig, mit unzähligen Geschenken und Handreichungen, unterstützte. Dennoch mußte er gerade in dieser ersten Schweizer Zeit in besonders bitterer Weise seine *Erdlosigkeit*, sein Ungeschütztsein, sein Losgelöstsein von allen herangewachsenen Sicherheiten des äußern Lebens erleiden. Monatelang lebte er mit einer Aufenthaltsbewilligung, die jeweils nur kurz verlängert wurde. Erst als er, der nach dem Krieg staatenlos geworden war, einen tschechischen Paß erwerben konnte, ergab sich eine etwas größere Handlungsfreiheit. Die Zeit des Jahres 1920 verging mit Suchen und Suchenlassen des alles entscheidenden Ortes. Man kann sich aber des Eindruckes nicht erwehren, daß Rilke in der Schweiz zuerst wieder mehr ein Entwurzelter war. Die Enge dieses kleinen Landes, das er bisher immer nur als Durchgangsstation betrachtet hatte, »in einer Art Mißtrauen gegen seine zu berühmte, zu deutliche, zu anspruchsvolle ›Schönheit‹«, die für sein Empfinden allzu vielen, allzu massiven Berge der Alpen, für die ihm das innere Gleichnis, die »innere fühlbare Parallele« fehlte, und gewiß auch das Undurchdringliche, Feste, »Bürgerliche der Dinge« und Menschen – das alles mußte ihm letztlich fremd sein, trotz aller Hilfe und Unterstützung, die er zweifellos in großzügiger Weise von vielen Seiten bekam. Besser, mehr in Verbindung mit Himmel und Erde, fühlte er sich eigentlich nur in der Weite des Genfer-See-Gebietes und später, natürlich, im Wallis, das ihn so sehr an Spanien und die Provence erinnerte.

So war sein erstes Jahr in der Schweiz geprägt von der Bodenlosigkeit nicht nur der inneren, sondern auch der äußeren Situation. Weder das Trigon seiner Lebensbewegung zum Uranischen (Januar 1920) noch das Sextil zum Saturnischen (März 1920) konnten in irgendeiner Weise tiefer nutzbar gemacht werden. Einzig die »Brief-Feder« war in dieser ersten Schweizer Zeit wieder in Bewegung gekommen, und das in solcher Intensität, daß einem unwillkürlich die Quadratur des Marsischen zum Merkurischen einfallen muß und man an die allgegenwärtige Rolle des Merkurischen im Geburtsbild Rilkes erinnert wird. Schreiben bedeutete Rilke eine Weise des In-der-Welt-Seins, des Überlebens, und diese Überlebensstrategie konnte sich steigern ins Uferlose brieflicher Mitteilungen. Die Erledigung seiner Korrespondenz verschlang eine Unmenge von Energie. Was wir beim jungen Rilke schilderten, die Eigenart der Quadratur von Merkur und Mars, die die Welt venusisch-neptunischer Erfahrung wie ein Motor in Bewegung hält, sie antreibt zu einer neuen und wieder neuen Thematisierung irgendeines gefühlshaft-sinnlichen Eindrucks, das finden wir beim späten Rilke genauso vor, mit größerem Tiefgang zwar, aber immer noch mit einer fast unglaublichen Unermüdlichkeit. Die in der gezielten Einzelinitiative einsetzbare Energie, das Marsische, ist ins Ganze der Venus-Neptun-Figur eingebunden und mit Merkur im Quadrat zusammengestellt. Wie ein Hebelarm wirkt dieser Aspekt, mit dessen Hilfe Rilke sich in sein neptunisches Daseins-Gefühl zu bringen vermochte.

»Vorgestern, Montag, sagt ich mir, *halt!*, nun wird etwas gethan, und stürzte mich in meine Briefliste, und nun konnte ich nach und nach fünfzehn Namen auf ihr durchstreichen, – es wird durchsichtiger um mich. Gott weiß, wozu ich so viele Beziehungen unterhalte, manchmal denk ich es ist ein Ersatz für die Heimath, als ob doch eine Art von fein vertheiltem Irgendwo-sein gegeben sei, mit diesem ausgedehnten Netz von Einflüssen, oft auch scheint mir, ich thu es für jemanden anderen, für Ruth?, ob ich sie doch eigentlich nicht in *dem* Sinn als mein Kind empfinde, daß ich ihr aus meiner Welt die ihrige zurechtschneiden und vorbereiten könnte. . . . Nein, für sie thu ichs nicht, eher für ›die Sache‹, für das, was meine Arbeit ist, – schließlich schwingt doch in allen Briefen eine Spur ihrer Intensität und theilt sich mit, – verloren ist nichts, was je über einen Grad der Vibration hinaus schwingend war, und ich leb ja ganz *über* diesem Gradstrich, nur nicht vor mir selbst, da sink ich so oft ins Inerte, Nichts-als-Schwere, ach vor dem eigenen Herzen besteht keiner . . .« (BR WV I 105).

In der Zeit zwischen dem Invertpunkt und dem Talpunkt des achten Hauses mußte Entscheidendes geschehen. Der radikalste Sinn des achten Hauses heißt: *Hingabe an die Wandlung*. In der Tiefe dieses Motivraumes, in seinem letzten Drittel, steht das Neptunische, die Spitze der Venus-Neptun-Figur, auf welche die Perspektive dieser Konstellation angelegt ist. Wir kennen diese Thematik in Rilkes Werk seit langem.

»Weißt du's *noch* nicht? Wirf aus den Armen die Leere
zu den Räumen hinzu, die wir atmen; . . .

. . . Ist es nicht Zeit, daß wir liebend
uns vom Geliebten befrein und es bebend bestehn:
wie der Pfeil die Sehne besteht, um gesammelt im Absprung
mehr zu sein als er selbst. Denn Bleiben ist nirgends.«
SW I 685

So hieß es schon in der ersten Elegie.

»Wolle die Wandlung. O sei für die Flamme begeistert,
drin sich ein Ding dir entzieht, das mit Verwandlungen prunkt;
jener entwerfende Geist, welcher das Irdische meistert,
liebt in dem Schwung der Figur nichts wie den wendenden Punkt.

Was sich ins Bleiben verschließt, schon *ists* das Erstarrte.«

SW I 758

So wird es stehen im zwölften der Sonette an Orpheus (zweiter Teil).

Im Sommer 1920, bereits kurz nach dem Durchlaufen des Invertpunktes, reist Rilke nach Venedig, in der Hoffnung, wieder Anschluß zu gewinnen an früher einmal lebendige Räume. Er findet die Welt von Venedig so unverändert, wie er es sich nur erhoffen konnte – und ist zugleich betroffen von sich selbst:

»...was mich dabei bestürzt, als mitgegebenes Nebengeschenk, ist meine eigene Unverändertheit, wie sie sich in der gleichen Aufnehmung des Gleichgebliebenen von einer Probe zur anderen zeigt. Nach sechs Jahren, die doch immerhin Jahre dieses vielleicht im Ganzen kurzen, jedenfalls unersetzlichen Lebens waren! Ich wußte, daß ich mich zuhielt, anstand – (das war mein einziges Mittel, zu überstehen), aber nun entsetzt es mich doch, nicht anders geworden zu sein« (BR WV I 250).

So schreibt Rilke an Nanny Wunderly-Volkart. Zum ersten Mal finden wir in einem seiner Briefe die Andeutung auf ein vielleicht im Ganzen kurzes Leben. Und noch war wenig der ihm so entscheidenden Aufgabe geschehen. Ja nicht einmal ihre unerläßlichen äußeren Vorbedingungen waren geklärt. Und die Bewegung des Lebens durch die Räume seiner Konstellationen war vorangeschritten. Im Frühling 1920 lag der erste Wendepunkt im achten Haus (Invertpunkt), die mehr ins Aktive und nach außen gewandte Energie schlug um in die Phase größerer Verdichtung. Versammlung, Festigung war nun wieder der Grundton und mußte seinem zentralen Anliegen entgegenkommen. Ein Jahr später, im Sommer 1921, stand bereits der Durchgang durch den Talpunkt bevor.

Das achte Haus stellt, im Ordnungskreis aller zwölf Häuser, selbst einen Talpunkt dar, einen Ort, wo die Unmittelbarkeit und Unbewußtheit des Lebens der unteren Kreishälfte, jenes der Eigenperson und der Tiefenperson, spätestens geopfert werden muß. Was sich beim Übergang über die Horizontlinie, in den Jahren um 36, erst nur ankündigte, vielleicht in ersten Umrissen gelebt werden kann, das wird im Durchgang durch das achte Haus, und in letzter Radikalität an dessen Talpunkt, zu einer inneren Notwendigkeit. Hingabe, Preisgabe an die Wandlung, das Opfer der unmittelbaren Strebungen der Eigen- und Tiefenperson ist der Preis für die mögliche weitere Entfaltung hinein in die größeren, überpersönlichen Räume des vierten Quadranten. Der Durchbruch ins Geistige, nicht als Schlagwort, sondern als gelebte Realität, steht zur Frage. Die Form dieser inneren Verpflichtung mag bei jedem Menschen wieder anders aussehen. Das Ganze des Geburtsbildes, aber auch das der astrologischen Wahrnehmung völlig Unverfügbare des innerlich schon Geleisteten kommt bestimmend hinzu.

In den Grundzügen von Rilkes Geburtsbild wird erkennbar, *wie* entscheidend die kommende Zeit werden sollte. Denn innerhalb der Grundordnung von Tierkreis und Häusersystem entspricht der Motivraum des achten und neunten Hauses den Prinzipien Skorpion und Schütze. Diese beiden aber gehören, neben dem Wassermann- und Jungfrau-Prinzip, zur *archetypischen Substanz*, aus der heraus Rilkes Wesen und Werk entspringt. Lange schon war somit diese Erfahrung vorgebildet, hatte sich ausgeformt als ein Wissen im Werk, gehörte längst zu Rilkes Vision von Wirklichkeit und Menschsein. Nun, im Durchlaufen des achten und neunten Hauses, sollte sie eingelöst werden. Ein weiterer Aufschub würde kaum gewährt sein. Denn einige Monate nach dem Durchgang durch den Talpunkt im achten Haus (Sommer 1921) sollte die umfassendste Berührung der inneren Lebensbewegung mit der Venus-Neptun-Figur erfolgen, vergleichbar nur jener Zeit, die nach der Begegnung mit Lou begann. Mit dem Unterschied allerdings, daß nun *erstmals* (und das *einzige* Mal im Leben von Rilke) eine der beiden großen Gestalt-Figuren in der direkten Berührung der Konjunktion *vollständig* ausgeschritten war. Was an Hingabe an das Leben in *diese* Berührung eingehen konnte, das würde in der gewaltigen Formungskraft der erstmals *vollständigen* Venus-Neptun-Figur seinen Ausdruck finden. So stellt sich die Sachlage dar, wenn wir die grundsätzlichsten Konturen von Rilkes Geburtsbild auf ihre innere *Zeit-Gestalt* hin auslegen.

Noch in Venedig, im Juni 1920, war Rilke betroffen, erfahren zu müssen, wie wenig er sich anscheinend verändert hatte. Innerlich, das spürte er nur zu genau, hatte sich die Bühne seines Lebens radikal geändert. Aber er selbst? Würde er den neuen Anforderungen gewachsen sein? Als er Mitte Juli aus Venedig wieder in die Schweiz zurückkehrte, war er weiterhin der Unentschlossene, »im Warteraum«. Sein Aufenthalt im August in Genf sollte nur mehr ein Abschiedsbesuch sein, denn die Rückreise nach Deutschland schien unvermeidlich. Dann aber geschah ein gänzlich Unerwartetes: die Leidenschaft und Liebe zu Baladine Klossowska (Merline).

Rilke hatte Baladine, die Malerin war, bereits damals, im Paris seiner Rodin-Zeit, kennengelernt. Nun, Jahre später, war sie 36jährig, Mutter von zwei außerordentlich begabten Söhnen, von ihrem Mann, dem Kunsthistoriker Erich Klossowski, geschieden und lebte mit vielen Existenzsorgen in Genf. Bassermann, der Herausgeber der »Correspondance« zwischen Rilke und Merline, ist einer der wenigen, der auf die Bedeutung dieser nicht mehr erwarteten, in keinem Erinnerungsbuche besungenen Liebe aufmerksam macht. Wer Rilkes Briefe an Merline liest, ist beeindruckt von der unmittelbaren Erschütterung des Gefühls, die hier zum Ausdruck kommt. Es scheint, daß Rilke in dieser Beziehung erstmals, jenseits jeder literarischen Hingabe, in unbedingter Weise der Ergriffene war, und das zu einem Zeitpunk, da ihm nichts ferner sein mußte als ein neuerliches Ausfließen in die Sehnsucht. Die Radikalität und Echtheit der Hingabe ist etwas, was sich letztlich jeder Beschreibung, welcher Methode sie sich auch bedienen mag, entzieht. Aber Spuren, Anzeichen in die Richtung existentieller Betroffenheit können festgehalten werden. In dieser Weise spricht vieles dafür, daß in Rilke mit dieser Liebe zu Merline ein entscheidender Schritt innerhalb der Wendung des achten Hauses auf eine letzte Preisgabe hin geschehen war.

Paradoxerweise war er nun, im zweiten Halbjahr 1920, radikaler gebunden denn je. Er war ein Verpflichteter seinen Gefühlen einer Frau gegenüber und zugleich durchdrungen von der Einsicht in die Notwendigkeit, den Anschluß an seine Arbeit noch im heranrückenden Winter zu finden. Zuerst noch hin- und hergerissen zwischen Genf, wo Baladine wohnte, und der sich neu bietenden Möglichkeit, nach Schloß Berg am Irchel zu kommen, sagte er Anfang Oktober für Berg zu.

Gewiß war es die Beziehung zu Merline und zugleich die Aussicht auf Schloß Berg als Ort möglicher Arbeit, daß ihm vorher noch, in einer kurz entschlossenen Reise nach Paris, dort »unbeschreibliche Tage« gelingen. Nie mehr seit den Briefen an Benvenuta (1914) konnte Rilke in diesem Ton des Heilgewordenen berichten:

»...denk nur, Lou, *ich war dort!* sechs Tage, Ende Oktober. Da war von keiner Wiederholung die Rede. Das Herz kam wohl auch dem Dortigen mit seinen Bruchstellen entgegen, aber die Anheilung vollzog sich in der ersten Stunde, und von da ab stürzte der Strom der hunderttausend Verwandlungen, neu und alt, unerhört und unbenennbar, durch den großen Kreislauf des endlich hergestellten Bewußtseins. Diese Tage! Es war Herbst, von jener pariser Pracht der Himmel und des Lichts, die diese Jahreszeit der Natur steigert um die Jahreszeit einer längst Natur gewordenen Stadt: welche Überflüsse im Licht, welche Durchdringlichkeit der Dinge, die sich atmosphärisch durchschwingen ließen und diese Vibrierung weitergaben, welche Einheit von Gegenstand und Gegenüber, Nähe und Tiefe der Welt, – welches Neusein der Morgen, welches Alter der Wasser, welche Zärtlichkeit und Fülle des Winds, obwohl er durch Straßen kommt. Und diese Straßen: oh sie waren nicht weniger geworden, nichts war unterdrückt, vermindert, entstellt oder auswählig geordnet –: sie besaßen ihre alte Vollzähligkeit, ihr Strömen, ihr ununterbrochenes Geschehen, ihre an allen Stellen spielende nirgends versagende Erfindung. Menschen kamen mir entgegen: ich erkannte sie, den und jenen, die mir an den gleichen Stellen, etwa der *rue de Seine*, seit soviel Jahren begegnet waren: sie hatten überstanden. Einer trug die gleiche Kravatte. Ich erkannte die Händler in den Geschäften, kaum gealtert –, die Zeitungsfrauen in den Kiosken, – ja, der Blinde auf dem *Pont du Carroussel*, um dessen Leben ich schon im Winter 1902 besorgt gewesen war –, stand, verregnet und grau, an seiner Stelle: ich kann Dir nicht sagen, wie mich in diesem Moment das Glück der Heilung durchfluthete und überstieg, – da erst begriff ich, daß nichts verloren sei, und ein Fortsetzen möglich sein würde, trotz des eben noch so tief unterbrochenen Herzens« (BR LAS 422).

Mit der Zuversicht dieser Pariser Tage ging Rilke nach Berg. Was er dort vorfand, war ihm die vollkommenste Erfüllung seiner Wünsche: ein altes, nicht unbequemes herrschaftliches Haus mit einer spürbaren Vergangenheit, ein kleiner Park mit einer Fontäne, eine zurückhaltende Haushälterin, das legendäre »Leni«, und eine Abgeschlossenheit, die noch durch die Quarantäne einer Maul- und Klauenseuche gesteigert wurde.

Am Anfang stand, wie immer, die Brief-Arbeit: Tribut an die Merkur-Mars-Quadratur und gefährliche Aktualisierung des Quadrates von Mond zu Jupiter: Kreisen in Gefühlseindrücken über das optimale Maß hinaus. Aber das alles gehörte seit je zu seiner Weise, sich in der Arbeit einzurichten. Dann schrieb er ein kleines Vorwort zu Zeichnungen, in welchen Balthusz, der Sohn von Merline, die Geschichte einer kleinen Katze illustriert hatte. Darauf kamen, in seltsamem Diktat, Verse. Ein ganzer Zyklus von Gedichten entstand auf diese Weise. Mit einiger Ironie nannte er sie »Aus dem Nachlaß des Grafen C. W.« und lehnte jede eigene Autorschaft entschieden ab. Natürlich nahm Rilke nicht an, daß ihm da aus dem Jenseits eine Botschaft zugekommen sei, aber zugleich war er sich völlig gewiß, daß das *nicht* die Stimme seiner eigenen Tiefe war. Könnte dieses merkwürdige Phänomen ein Hinweis darauf sein, daß Rilke in den Monaten in Berg die Möglichkeit eines wirklichen Durchbruchs gar nicht in sich trug und es ihm in *dieser Weise* zur Erfahrung kam? Ahnte er etwas davon? Unmittelbar reagierte er, in seiner bewußten Haltung, nicht in dieser Richtung. Er fuhr fort, sich für ein ernstes Stück Arbeit bereit zu halten. Aber später, gegen Ende des Winters, als ihm nicht mehr als ein Elegien-Fragment gelungen war und er, neben Besuchen, durch das Krankwerden von Merline und die für ihn daraus unvermeidlichen Verpflichtungen aus seiner Arbeit herausgeworfen worden war, später insistierte er nicht mehr auf dem Versuch, um jeden Preis in die Arbeit hineinzukommen, sondern er unternahm in größter Radikalität etwas anderes: Er begann, gegen alle Enttäuschung, sich mit der Tatsache seines neuerlichen Scheiterns in aller Form auseinanderzusetzen. Zu diesem Zwecke schrieb er eine Reihe loser Aufzeichnungen mit der Überschrift »Testament«. In diesen Texten versuchte er, sich unerbittlich und so sachlich wie nur irgend möglich Rechenschaft zu geben über die tiefsten Gründe seiner Unfähigkeit, bis zur Arbeit vorzustoßen. In beispielhafter Klarheit wird der Urkonflikt zwischen seiner einzigen und wesenhaftesten Bestimmung, der dichterischen Arbeit, und der Hingabe in der Liebe dargestellt. Eindrücklich wird dabei die Unvermeidbarkeit dieses Konfliktes deutlich – und daß es darin keine grundsätzliche Lösung geben kann. Als einzig Wirkliches bleibt, im besten Fall, das gemeinsame Aushalten des Unmöglichen.

Nie mehr seit den Aufzeichnungen des Malte hat Rilke so sehr mit den Mächten seiner innersten Bestimmung gerungen und sein Menschenmögliches dabei mit größter Ehrlichkeit abgegrenzt und eingehalten. Wenn wir das Geschehen der Monate auf Schloß Berg, sein Einmünden in die Ausführungen des Testaments, mit den Mitteln der astrologischen Wahrnehmung betrachten, zeigt sich darin eine große Konsequenz: Verglichen mit dem, was nach dem Talpunkt des achten Hauses (das heißt nach dem Sommer 1921) durch das Erreichen der Spitze der Venus-Neptun-Figur spruchreif werden sollte, waren die Möglichkeiten der Zeit kurz davor nur gering. Die Gedichte »Aus dem Nachlaß des Grafen C.W.« sind der Ausdruck dafür. Worum es aber in dieser Zeit davor noch entscheidend ging, das war der *Kampf um die Hingabe selbst und die Klärung ihrer letzten Ausrichtung*, »daß von den klar geschlagenen Hämmern des Herzens keiner versage an weichen, zweifelnden oder reißenden Saiten«. Das war mehr denn je der Auftrag im Durchgang durch das achte Haus. Worum aber rang Rilke in den Klarstellungen des Testaments, wenn nicht um die letzte Ausrichtung seiner größtmöglichen Hingabe? Es scheint tatsächlich, daß er in diesem Winter auf Schloß Berg zum ersten Mal zu den tiefsten Bedingungen seines Urkonfliktes vorzudringen vermochte. Denn als ein in der Liebe zu Merline wirklich Ergriffener mußte er ja die Unvereinbarkeit dieser Liebe mit dem

Gesetz seines Wesens, der unbedingten Hingabe an sein Werk, erleiden. Von beiden Ausrichtungen ganzheitlich ergriffen, konnte er erstmals nun das ihm zuinnerst Notwendige wählen: die Einsamkeit seines Schaffens, das Bestimmtwerden »allein durch ein Namenloses«. Nun stand ein solcher Entschluß nicht mehr im Verdacht, Mangel an konkreter Hingabe zu sein, »Rückzug in die Arbeit«; und das Konkrete seiner Liebe war nicht die Übertragung der Sehnsucht nach dem noch nicht erreichten Werk. Beide Seiten waren, im Vollzug der wirklichen Hingabe, rein sie selbst geworden, und ihre Unvereinbarkeit Teil eines Verhängnisses, dessen Größe menschliches Entscheiden und Schuldigwerden weit überstieg.

Mit dem Scheitern seiner Arbeit auf Schloß Berg hatte Rilke erstmals den Punkt erreicht, wo er auch eine endgültige Vergeblichkeit all seiner weiteren Bemühungen für möglich halten mußte. Deshalb setzte er über seine Aufzeichnungen den Titel »Testament«, um mit den Einsichten in sein eigentümliches Verhängnis einen letzten Willen auszudrücken, einen Willen, der verbindlich bleiben sollte, auch wenn die seit Jahren gestellte Aufgabe nicht mehr vollendet werden könnte.[1]

So tief Rilkes Verzweiflung über das Ausbleiben der Elegien auch war (»Ich wußte diesen ganzen Winter: ich muß mich zu etwas hinsinnen. Wehe –, dies ist der ärgste Verlust: ein Unbekanntes, Unerrathliches verloren zu haben.«), der Kampf um die Klarstellung war nicht umsonst.

1 Der Text »Das Testament« ist in den »Sämtlichen Werken« nicht enthalten. Er wurde erst 1974 im Insel-Verlag veröffentlicht. Dort liegt er nun in einer sehr schönen Ausgabe (mit Faksimile der Handschrift) vor.

Dieser Text ist Wort für Wort von einer außerordentlichen Dichte. Nirgends sonst hat Rilke so sehr um Klärung und letztgültigen Ausdruck seines Urkonfliktes gerungen. Er ist der Vollzug jener inneren Arbeit, die der Durchgang durch den Talpunkt des achten Hauses ihm nahelegte. *Dies* war es, worum es aus der Tiefe heraus in jenem Winter ging, und nicht um das Vollenden der Elegien. Was von außen gesehen als ein Scheitern erscheint, entspringt einer großen inneren Folgerichtigkeit.

»Manchmal in der unaufhörlich prüfenden Noth dieser Tage überrascht mich etwas wie der vorauseilende Schein einer neuen geistigen Freude: als ob doch Alles einfacher geworden sei und ein unsägliches Schicksal in Annäherungswerthen sich faßlicher mache.«

So heißt es in den Schlußsätzen des Testamentes. Als Rilke im Mai 1921 Schloß Berg verläßt, um am Genfer See, in Etoy, mit Merline einige Wochen zu verbringen, hat sich in ihm eine Festigung vollzogen. Er weiß nun klarer denn je, wo er steht, und zu zweit geht die Suche nach dem Ort seiner Arbeit weiter. Nun sucht er auch in den richtigen Räumen, im Wallis, wo er schon vor einem Jahr die »fühlbarste innere Parallele« gefunden hatte. Am 30. Juni entdecken sie in Sierre, in einem Schaufenster, die Fotografie des alten Turmes von Muzot. Zwar kommen nun noch schwere Monate, voller Ängste und langwieriger Abklärungen, aber die Zeit des Aufschubs ist vorbei. Im August ist der Talpunkt des achten Hauses erreicht. Die Bedingungen in diesem alten Gemäuer aus dem 13. Jahrhundert sind, verglichen mit jenen auf Schloß Berg, keineswegs ideal, aber nun *stimmt die Zeit*. Der Zeitpunkt des Umschlags ist da. Rilke zieht, unter tätiger Mithilfe von Merline, bereits Ende Juli in Muzot ein. Zwar ist er noch immer zwiespältig und verfolgt auch noch eine andere Sache, ein Haus in Kaiserstuhl, aber als er es gesehen hat, läßt er es still fallen und folgt den guten Zeichen in Muzot. Eine Haushälterin wird bald gefunden, und er beginnt schon im Herbst mit der Abtragung der Brief-Arbeit. Diese dauert, wie immer, länger, als ihm lieb ist. Erst gegen Ende Januar 1922 ist er soweit. Im übrigen ist diese Zeit vor dem Sturm bemerkenswert ruhig, ohne besondere Vorkommnisse, aber auch ohne so große Erwartungen wie vor einem Jahr in Berg.

Dann aber plötzlich und auch ihm völlig unerwartet ist die Eingebung da: Innerhalb von vier Tagen entstehen 25 Sonette (2. 2.–5. 2. 1922). Zwei Tage später beginnen sich die Elegien zu formen. Bereits am 11. Februar kann er der Fürstin den Abschluß von zehn Elegien vermelden. In weiteren drei Tagen, Mitte des Monats, entsteht der »Brief des jungen Arbeiters«, und eine letzte Elegie kommt hinzu (sie wird die fünfte sein). Darauf stellen sich weitere Sonette ein – am 23. 2. ist alles vollendet. In einem ungeheuren »Sturm aus Geist und Herz« waren in 21 Tagen 55 Sonette an Orpheus, sechs Elegien und ein größerer Prosatext, der Arbeiter-Brief, nebst vielen weiteren Gedichten »aus dem Umkreis der Sonette« entstanden.

Mit den Sonetten, die in ihrer fast schwerelos dahinfließenden Sprache eine geniale Einheit des Leichten und Tiefsten sind, hatte es begonnen. Und vielleicht ist das schon ein Hinweis auf die im Hintergrund konstellierten Mächte. Denn dieser ungeheure »Sturm aus Geist und Herz« ist, in unserer Betrachtung der Zeit-Gestalt, der Ausdruck für das *Vollzähligwerden der Venus-Neptun-Figur.* Seit Anfang November 1921 nämlich war die innere Lebensbewegung daran, die entscheidenden Berührungspunkte abzuschreiten: Zuerst das Sextil zum Marsischen, dann, Mitte Januar 1922, das Trigon zum Venusischen, Anfang März die Auslösung des Neptunischen im Erreichen des ersten Grades des Stierprinzips. Rilkes sagenhafter Februar liegt eingebettet in die beiden wohl wichtigsten Aspekte: das Venus-Trigon und die Berührung des Neptunischen durch den Eintritt ins Stier-Prinzip.

Damit hatte sich ein Kreis geschlossen, dessen Anfänge bis ins siebzehnte Lebensjahr Rilkes zurückreichen. Damals, im Frühling 1892, begann die erste direkte Berührung mit der Venus-Neptun-Figur, in der Konjunktion mit dem Merkurischen. Noch ist Rilke in dieser Zeit auf der Handels-Akademie in Linz und genießt – nach den schweren Jahren der Militärschulen – das freiere Leben, das ihm erstmals reiche Anregung und Begegnungen bringt. Eigentlich beginnt er, neben der Lernarbeit (drei Jahre Vorbereitung auf die Matur in Privatunterricht), in diesem Jahr 1892 als Siebzehnjähriger seine erstaunliche Betriebsamkeit, in der er bereits unzählige Gedichte produziert, sich um deren Veröffentlichung bemüht und seinen Weg als Dichter in einem Gemisch von Weltferne und Geschäftstüchtigkeit vorantreibt. (Man vergesse nicht, daß mit der Konjunktion zum Merkurischen fast gleichzeitig die Berührung mit dem Marsischen erfolgte und zwei Monate später der Umschlag vom Skorpion-Prinzip in Schütze fällig wurde.)

Der Sommer 1897 war dann die Zeit der zweiten Berührung mit der Welt der Venus-Neptun-Figur. Nun war das Venusische in der Konjunktion erreicht. Was vorher mit den Siebenmeilenstiefeln des Merkurischen noch fast wie ein Diebstahl dichterischer Leistung ereilt werden sollte, das begann nun im Aufleben des Venusischen sich tiefer ins Sinnliche einzugestalten. Die Begegnung mit Lou, die Vorbereitungen auf die Rußland-Reisen, die zwei Reisen selbst und ein ganzer Strom des dichterischen Schaffens waren Ausdruck dieser nun umfassenderen Aneignung der Wesenskräfte innerhalb der ganzen Figur.

Das Erreichen der Konjunktion mit dem Marsischen (Jahresanfang 1909) ist in seinen Auswirkungen weniger deutlich. Es fließt gewiß ein in Rilkes Bemühungen, die Aufzeichnungen des Malte zu Ende zu bringen, und scheint danach mit dem Übergang ins Fische-Prinzip, wie so vieles, sich zu verlieren im Ruhelosen der kommenden Jahre. Um so eindrücklicher aber ist dann, fast 25 Jahre nach der Konjunktion mit dem Venusischen, das Erreichen der Neptun-Spitze, das Vollzähligwerden der ganzen Figur. Damit hatte sich der Kreis zu jener ganzen Gestalt geschlossen, der in der Reichweite eines kurzen Lebens von 51 Jahren liegen konnte. Die andere große Konstellation von Rilkes Geburtsbild, die spannungsvolle Quadrate-Figur, mußte ihm uneinholbar bleiben in seinem Leben. Im 67. Lebensjahr erst hätte die innere Lebensbewegung die Konjunktion zum Uranischen erreicht und damit alle vier Ecken dieser Figur einmal abgeschritten.

Mit dem Erreichen der Spitze des Neptunischen war eine Wendung zur Ganzheit eingetreten, wie sie Rilke, als unsichtbare Zukunft, über all die schmerzlichen Jahre ahnend in sich getragen hatte. Es war *die* Wendung seines Lebens – aber zehn Jahre mußte er auf sie hin arbeitend offenbleiben.

»In was für einer Welt der Gnade leben wir doch! Welche Kräfte warten darauf, uns zu erfüllen, uns immer gerüttelten Gefäße. Wir halten uns unter irgendwelche ›Leitung‹, – aber sie sind schon *in* uns an der Arbeit. Uns freilich, ganz zu eigen, gehört nichts, als die

Geduld, aber was ist die für ein Kapital –, und welche Zinsen trägt sie, zu ihrer Zeit!« (BR WV I 675)

Dies schreibt Rilke am 18. Februar 1922 an Nanny Wunderly-Volkart, seine Nike, nachdem er schon kurz vorher in wahren Ausbrüchen der Freude, des Jubels und der Dankbarkeit seinen langjährigen Freunden die Vollendung der Elegien melden konnte.

Anzumerken wäre noch, daß auch dieses Mal, im Sturm von Muzot, eine *zweifache* Geburt stattfand, wie damals in Duino, wo neben den Elegien noch Wasser floß für »eine kleine Nebenmühle«: das Marienleben. Allerdings war das schon damals eher ein Rückfall ins neptunisch Einseitige. Überhaupt ist die Zeit des Elegien-Anfangs von der Fülle der inneren Konstellation her nicht zu vergleichen mit dem Kairos des Februar 1922. So jedenfalls stellt sich die Sache dar im Raume unserer Betrachtung der Zeitgestalt. Dieses Mal war die Zweiheit der Geburt in beiden schöpferischen Strängen bedeutend. Es ist die Zweiheit, wie wir sie wohl nirgends eindrücklicher sehen können als in Rilkes Geburtsbild selbst, in der Doppelgestalt der aufsingenden, unendliche Räume erfühlenden Venus-Neptun-Figur und der so ganz anders gefügten Quadrate-Figur in ihrer spannungsgeladenen Unerbittlichkeit. Die eine Konstellation schaffte sich ihren Ausdruck in den vollendet leicht dahinfließenden Sonetten, die andere in den dramatisch-zwiespältigen, mehr grundsätzlichen Elegien. In zwei verschiedenen Gestaltungs-Räumen spricht sich die eine umfassende Erfahrung aus. Und beide Leistungen enthalten jeweils auch den Gegenton der anderen Konstellationsfigur. In den Elegien gibt es Zeilen des reinsten, seligsten Aufsingens – und die Sonette sind, trotz ihres fast schwerelosen Tons, voll des Urgesteins aus dem Leidland.

»Oh hoher Baum des Schauns, der sich entlaubt:
nun heißts gewachsen sein dem Übermaße
von Himmel, das durch seine Äste bricht.«
SW II 180

LETZTE LEBENSJAHRE

Erreichte Vollendung und aufkommende Krankheit

Nicht einmal ganz fünf Jahre dauerte die Zeitspanne, die Rilke nach seinem größten Monat, dem Februar 1922, noch bleiben sollte. Es ist gewiß auch diese Kürze seiner letzten Lebensphase, womit zusammenhängt, daß sich die in dieser Zeit wirksamen Gestaltzüge nicht mehr in gleicher Weise wie früher zu einer einheitlichen schöpferischen Leistung auszuformen vermochten. Ein Ziel, wie es Rilke über viele Jahre hindurch im Ringen um die Ganzheit der Elegien geleitet hatte und das über alle Divergenzen seiner zwiespältigen Natur hinweg die Kräfte geeint hatte, konnte es nicht mehr geben, jedenfalls nicht in der knappen Zeit dieser letzten Jahre. Obwohl Rilke weiterhin mit großer Entschiedenheit versuchte, seiner Arbeit gegenüber allem anderen den Vorrang einzuräumen, entstand nach 1922 in der deutschen Sprache (und das ist die Sprache, in die er die Stollen seines Bergwerkes am weitesten vorangetrieben hatte) keine größere Sammlung von Gedichten mehr, die er unter einem neuen, übergreifenden Titel veröffentlicht haben wollte. Das Vollzähligwerden der Venus-Neptun-Figur war zu einer ruhigen inneren Gegenwart geworden, der manches herrliche Gedicht noch entsprang, nun aber nicht mehr unter dem Druck einer alles zusammenfassenden Leistung, sondern mehr »bei Gelegenheit«, fast mühelos, aus der Fülle des aufsingenden Daseins. Aus derselben Fülle der vollzählig gewordenen Gestalt-Figur hat es sich auch ergeben, daß plötzlich Gedichte in französischer Sprache sich formten, auch diese nicht als neue große Zukunft, sondern als »Nebenstunden« und aus der Freude, »alles noch einmal sagen zu können auf dem neuen Sprachinstrument«.

Der Gang der inneren Lebensbewegung läßt uns ersehen, daß nach dem Erreichen der Neptun-Spitze der Weg wieder neu in den dunkleren Raum der Quadrate-Figur führen mußte. Eine eigentlich neue Werkstufe, analog jener der »Neuen Gedichte« und der »Aufzeichnungen des Malte Laurids Brigge«, vermochte sich nun aber, beim Zugehen auf die Ecke des Plutonischen, nicht mehr zu bilden. Vielleicht sind Gedichte wie »Idol« und »Gong«, im November 1925 entstanden, Ansätze zu einer solch gewaltigen Metamorphose des dichterischen Erfahrungsraumes. Aber zur Durchführung ins Werk hinein fehlten Rilke nun die zusammenfassende Kraft und die Zeit. Das »Übergroße« gestaltwandelnder Erfahrung, Ausdruck des Plutonischen, erreichte ihn nicht mehr als Dichter in seinem Schaffen, sondern als den Menschen, der durch eine tödliche Krankheit bezwungen wird.

Betrachten wir die Zusammenhänge dieser letzten fünf Jahre etwas genauer: Sommer und Herbst 1922 sind gekennzeichnet als eine »Zeit danach«: Erleichterung, Freude, Dankbarkeit und Erschöpfung lassen Rilke die Tage leben, so wie sie sich gerade einstellen. Besuche kommen nach Muzot, und im Vorlesen der so glücklich gelungenen Werke wächst ihm der Reichtum vor allem der Orpheus-Sonette erst eigentlich zu. Eine Gestalt des Lebens hatte sich für ihn in einem einzigen Monat geschlossen.

»Einer solchen Arbeitsausgabe folgt jedes Mal ein Ratlossein, nicht daß man eigentlich leer wäre, aber bestimmte Vorräte des eigenen Wesens sind verwandelt, sind fortgegeben und gleichsam dem eigenen persönlichen Gebrauche für immer entzogen. Man mag sich nicht sofort nach anderem innerem Besitz umsehen.«

So schreibt er um die Jahreswende 1922/23 an Gräfin Sizzo.[1] Dennoch hatte er sich schon umgesehen nach einer Arbeit für diese

1 Rilke, Briefe an Gräfin Sizzo, Insel 1977, S. 47.

»Zeit danach«: Seit Dezember 1922 war er daran, Paul Valérys Gedicht-Sammlung »Charmes« zu übertragen. Anders als in dieser wachsenden inneren Betätigung konnte er sich mit der französischen Literatur im Augenblick nicht beschäftigen, hielten ihn doch die immer verheerendere Inflation und Wirtschaftskrise in der Schweiz auf Muzot gefangen. Auch 1923 verging, ohne daß sich neue eigene Arbeit einstellte; um so mehr waren es im Frühling und Sommer wieder viele Besucher, die ihn zu sehen bekamen. Unwohlsein und mancherlei körperliche Beschwerden hatten ihn zudem häufiger beschäftigt, so daß er sich im Sommer 1923 lustlos zu einer Kur in der Innerschweiz, auf Schöneck, entschloß. Es half wenig – und kam im Dezember 1923 weit schlimmer: Da spürte er in sich, in der Tiefe der körperlichen Vorgänge eine Erschütterung, die ihn sofort an eine tiefgreifende Veränderung ins Heillose denken ließ. Zum ersten Mal war er gezwungen, ärztliche Hilfe in Anspruch zu nehmen. Dr. Hämmerli, Arzt in der Klinik Val-Mont oberhalb Montreux, versuchte Rilke zu beschwichtigen. Es half nichts. Zu genau hatte er in sich den Eindruck der Veränderung aufgenommen. Nur gerade gegenüber Nanny Wunderly gab er etwas von seinem Erlebnis preis:

»Ah, Chère, Chère, *quelle* expérience! *A vous*, je ne vous cacherai pas ce que je n'ai dit qu'au médecin et seulement au moment presque du départ quand je lui parlais amicalement après ce rapport continué pendant trois semaines: Que cette secousse que j'avais reçue vers la mi-décembre était *terrible*, c'etait un choc que j'ai ressenti jusque dans la moelle de mes os, jamais dans aucune maladie, même de mon enfance, je n'étais si profondément attaqué, si secrètement que même maintenant je ne peux pas dire comment et par où ... Qu'est-ce que se passait alors? Je l'ignore; le saurai-je jamais? Mais c'était si fort, qu'une frayeur que je n'ai jamais connue, est entrée jusqu'au plus profond de mon être; et c'est peut-être cela qui m'a renversé, *que la peur résidait dans mon centre*, là où, depuis ma vingt-deuxième année, habitait, même aux pires instants une dernière confiance qui paraissait inébranlable ...

J'étais comme transposé sur un autre plan de la vie, peut-être celui où sont les incurables; ceux qui ne participent plus...« (BR WV II 961).

Gegen alle wohlmeinenden ärztlichen Versicherungen sollte Rilke recht behalten. Was er in diesem Dezember 1923 ahnend und doch so genau in sich erfuhr, wird man, drei Jahre später, nur einige Wochen vor seinem Tod, als eine seltene Form von Leukämie erkennen.

Um so erstaunlicher ist, was nun in den Frühlingsmonaten 1924 bis weit in den Sommer hinein geschieht: Ein Strom von Gedichten beginnt zu fließen, zum letzten Mal in dieser Breite und Dichte. Auf dem Hintergrund der inneren Zeitgestalt wird es uns deutlich: Im Frühjahr 1922 war, in der Konjunktion mit dem Neptunischen, das Ganze dieser Gestalt-Figur endgültig ausgeschritten. Womit Rilke jahrelang gerungen hatte, konnte nun vollendet werden. Die Zeit danach war Erschöpfung und Stille. Die innere Bewegung seines Lebens lief, nach den Berührungen all der Bezüge der Venus-Neptun-Figur, nun durch den leeren Raum, im letzten Drittel des achten Hauses. Den Anfang des neunten, der wie jeder Neubeginn eines Hauses eine deutliche Aktivierung der Lebenskräfte mit sich bringt, erreichte er im Dezember 1923. Der schockartige Eindruck eines Verhängnisses im Körperlichen und der Beginn neuer, erstmals wieder möglicher Arbeit fallen zeitlich zusammen. Ob ein Zusammenhang besteht, bleibe dahingestellt. Möglich wäre es.[2] Schon

2 Wir wissen, daß gerade der Aufbruch neuer Kräfte, das Anziehen der Lebensbewegung eine Verschlechterung des körperlichen und psychischen Zustandes provozieren kann. Das Eintreten des Todes, wie es sich häuft in den frühen Morgenstunden, ist ein Beispiel dieses Zusammenhanges.

Andererseits ist ein anderer Sachverhalt auch zu bedenken: Wenn wir die *Kippstelle* zwischen der Venus-Neptun-Figur und der Quadrate-Figur so berechnen, daß wir die Strecke zwischen der letzten Aspektberührung der einen Figur (hier die Konjunktion mit Neptun) und der *ersten* Berührung der Quadrate-Figur (hier das Quadrat zu Mond) in der Mitte teilen, dann fällt dieser Punkt in den Dezember 1923 – den Monat, in dem Rilke jene Erschütterung erfuhr, die bis ins Tiefste vordrang und das Vertrauen zu seinem Körper untergrub. Die Kippstelle, wie sie sich im Spätsommer 1924 zeigt, ist in der üblichen Weise berechnet, indem wir die Strecke, die zwischen Neptun und Pluto liegt, ganz einfach durch Zwei teilen. Beide Weisen

im November 1923 sehen wir eines jener Gedichte, die Fülleborn »Auftaktgedicht« nennt; es beschreibt im Bilde der Bewegung einer Schaukel die Erfahrung des schöpferischen Umschwunges:

»Schaukel des Herzens. O sichere, an welchem unsichtbaren
Aste befestigt. Wer, wer gab dir den Stoß,
daß du mit mir bis ins Laub schwangst.
Wie nahe war ich den Früchten, köstlichen. Aber nicht Bleiben
ist im Schwunge der Sinn. Nur das Nahesein, nur
am immer zu Hohen plötzlich das mögliche
Nahsein. Nachbarschaften und dann
von unaufhaltsam erschwungener Stelle
– wieder verlorener schon – der neue, der Ausblick ...«

SW II 254

Und er kam für Rilke, der neue Ausblick, das plötzlich wieder mögliche Nahsein. Der Strom seines Schaffens begann. Bis in den Herbst 1924 hinein hielt er an, und es entstanden darin Gedichte, die eine Vollendung erreichten wie kaum je zuvor. Nun wurde die Meisterschaft aus beiden großen Gestalt-Figuren offenbar. Einmal ist es mehr die Quadrate-Figur, die durchscheint, in der Verdichtung, der Verknappung, dem Strengen der einfach gewordenen Form und der besonderen Kühnheit der Abstraktion; dann wieder ist es die Venus-Neptun-Figur, die anklingt im Singenden, Fließenden von Melodik und Rhythmik der Verse, die unübertrefflich das Angerührtsein vom Klang eines Augenblickes wiedergeben. Der im Frühling 1922 erreichte Übergang der Lebensbewegung ins Stier-Prinzip vermochte jetzt erst, nach der Entspannung durch den Elegien-Abschluß und mit dem Beginn des neunten Hauses, sich tiefer auszugestalten: Am meisten spürbar tritt er uns entgegen in den Natur-Gedichten des

der Berechnung haben ihre Folgerichtigkeit. Beide Zeitpunkte ergeben im Leben Rilkes Entsprechungen. Bei den strukturalen Gegebenheiten von Rilkes Geburtsbild ist auch eher anzunehmen, daß diese Wende in mehrere Zeitpunkte »ausgestreut« sich vollzieht.

Frühlings und Sommers 1924: Augenblicke reinsten Dauerns und größter Hintergründigkeit werden greifbar in ganz unmittelbarer Sinnlichkeit. Ein Beispiel erreichter Vollendung dieser Art ist das Gedicht »Vorfrühling«, vom Februar 1924:

> Härte schwand. Auf einmal legt sich Schonung
> an der Wiesen aufgedecktes Grau.
> Kleine Wasser ändern die Betonung.
> Zärtlichkeiten, ungenau,
>
> greifen nach der Erde aus dem Raum.
> Wege gehen weit ins Land und zeigens.
> Unvermutet siehst du seines Steigens
> Ausdruck in dem leeren Baum.
>
> SW II 158

Mit Recht weist von Salis darauf hin, daß in diesen Monaten des Jahres 1924 ein Wunschtraum Maltes für Rilke in Erfüllung gegangen ist: Dichter zu sein und ein stilles Haus in einem Bergland zu bewohnen. Wohin Malte, in Paris in der Bibliothek sitzend, sich gesehnt hatte, da war Rilke nun tatsächlich für kurze Zeit angekommen; und dieses Angekommensein im Dauernden der ihn umgebenden Natur gibt den Gedichten dieser Zeit ihre großartige Einfachheit und Ruhe.

Fast könnte man meinen, von Salis schildere eigens die Erlebniswelt des Stier-Prinzips, wenn er die Bezüge beschreibt, die sich in Rilkes Walliser Gedichten aussprechen:

»Die Fenster, aus denen er ins Land schaute, die Obstbäume und Rosen in seinem Garten, die Weinberge ringsum und die Weinlese, die er mit den Einheimischen feierte, die alten Burgtürme auf den Hügeln und das Geläute der Kirchenglocken, die Wege, die weit ins Land gehen und es zeigen, das Geriesel der Bäche, die zu Tal stürzen, über allem die glühende Sonne des schon südlichen Sommers und der große Mittag auf der heroischen Landschaft: dieser Umkreis täglichen und vertrauten Umgangs mit einer Umgebung, die er liebgewonnen hat, lieferte Rilke die Motive und Bilder seiner Walliser Gedichte. In ihnen wird das Land Sprache und Gesang; es ist Rilkes Natur- und Daseinsverbundenheit, die sich Feiertage bereitet, wenn er in einem bukolischen Einverständnis mit der ihn umgebenden Welt seine ›Quatrains valaisans‹ niederschreibt.«[3]

Der Ertrag dieser Monate ist reich. Ein Besuch von Paul Valéry in Muzot ermuntert Rilke, seine Versuche in französischer Sprache fortzusetzen. Neben den »Quatrains valaisans« entsteht im August eine weitere Sammlung kleiner Gedichte: »Les rôses«. Aber auch deutsche Gedichte kommen hinzu: im Juli unter anderem ein ganzer Kreis, in welchem die Welt der Toten aus der Orpheus-Erfahrung anklingt: »Im Kirchhof zu Ragaz Niedergeschriebenes«.

Der Aufschwung zu Beginn des neunten Hauses war noch kein Jahr alt, als die innere Bewegung die Stelle erreichte, an der die Waage zwischen den beiden Gestalt-Figuren sich wieder zu neigen begann auf die Seite der Quadrate-Figur. Im elften Grad des Stier-Prinzips liegt dieser Punkt, wo der Bezug und Nachklang der durchschrittenen Venus-Neptun-Figur sein Übergewicht verliert und der größer werdenden Nähe zum Plutonischen den Raum überlassen muß. Zeitlich fällt dieser Umschwungs-Punkt in den Spätsommer 1924. Genau zu diesem Zeitpunkt finden wir wieder ein Gedicht, worin das Motiv der Schaukelbewegung erscheint. Die Schaukel schwingt diesmal durch den Schmerz; und dieser erweist sich als der Schatten des Lebensbaumes, an dem die Schaukel hängt. Der Mensch ist der Erfahrung des Schaukel-*Schwunges* zugewandt; den größeren Zusammenhang, den tragenden Baum, gewahrt er kaum. Ist es ein Zufall, daß Rilke gerade jetzt den Baum des Lebens mächtig tragend heraufbeschwört?

3 J.R. von Salis, Rilkes Schweizer Jahre, Frankfurt 1975, S. 210/11.

Da schwang die Schaukel durch den Schmerz –, doch siehe,
der Schatten wars des Baums, an dem sie hängt.

Ob ich nun vorwärtsschwinge oder fliehe,
vom Schwunge in den Gegenschwung gedrängt,
das alles ist noch nicht einmal der Baum.
Mag ich nun steiler schwingen oder schräger,
ich fühle nur die Schaukel; meinen Träger
gewahr ich kaum.

So laß uns herrlich einen Baum vermuten,
der sich aus Riesenwurzeln aufwärtsstammt,
durch den unendlich Wind und Vögel fluten
und unter dem, im reinen Hirtenamt,
die Hirten sannen und die Herden ruhten.
Und daß durch ihn die starken Sterne blitzen,
macht ihn zur Maske einer ganzen Nacht.
Wer reicht aus ihm bis zu den Göttersitzen,
da uns sein Wesen schon nachdenklich macht?

SW II 176

Mit dem zu Ende gehenden Sommer verstärken sich düstere Ahnungen. Sommer und Herbst erscheinen Rilke wie riesige Spiegel, durch die ein Sprung gegangen ist. Im Oktober wird die Pappel, die er seit seinen ersten Tagen als Wahrzeichen der Räume um Muzot erlebt hatte, gefällt. Dieses Ereignis erschüttert Rilke tief. Kurz davor ist eines der Gedichte entstanden, welches das erneute Näherrücken des dunklen Raumes der Quadrate-Figur unzweideutig spüren läßt:

Gestirne der Nacht, die ich erwachter gewahre,
überspannen sie nur das heutige, meine Gesicht,
oder zugleich das ganze Gesicht meiner Jahre,
diese Brücken, die ruhen auf Pfeilern von Licht?

Wer will dort wandeln? Für wen bin ich Abgrund und Bachbett,
daß er mich so im weitesten Kreis übergeht –,
mich überspringt und mich nimmt wie den Läufer im Schachbrett
und auf seinem Siege besteht?

SW II 177

Der bedrängende Ton dieses Gedichts läßt aufhorchen. Es enthält nur scheinbar lauter Fragen. Im Gegenteil: Die Fraglichkeit menschlicher Existenz hat sich gesteigert zur Erfahrung der Unerbittlichkeit übergreifender Schicksals-Gestalt. Die Gestirne der Nacht, diese Brücken auf Pfeilern von Licht, überspannen fraglos »das ganze Gesicht meiner Jahre«. In ihnen spiegelt sich nicht nur das heutige meine Gesicht, sondern das Gesicht all meiner Jahre, wie es der Grundgestalt meines Wesens und der darin verborgenen Zeitigung entspringt. Mit jedem Schwung und Gegenschwung tritt mir die Ganzheit der Jahre wachsend entgegen, gewinnt ihr Gepräge, wird Gesicht. Kommt mir nicht darin mein Wesen in seiner tiefsten Physiognomie erst entgegen? Wird es mir nicht so erst zum Gesicht? Ist es mein Leben selbst, das mich anschaut im »ganzen Gesicht meiner Jahre«? Wer ist der Schauende – und wer ist angeschaut? Bin ich beides zugleich? Im Mehrdeutigen des dichterischen Wortes hören wir beide Sinnrichtungen heraus. Sie gehören vielleicht zusammen, so wie es in großen Träumen geschehen kann, daß mir Leben anschaulich wird und ich zugleich der Angeschaute bin.

Mit den Gestirnen der Nacht, die das Gesicht meiner Jahre als ein Ganzes überspannen, rückt der Schwerpunkt der Erfahrung dieses Gedichtes ins Hintergründige übergreifender Zusammenhänge. »Wer will dort wandeln?« – »Für wen bin ich Abgrund und Bachbett...?« Diese Fragen verhallen im Leeren, sie bleiben stehen im Antwortlosen. Die Eindringlichkeit ihres Tones aber läßt keinen Zweifel zu, daß wir einbezogen sind in ein unerbittliches Geschehen. Vermögen wir mehr, als es »erwachend« zu gewahren?

Dicht neben dieser einen, abgründigen Erfahrung der Nacht steht eine andere, voll *des möglichen Bezugs*. Noch im selben Monat, im

September 1924, ist ein Gedicht entstanden, das diese andere Erfahrung zeigt:

Nacht. Oh du in Tiefe gelöstes
Gesicht an meinem Gesicht.
Du, meines staunenden Anschauns größtes
Übergewicht.

Nacht, in meinem Blicke erschauernd,
aber in sich so fest;
unerschöpfliche Schöpfung, dauernd
über dem Erdenrest;

voll von jungen Gestirnen, die Feuer
aus der Flucht ihres Saums
schleudern ins lautlose Abenteuer
des Zwischenraums:

wie, durch dein bloßes Dasein, erschein ich,
Übertrefferin, klein –;
doch, mit der dunkelen Erde einig,
wag ich es, in dir zu sein.

SW II 178

Wieder begegnen wir dieser großen Zweiheit in Rilkes Wesen und Werk: der Erfahrung des unerbittlichen Übergroßen, das uns im weitesten Kreis übergeht, überspringt und nimmt wie den Läufer im Schachbrett und auf seinem Siege besteht – und der so ganz anders gearteten Erfahrung des großen Bezugs, wo wir, mit der dunkelen Erde einig, es wagen, staunenden Anschauns, im uns weit Überholenden zu sein. Die eine Erfahrung hatte ihn, ein letztes Mal in einem längeren Schaffensstrom, durch den Frühling und Sommer 1924 getragen, die andere war es, die ihn jetzt, zwingender denn je, erwartete. Herbst war es für ihn geworden, nun hieß es »gewachsen sein dem Übermaße von Himmel«, das durch die Äste bricht. Ganz aus der Not des eigenen Schicksals ist das eindrückliche Gedicht

»Herbst« geboren, in dem beide großen Erfahrungen zueinandergestellt erscheinen:

Oh hoher Baum des Schauns, der sich entlaubt:
nun heißts gewachsen sein dem Übermaße
von Himmel, das durch seine Äste bricht.
Erfüllt vom Sommer, schien er tief und dicht,
uns beinah denkend, ein vertrautes Haupt.
Nun wird sein ganzes Innere zur Straße
des Himmels. Und der Himmel kennt uns nicht.

Ein Äußerstes: daß wir wie Vogelflug
uns werfen durch das neue Aufgetane,
das uns verleugnet mit dem Recht des Raums,
der nur mit Welten umgeht. Unsres Saums
Wellen-Gefühle suchen nach Bezug
und trösten sich im Offenen als Fahne –
. . . .
Aber ein Heimweh meint das Haupt des Baums.

SW II 180

Seit dem Schrecken der Jahreswende 1923/24 hatte sich Rilkes körperliches Gleichgewicht nie mehr ganz wiederhergestellt. Was er bereits im Januar 1924 an Nike schrieb, hat Gültigkeit für das Ganze seiner letzten Lebenszeit:

»...mein Körper ist zu sehr mein Gefährte und mein Mitarbeiter gewesen, als daß ich mich jetzt schon, im 49ten Jahr, entschließen könnte, eine geistige Verfassung zu üben, die über ihn weg oder gar *wider* ihn, sich etwas abzuringen versuchte. Ich stehe da ja so anders, als die meisten Geistigen. Was ich hervorbringen durfte, dazu haben *alle* Elemente meines Daseins, wenigstens seit meinem 24ten oder 25ten Jahr, in unbeschreiblicher Gleichgesinntheit zusammengewirkt; Geist, Körper, Seele –, sie waren, als sei keines mehr, keines geringer, jedes köstlich in seiner Art, jedes vertraulich und göttlich zugleich –, und die Leistung ergab sich jedesmal an einem geheimnisvollen Höhepunkt ihrer Eintracht. Man muß *das*, diese Erfahrung und Einstellung, in Betracht nehmen, wenn man genau verstehen will, *was* mich seit Mitte Dezember erschüttert und in Sorge hält« (BR WV II 966).

An einen strengen Winter der Arbeit auf Muzot war im Herbst 1924 nicht zu denken. Im Gegenteil: Das immer wiederkehrende Unwohlsein zwang Rilke, bereits im November in der Klinik Val-Mont Hilfe zu suchen. Aber alle Sorge und Behandlung half wenig. Anfang Januar reiste er ab – nach Paris! »Er war entschlossen, sein Leiden, dem man wochenlang so viel Aufmerksamkeit geschenkt hatte, durch das Gegenteil zu behandeln. Es war eine gewaltsame Ablenkung, eine Flucht. Ein Versuch, seinem Schicksal zu entrinnen.«[4] So deutete von Salis Rilkes plötzlichen Aufbruch in die Stadt seiner großen Vergangenheit.

Der größte Teil von Rilkes letzten zwei Lebensjahren ist gekennzeichnet durch den Versuch einer »magischen Flucht«. Instinktiv schien Rilke zu spüren, daß das Verhängnis ihn gänzlich verschlingen würde, wenn er es zu sehr in seine Nähe kommen ließe. Ein mächtiges Gegengewicht war es, was er jetzt brauchte – und die Arbeit, die ihm sonst immer wieder Eingrenzung, Erdung, Halt und größte Strenge ermöglicht hatte, war nun ein Raum, in dem sich kein Aufbruch zu wirklich neuen Ufern vorzubereiten schien! Rilke war außerdem nicht der Mensch, der Zustände schöpferischer Pausen, Zwischen-Zeiten und Phasen des Darniederliegens seiner Kräfte in eigens in die Hand genommener Initiative zu beenden versuchte. Zu sehr empfand er sich in seinem Dichten als Gefäß; Bereitsein war ihm alles. Eindrücklich zeigt sich dieser Wesenszug, wenn wir darauf achten, wie sich die in seinem Geburtsbild besetzten Tierkreis-Prinzipien nach der dreifachen Qualität des Kardinalen, Fixen und Veränderlichen ordnen:

4 J. R. von Salis, ebenda S. 200.

Kardinal	
Fix	☽ ☿ ♂ ♃ ♄ ♅ ♆ ⊖
Veränderlich	☉ ♀

Die Qualität des Kardinalen ist durch keine Wesenskräfte vertreten. Sie fehlt gänzlich. In die Hand genommene Wirkung, Setzen von Anfängen und Impulsen, Leben aus leitendem, führendem Vollzug, Anstoßen von Bewegung – diese dynamisierende Qualität des Kardinalen war ihm fremd. Um so mehr, und manchmal gefährlich übergewichtig, waren seine Kräfte auf ein Fassen und Verdichten, auf ein Anreichern und Festigen angelegt. Wieviel Lebenskraft hat Rilke – um ein Beispiel zu nennen – die überaus große Genauigkeit im Erledigen der Brief-Arbeit gekostet: Tausende von hingebungsvoll korrekt geschriebenen Seiten, oft viele Male dasselbe Erleben in allerdings subtilsten Abweichungen anreichernd, ergründend, ausformulierend, geben Zeugnis davon, daß sich acht von zehn Wesenskräften in der beharrenden Qualität (im Fixen) darlebten.

Nur ahnen können wir in diesem Zusammenhang das verschlingend Einholende, übergewichtig Verfestigende, die Beharrungskraft, mit der ihn körperliche Irritationen, Unwohlsein und damit zusammenhängende Verdüsterung seit Dezember 1923 zunehmend verfolgten. Und die Arbeit, sein sonst heilvollstes und fruchtbarstes Gegengewicht, das Urgefäß seiner inneren Alchemie, enthielt keine größeren neuen Vorräte mehr. Zwar gelangen ihm, aus jahrelang gewachsener Meisterschaft, immer wieder vereinzelt erstaunliche Gedichte, und die Übertragungen von Valérys Poesie und Prosa bereiteten ihm bis zuletzt Stunden größter Freude und intensiver Arbeit, aber zu einem dichterischen Ausdruck mit *neuen* Mitteln reichten seine Kräfte und die Zeit nicht mehr.

Den im Januar 1925 begonnenen Aufenthalt in Paris verlängerte er von Woche zu Woche. Am Ende waren fast acht Monate daraus geworden. Lange nicht mehr hatte er so viele Menschen gesehen, an so vielen Begegnungen und Gesprächen teilgenommen. Die alten Gefahren der frühen Zeit schienen wieder aufzuleben. Die Quadratur zwischen Jupiter und Mond zeitigte ihre bekannten Entsprechungen: Empfänglichkeit, Hingegebenheit an Eindrücke und Reize über das optimale Maß hinaus, über-schwingende Resonanz, Übersteigerung, Überstürzung. Rilke war in Paris bereits ein legendär berühmter Mann – und die Wogen der Erinnerung an so viel Einmaliges und Unvergeßliches (aber auch Unwiederbringliches!) trugen ihn weg. Das Übergewicht der Wesenskräfte in der rechten, der Mitwelt zugewandten Kreishälfte ließ ihn nur zu bereitwillig die entgehende Zukunft im Wirbel von Begegnungen suchen. In der Tiefe aber wußte er um sein Verhängnis. An Kippenberg schreibt er, nach seiner endlich erfolgten Rückkehr ins Wallis:

»Alles in allem: ich werde dieses Jahr, 1925, zu den schlimmsten rechnen, die ich seit den Heimsuchungen der Kindheit erinnern kann, wie jenes hat es mich bis in meine physischen Grundlagen erschüttert und, wer weiß, verändert, und hat mit den Kindheitsnöten irgend eine innerste Unentrinnbarkeit gemein, die dadurch noch fühlbarer wird, daß man das Leben nicht mehr vor sich hat« (BR VE 495).

Als er im Oktober, nach einem Kuraufenthalt in Ragaz, nach Muzot zurückkehrte, war ein neues Leiden dazugekommen: Schwellungen im Mund. Ende Oktober verfaßte er sein Testament. Schon im September war seine innere Lebensbewegung mit der Quadratur zum Mondhaften wieder gänzlich in den Spannungsraum der Quadrate-Figur eingetreten. Nun zum letzten Mal.

Zweimal erst war er in seinem Leben dieser Konstellation über die innere Zeitgestalt so nah wie jetzt gewesen (abgesehen von ihrer grundsätzlichen Gültigkeit als Teil des Geburtsbildes): das erste Mal in den Jahren 1889/90, als die innere Lebensbewegung im dritten Haus die Ecke des Jupiter durchlief. Das war noch mitten in der schlimmsten Zeit der Militärrealschule St. Pölten. Auch damals war das Daraufzugehen schon vorher spürbar gewesen, im Grunde bereits seit dem Übergang ins Skorpion-Prinzip, also seit dem Eintritt in St. Pölten. Aber als dann, drei Jahre danach, die direkten Berührungen durch die Aspekte einsetzten, begann sich Rilkes Gesundheit zu verschlechtern (Herbst/Winter 1889). Im Juni 1891 erfolgte darauf der endgültige Austritt aus der Militärschul-Welt, nachdem seine Gesundheit dieser inneren und äußeren Belastung zu wiederholten Malen nicht mehr standgehalten hatte.

Die zweite, ebenso intensive Berührung konstellierte sich in den Jahren 1906, 1907. Auch hier war das Daraufzugehen seit dem Talpunkt des fünften Hauses (Sommer 1903) eine wachsend aktuelle Thematik. Wir haben diese Zusammenhänge in der Zeitgestalt der Aneignung des Saturnischen im einzelnen dargelegt. Gewiß fand diese Berührung in einer Zeit statt, in der Rilke auf der Höhe seiner Lebenskräfte stand. Andererseits hat sich auch, aus rein strukturalen Zusammenhängen heraus, gezeigt, daß es ebendiese Ecke der Konjunktion von Saturn und Mond war, woher am klarsten ein Zugang, ein fruchtbarer Einstieg in die Dynamik des ganzen Gestaltgefüges der Quadrate-Figur möglich war. Es waren Rilkes beste Pariser Jahre, wo er endlich »Werktage« hatte und die »Neuen Gedichte« in guter, regelmäßiger Arbeit Tag für Tag entstehen konnten. Die übergewichtig-verschlingende Seite dieser spannungsgeladenen Vierecks-Figur, der schon die »innerste Unentrinnbarkeit« der Kindheitsnöte entsprungen war, finden wir, als einen großen Versuch der Verarbeitung, in den »Aufzeichnungen des Malte Laurids Brigge«; es ist das Buch eines Untergehenden, das Rilke »gegen den Strom« gelesen haben wollte. War es nicht dort schon zu viel? Zeigten nicht diese Aufzeichnungen Dimensionen des Saturnischen (verbunden mit den aufprallenden Energien des Plutonischen), in welchen es nichts mehr zu meistern gab? Elendsgestalten wie der blinde Zeitungsverkäufer oder Charles le Fou sind es vielleicht noch, die gänzlich *in* dieser Erfahrung des Saturnischen stehen. »...ich überhübe mich, wollte ich ihnen gleich sein. Ich bin es nicht. Ich hätte weder ihre Stärke noch ihr Maß...« – sagt Malte von sich selbst. Und Rilke? Er kam sich noch Jahre nach der Beendigung des Malte wie ein Überlebender vor, dem zwar das Überstehen gelungen war, mit dessen Energien aber der andere, Malte, seinen Untergang betrieben hatte. Und nun, im Herbst 1925, hatte die innere Lebensbewegung die Stelle der Quadratur zum Mondhaften erreicht. Damit war sie daran, in den inneren Raum der Vierecks-Figur einzutreten, zum dritten und letzten Male in dieser Intensität. Innerhalb von vierzehn Monaten sollten alle Aspekte ausgeschritten sein: die Berührung des Mondhaften (in der Quadratur, September 1925), des Jupiter (in der Opposition, Ende Januar 1926), des Uranischen (in der Quadratur, Ende Mai 1926), des Saturnischen (Ende Juli 1926, ebenfalls in der Quadratur) und zuletzt des Plutonischen, im stärksten Aspekt, der Konjunktion (Ende November 1926).

Was wäre aus dieser dritten großen Begegnung mit den Räumen der Quadrate-Figur geworden, wenn Rilke noch Kraft und Zeit gehabt hätte, die darin gelegenen Erfahrungen mit *neuen* Mitteln, noch auf der Höhe seiner besten Arbeit auszugestalten? Wohin wäre dieses Werk noch gewachsen mit dem Eintritt gar in den vierten Quadranten?

Im Oktober 1925, mitten in der Not des verschlimmerten körperlichen Leidens, entsteht ein Gedicht, das etwas ahnen läßt von Spuren wiederbeginnender neuer Arbeit. Und doch drückt es mehr noch die Sehnsucht aus nach einem schöpferischen Neubeginn, und zugleich die resignierende Trauer des Menschen, der weiß, wie wenig er aus eigener bewußter Absicht allein vermag, ohne das Hinzutreten der Götter aus der Tiefe:

> Jetzt wär es Zeit, daß Götter träten aus
> bewohnten Dingen...
> Und daß sie jede Wand in meinem Haus
> umschlügen. Neue Seite. Nur der Wind,
> den solches Blatt im Wenden würfe, reichte hin,
> die Luft, wie eine Scholle, umzuschaufeln:
> ein neues Atemfeld. Oh Götter, Götter!
> Ihr Oftgekommnen, Schläfer in den Dingen,
> die heiter aufstehn, die sich an den Brunnen,
> die wir vermuten, Hals und Antlitz waschen
> und ihr Ausgeruhtsein leicht hinzutun
> zu dem, was voll scheint, unserm vollen Leben.
> Noch einmal sei es euer Morgen, Götter.

Wir wiederholen. Ihr allein seid Ursprung.
Die Welt steht auf mit euch, und Anfang glänzt
an allen Bruchstelln unseres Mißlingens...

SW II 185

Im November entstehen zwei Gedichte, »Idol« und »Gong«, deren kaum mehr zu enträtselnder Sinn am ehesten etwas von der *umwälzenden Hintergründigkeit* und dem radikal *Gestaltwandelnden* der näherrückenden Ecke des Plutonischen enthalten könnte.

Gong

Nicht mehr für Ohren...: Klang,
der, wie ein tieferes Ohr,
uns, scheinbar Hörende, hört.
Umkehr der Räume. Entwurf
innerer Welten im Frein...,
Tempel vor ihrer Geburt,
Lösung, gesättigt mit schwer
löslichen Göttern...: Gong!

Summe des Schweigenden, das
sich zu sich selber bekennt,
brausende Einkehr in sich
dessen, das an sich verstummt,
Dauer, aus Ablauf gepreßt,
um-gegossener Stern...: Gong!

Du, die man niemals vergißt,
die sich gebar im Verlust,
nichtmehr begriffenes Fest,
Wein an unsichtbarem Mund,
Sturm in der Säule, die trägt,
Wanderers Sturz in den Weg,
unser, an Alles, Verrat...: Gong!

SW II 186

Nennt dieses Gedicht Dimensionen des Hintergründigen, Unfaßlichen, wie wir sie vielleicht zu erahnen beginnen mit den Vorstößen im Außen, der Physik und Astronomie unseres Jahrhunderts? Oder wie sie, über Wege strengster Meditation, im Innen angenähert werden können? Wohin, in welche »Umkehr der Räume« hätte dieser Weg geführt? In welche überpersönliche Außenwendigkeit, der die Gesamtlagerung der Wesenskräfte im Unten-Innen in Rilkes Geburtsbild spannungsvoll entgegengestanden hätte?

Oder sind es stammelnde, visionäre Beschwörungen eines Menschen, der, dem Tode nahe, daran ist, ins Ganze einzutreten? Verbindet sich in den Schlägen des Gongs das Wesen von Orpheus, der schwingende Raum, das reinste Hören, mit Urtiefen, Urgewalten – als würden Anfänge der Schöpfung hörbar? Wird da Plutonisches im Raume des Neptunischen erfahrbar?

Nur kurze Augenblicke war wirkliche Arbeit für Rilke noch möglich. Die neu aufgetretenen Schwellungen im Mund machten aus ihm »einen unterbrochenen Menschen«, deckten ihn zeitweise vollends zu. Und da war noch der fünfzigste Geburtstag. Stöße von Briefen und Telegrammen trafen ein. »Wie gern wär ich unter diesem Geburtstag unbemerkt durchgekrochen!« heißt es in einem Brief an die Fürstin Taxis. Erst kurz vor Weihnachten konnte er in der Klinik Val-Mont aufgenommen werden. Bis Ende Mai dauerte diesmal der Aufenthalt.

Auf den Tod hin krank, aber zugleich im Banne jener Kräfte, die ihn ein Leben lang in unruhevoller Spannung gehalten hatten auf umwälzende Durchbrüche hin, auf Stürme von Geist und Herz – dies war, von der inneren Zeitgestalt her gesehen, Rilkes Situation in seinen letzten anderthalb Lebensjahren. Er war mitten drin im Spannungsfeld des aufragenden Jupiter, im Wirbel der Quadrate Mond–Jupiter, Uranus–Jupiter, der Oppositionen Uranus–Mond, Pluto–Jupiter. Es schien, als hätten sich die Kräfte des Plutonischen, Uranischen und Mondhaften noch einmal zusammengefunden in den begeisterten Aufschwüngen der Jupiter-Bewegung, um mit vereinten Kräften sich von der unerbittlichen Grenzsetzung des Saturnischen loszukaufen. Sie hatten sich alle vereint zur beschwörend-magischen

Flucht vor der verschlingenden Seite des Saturnischen. Denn die stärkste und zugleich subtilste Gestalt in Rilkes Leben, *das Wachsen seines Werkes*, welches bisher auch die größten Gegensatz-Spannungen *zusammengehalten* hatte, war nun durch das zunehmende Verhängnis im Körperlichen im Zentrum getroffen.

In den Monaten in Val-Mont (Dezember 1925 bis Mai 1926) sehen wir Rilke, trotz aller körperlichen Störungen, ganz unterwegs »auf großen Reisen«. Alles, was in der französischen Literatur geschah, verfolgte er begierig und mit nahezu grenzenloser Bewunderung. In der Brief-Begegnung mit Marina Zwetajewa, einer jungen russischen Lyrikerin in Paris, und Boris Pasternak, Sohn des Malers Leonid Pasternak, begann, ab Mai 1926, eine Begeisterung zu dritt in Briefen, die Ausmaße wie jene der Benvenuta-Zeit hätte annehmen können. Es entsprang diesem Briefwechsel im Juni sogar noch einmal eine Elegie, in welcher in atemlos drängender Sprache die unbedingte Hingabe des Dichters und seine allesumfassende Zustimmung besungen wird.

Elegie an Marina Zwetajewa-Efron

»O die Verluste ins All, Marina, die stürzenden Sterne!
Wir vermehren es nicht, wohin wir uns werfen, zu welchem
Sterne hinzu! Im Ganzen ist immer schon alles gezählt.
So auch, wer fällt, vermindert die heilige Zahl nicht.
Jeder verzichtende Sturz stürzt in den Ursprung und heilt.
Wäre denn alles ein Spiel, Wechsel des Gleichen, Verschiebung,
nirgends ein Name und kaum irgendwo heimisch Gewinn?
Wellen, Marina, wir Meer! Tiefen, Marina, wir Himmel.
Erde, Marina, wir Erde, wir tausendmal Frühling, wie Lerchen,
die ein ausbrechendes Lied in die Unsichtbarkeit wirft.
Wir beginnens als Jubel, schon übertrifft es uns völlig;
plötzlich, unser Gewicht dreht zur Klage abwärts den Sang.
Aber auch so: Klage? Wäre sie nicht: jüngerer Jubel nach unten.
Auch die unteren Götter wollen gelobt sein, Marina...«

SW II 271

Diesem begeisterten Anfang folgt ein Mittelteil, der von der Unerbittlichkeit der dichterischen Arbeit spricht, vom Tödlichen der Mächte, denen der Dichter sich, in seinem unbedingten Willen zur Ganzheit, öffnet und hingibt:

»Dieses leise Geschäft, wo es der Unsrigen einer
nicht mehr erträgt und sich zum Zugriff entschließt,
rächt sich und tötet. Denn daß es tödliche Macht hat,
merkten wir alle an seiner Verhaltung und Zartheit
und an der seltsamen Kraft, die uns aus Lebenden zu
Überlebenden macht. Nicht-Sein. Weißt du's, wie oft
trug uns ein blinder Befehl durch den eisigen Vorraum
neuer Geburt...«

SW II 272

Die Liebenden, wirft Rilke Marina zu, »dürfen soviel nicht von dem Untergang wissen«. Sie »müssen wie neu sein«. »Frühe erlernten die Götter/ Hälften zu heucheln.« Gemeint ist wohl: in den Liebenden. Denn: »Von der Mitte des Immer,/ drin du atmest und ahnst, schließt sie der Augenblick aus.«

Die letzten, besonders eindrücklichen Zeilen beziehen sich wieder ganz auf die Dichter:

»Wir in das Kreisen bezogen
füllten zum Ganzen uns an wie die Scheibe des Monds.
Auch in abnehmender Frist, auch in den Wochen der Wendung
niemand verhülfe uns je wieder zum Vollsein, als der
einsame eigene Gang über der schlaflosen Landschaft.«

GW II 273

Dieser letzte Durchbruch der Elegien-Sprache, in einer Zeit, in der Rilke sie seit Jahren, seit dem Februar 1922, nicht mehr gebraucht hatte, ist er nicht ein Hinweis darauf, daß Rilke wieder mitten drin im Spannungsfeld des aufragenden Jupiter stand, aber ohne die Mittel einer übergreifend neuen Werkstufe? Die Opposition zu Jupiter hatte die innere Lebensbewegung Ende Januar 1926 durchlaufen, die Quadratur zu Uranus war Ende Mai erreicht. Die Bewunderung, mit der er die französische Literatur geradezu überschüttete, die Erwartungen, die er an sie knüpfte bezüglich bahnbrechender Erneuerung, die Rastlosigkeit, mit der er alle diese Bewegungen noch von Val-Mont aus verfolgte – all dies sind Hinweise darauf, wie sehr die Konstellationen der Quadrate-Figur, die jahrelang sein eigenes Schaffen angetrieben hatten, ihn ein letztes Mal mächtig in Aufruhr versetzten. Was wir als magische Flucht bezeichnen, bezog seine Energien nicht zuletzt aus den Wirbeln dieser angerührten Spannungsfelder. Daraus entstanden bis fast zuletzt intensive Übersetzungsarbeit an Valéry, unglaublich viele Gespräche mit unzähligen Menschen und, damit verbunden, viele Widmungsgedichte, herrliche und merkwürdige, mehr Gelegenheitsarbeiten als Arbeit, wie er sie sonst, in seiner Strenge, verstanden hatte. Er schien weit entfernt zu sein in diesen Monaten seines letzten Lebensjahres vom »einsamen eigenen Gang über der schlaflosen Landschaft«.

Ende Juli 1926 war, in der inneren Zeitgestalt, die Stelle der Quadratur zum Saturnischen erreicht. Vier Monate später sollte die Konjunktion mit dem Plutonischen erfüllt sein. Zweifellos war es diese dunkle, gewaltsame Seite der Quadrate-Figur, vor der Rilke, so, wie sie sich jetzt zu konstellieren schien, floh. Zwar hatte er sie seit früh, seit dem Namenlosen der Kindheitsängste, als Erfahrung kennengelernt. Aber nun trat sie ihm entgegen in einer Form, die alle Eigenart des Persönlichen auszulöschen schien und ihn dem »absurden Beruf des Krankseins« unter dem beobachtenden Auge der Medizin auslieferte.

Im August entstehen in deutscher Sprache zwei größere Gedichte. Beide sind Widmungsgedichte, in Ragaz geschrieben. Beide enthalten, in ihrem Kern, die Thematik des Saturnischen. Im einen, betitelt »Die Weide von Salenegg«, wird in einfachen, reimenden Vierzeilern das Schicksal eines uralten, verfallenen Baumes erzählt, aus dem sich, unbemerkt und wie durch ein Wunder, eine junge Wurzel durch das faule Innere des Stammes getrieben hatte. Alter, Verfall und Erstarrung, die zugleich schützende Hülle für neu treibendes Leben wird, ist das Thema in diesem Gedicht. Die Strophen erinnern in ihrer elementaren, fast mechanischen Bauart an jene »aus dem Nachlaß des Grafen C.W.«. Sie sind, jedenfalls ihrer Form nach, Ausdruck von Rilkes zerfallenden Kräften.

Ganz anders das zweite Widmungsgedicht aus dieser Zeit: Mit nochmals großer Sprachgewalt gelingt es Rilke, das Wesentliche dichterischen Lebens und Auftrages auszusagen, so wie er es erfahren hatte. Nochmals erscheint die Zweiheit der Gestaltfiguren seiner Konstellation: Die Offenheit des Neptunischen, dem auch das Leiseste nicht entgeht; und das Unerbittliche der saturnischen Vierecks-Figur, woraus das Sagen der Schläge Rhythmen kommt. Es beginnt mit einem Zitat aus einem Gedicht von Karl Graf Lanckoroński:

»Nicht Geist, nicht Inbrunst wollen wir entbehren«:
eins durch das andre lebend zu vermehren,
sind wir bestimmt; und manche sind erwählt,
in diesem Streit ein Reinstes zu erreichen,
wach und geübt, erkennen sie die Zeichen,
die Hand ist leicht, das Werkzeug ist gestählt.

Das Leiseste darf ihnen nicht entgehen,
sie müssen jenen Ausschlagswinkel sehen,
zu dem der Zeiger sich kaum merklich rührt,
und müssen gleichsam mit den Augenlidern
des leichten Falters Flügelschlag erwidern,
und müssen spüren, was die Blume spürt.

Zerstörbar sind sie wie die andern Wesen
und müssen doch (sie wären nicht erlesen!)
Gewaltigstem zugleich gewachsen sein.
Und wo die andern wirr und wimmernd klagen,
da müssen sie der Schläge Rhythmen sagen,
und in sich selbst erfahren sie den Stein.

Sie müssen dastehn wie der Hirt, der dauert;
von ferne kann es scheinen, daß er trauert,
im Näherkommen fühlt man wie er wacht.
Und wie für ihn der Gang der Sterne laut ist,
muß ihnen nah sein, wie es ihm vertraut ist,
was schweigend steigt und wandelt in der Nacht.

Im Schlafe selbst noch bleiben sie die Wächter:
aus Traum und Sein, aus Schluchzen und Gelächter
fügt sich ein Sinn .... Und überwältigt sie's,
und stürzen sie ins Knien vor Tod und Leben,
so ist der Welt ein neues Maß gegeben
mit diesem rechten Winkel ihres Knie's!

SW II 276

Nach dem Kuraufenthalt in Ragaz und dessen bewegtem gesellschaftlichen Leben ist Rilke zu Gast in Lausanne; er fährt über den See nach Thonon, um Valéry zu besuchen, der dort in den Ferien weilt. Ein Foto dieser Begegnung zeigt uns einen lächelnden Rilke voller Jugendlichkeit. Wo ihm das Leben von außen noch entgegenkam, nahm er es auf, begierig und schnell bereit, etwas vom Zauber seines so großen Reichtums in jede Beziehung einfließen zu lassen. Die Magie seines jung gebliebenen Herzens überstrahlte ihm das Elend der hartnäckigen körperlichen Störungen. Im übrigen war es ja immer noch gänzlich ungeklärt, auch für Dr. Hämmerli und seine Ärzte, was an Kranksein in ihm vorging.

Anfang Oktober drang ihm der Dorn einer der Rosen in Muzot tief in die linke Hand. Eiternde Infektionen an beiden Händen waren die Folge. Noch einige Wochen hielt sein betriebsames Sich-im-Leben-Halten an; dann mußte er sich, gezwungen durch den voranschreitenden Krankheitsprozeß, ergeben. Ende November begleitete ihn seine russische Sekretärin, die ihm noch in den letzten Monaten beim unermüdlichen Durchsehen und Ordnen von vielem geholfen hatte, nach Val-Mont.

Nun sollte es nur noch Wochen dauern. Eine Blutuntersuchung ergab jetzt eine klare Diagnose: Rilke stand in den letzten, besonders schmerzhaft verlaufenden Phasen einer akuten Leukämie. Von diesem medizinischen Befund wollte er nichts wissen, trotz täglicher Gespräche mit seinem Arzt. Außer Nanny Wunderly, seiner Nike, Dr. Hämmerli und einer jungen Schwester ließ er niemanden mehr zu sich. Nike las ihm jeden Nachmittag vor und erledigte das Nötigste an Briefen. Trotz hohen Fiebers und furchtbarer Schmerzen, die er mit großer Tapferkeit ertrug, wünschte er nur so viel Medikamente, daß er bei wachem Bewußtsein bleiben konnte.

Mitte Dezember trug er zum letzten Mal in sein Taschenbuch den Entwurf eines Gedichtes ein. Sechzehn Zeilen sind es, in denen jedes Wort an seinem Orte steht, eine letzte, große, genaue dichterische Leistung. Unbestechlich ist darin seine Ohnmacht festgehalten, das Unkenntlichwerden im brennenden, heillosen Schmerz. Aber auch in dieser unüberbietbaren Hölle der Schmerzen ist nun Zustimmung ausgedrückt:

»Das Holz hat lange widerstrebt,/ der Flamme, die du loderst, zuzustimmen,/ nun aber nähr' ich dich und brenn in dir.«

Und wie in dem Gedicht: »Jetzt wär es Zeit, daß Götter träten aus bewohnten Dingen« (Oktober 1925) in jenem eindrücklichen Ausruf »Oh Götter, Götter!« alle Sehnsucht und Trauer über die entschwundene schöpferische Zukunft nachklingt, so ist es hier nun der klagende Anruf »O Leben, Leben: Draußensein«. Nichts, auch nicht die innigste Erwartung, scheint ihm jetzt das Leben zurückbringen zu können. Dürfen wir annehmen, daß Rilke in dieser dichterischen Aussage um seinen kommenden Tod wußte? Die Frage muß offenbleiben. Gewiß aber ist, daß er darin um die Haltung völliger Offenheit ringt:

»Ganz rein, ganz planlos frei von Zukunft stieg / ich auf des Leidens wirren Scheiterhaufen ...«

Noch bestärkt wird dies durch vier letzte, im Taschenbuch wieder durchgestrichene Verszeilen, in denen er jede heilende Erinnerung an das Kranksein in der Kindheit, das ja immer nur Aufschub ist, Vorwand, um größer zu werden, ausdrücklich abweist.

Dieser allerletzte, so eindrückliche Gedicht-Entwurf sei nun noch wiedergegeben:

> Komm du, du letzter, den ich anerkenne,
> heilloser Schmerz im leiblichen Geweb:
> wie ich im Geiste brannte, sieh, ich brenne
> in dir; das Holz hat lange widerstrebt,
> der Flamme, die du loderst, zuzustimmen,
> nun aber nähr' ich dich und brenn in dir.
> Mein hiesig Mildsein wird in deinem Grimmen
> ein Grimm der Hölle nicht von hier.
> Ganz rein, ganz planlos frei von Zukunft stieg
> ich auf des Leidens wirren Scheiterhaufen,
> so sicher nirgend Künftiges zu kaufen
> um dieses Herz, darin der Vorrat schwieg.
> Bin ich es noch, der da unkenntlich brennt?
> Erinnerungen reiß ich nicht herein.
> O Leben, Leben: Draußensein.
> Und ich in Lohe. Niemand der mich kennt.
>
> [Verzicht. Das ist nicht so wie Krankheit war
> einst in der Kindheit. Aufschub. Vorwand um
> größer zu werden. Alles rief und raunte.
> Misch nicht in dieses was dich früh erstaunte]
>
> SW II 511

Rilke starb in der Klinik Val-Mont am frühen Morgen des 29. Dezember 1926.

Mit dem Aufweis der inneren Zeitgestalt der letzten Lebensjahre hat unser Gang durch Rilkes Geburtsbild seinen Abschluß gefunden. In klaren, durch die Gliederung dieser Konstellation selbst vorgegebenen Schwerpunkten haben wir einen Eindruck bekommen von der Vielgestaltigkeit, aber auch von der elementaren Gesetzmäßigkeit des Grundrisses, wie er als eine Ganzheit von Ordnungsbezügen dem Werk und Leben dieses Dichters zugrunde lag.

Das Beeindruckende innerhalb der astrologischen Wahrnehmung sind nicht vor allem die Einzelheiten der individuellen Kosmogramm-Struktur, sondern die großen, gestalthaften Entsprechungen der Grundzüge, wie sie mit der Stunde (nicht Minute!) der Geburt gegeben sind. Je größer der schöpferische Genius eines Menschen, um so tiefer, weiträumiger und für *viele* gültig wird er die innere Wahrheit dieser konstellativen Grundzüge zum Ausdruck bringen.

Auf dem Hintergrund solcher Entsprechungen haben wir versucht, die Eigenart von Rilkes Wesen auszuleuchten: der Dichter aus dem Umgreifenden des Neptunischen, die Lagerung aller innersaturnischen Wesenskräfte unter der Horizontlinie, die Versammlung von vieren in der Himmelstiefe, die Zweiheit der beiden so verschiedenwertigen Gestalt-Figuren, schöpferische Gegensätzlichkeit und tiefste Zwiespältigkeit zugleich, das jahrelange Ringen des Erdlosen um die Integration des Saturnischen, die Aufschwünge und Gratwanderungen im Gefolge des hochaufragenden Jupiter, das Schmerzlich-Zwingende der Quadrate-Figur, Raum des zu-grunde gehenden Malte Laurids und Ort eines jahrzehntelangen Verdichtungsprozesses, woraus sich – im Zusammenklang mit der anderen Gestalt-Figur – herrlichste Gedichte formten; Uranus, im zwölften Haus allen anderen Wesenskräften gegenüberstehend: der aus dem Hinterhalt stürzende Gott; und Angelpunkt zugleich eines beispiellosen Wandererlebens.

Wo sich einem, wie jetzt, am Ende unseres Weges, die verschiedenen Bezüge eines Geburtsbildes wie selbstverständlich versammeln, da kann der Blick auf ein bisher kaum erwähntes Deutungselement besonders fruchtbar sein: die *Achse der Mondknoten*. Denn gerade diese Achse spiegelt manchmal in ihrer Raumlage und Tierkreis-

Eigenart in Kurzform eine Problematik, die zum Ganzen des Geburtsbildes in einem besonderen Bezuge steht.[5]

Die Spur, die der aufsteigende Mondknoten entwirft, ermöglicht uns, ähnlich der Nadel eines Kompasses, eine hilfreiche Orientierung innerhalb der Bezüge unserer Konstellation. Wo wir der Ausrichtung des aufsteigenden Mondknotens zu folgen vermögen, erleben wir uns getragen von den Kräften unserer Bestimmung. Wo wir es am Tun in diese Richtung (dies ist immer auch ein Aufgegebenes) fehlen lassen, kann es geschehen, daß wir in die Strömung des absteigenden Knotens geraten; diese ist vergleichbar einem Gewässer mit gefährlichen Untiefen. Wer darin verharrt, kommt in Stagnation oder erlebt die Bezüge dieser »Raumrichtung« in ihrem dunkeln, verschlingenden Aspekt. (Nicht, daß davor einfach zu fliehen wäre! Aber wer sich in diese Bezüge hineinwagen will, braucht zumindest den Schutz von den Kräften der aufsteigenden Seite.)

In Rilkes Geburtsbild liegt der aufsteigende Knoten im Widder-Prinzip, im ausklingenden siebten Haus, schon auf die Spitze des achten vorausweisend. Er steht, neben den drei Transsaturniern, als einziges Deutungselement oberhalb der Horizontlinie und verweist, ähnlich wie Neptun selbst, in die Tiefe des dritten Quadranten. Der Schritt vom siebten ins achte Haus, vom *Anruf der Begegnung hinein in die Preisgabe ins andere seiner selbst, ins Fremde, Größere* – dieser Schritt ist die Spur, der zu folgen die Mondknotenachse bei Rilke anzeigt. Dies soll geschehen in der wagenden Kraft und Unbekümmertheit des Widder-Prinzips.

Auf der anderen Seite steht, zu dieser fruchtbaren Ausrichtung ein dunkles Gegengewicht bildend, der andere Pol, im Venusischen der Waage, vom ersten ins zweite Haus ziehend: *selbststilisierende künstle-*

5 Astronomisch gesehen, stellen die Mondknoten jene Punkte auf dem Meßkreis der Ekliptik dar, wo – von der Erde aus gesehen – die Bahn des Mondes die scheinbare Sonnenbahn kreuzt. Es gibt somit einen aufsteigenden Kreuzungspunkt und einen absteigenden. Diese liegen einander genau gegenüber und erscheinen im einzelnen Geburtsbild als Achse der Mondknoten. (☊ = aufsteigender Knoten; ☋ = absteigender Knoten). Die Mondknoten-Achse bewegt sich sehr langsam im Tierkreis rückwärts (annähernd 3 Bogenminuten im Tag).

rische Subjektivität, befangen im Retten und Sichern der Eigenperson – so lautet in Kurzform eine der möglichen Entsprechungen der hier konstellierten gefahrvollen Untiefe.

Wer Rilkes Leben, Werk und Wirkungsgeschichte kennt, der weiß, daß mit dieser Problematik ein Kernpunkt seines Wesens berührt ist. Um diesen Punkt kreisen die meisten der kritischen, problemorientierten Deutungsversuche seiner Dichtung. Er selbst hat – so will es uns scheinen – zeit seines Lebens um diese Hingabe und Bestimmung gerungen und ihr Gelingen an manchen Stellen seines Werkes bewegend zum Ausdruck gebracht.

Wie die Natur die Wesen überläßt
dem Wagnis ihrer dumpfen Lust und keins
besonders schützt in Scholle und Geäst:
so sind auch wir dem Urgrund unseres Seins
nicht weiter lieb; *er wagt uns*. Nur daß wir,
mehr noch als Pflanze oder Tier,
mit diesem Wagnis gehn; es wollen; manchmal auch
wagender sind (und nicht aus Eigennutz)
als selbst das Leben ist –, um einen Hauch
wagender .... Dies schafft uns, außerhalb von Schutz,
ein Sichersein, dort wo die Schwerkraft wirkt
der reinen Kräfte; was uns schließlich birgt
ist unser Schutzlossein und daß wir's so
in's Offne wandten, da wir's drohen sahen,
um es, im weitsten Umkreis, irgendwo,
wo das Gesetz uns anrührt, zu bejahen.

SW II 261

»Die Bildhauerin ist da mit ihrer ganzen dunkeln Lebhaftigkeit, die Kraft ist und Kraft und Unmut über den Mangel an Anlaß zur Kraft.«[1]

EINIGE GRUNDZÜGE DES GEBURTSBILDES VON CLARA RILKE-WESTHOFF

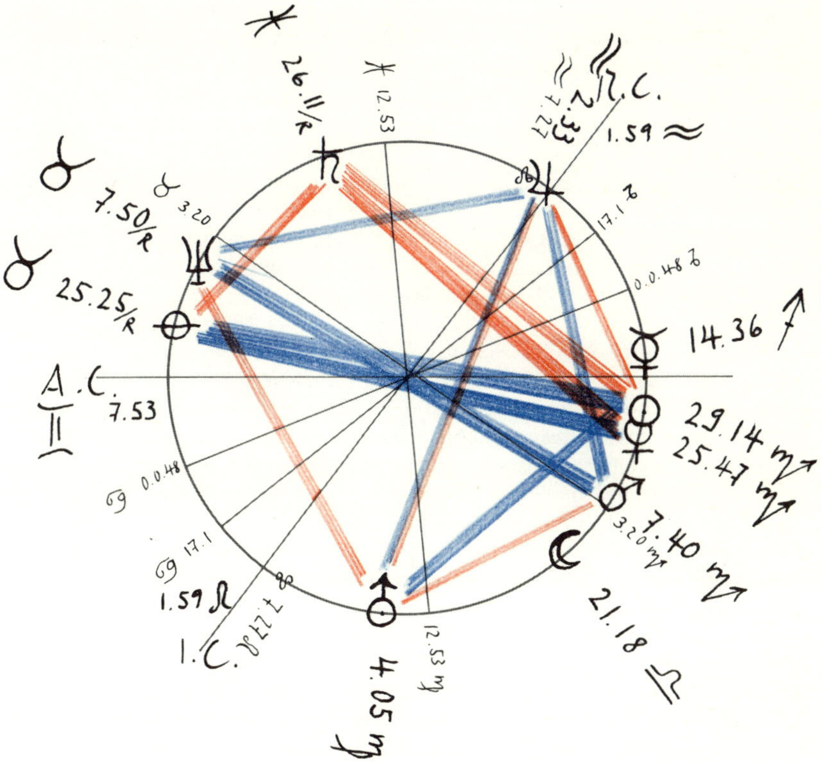

1 Rilke, Tagebücher aus der Frühzeit, Frankfurt 1973, S. 202.

Das Geburtsbild[2] von Clara Rilke erschließt sich dem ersten Blick nicht leicht. Wer war diese Frau, die mit viel Lebenskraft und jugendlicher Entschlossenheit ihren Vater davon überzeugen konnte, sie mit siebzehn Jahren von Bremen nach München ziehen zu lassen, um dort an einer privaten Malschule (Frauen waren an den staatlichen Kunstakademien zu dieser Zeit noch nicht zugelassen!) ihre künstlerische Ausbildung anzutreten? Schon früh war sie mit wachem Verstand und einer besonderen Bereitschaft zum Lernen auf ihren Weg gekommen. Kennzeichnend für dieses *Lernen* war ein gründliches, am Widerstand von Vorbild und Erfahrung sich bewährendes Erarbeiten, selbstkritische Überprüfung eigener Mängel und

2 Clara Rilke-Westhoff wurde am 21. November 1878 um 16.15 in Bremen geboren. (Quelle: Standesamt Bremen).

Sowohl die Darstellung von Clara Rilke-Westhoffs Geburtsbild wie auch jene der Tageskonstellation von Lou Andreas-Salomé ist aus manchen Gründen sehr viel knapper gehalten als die Ausführungen zu Rilke. Vieles kann nur kurz und skizzenhaft genannt werden. Gerade im Falle von Clara Rilke müßte ihr bildhauerisches ebenso wie ihr malerisches Werk beigezogen werden, um auch nur annähernd eine vergleichbare Evidenz der astrologischen Wahrnehmung wie bei Rilke zu erreichen. Ebenso fehlen von ihr wertvolle Selbstzeugnisse, so zum Beispiel ihre Briefe, welche bis jetzt nur zum kleinsten Teil zugänglich gemacht sind.

Über diese Gründe hinaus ist es aber kaum ein Zufall, daß ganz besonders unsere Ausführungen zu Clara Rilke sich den Weg nach innen, zum wirklichen »Gesicht ihrer Jahre«, nur vorsichtig tastend erfragen können. Das Eigentümliche ihrer Mond- und Merkur-Stellung, die beide im Gefüge des Ganzen über Aspekte nicht verbunden sind, weist auf eine zentrale Schwierigkeit hin. *Nicht* in derselben Gewißheit wie Rilke konnte sich Clara aus ihrer Ganzheit heraus erschlossen sein. Anders als bei ihm war auch nicht die Ausrichtung auf ein *Einziges*, Kostbares (trotz einzelner Konstellationen in diese Richtung) der Weg ihres Lebens. Vielleicht gelingt es, trotz der Knappheit der Darstellung, auf solche Unterschiede ein Licht zu werfen, ohne daß gängige Wertvorstellungen hier den Blick trüben.

Bei Lou Andreas-Salomé liegt die Grenze wieder anders. Bei ihr sind wir sehr weitgehend – über Selbstzeugnisse und ihr Werk als Schriftstellerin und Psychoanalytikerin – imstande, Grundzüge ihres Wesens und Weltbezuges zu sehen. Gerade deshalb konnten wir es wagen, ihre Tageskonstellation hier vorzustellen. Schon daraus ergeben sich interessante Einblicke. Aber solange nichts über die (zumindest ungefähre) Tageszeit ihrer Geburt bekannt ist, scheint es nicht ratsam, viel weiter über unsere dargelegten Vermutungen hinauszugehen.

Schwachstellen, und immer wieder neu eine flammende Begeisterung für das Vorbildliche und Unbedingte der großen künstlerischen Leistung. Clara suchte dieses Vorbild und fand es auch in der Begegnung und Auseinandersetzung mit Künstlern, die ihr dann für eine bestimmte Zeit zum Lehrer wurden. In der Münchner Zeit war es Friedrich Fehr, später zog sie zu Fritz Mackensen in die Künstler-Kolonie von Worpswede, das ihr zu einem ersten Höhepunkt von Anregung und eigener Arbeit wurde (dort begegnete sie der ebenfalls ganz jungen Malerin Paula Becker, die ihre Freundschaft suchte, und Heinrich Vogeler, Otto Modersohn, Fritz Overbeck und – Rilke); dann war es Max Klingler in Leipzig, und schon 1900, noch *vor* der Begegnung mit Rilke, brach sie auf Vorschlag von Klingler auf nach Paris, um an der Kunst von Auguste Rodin weiterzulernen. In die Nähe von Rodin zu gelangen war nicht leicht. Clara besuchte zuerst Kurse der Académie Julian, suchte dann aber Rodin in seinem Atelier auf und konnte etwas später an Kursen des gerade gegründeten »Institut Rodin« teilnehmen. »Rodin hat eine Bildhauerschule eingerichtet, die Clara Westhoff besucht. Zwar hat sie monatlich nur ein oder zwei Korrekturen von ihm ... Aber sie ist eben ein Mensch, der überall lernt.« So schreibt Paula Becker, die ebenfalls zur selben Zeit in Paris war, an ihre Eltern.[3]

Die Zwillinge am Aszendenten werfen ein erstes Licht auf Claras lernendes Unterwegssein; Sonne, Venus, Mars im Skorpion-Prinzip und das Trigon von Sonne/Venus zum hochgestellten Saturn lassen das Spannungsvoll-Selbstkritische in der Auseinandersetzung mit sich selbst (Skorpion-Prinzip) und die Erprobung am Widerstand von Vorbild und Erfahrung (Saturn-Trigone) verstehen, während Merkur im Schütze-Prinzip, eingebunden ins siebte Haus, deutlich macht, wie sehr sich die Begeisterung, der Aufschwung zu großen Zielen, in der Auseinandersetzung, im Gespräch mit *anderen* entzündet. Auch der Mond im Waage-Prinzip weist auf die Bereitschaft hin, im Offensein auf das Wechselnde der Situationen Anregung und Gleichklang zu suchen.

3 Paula Modersohn-Becker in Briefen und Tagebüchern, Frankfurt 1979, S. 214.

So zieht Clara ihres Weges, früh selbständig und entschlossen, jenseits materieller und bürgerlicher Rücksichten ihre Arbeit voranzutreiben. Auch bei ihr steht, wie bei Rilke, *keine* der innersaturnischen Wesenskräfte im Erdelement. Auch sie setzt auf ihre künstlerische Arbeit und will sich immer tiefer einbinden im Konkreten der Werktage (Mond, Mars, Venus und Sonne stehen, zwar je verschieden, aber doch alle bezogen auf das *sechste* Haus); und auch bei ihr spielen die Tugenden des Saturnischen (Geduld, Gründlichkeit, Strenge gegen sich selbst, übende Konzentration) *zur Überbrückung der Erdlosigkeit* eine große Rolle. Nur ist bei ihr diese Wesenskraft ungleich synthetischer gestellt als bei Rilke und dadurch früher und selbstverständlicher verfügbar, steht sie doch in der Mitte des vierten Quadranten, im elften Haus, den elementarischen Aufruhr der Kräfte, wie es die Opposition von Pluto zu Sonne/Venus in Skorpion mit sich bringt, sextilisch-trigonal *überformend.*

Die weiblichen Kräfte ihrer ambivalenten Sinnlichkeit (mit Venus in Skorpion gleich intensiv im Bemächtigen wie im Abstoßen) sind in den Bezügen der Dreiecksfigur von Sonne, Pluto und Saturn in eine weit ausholende, *übergreifende Aufgabe eingebunden*, wobei Saturn im elften Haus als ruhender Pol erscheint: Früh schon suchte Clara, gerade in ihrer Erdlosigkeit, einen Halt in der geistigen Auseinandersetzung mit Kunst und Philosophie, mit den Strömungen des Zeitgeistes, wie er ganz besonders um die Jahrhundertwende in gewaltigen Umgestaltungen stand. Die Stellung des Menschen im Ganzen des Wirklichen, das ahnende Vertrauen auf eine große, gültige Ordnung (Saturn in den Fischen, im elften Haus), diese Einwurzelung in ein geistiges Gesetz, in den Logos des archetypisch Väterlichen, war zeitlebens ein Schwerpunkt ihres Daseins und ihrer existentiellen Sicherheit. In diesen Zusammenhängen müssen wir den Eifer, die Begeisterung ihres Lernens sehen, dann begreifen wir auch, wie sehr darin die Gefahr bestehen konnte, »mehr Jünger als Frau zu sein«. So formulierte es Rilke in einem Brief von 1913:

»Es ist in Clara sehr viel vom Mädchen, darum immer wieder sehr viel Sehnsucht danach, ein Frauen-Leben zu haben, und doch, wo sie sich unterwirft, da ist sie sofort mehr Jünger als Frau, mehr Schüler und Anhänger und das nicht im stärksten Sinn, sondern eher in dem des Aufgebens und der Nachahmung.«[4]

Vom Gesamtbild her können wir diese Aussage gelten lassen, aber nur als die Anzeige einer grundsätzlichen Gefahr. Wenn wir in Rechnung ziehen, wie viel schwerer der Weg einer Frau unter den damaligen gesellschaftlichen Vorurteilen war, zu einer eigenen künstlerischen Persönlichkeit heranzureifen, werden wir vorsichtig sein müssen in der Beurteilung, wo Nachahmung geschieht oder schöpferische Kräfte gegen viele Widerstände um ihre eigene Leistung ringen. Erst seit kurzem haben wir durch die gründliche Arbeit von Marina Sauer die Möglichkeit, die Entwicklung und Bedeutung des bildhauerischen Werkes von Clara Rilke in Grundzügen zu überblicken.[5] Daraus wird ersichtlich, in welch erstaunlichem Maße sie ihren Weg als Bildhauerin ging, unbeirrt lernend, ständig im Kampf mit den ungesicherten materiellen Verhältnissen, aber nie daran denkend, ihre künstlerische Arbeit dieser Not oder einer Beziehung zu opfern.

Der Schwerpunkt ihrer bildhauerischen Produktion lag klar beim menschlichen *Portrait*. Die Spannung von Innen und Außen, das Lebenshintergründige, wie es sich als Ausdruck des Seelischen und Geistigen im Gesicht eines Menschen am unmittelbarsten zeigt, war ihr bevorzugtes Arbeitsfeld. Darin können wir die wohl zentralste Entsprechung ihrer dreifachen Skorpion-Betonung sehen. Seelischer Innenraum wird im Konflikthaften, Spannungsvollen der Gegensätze schöpferisch, ringt in sich selbst um das Stirb und Werde lebendiger Entwicklung. Das Nachhaltige und ungemein Regenerationsfähige solcher Lebenskraft (Sonne, Venus und Mars in Skorpion) erprobt sich an der Widerständigkeit des Realen und dringt in zäher Bearbeitung des Stoffes (Saturn-Trigone) vor zu einer *völligen Umge-*

4 Rilke, Briefe an Sidonie Nadherny von Borutin, Insel 1973, S. 200.

5 Marina Sauer, Die Bildhauerin Clara Rilke-Westhoff, Bremen 1986.

staltung (Opposition zum Plutonischen), so daß im Undurchdringlichen der Materie das Tiefste des Seelischen und Geistigen aufzuscheinen vermag. Darf in dieser Weise die Gestalt-Figur von Sonne/Venus, Saturn und Pluto gedeutet werden als ein möglicher Grundriß zu bildhauerischer Arbeit? Liegt in dieser Konstellation nicht geballte Energie, die, eingebunden in zähe Formungskraft (und lange erprobten Formsinn), den Werkstoff in die räumlich-plastische Gestalt hineintreibt? (Auf den meisten Fotografien von Clara kommt etwas von dieser marsischen Seite ihres Wesens in den herben, eigenwilligen, fast männlich anmutenden Zügen ihres Gesichtes zum Ausdruck.) Es spricht vieles dafür, daß dieser kompakten Dreiecks-Figur die zentrale Aufgabe ihres Lebens entsprungen ist.

Jupiter, am höchsten Punkt des Himmels stehend, im Wassermann-Prinzip und nahe beim aufsteigenden Pol der Mondknoten-Achse, hat das Seine zu dieser Aufgabe beigetragen: Entwicklung, Ausreifung wird in der eigenen *Autonomie* gesucht, im Sich-Aufrichten in die Selbständigkeit des beruflichen Weges, worin Sachlichkeit und Leistung als Maßstab gelten. Das Sextil zum Sonnenhaften bringt diesen Zug zur Selbständigkeit in Einklang mit der Kernhaltung und schließt seine Aufrichtekraft zusammen mit der zentralen Dreiecks-Figur, während die Quadratur zum Marsischen (sie ist nur noch ungenau) den Bogen spannt (und überspannt), Sachleistung und Autonomie zu einem Motiv werden läßt, welches die unruhevoll suchenden Kräfte (Mars in Skorpion) zum Kampf anstachelt. Eine Gratwanderung zwischen Herausforderung und Überforderung ist damit konstelliert. Man kann sich vorstellen, wie dieser kulminierende Jupiter die siebzehnjährige Clara in den Aufbruch ihrer Kräfte förmlich hineinzog: Mit siebzehn Jahren hatte ihre innere Lebensbewegung das Trigon zur Sonne erreicht, kurz danach erfolgte der Umschlag ins Löwe-Prinzip, und mit dem vollendeten achtzehnten Jahr stand sie ihrem Jupiter genau gegenüber. Das waren die Jahre ihrer ersten Münchner Zeit, wo sie an der Malschule Fehr/Schmid-Reutte ihre Ausbildung begann. Allerdings war noch keine *direkte* Berührung (Konjunktion) der inneren Lebensbewegung mit einer der Wesenskräfte erfolgt. Uranus, der wie bei Rilke auch in Claras

Bild Spannungsherrscher ist, wird den überraschenden Auftakt bilden. Er steht, den Raum des vierten und fünften Hauses beherrschend, als ein erster *großer Brennpunkt* ihres Lebens da. Im Trigon zu Neptun, im Quincunx zu Jupiter, im Quadrat zur Sonne, im Sextil zu Mars ist er eingefügt ins Spiel des Ganzen und steht bereit, dieses – als unterster Punkt eines aufzufaltenden Fächers – mit einem jähen Durchbruch zu eröffnen. Genau das spiegelt sich auch in der inneren Zeitigung. Da folgen sich die Bezüge Schlag auf Schlag: Im Frühsommer 1900 ist die Quadratstelle zur Venus-Pluto-Opposition erreicht, gegen Jahresende das Quadrat zur Sonne, kurz danach der Umschlag von Löwe ins Jungfrau-Prinzip, und im Sommer 1901 geschieht die Konjunktion mit Uranus. Die dazugehörenden Lebensdaten: Im Dezember 1899 bricht Clara zum ersten Mal zu Rodin nach Paris auf. Für ihre künstlerische Entwicklung wird diese Begegnung wegweisend. Die folgenden sechs Monate blieb sie dort, arbeitend, lernend. Im Sommer 1900 kehrte sie zurück nach Worpswede, worauf im Herbst die Zeit der Begegnung mit Rilke begann. In denselben Sommer 1900 fällt auch der Durchgang durch den Talpunkt des vierten Hauses. Im Rückblick wissen wir, daß diese Zeit (bis Sommer 1901), randvoll angefüllt mit wichtigen inneren Bezügen, tatsächlich eine überraschende Wendung, eine Entscheidung brachte, die mit einem Schlag die bestimmende Szenerie für ihr ganzes Leben eröffnete. Der »uranische Fächer« hatte sich mit nachhaltiger Wirkung ausgefaltet (mit Mutterschaft und erster Leidenschaft ganz in Entsprechungen der Tiefenperson gründend). Selbst die Freunde aus der Worpsweder Kolonie reagierten überrascht und eher bestürzt, als Clara und Rilke im Frühjahr 1901 als ein Paar in Erscheinung traten.

Wenn wir die Konstellationen beider – im Sinne einer *Synastrie* – im selben Tierkreis aufeinanderlegen, kann uns einiges dieser Beziehung verständlich werden: Claras Merkur-Stellung auf 14° des Schützen kommt in Konjunktion mit Rilkes Wesenskern, der Sonne auf 11° des Schützen. Und Claras Sonne selbst fällt gradgenau zusammen mit Rilkes Merkur-Stellung, steht also in direktem Bezug zu Rilkes einer großer Gestalt-Figur, gebildet aus Venus, Neptun, Mars und Merkur. In dieser wechselseitigen starken Bezogenheit von Sonne und Merkur (von beiden Seiten getragen und bestätigt) gründete wohl die klarste und dauerndste Dimension ihrer Beziehung. Was zuerst, bei Clara, eine Art Selbstverlust bewirkte (ihre Sonne-Venus-Konjunktion wurde beinahe aufgelöst im Schwingungsraum von Rilkes Venus-Neptun-Figur), wuchs mit den Jahren aus zu einer lebenslangen *Verbundenheit ihrerseits mit seinem Werk*. Auch Rilke blieb ihrem künstlerischen Schaffen zeit seines Lebens verbunden.

Es war Clara, die ihm den werktäglichen Zugang zum bildhaueri-

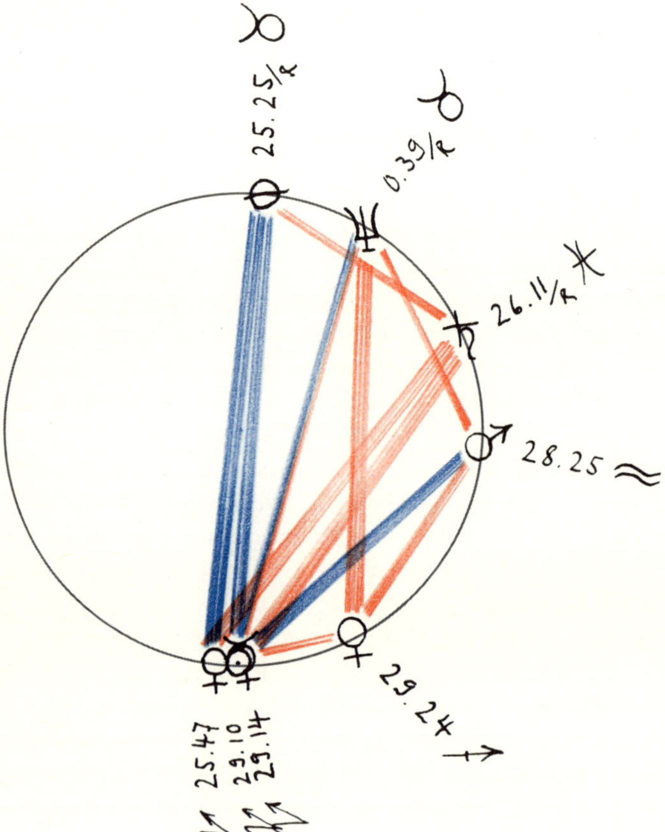

schen Prozeß eröffnete. In der Einfühlung in ihre Arbeit wurde Rodin für Rilke bedeutend. Man kann bei diesen Bezügen des künstlerischen Austausches förmlich sehen, wie Rilkes dichterische Welt der Neptun-Venus-Figur über das Organ des Merkurischen *sich zusammenlegt* mit Claras kompakter Dreiecks-Figur, und – in solcher Synastrie – jeder aus der Figur des anderen *befruchtet* wird.

So war es im Grunde der *künstlerisch-geistige Austausch*, die zentrale Rolle, welche die künstlerische Arbeit im Leben beider spielte, was sie miteinander stark und bleibend verband.

Die Gründung eines gemeinsamen Haushaltes, das Leben zu dritt als Familie, die Tochter Ruth als ihr *gemeinsames* Kind – das war hingegen nicht viel mehr als eine während kurzer Zeit versuchte Illusion zweier junger Menschen *ohne* eine einzige der innersaturnischen Wesenskräfte im Erdelement:

Die Aufstellung macht es augenfällig: Mit Ausnahme von Rilkes Aszendent (Jungfrau-Prinzip) lag aller Bezug zum Erdelement im Hintergrundraum der Transsaturnier. Er war bei beiden erst zu gewinnen im Prozeß der künstlerischen Arbeit.

Bei Rilke wissen wir aus seinen Briefen, wie wenig er sich dem konkreten Vatersein gewachsen fühlte. Aber auch bei Clara gibt es, aus ihrer Konstellation heraus, Hinweise, daß die Dynamik ihrer Wesenskräfte sie dem Muttersein nicht früh nahe brachte. Die Lage der Mondknoten-Achse, mit dem aufsteigenden Pol beim hochgestellten Jupiter, ließ sie zuerst und vordringlich ihre Entfaltung in der Unabhängigkeit einer Sachleistung suchen; und dies, gemäß dem Wassermann-Prinzip, durchdrungen von einem freiheitlichen Leitbild, wonach der einzelne zuerst Mensch und Bürger einer geistigen

Welt ist, die naturhafte Bindung an Mann- oder Frausein übersteigend.[6] Der Bereich ihrer Herkunft, die Einwurzelung in naturhaft-organische Zusammenhänge von Sippe und Familie (viertes Haus, Himmelstiefe) ist durch den absteigenden Mondknoten »verstellt«; er wird zu einer ambivalenten Gefahrenzone, die vorerst einmal – zugunsten einer Lebensöffnung in die entgegengesetzte Richtung – gemieden werden will. Um so konflikthafter muß es für Clara gewesen sein, noch lange auf die materiellen Zuschüsse ihres Vaters angewiesen zu sein und die Hilfe ihrer Eltern nach der Geburt von Ruth (im Dezember 1901) in noch viel größerem Maße beanspruchen zu müssen. Auch die Stellung des Mondes – er steht abseits, ohne direkte Verbindung zum Spiel der übrigen Wesenskräfte – weist darauf hin, daß die Dynamik ihres Lebenskampfes zuerst einmal »am Kind in ihr selbst«, und natürlich auch an ihrem eigenen Kind Ruth, *vorbeigehen* würde.

Es war eine bittere Situation, als Clara das kaum erst gegründete

6 Mit dieser Jupiter-Stellung im Wassermann-Prinzip war Clara durchaus angeschlossen und »verständigt« mit Rilkes Ideen über die Beziehung von Mann und Frau. Das Freiheitliche, Brüderliche, ja Geschwisterliche kam dann auch, vor allem nach 1912, immer ungehinderter zum Tragen. Auch ihre Mond-Stellung in der Waage, im Trigon zu Rilkes Mond-Saturn-Konjunktion, mag diesen Bezug bestärkt haben.

Ganz anders stand es allerdings zwischen ihnen mit der Beziehung der Geschlechter, wenn wir die Stellung von Venus und Mars, beide bei Clara im Skorpion-Prinzip, ins Auge fassen. Von dieser Dimension ihres Frauseins aus wäre es um eine leidenschaftliche Auseinandersetzung gegangen, um ein Ringen der Geschlechter, worin keine Form der geistigen Übereinkunft vor der Entlarvung als »fauler Friede« hätte sicher sein können. *Dieser* Kampf konnte gewiß nur zu kleinsten Teilen ausgetragen werden. Vielleicht brach er in Ansätzen aus – und verstummte wieder in der Ausweglosigkeit der Situation. Denn nach allem, was wir von Rilkes eigenen Konstellationen wissen, war er (mindestens damals, zu seiner ersten Pariser Zeit) *nicht frei genug*, zwischen der ungemein fordernden Bestimmung durch sein Werk und den Konflikten, wie er sie in einer *durchgestandenen* Beziehung mit Clara zweifellos erlebt hätte, zu wählen. Die Quadrate, in denen Venus und Saturn in der Synastrie – wiederum *wechselseitig* – einander sperrig gegenüberstehen, zeigen an, *wie schwer* eine Auseinandersetzung geworden wäre (Venus Clara steht im Quadrat zu Saturn Rilke; Venus Rilke steht im Quadrat zu Saturn Clara).

kleine Heim in Westerwede im Sommer 1902 schon wieder aufzulösen hatte und Ruth vorerst endgültig der Obhut ihrer Eltern in Oberneuland (bei Bremen) überlassen mußte. Künstlerisch war die Zeit seit der Begegnung mit Rilke reich und ergiebig gewesen. Es entstand eine ganze Reihe wichtiger Arbeiten, unter anderem Porträts von Rilke, Martha und Heinrich Vogeler und eines von ihrem Bruder Helmuth Westhoff.

Die Jahre, die nun kamen, waren geprägt vom Kampf, lernend in ihrer bildhauerischen Arbeit weiterzukommen, endlich eine tragbare Lösung zu finden für die ständigen materiellen Sorgen (viele Ideen diskutierte man, vom Eröffnen einer Bildhauerschule bis zur Porzellan-Malerei in Kopenhagen) und ruheloser Wanderschaft zwischen Oberneuland, wo sich die kleine Familie jeweils über Weihnachten bei Claras Eltern zusammenfand, und Paris, Rom, Kopenhagen, Berlin . . .um nur die größten und wichtigsten Stationen zu nennen. Man müßte nicht nur Rilkes Briefe an Clara während dieser Jahre kennen, sondern auch diejenigen von Clara an Rilke. Erst dann ließe sich der innere Prozeß genauer erhellen, den diese Frau im Kampf mit so vielen Schwierigkeiten durchzustehen hatte. Viele Fragen bleiben bei dieser Quellenlage vorderhand unbeantwortet. Daran kann eine Betrachtung mit astrologischen Mitteln, gerade wenn sie die Aussage-Grenzen beachtet, im Grunde nichts ändern. Dennoch lohnt es, die uns bekannten lebensgeschichtlichen Tatsachen auf dem Hintergrund von Claras Konstellation etwas grundsätzlicher zu beleuchten.

Die Stellung des *isolierten* Merkurs und Mondes lassen ersehen, daß zwei *besonders wichtige* der sieben innersaturnischen Wesenskräfte dem Werden von Claras Persönlichkeit *schwer einzugliedern* waren. Dies besagt zuerst einmal ganz elementar eine *Schwächung des Gesamtzusammenhanges.* Mit Merkur steht zudem diejenige Wesenskraft am Du-Pol und außerhalb des übrigen Aspektgefüges, die – durch den Zwillinge-Aszendent – die leitende Rolle des »Geburtsgebieters« (eines primus inter pares) zu übernehmen hatte. Damit wird einerseits klar, daß das lernende Unterwegssein wesenhaft auf Begegnung (Anregung, Ergänzung) entworfen ist, *im Anderen* erst zum Eigenen findet, und andererseits eine solche Begegnung durchaus die Qualität eines relativ *autonomen Einbruchs* annehmen kann. Denn die isolierte Stellung einer Wesenskraft drückt ja auch dies aus: als »freie Valenz« nur in lockerem Zusammenhang mit den übrigen Gestaltkräften zu stehen.

Daß der Mond im Waage-Prinzip ebenfalls abseits steht, verstärkt das eben Gesagte. Seine Stellung im letzten Drittel des fünften Hauses und im Venusischen des Waage-Prinzips läßt ihn zwar hingeneigt sein zur Arbeit, wie sie Mars, Venus und Sonne (eingebunden in ihre kompakteren Gestaltfiguren) entspringt. Aber in seinem Für-sich-Sein außerhalb der üblichen Aspekte drückt er zugleich die Not eines *»verlorenen Kindes«* aus. Vom gefühlsmäßigen Ort dieses Kindes erlebt, mußte in diesem Leben vieles zuerst *unbezogen* und *fraglich* bleiben. Wozu das Ganze der künstlerischen Arbeit, der lebenslangen Anstrengung? Wozu all das, wenn dabei das innere Kind und ebenso das äußere, die Tochter Ruth, am Rande bleibt und auch das Frausein im Erleben der Mutterschaft so sehr ins Abseits zu den übrigen Bezügen führt? Was sich bei Rilke als Konflikt zwischen Arbeit und Leben (Sicherheit, Partnerschaft, Vatersein ...) zeigte und wofür er letztlich, gerade in der Zuspitzung dieser Not, immer nur *eine* Antwort in sich trug, das war auch in Claras Leben ein notvolles Problem, aber bei ihr mehr in der Form eines *Verlorenseins im nur vage Verbundenen*, eines gefühlhaften Fremdseins und Orientierungslosseins im *Unzusammenhängenden.* Dies mußte – im Untergrund ihrer Persönlichkeit – zu Unsicherheit bezüglich ihrer tiefsten Bestimmung und, darauf bezogen, zu periodisch wiederkehrenden Selbstzweifeln führen.

Um so erstaunlicher ist es, mit welcher Kraft und zähen Beharrlichkeit Clara in den Jahren der Wanderschaft immer neu wieder begann, unter den jeweils etwas anderen Bedingungen am neuen Ort ihre Arbeit fortzusetzen, und gegen alle äußere Bodenlosigkeit sich wieder einen kleinen Zuwachs an Können und innerer Sicherheit errang.

Ein Blick auf ihr Geburtsbild – allerdings nur in den weiträumigsten Zusammenhängen – zeigt eines deutlich: In den Jahren, in welchen die innere Lebensbewegung die Sonne-Venus-Konjunktion erreichte und damit erstmals eine direkte Berührung mit der kompaktesten Gestalt-Figur des ganzen Bildes herbeiführte, dürfen wir eine spürbare Wende hin zu größerer Klarheit und innerer Festigkeit erwarten. Diese Jahre haben – aus dem Ganzen des Geburtsbildes betrachtet – den Stellenwert einer *Zeit-Achse*, welche eine unruhevolle erste Lebenshälfte, gekennzeichnet durch den Brennpunkt des Uranischen und die Verlorenheit des Mondhaften (und Merkurischen), abschloß und das weitere Leben unmittelbarer unter die Zugkraft der beiden Großen, Langsamlaufenden, unter Jupiter und Saturn stellte. Diese zwei sind es ja, welche den Raum über der Horizont-Achse in eindrucksvoller Stellung beherrschen. Diese Zeit-Achse fällt in die Jahre 1912/1913.[7]

Bereits Anfang 1911 war Clara nach München umgezogen, wo sie bei Freiherr von Gebsattel sich auf eine Psychoanalyse einließ.

»Was mich hier in München trotz der Hitze so standhaft festhält, ist der Arzt, bei dem ich eine langwierige Kur durchmache. Diese Kur, die auch seelischer Art (ist), soll mir helfen, mein Leben wirklich einmal in die Hand zu bekommen, (was ich nie hatte, wie Sie gewiß oft bemerkt haben). Deshalb ordne ich alles andere dieser Sache unter.«[8]

So schreibt Clara in einem Brief an Hedwig Fischer. Anfang 1912 läßt sie Ruth zu sich nach München kommen und beginnt, zögernd und staunend über das Ungewohnte, ein »bürgerliches Leben« zu führen.

»...und darum will ich Ihnen noch erzählen, daß Ruth und ich wirklich ein bißchen seßhafter geworden sind und eine kleine Wohnung haben, die wir sehr lieben. Wir haben sogar ein gemietetes Klavier und ein Telefon und finden es nun ganz natürlich, daß wir ein wirkliches Heim haben, wo wir zu Hause sind. Das habe ich nun

7 Wir unterlassen hier bewußt eine Diskussion der genaueren Geburtszeit. Im Großen gesehen, stimmen die vorhandenen Lebenszeugnisse überein mit der inneren Entwicklung, wie sie durch die Altersprogression zu entwerfen ist. Für eine genauere Erhellung jedoch reicht die Quellenlage noch nicht aus.

8 Marina Sauer, Die Bildhauerin Clara Rilke-Westhoff, Bremen 1986, S. 59.

so viele Jahre nicht gehabt und bin immer so unstet und eigentlich ruhelos herumgezogen. Früher in Paris war das ja schön und hatte seinen Sinn – aber den hatte es nun lange nicht mehr.«[9]

Eine Folge dieses Neuordnens ihres Lebens ist im weiteren, daß sie Rilke die Scheidung vorschlägt. Trotz seines Einverständnisses kommt es letztlich (wegen bürokratischer Schwierigkeiten und zu hoher Kosten) nicht dazu. Dennoch lebt ihre Beziehung und die gemeinsame Sorge um Ruth gerade in dieser Münchner Zeit auf einer Ebene der Freundschaft und des gegenseitigen Vertrautseins weiter.

Auch in der Arbeit macht sich der stärker gewordene Bezug zu sich selbst bemerkbar. Eindrucksvolle Porträt-Büsten entstehen, unter anderem von Ricarda Huch und Karl Wolfskehl. Als Clara von der Kunsthalle in Mannheim den Auftrag erhält, Rodin zu porträtieren, sagt sie voller Freude zu und betont, daß sie erst jetzt »die Sicherheit des Ausdrucks« erreicht habe, sich an eine solche Aufgabe heranzuwagen. Rodin sagte ihr für dieses Vorhaben im Herbst 1912 zu, zog aber sein Einverständnis im Frühjahr 1913 aus politischen Gründen wieder zurück.

Die Jahre des Krieges verbrachte Clara in München, und wie es scheint, trotz großer äußerer Not, innerlich ungebrochen und voller Zuwendung zum Leben. Mit Lou Andreas-Salomé, der Malerin Lou Albert-Lasard und der Schriftstellerin Annette Kolb unterhielt sie freundschaftliche Beziehungen. Ebenso pflegte sie Austausch im esoterischen Kreis um Alfred Schuler.

Die Verehrung, die Clara für diesen Privatgelehrten (Archäologe, Mythenforscher) hatte, wirft ein Licht auf eine bisher kaum erwähnte zentrale Struktur ihres Geburtsbildes: die Stellung der beiden Transsaturnier Neptun und Pluto im *zwölften Haus* und die vom zwölften ins sechste Haus laufenden Oppositionen zu Mars, Venus und Sonne. Gerade hier liegt eine Parallele zu Rilkes Uranus-Stellung und den damit verbundenen Oppositionen zu Saturn und Mond im sechsten

9 Marina Sauer, ebenda S. 59.

Haus. Auch in Claras Leben finden wir *mächtige Zugkräfte aus dem Welthintergrund*, auch bei ihr, der Erdlosen wie Rilke, ist das konkrete Hiersein im Werktäglichen (sechstes Haus) spannungsvoll bezogen auf das neptunisch und plutonisch belebte hintergründige Ganze.

Sie war durch diese Konstellationen mehr als vorbereitet für die gnostische Weltschau, wie sie ihr in den Vorträgen von Alfred Schuler (1865–1923) mit außerordentlicher Wirkmacht entgegenkam. Schuler gehörte dem »Münchner Kosmiker-Kreis« an, der sich kurz nach der Jahrhundertwende um den Philosophen und Graphologen Ludwig Klages und den Dichter Stefan George gebildet hatte. Auch Rilke hörte einige Vorträge von Schuler und reagierte mit Bewegung und feinem Gespür für die ihm nötige Distanz. Marie Taxis schilderte er seine Eindrücke:

»Ein paar Vorträge, zu denen man einen sonst ganz eingezogenen Mann kürzlich bewogen hat, haben den kleinen Kreis, der dazu zusammenkam, wunderlich erregt und beschäftigt. Ich mußte viel an Sie denken, wünschte Sie herbei –, stellen Sie sich vor, daß ein Mensch, von einer intuitiven Einsicht ins alte kaiserliche Rom her, eine Welterklärung zu geben unternahm, welche die Toten als die eigentlich Seienden, das Toten-Reich als ein einziges unerhörtes Dasein, unsere kleine Lebensfrist aber als eine Art Ausnahme davon darstellte: dies alles gestützt durch eine unermeßliche Belesenheit und von einem solchen Gefälle innerer Überzeugung und Erhebung, daß der Sinn unvordenklicher Mythen, gelöst, in dieses Redebett herbeizustürzen schien, den Sinn und Eigensinn des seltsamen Sonderlings auf seiner großen Strömung tragend –. Ich hörte nur den letzten der drei Vorträge und empfing so gewissermaßen nur den Ausgang seiner Begriffe, war aber doch ahnungsvoll gegen ein Ganzes zubewegt, das in diesem uns abgekehrten Geist merkwürdig vollkommen aufgerichtet schien« (BR 483).

Wir wissen nichts Genaueres darüber, *wie* Clara Rilke diese Erfahrungen letztlich in ihr eigenes Leben aufzunehmen vermochte. Daß Schuler sie tief berührt hatte, zeigt sich schon daran, daß sie nach der ersten Büste von ihm (1915/16 entstanden) nach seinem Tode zwei weitere Porträts »aus der starken und bewegten Erinnerung an ihn« schuf. Rilke bringt in seinem Antwortbrief auf Claras Nachricht vom Tode Schulers seine Orpheus-Sonette in einen Zusammenhang mit ihm:

»In den Sonetten an Orpheus steht vieles, was auch Schuler zugegeben haben würde; ja wer weiß, ob nicht manches davon so offen und geheim zugleich auszusagen, mir aus der Berührung mit ihm herüberstammt ...« (BR 835).

Bedeutsam ist uns eine solche Aussage Rilkes nicht, um irgendeinen »Einfluß« Schulers auf Rilke geltend zu machen, sondern um eine wesenhafte Parallelität der Konstellationen von Rilke und Clara aufzuzeigen: die Oppositions-Spannungen, die bei den Gestaltkräften der innersaturnischen Ordnung im sechsten Haus ansetzen und diese im (durch die transsaturnischen Organe ausgeleuchteten) Welthintergrund tiefer beheimaten. Mit diesen Oppositionen wurden beide zu *Grenzgängern* im Zwischen von Hiersein und der »anderen Seite der Natur«.

Über das Leben und die innere Entwicklung Claras nach Rilkes Tod wissen wir vorderhand noch weniger als über die Zeit davor. Schon 1919 hatte sich Clara ein einfaches Fachwerkhaus in Fischerhude gebaut und war damit endgültig in ihre norddeutsche Heimat zurückgekehrt. Dort lebte sie in selbstverständlicher Verbundenheit mit den Menschen dieser ländlichen Gegend bis zu ihrem Tode im Frühjahr 1954. Diese Seßhaftigkeit unterbrach sie nur noch selten, und wenn, dann nur noch für kurze Reisen. Was in ihrer *ersten Lebenshälfte* sich noch als Not des mangelnden Gesamtzusammenhanges konstelliert hatte, das zeigte nun, auf dem allmählich herangewachsenen Boden der späteren Jahre (die Zugkraft des synthetisch gestellten Saturnischen!), eine andere Qualität: es wurde zu einem Leben der Hinwendung an *vieles*, welches in spielerischer Vielfalt *nebeneinander* bestehen konnte. Bedeutendes mischte sich ruhig unter das Alltägliche. Phasen des Rückzuges und der gesteigerten Konzentration wechselten mit solchen des Kontaktes, der mitmenschlichen Gegenwart. Zielgerichtete Arbeit löste sich ab durch Tage und Wochen der Hingabe an den Augenblick. Clara lebte verbunden mit den Menschen ihres Dorfes und war dennoch »Frau Rilke«, eine Künstlerin, deren Weg weit über die Moorlandschaft von Fischerhude hinausgeführt hatte.

Etwa um 1925 kam ihr bildhauerisches Schaffen immer mehr in eine Krise. Die Ausschließlichkeit dieser jahrelangen Arbeit schien sich zu erschöpfen. Zugleich aber geschah ein anderes, Neues: Mehr und mehr ergab sich eine *Verlagerung in einen zweiten Raum*: in die Malerei. Von dieser Wende an bis zu ihrem Tode entstand ein beachtliches malerisches Werk, ebenso umfangreich wie das plastische (Tempera, Gouachen, Pastelle, Ölgemälde). Dieser Neuanfang scheint etwa ein Jahr nach dem Talpunkt des achten Hauses eingesetzt zu haben. Die *Lernlust* erlebte neu wieder große Zeiten. In den Wintermonaten 1927, 1928 und 1929 besuchte sie Kurse der Malschule von Arthur Segal in Berlin. Die innere Lebensbewegung hatte Ende 1926 die Spitze des neunten Hauses erreicht. Clara war offensichtlich mit der hinzugekommenen Malerei freier, weiträumiger zu ihrem Eigenen wieder unterwegs.

»Warum sitze ich stundenlang vor der kleinsten dummsten Sache – in dem Gefühl vor der ganzen Weite der Zukunft zu sitzen? Ich bin so ungeschickt im Malen und doch bedeutet jeder Pinselstrich einen Fortschritt – auch wenn er ganz mißglückt ist.«[10]

Diese Tagebucheintragung vom Sommer 1925 spiegelt die Stimmung der »Wendezeit« ganz unmittelbar.

Wir haben die bildhauerische Arbeit mit dem Marsischen des Skorpion-Prinzips und vor allem mit der Gestaltfigur von Sonne/Venus, Pluto und Saturn in Zusammenhang gesetzt. Wer den Blick auf diese Figur gerichtet hat, dem kann leicht die andere, ebenso genaue Gestalt-Figur, wie sie Neptun und Uranus mit Mars zusammen bilden, *entgehen*. Diese zweite Figur ist in ihrem Wesen schwereloser, *stimmungshafter, leiser*, weniger energie- und willensbetont. In ihr erfährt das Marsische im Schwingungston des Neptunischen *Auswei-*

10 Marina Sauer, ebenda S. 65.

tung und Verfeinerung, um sich mit dem Uranischen als unerwartetem augenblickhaftem Einfall zu verbinden. Das Mondhafte im Waage-Prinzip vermag, gerade in seinem Ungebundensein, den Ton, die unmittelbare Botschaft einer solchen Erfahrung aufzunehmen. Eher spät, erst nach der Lebensmitte, begann, im gesicherteren und leichteren Dahinfließen des Lebensstromes, der neptunische Leitton dieser Gestaltfigur eine eigene Ausdrucksform zu gewinnen: im Malen.

Clara malte vor allem Landschaftsbilder; Bilder, »die einen ganz eigenen, freien und gelösten Stil aufweisen. In diesen zarten, transparenten Landschaften stellte sie immer wieder Ausblicke der weiten, offenen Wümmelandschaft zu verschiedenen Jahreszeiten dar«.[11]

Der astrologischen Wahrnehmung erscheint diese Wende in ihrem Schaffen als ein Sich-Lösen aus der *Ausschließlichkeit* der spannungsreichen Arbeit innerhalb der Dreiecks-Figur von Sonne/Venus, Pluto und Saturn (worin marsischer Gestaltungswille in geduldiger Formkraft einen Stoff ins Räumlich-Plastische hineintreibt) und als eine Ausweitung in die übrigen Räume des Geburtsbildes. Vor allem das Neptunische schafft sich hierbei einen ihm nahen, künstlerisch direkteren Ausdruck.[12]

Mit größeren Unterbrechungen setzte die bildhauerische Produktion im Verlauf der Jahre wieder ein. Es entstanden noch so bedeutende Werke wie die posthume Büste von Rilke oder das Porträt von Rudolf Alexander Schröder. Das Malen aber blieb und bildete gerade in den Erschwernissen des aufkommenden Alters einen gewichtigen Teil der Vielfalt dieses künstlerisch reichen Lebens.

11 Marina Sauer, ebenda S. 66.

12 Man kann sich fragen, ob diese späte Befreiung des Neptunischen zu einem ihm ganz eigenen Ausdrucksmedium in einem Zusammenhang steht mit Claras enger Bindung an Rilke. Wir wissen aus Briefen von Rilke, wie sehr ihre Briefe zu gewissen Zeiten seinen Ton, seine neptunische Ausdruckseigenart annehmen konnten. Die Bezüge der Synastrie zwischen beiden (vor allem die wechselseitigen Konjunktionen von Merkur und Sonne) zeigen einerseits eine solche Gefahr der Überfremdung deutlich an – machen aber andererseits auch klar, in welch hohem Maße Rilkes dichterische Erfahrung den eigenen Konstellationen von Clara entsprechen konnten.

Wenn wir die Jahrzehnte in Fischerhude überblicken, so zeigt sich uns, wie manches in diesem Leben seinen Ort nach Maßgabe der-Konstellation ganz unwillkürlich gefunden hatte. Es war ein Leben der alltäglichen Arbeit (so konkret existentiell verstand Clara ihre künstlerische Produktion), der selbstverständlichen Hinwendung zur Mitwelt (fünf von sieben innersaturnischen Wesenskräften stehen in enger Abfolge im fünften, sechsten und siebten Haus) und der Verankerung in gläubig erlebten übergreifenden Zusammenhängen. Saturn in den Fischen hält die Oppositions-Spannungen fest zusammen und beherrscht die obere Kreishälfte (das bewußte Tagewerk; aber hier wohl auch die zweite Lebenshälfte) so deutlich, wie Uranus die unruhigen Wanderjahre der jungen, zum Höchsten gespannten Künstlerin geprägt hatte (vgl. Uranus Quincunx Jupiter, Mars Quadrat Jupiter). So stehen sich Uranus in der Tiefenperson und Saturn im vierten Quadranten *kontrapunktisch* gegenüber. In jungen Jahren wurde Clara vom Uranischen geradezu überrollt, um so hartnäckiger mußte sich ihr Lernen an *Fleiß* und *Vorbild* halten. Im fortschreitenden Alter wuchs Saturn ihr immer selbstverständlicher zu (nicht zuletzt in einer festen, konkret gelebten religiösen Gesamtschau), und die uranische Belebung aus der Tiefenperson konnte sich dadurch freier ausgestalten. Das Sich-Hineinwagen in die Malerei ist dafür *die* zentrale Entsprechung. So verwirklichte sich in diesem Leben bei jugendlicher Lernlust bis ins hohe Alter eine charakeristische Vielgestaltigkeit, in der das Unverbundene (der lockere Gesamtzusammenhang) als Hingabe an den schöpferischen Augenblick und als Mitmenschlichkeit immer wieder seinen Ausdruck finden konnte.

»... wir erlernen ja erst, daß wir nicht, wie das kleine Kind, eins mit dem Ganzen sind, sondern Einzelteilchen ...«[1]

ZUR TAGES-KONSTELLATION VON LOU ANDREAS-SALOMÉ

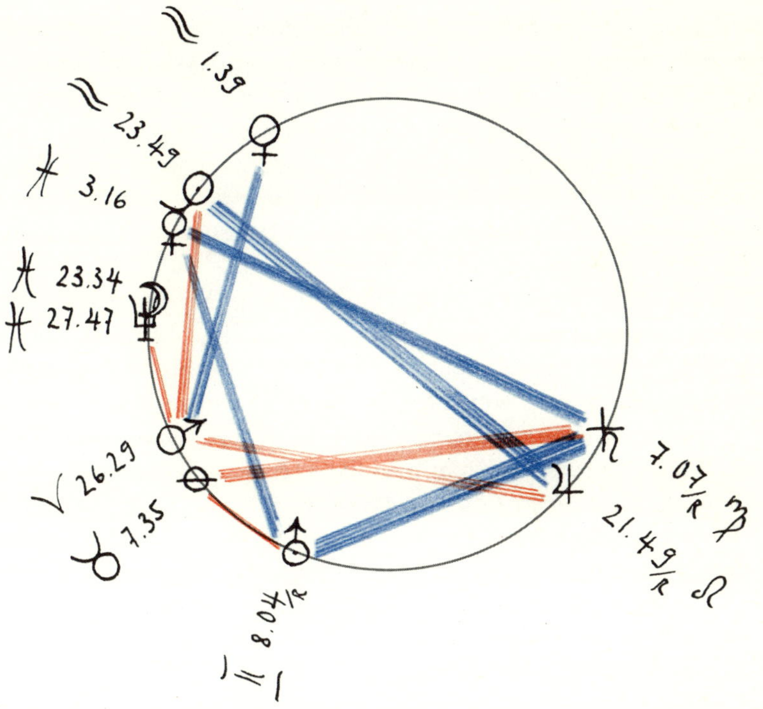

1 Lou A.-Salomé, Eintragungen, letzte Jahre, Insel 1982, S. 106.

Im Falle von Lou Andreas-Salomé ist uns keine Tageszeit ihrer Geburt bekannt. Wir wissen nur, daß sie am 12. Februar 1861 in St. Petersburg (dem heutigen Leningrad) geboren wurde. (Mit an Sicherheit grenzender Wahrscheinlichkeit dürfen wir annehmen, daß dies bereits das in die neue Zeitrechnung umgewandelte Datum ist, also Gregorianischer Kalenderrechnung.)

Schon die Konstellation des Tages enthält für denjenigen, der mit dem Leben und Werk von Lou A.-Salomé vertraut ist, eine Reihe erhellender Zusammenhänge. Allem voran finden wir darin eine *Zweigliederung* (Entgegensetzung, Dualität) ihres Wesens, wie sie aus einer Betonung sowohl des Wassermann-Prinzips wie auch des nachfolgenden Fische-Prinzips sich ergibt. Beiden Tierkreiszeichen ist ein Leben aus weiten, übergreifenden Zusammenhängen gemeinsam – aber völlig verschieden ist der jeweilige Wesens-Ausdruck und Element-Ton. Im Wassermann-Prinzip herrscht die *Wachheit systematisch gedanklicher Durchdringung* vor, mit der ihr eigenen geistigen Unabhängigkeit, Distanz und Freiheitsliebe. Im Prinzip der Fische finden wir so ausgeprägt wie nirgends im Tierkreis den Anschluß an die Erfahrung des Neptunischen, die *erfühlte Nähe* zum Lebendigen, wie es alle Wesen geheimnisvoll durchströmt.

Die eine Seite wird mit Venus und Sonne im Wassermann grundgelegt und durch eine quadratisch-oppositionell gespannte Dreiecksfigur von Saturn, Uranus und Merkur weitergeführt. Reflexion, begrifflicher Zwecksinn (Merkur) steht hier in gesteigertem Widerspiel zu kritischen Gedankenblitzen (die Schärfe des Uranischen), und beides muß sich (darin besteht gerade die Arbeit, die Leistung dieser gespannten Figur) *mit Saturn verbinden*; es muß also am Widerstand des Realen, Konkreten sich bewähren, es muß zum Beispiel *einzelwissenschaftliche Empirie* werden. (Man könnte das Wesen und die Leistung der modernen Einzelwissenschaften geradezu bestimmen als einen kollektiven Prozeß, worin Merkur, Uranus und Saturn die entscheidenden Gestaltfaktoren sind.)

Ebenfalls als eine Weiterführung und Profilierung dieser einen wassermännischen Wesens-Seite dürfen wir die Opposition von Sonne und Jupiter verstehen, wie sie im Trigon und Sextil zu Mars in Widder zu einer zweiten Dreiecksfigur sich zusammenschließt. Damit ist die freiheitsliebende, weltmännische Kernhaltung auf einen großen herausfordernden Bogen von schöpferisch-sonnenhafter Entfaltung gespannt, gegen bestehende Normen und konventionelle Werte sich erhebend, um dann im entschlossenen Schritt nach vorne, mit der Unbekümmertheit dessen, der tut, was er will, die Lage in ein neues Gleichgewicht zu bringen.

Die andere, nicht minder mächtige Seite von Lou A.-Salomé entspringt dem Fische-Prinzip: Sie greift – gewissermaßen sabotierend – in die Wassermann-Welt hinein, indem bereits Merkur auf den Ton des Neptunischen gestimmt ist; daneben aber haben sich Mond und Neptun selbst, mit hoher Wahrscheinlichkeit in einer Konjunktion, in den Fischen zusammengefunden, wodurch die Weite des Neptunischen erst recht zum prägenden Erlebnis der Kindheit wird.

Wir finden dann auch tatsächlich schon im ersten Kapitel ihres »Lebensrückblicks« den Widerhall dieser elementaren Hingegebenheit an ozeanisches Fühlen. Dort umkreist Lou A.-Salomé ihre sehr frühe Erfahrung einer allumfassenden Geborgenheit im »Erlebnis Gott« und berichtet zugleich vom ebenfalls früh und einschneidend erlebten Verlust dieser unmittelbarsten Gottnähe. Denn eines Nachts antwortete dieser Gott in einer belanglosen Sache ihrer kindlichen Anfrage nicht, und das bedeutete ihr eine Katastrophe. Alle Versuche, die alte Vertrautheit wiederzugewinnen, mißlangen. Was sie noch fand, war ein ganz anderer, Unbeteiligter, Fremder, »und diese Verwechslung vermehrte alle Einsamkeit noch durch die Scham, sich geirrt zu haben, einen Unorientierten belästigt zu haben«.[2] Beim späteren Erinnern wird ihr ein Gefühlston, der in dieser Erfahrung noch mitschwang, gegenwärtig: »nicht etwa den eines *Mitschuldigseins* am Gottesverlust – aber den einer Art von *Mitwisserschaft*: einer schon vorhergehenden Witterung davon«.[3] In dieser frühen Mitwisserschaft kommt bereits die andere, die Wassermann-Dimension ihres Wesens ins Spiel.

2 Lou A.-Salomé, Lebensrückblick, Insel 1974, S. 17.

3 Lou A.-Salomé, ebenda S. 16.

Nie mehr, so berichtet Lou A.-Salomé – sei dieser älteste Gottesglaube wieder lebendig geworden. Auch habe er sich nicht, wie sie das bei anderen Menschen oft erlebt, in reiferen Geisteserkenntnissen allmählich wieder eingestellt. Der »unabänderliche Tatbestand der Gott-Verlassenheit des Universums selber«[4] blieb in ihr zurück als bestimmendes Gefühl. Um so unwiderruflicher fühlte sie sich ins wirkliche Leben hineinverwiesen, und dies mit einer durchschlagenden *»Grundempfindung unermeßlicher Schicksalsgenossenschaft mit allem, was ist«*.[5] Solche Inbrunst der Zugehörigkeit zu allem, was ist, enthält eins vor allem: Ehrfurcht. »Damit ist mir das Wort entschlüpft«, heißt es im »Lebensrückblick«, »woran man, wenn man will, leicht einen seelischen Restbestand aus dem alten Gottesverhältnis festlegen kann. Denn wirklich ist mir lebenslang kein Verlangen unwillkürlicher gewesen als das, Ehrfurcht zu erweisen – als käme erst in einigem Abstand davon alles übrige Verhalten-zu-etwas oder -zu-wem.«[6]

Man kann sich fragen, ob dieses ganze Geschehen, wie es Lou A.-Salomé erinnernd beschreibt, nicht zutiefst religiöse Erfahrung ist und – auch nach dem verlorenen Gott – *bleibt.* So könnte es auch ihr Herausgeber Ernst Pfeiffer verstanden haben, wenn er hinzufügt, daß der Gottes-Entschwund nicht erfolgte, »wie das Kind wähnt, weil der liebe Gott nicht antwortet, sondern weil das Kind ihn fragt und dadurch das Gesetz des gemeinsamen Bundes bricht. Die Realität erzwingt die Frage.«[7]

Zeitlebens bleibt diese Zweigliedrigkeit der Wassermann-Seite (und ihrer Weiterführung in die kritische Schärfe einzelwissenschaftlicher Empirie gemäß der Merkur-Uranus-Saturn-Figur) als der eine Raum – und der Fische-Seite als noch tiefere Öffnung auf das Wirkliche hin (der andere, noch umfassendere Raum) spannungsvoll be-

4 Lou A.-Salomé, ebenda S. 23.
5 Lou A.-Salomé, ebenda S. 24.
6 Lou A.-Salomé, ebenda S. 24.
7 zitiert aus Cordula Koepcke, Lou Andreas-Salomé, eine Biographie, Insel 1986, S. 435.

stehen und bestimmt in je neuen Gestaltformen den Denkweg dieser Frau. Im Ersten Weltkrieg schreibt sie, erschüttert über das abgründig Gespenstische des Krieges, an Victor E. von Gebsattel und kommt dabei – einmal mehr – auf ihren Wirklichkeitsbezug zu sprechen:

»...Dies hängt aber wahrscheinlicch noch mit etwas anderem zusammen: damit nämlich, daß von jeher (wohl schon aus Märchenzeiten) alles *Außen* mir einen so ganz geheimnisvollen Charakter zu tragen schien – ungefähr so, als sei es dasjenige, was zu weit und zu herrlich über uns hinausreicht, um von uns als schlechthin dasselbe umschlossen werden zu können, und nur deshalb distanziert als ein ›Außen‹ und Gegenüber-zu-uns. Alle Materialität und Dinghaftigkeit wurde somit eine Art Attrappe; die Vorstellung von deren Inhalt wechselte mit den Jahren, ward aber niemals dünner, und das Endresultat blieb, daß die natürlichste Gebärde gegenüber selbst dem geringsten Stückchen der Außenwelt eine geduldige Ehrfurcht zu sein hat vor dem, was ›drinnen‹ ist.

Mir ist sehr deutlich, wieviel von dieser Sorte Optimismus (imgrunde ist es aber nicht nur ein solcher) dem lieben Gott der Kindheit ins Gewissen zu schieben wäre, doch zeigt das ja nur das zutiefst Irreparable einer unwillkürlichen Anschauungsweise.«[8]

Zuerst ist es die philosophische (und religionsgeschichtliche) Reflexion, wohin sie ihr unbändiger Wissensdurst führt. Diese jugendlichen Jahre von der Logik- und Denkschulung eines Henrik Gillot an (dessen Unterricht sie als Siebzehnjährige in St. Petersburg noch genoß), über ihr kurzes Studium in Zürich (das sie krankheitshalber abbrach) und dem darauffolgenden eigenwilligen Wander- und Freundschaftserleben mit Paul Rée und Friedrich Nietzsche bis zu den ersten Jahren ihrer Verbindung mit dem Orientalisten Friedrich Carl Andreas gehen fast ausschließlich unter der *einseitigen* Führung der Wassermann-Wesens-Seite vor sich. Sie sind eine schmale Gratwanderung ihres früh erwachten unabhängigen Geistes.

8 Lou A.-Salomé, ebenda S. 313/14.

Mit 23 Jahren schreibt sie ihren ersten Roman: »Im Kampf um Gott«, veröffentlicht 1885 noch unter dem Pseudonym »Henri Lou«. In den neunziger Jahren folgen weitere Erzählungen: »Ruth« (1896), »Aus fremder Seele« (1896), »Fenitschka. Eine Ausschweifung« (1898) und, neben einem tiefgründigen Buch über Nietzsche (»Friedrich Nietzsche in seinen Werken«, 1894), auch größere Aufsätze: »Der Mensch als Weib«, »Gedanken über das Liebesproblem«. Neben scharfsinniger Betrachtung und Reflexion kommt immer wieder eine starke psychologische Einfühlung zum Zuge. Wege und Irrwege des Menschlichen sind in den Figuren ihrer Erzählungen intuitiv erfaßt, verbunden mit erstaunlichem Wissen um Zusammenhänge des Unbewußten, seines Traumlebens, seiner erotischen Aspekte. Die Erfahrungsräume der Mond-Neptun-Konjunktion in den Fischen kommen, tiefer eingebunden ins Leben, nun zum Tragen.

Von entscheidender Bedeutung für das Wiedergewinnen des Anschlusses an ihre kindheitliche Urerfahrung waren aber die zwei Reisen nach Rußland, die sie in der Mitte ihres Lebens mit Rilke unternahm (1899 und 1900).

»Das wurde für jeden von uns ein Erlebnis außerordentlicher Art: für *ihn* im Zusammenhang mit einem Durchbruch seines schöpferischen Tuns, für das Rußland ihm schon die entsprechenden Sinnbilder bot, während er noch seine Sprache erlernte und es studierte; für *mich* einfach der Rausch des Wiedersehens mit der russischen Wirklichkeit in ihrem vollen Umfang: dicht um mich herum stellte sich dieses Volkes Weite, dieser Menschheit Elend, Ergebung und Erwartung: es umfing mich so überwältigend wirklich, daß ich nie wieder – außer in individuellsten Einzelerlebnissen – etwas von ähnlicher Stärke der Eindrücke erfuhr.«[9]

Als sie im Anschluß an ihre zweite Rußlandreise, nach der Trennung von Rilke, nach Rongas, dem finnischen Sommeraufenthalt ihrer Mädchenjahre, fährt, kehren erstmals Erinnerungen ihrer frü-

9 Lou A.-Salomé, ebenda S. 69.

hesten Kindheit wieder zurück. Es steigen ihr Bilder auf, wie sie dem lieben Gott Geschichten erzählte. Der Kreis hin zu ihrer tiefsten Inbrunst hatte sich damit geschlossen.

Als Lou A.-Salomé 1911 Sigmund Freud zum ersten Mal begegnet, ist vieles in ihr längst gewachsen und vorbereitet für eine leidenschaftliche Aufnahme der psychoanalytischen Einsichten. In kurzer Zeit eignet sie sich gründliche Kenntnisse in diesem noch im Entstehen begriffenen Forschungsfeld an. Nun hat sich ihr der Brennpunkt erschlossen, worin beide Seiten ihres Wesens, die Schärfe eines wachen Verstandes *und* die reichen Gemütskräfte ihrer neptunischen Seele, sich verdichten konnten zu einem unentwegten Fragen nach dem Menschen, den Wegen seiner Entwicklung, seiner Hintergründe.

Nach einer eher unruhigen, ereignisreichen ersten Lebenshälfte, in der alle grundlegenden Themen ihrer Persönlichkeit früh und mit großer Intensität an sie herangetreten waren, verdichtet sich ihr der weitere Weg nun im unsichtbaren *Innenraum* einer psychoanalytischen Praxis. Ihre Reisen werden selten, meist lebt sie zurückgezogen neben F. C. Andreas im Loufried, ihrem Heim in Göttingen. Auch die literarische Produktion versiegt fast ganz. Die tägliche analytische Arbeit mit Menschen und das vertiefende Nachdenken darüber ist die Fassung, in der ein immer noch breiter Strom des Schöpferischen fließt, neben einigen Beziehungen, die allerdings ganz wesentlich bleiben. Dazu gehört die Verbindung zu Freud. Er wird zum »Vatergesicht über ihrem Leben«[10], unter dessen Blick sie sich auf dem Weg weiß. Es ist gerade das nüchterne, auf rationale Gegenständlichkeit abstellende Denken Freuds, das sie für unbedingt wesentlich hält. Im Blick auf ihr Rußland-Erleben schreibt sie:

»Meine Augen, noch ganz erfüllt von den vorangegangenen Eindrücken, die an einem primitiveren Menschentum wiederzuerkennen glaubten, was tiefhin unser aller unverwischbare Kindlichkeit sei und – als heimlicher Reichtum hinter aller Reife – auch verbliebe, mußten

10 S. Freud Lou Andreas-Salomé, Briefwechsel, Ex Libris Zürich 1980, S. 227.

sich zwingen davon wegzusehen und statt dessen sich mit rationaler Kleinarbeit am gegenständlich Menschlichen abzugeben; sie mußten dies, um sich der Gefahr zu entziehen, in einen bloßen blinden, weil blickblendenden Schwarm zu geraten: in den der »angenehmen Psychologie«, aus der kein Zugang zur Wirklichkeit führt, sondern die uns nur in unserem eigenen Wunschgarten herumtummeln läßt.«[11]

Freud bemerkt sehr wohl ihre Neigung, die Einfühlung ins hintergründig Ganze mitanklingen zu lassen:

»Ich schlage eine – meist recht simple – Melodie an, Sie geben die höheren Oktaven dazu; ich trenne eines vom anderen und Sie vereinigen das Getrennte in einer höheren Einheit; ich setze die Bedingungen unserer subjektiven Beschränkung schweigend voraus und Sie machen ausdrücklich auf sie aufmerksam. Im Ganzen haben wir uns verstanden und sind einer Meinung ...«[12]

Ein Leben lang war Lou A.-Salomé fasziniert und umgetrieben von der mächtigen Konstellation der drei Götter im Fische-Prinzip – es scheint aber, daß sich ihr die unabsehbare Weite der neptunischen Erfahrung unter dem Einfluß ihrer anderen Wesensseite *unwiederbringlich verringert hatte*. Mit dem verlorenen Gott ihres kindheitlichen Fühlens war ihr auch *eine mögliche Transzendenz im Wirklichen*, mit dem sie sich so tief eins fühlte, entschwunden. Was dennoch blieb, war ein unerschütterliches Gefühl von Geborgenheit und Zuversicht. Dies war wohl, in ihrer lebenslangen Freundschaft mit Rilke, das Entscheidende. In diesem Zusammenhang ist es bemerkenswert, daß in der Synastrie, neben vielen spannungsvollen Entgegensetzungen, sich ihre Sonne im 24.° des Wassermann, Rilkes schwierigster Konstellationsstelle, der Mond–Saturn-Konjunktion innerhalb der Quadrate-Figur, verbindet. Damit stand sie mit ihrer klugen und verständigen Kernhaltung an jenem Ort, wo sich bei ihm Abgründe auftun konnten.

11 Lou A.-Salomé, ebenda S. 153.

12 S. Freud Lou Andreas-Salomé, Briefwechsel S. 202.

Aus ihrer gefühlsmäßigen Offenheit allem Lebendigen gegenüber, worin letztlich doch eine unabsehbare Weite mitschwingt, ist es verständlich, daß zwischen Rilke und ihr nie eine grundsätzlichere Auseinandersetzung über die Psychoanalyse Freuds zutage trat. Wir wissen jedoch von Rilke, daß das wenige, was er von Freud las, ihm nicht recht gefiel. Bei Lou selbst spürte er offenbar kaum etwas von der auch bei ihr stattfindenden Verengung des philosophischen Standpunktes. Einen Satz wie den folgenden, der in den Briefen an Freud steht, hätte Lou A.-Salomé an Rilke in dieser Formulierung gewiß nie geschrieben:

»Natürlich gehen unsere Meinungen nirgends auseinander, was den Inhalt der religiösen Wunschbildungen betrifft. Diese haben keine andere Bedeutung als märchenhafte Phantasien der Kinder. Nur liegt für mich außerdem der Schwerpunkt des Interesses noch anderswo: nämlich in der mit uns geborenen und allem Lebewesen irgendwie eigenen Lebenszuversicht, – die sich beim Religiösen oder Träumer oder Kinde oder Dichter (oder Philosophen!) nur eben erkennerisch schief ausdrückt, die an sich aber ebenso im nüchternsten Forscher als Lebewesen steckt: die ihm in all seinen sachlichsten und unfrohesten Einsichten dennoch den Mut, die Kraft, die Freude zum Leben erhält.«[13]

Rilkes leidenschaftliche Stellungnahme für das »Hiesige«, gegen alle »durch die Jahrhunderte fortgesetzte Entwertung« (SW VI 1114) und Ablenkung in ein Jenseits, ist bekannt und trifft sich mit Lou A.-Salomés unwiderruflichem Hineinverwiesensein ins wirkliche Leben. Aber Rilkes dichterische Erfahrung des Offenen, sein Ringen um eine Einheit von Leben und Tod, die Hintergründigkeit seines gesamten Werkes erfordern einen philosophischen Standpunkt, dessen Weite entscheidend über jenen der Briefe zwischen Lou A.-Salomé und Freud hinausgeht. Es ist eine bemerkenswerte Tatsache, daß diese radikale Verschiedenheit der geistigen Einstellung die Vertrautheit und Nähe ihrer Beziehung nicht beeinträchtigt hat. Sie mag

13 S. Freud Lou Andreas-Salomé, Briefwechsel S. 187.

aber, zumindest untergründig, einen Einfluß gehabt haben auf Rilkes mehrmalige Entscheidung *gegen* eine eigene Analyse.

Natürlich sind wir mit diesen Gedanken auch längst über die Grenzen der astrologischen Wahrnehmung hinausgeraten. Die Konturen einer Konstellation besagen zwar vieles über die Erfahrungs-Gestalt eines Menschen – aber Entscheidungen im Sinne eines philosophischen Standpunktes trifft er, neben den ihn bedingenden historischen Gegebenheiten, selbst. Die Thematik jedoch, mit der Lou A.-Salomé ihr Leben lang rang, ist in Grundzügen bereits aus ihrer Tageskonstellation zu verstehen, aus der Zweigliedrigkeit, wie sie in der Betonung sowohl des Wassermann-Prinzips wie auch desjenigen der Fische sich ergibt.

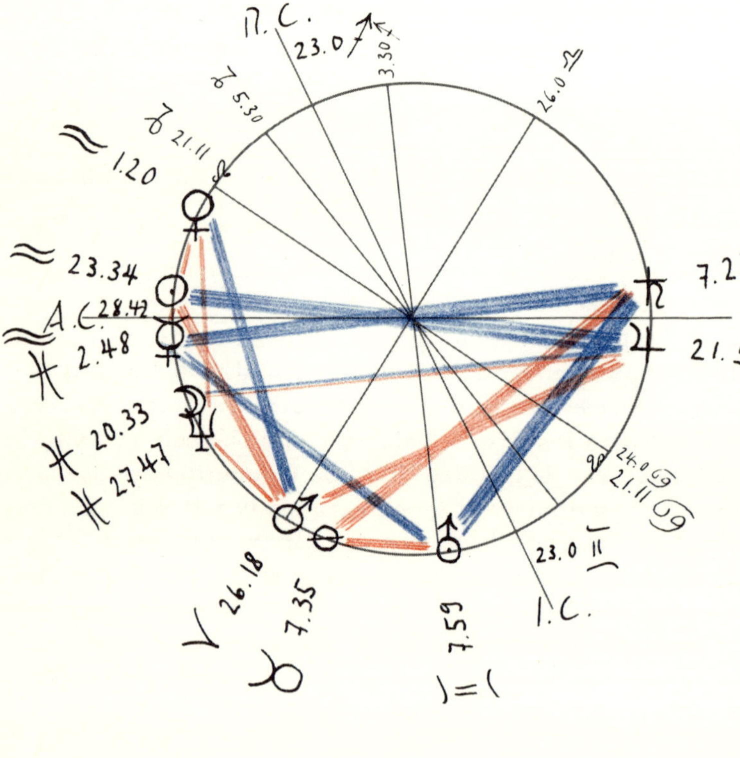

Ist es möglich, aus der relativ genauen Kenntnis von Leben und Werk eines Menschen in großen Zügen die ungefähre Tageszeit seiner Geburt einzukreisen, wenn wir die Konstellation des Tages vor uns haben? Es sei hier, am Beispiel von Lou A.-Salomé, mit spielerischem Ernst ein Versuch in dieser Richtung gewagt. (Es ist ja nicht ganz ausgeschlossen, daß die Rilke-Forschung eines Tages aus alten Archiven zum Beispiel in Leningrad doch noch einen Hinweis auf die Tageszeit von Lou A.-Salomés Geburt bekommt. Immerhin war die Ankunft der einzigen Tochter des Generals Gustav von Salomé ein Ereignis von lokaler Bedeutung. Im Nachlaß, wie ihn Ernst Pfeiffer verwaltete, scheint, nach seinen eigenen Angaben, kein entsprechender Hinweis vorzuliegen.)

Eine Lagerung wichtiger Wesenskräfte *im Umkreis des Ich-Pols* scheint wahrscheinlich. Denn auffallend ist, wie sehr Lou A.-Salomé aus ihrer jeweils *persönlichen* Perspektive heraus, aus ihrem ganz individuellen Lebensentwurf heraus handelte und dachte. Was sie als Eigenperson, das heißt aus der Perspektive ihrer erlebenden Subjektivität berührte, anging, das greift sie auf, umkreist es beharrlich. Weder Ideen noch Ideologien (Zeitströmungen) noch einzelwissenschaftliche Theorien, auch nicht politisch-soziale Gegebenheiten haben – *gegen* diesen persönlichen Zugriff – entscheidendes Gewicht. Im Zentrum steht (jedoch ganz jenseits von Unbescheidenheit) das Leben, wie es aus *ihr selbst* entspringt.

Schon früh kommt die natürliche Eigen-willigkeit und erstaunliche Souveränität ihrer Persönlichkeit zum Tragen. Bereits das Kind ist in *seinem* Erleben zentriert; ebenso das junge Mädchen, dem sein eigenes traumartiges Gotteserleben selbstverständlich näher ist als die religiösen Ideen ihrer Eltern oder der evangelischen Gemeinde in St. Petersburg. Mit dem Gefühl eines »unbedingten Muß« lehnt sie die konventionelle Unterweisung zur Konfirmation ab und setzt den Philosophie-Unterricht von Henrik Gillot durch. Mit zwanzig Jahren beeindruckt sie ihre Familie und ihre Professoren in Zürich durch ihren Willen zur Selbstbestimmung und ihre klare schnelle Auffassung. Grundsätzlich ist es möglich, daß gerade diese erstaunliche Unabhängigkeit und Durchsetzungskraft mit dem Urschöpferischen ihrer Persönlichkeit zusammenhängt – und damit jenseits der Einsichtsmöglichkeiten der Astrologie liegt. Wahrscheinlich ist dennoch, daß ein gewichtiger Teil dieser früh gelebten Eigen-willigkeit mit einer starken Besetzung des Ich-Pols (und des ersten Quadranten) sich verbindet. Denken wir uns den Aszendenten vom Sonnenhaften und Merkurischen flankiert, was einer Geburtszeit um acht Uhr morgens entspricht, dann liegen die Spitzen beider größeren Gestalt-Figuren ihrer Konstellation (die Zweigliedrigkeit von Wassermann- und Fische-Prinzip bereits enthaltend) am Beginn der Eigenperson, dort, wo der einzelne als dieses Fürsichsein in den Raum der Welt ausgreift.

Die Tageskonstellation zeigt nur *eine* Hälfte des Himmels besetzt. Läßt sich daraus etwas schließen bezüglich der Lagerung über oder unter der Horizont-Linie? Eine beinahe gänzliche Versammlung der Wesenskräfte *über* dem Horizont kann ausgeschlossen werden. Zu sehr ist es – ähnlich wie bei Rilke – der Raum Unten-Innen, das Werden und Wachsen der Persönlichkeit aus ihr selbst und aus organischen Tiefen heraus, welches Lou A.-Salomé beeindruckte und anging. Sie war *Tiefenpsychologin* (vgl. das Nietzsche-Buch und die meisten ihrer Erzählungen), längst bevor sie Psychoanalytikerin wurde. Das Unbewußte war ihr, trotz aller Treue zur Sprache Freuds, geheimnisvoller Urgrund, Wurzelboden, in den hinein unsere individuelle Wesenheit eingelassen ist. Wachsenlassen war ihr näher als Programme des bewußten Ichs. Die Welt der menschlichen Institutionen, all das, was der Mensch in konkreter Politik und Technik schafft, war ihr erstaunlich *fremd*, trotz ihrer vielfältigen Kontakte zu bedeutenden Zeitgenossen. Der fast leere Raum des dritten Quadranten und der Beginn der Wesenskräfte erst im zwölften Haus könnten, in unserer Geburtszeit-Hypothese, Ausdruck dafür sein.

Auch die Zeitigungs-Gestalt, wie sie sich aus der Lagerung um den Ich-Pol herum und mehrheitlich im Unten-Raum ergibt, könnte in großen Zügen stimmen: Die Exposition der für ihr Leben grundlegenden Erfahrungen und Themen geschah *früh*, gewiß während der ersten vierzig Jahre. Der Durchgang der inneren Lebensbewegung durch das Fische-Prinzip wäre schon in der frühesten Kindheit anzusetzen – und die Zeit der zwei Rußland-Reisen käme auf den Durchgang der Oppositionen zu Mond und Neptun zu liegen. Ebenso würde ihre lebenslange innere Gewißheit eines reichen Alters, einer Heimkehr zu ihren Anfängen, in dieser Zeitgestalt besonders einleuchten.

Ist es nicht ruhig geworden um Lou A.-Salomé in ihrer zweiten Lebenshälfte? Hat sich nicht der größte Teil ihres schöpferischen Stromes in den Innenraum menschlicher Entfaltung zurückgezogen? Für die frühe Ausstrahlung und Wirkung ihrer Persönlichkeit ist es überhaupt erstaunlich, *wie* zurückgezogen, jeder Öffentlichkeit abgewandt, sie lebte.

Die Tageskonstellation von Lou A.-Salomé enthält zwei große Oppositions-Spannungen: diejenige von Sonne und Jupiter und jene von Merkur und Saturn. Stehen Wesenskräfte zueinander in Opposition, dann beinhaltet das, neben dem Widerspiel zweier Gestaltfaktoren, auch immer einen spannungsgeladenen Austausch von bestimmten Wirklichkeitsbereichen. In unserer Hypothese laufen diese zwei Oppositionen entlang der Horizont-Achse, die Souveränität der Eigenperson und die Begegnung mit dem anderen Menschen (dem Mitmenschen, dem möglichen Partner) spannunsgeladen aufeinander beziehend. Waren es nicht immer wieder *Begegnungen*, längere und kürzere Beziehungen, davon einige in eindrücklich schicksalhafter Art, welche das Leben dieser Frau bestimmten? Gehört nicht schon das »Erlebnis Gott« in die Reihe der Begegnungen, wenn wir hören, wie selbstverständlich das kleine Mädchen ihrem Gott Geschichten erzählte? Henrik Gillot, Paul Rée, Friedrich Nietzsche, Friedrich Carl Andreas, Rainer Maria Rilke, Georg Ledebour, Friedrich Pineles, Sigmund Freud, Ernst Pfeiffer – an jeden einzelnen dieser Namen knüpft sich, früher meist aufwühlend spannungsvoll, in den späteren Lebensjahrzehnten ruhiger, abgeklärter, aber nicht weniger lebensintensiv, ein Wegstück ihrer Entwicklung, ihres Lebensganges. Der Schwerpunkt dieses Oppositionsthemas liegt auf der Seite der *Eigenperson.* Mit Ausnahme von Freud und Pfeiffer haben alle der oben Erwähnten diese »konstellative Tatsache« von Lou A.-Salomés Wesen auch schmerzlich, zum Teil unlösbar tragisch erfahren müssen. Wo es zu einer Trennung kam, da hat *sie selbst* diesen Schritt vollzogen. Mit großer Macht haben die Wesenskräfte sie in den Bereich der Eigenperson (und jenen der Abgeschiedenheit des zwölften Hauses) zurückgeholt, zurück in den Raum einer überpersönlichen geistigen Durchdringung, in welcher alle sinnlich verlangende »Liebesschwärmerei« schon überschritten ist (Sonne und Venus im Wassermann-Prinzip), und zurück in jenen Hintergrundsbereich, in welchem das Leben in geheimnisvoller Einheit mit allem steht (Mond–Neptun-Konjunktion in den Fischen). Sie selbst hat diesen Schritt der Zurücknahme erlebt als eine notwendige Rückverbindung mit den Wurzeln ihres Wesens, aus denen ihr jede liebende Verbindung erst erwächst. Noch kurz vor ihrem Tod sinnt sie darüber nach. In den »Eintragungen« heißt es:

»Wie verhält es sich in solchem Falle nun mit ›Treue‹ –?, mit Untreue –? Kaum kann man sich... Treueres denken als diese Weiterwirkung, über alles personell und leidenschaftlich Erlebte hinweg, bis in die eigensten Lebensentscheidungen hinein...« Und einige Zeilen darauf:

»...Stärkeres kann man von keiner Liebe aussagen, als daß sie *da* Wurzel behält, wo sie aus *einer* Wurzel mit uns selber wächst – auch noch wo im Getriebe der oberen Äste und Früchte noch so verschiedenes Wachstum sich ergibt.«[14]

Es ist eine eigene Art von Treusein, die Lou A.-Salomé hier schildert, und das ist ihr durchaus bewußt. Sie fährt unmittelbar darauf mit der Überlegung fort:

»Aber andrerseits werden Menschen, denen derartige Treuebeweise gelingen, zugleich solche sein, denen man Treue am ehesten abspricht – und nicht zu unrecht. Denn das sind eben die ›Verdrängungslosen‹, denen der erwähnte unentwirrbare menschliche Knäuel keine eigentlichen Konflikte und Verdrängungen einverleibt, sondern ihnen frei gestattet, auf ihren ureigensten Urboden gleichsam

14 Lou A.-Salomé, Eintragungen, letzte Jahre, Insel 1982, S. 66/67.

zurückzugleiten – wo sie dann eben auch den Anderen von einst wiederfinden, obschon *er* das nicht mehr personal zugesteht.«[15]

Menschliche Begegnung und Beziehung, ihre Formen, ihre Möglichkeiten, ihre Grenzen waren *einer* der Brennpunkte, um welche ihr Denken beharrlich kreiste. Und so war es auch in ihrem Leben. Es spricht daher vieles dafür, daß die beiden Oppositionen der Tageskonstellation in ihrem individuellen Geburtsbild mindestens in den *Umkreis* der Achse von Ich und Du zu stehen kommen.

Es wäre verlockend, weitere strukturelle Eigenheiten dieser Geburtsbild-Hypothese zu erörtern. Einiges, was dieser Lösung ihre Wahrscheinlichkeit gibt, wurde gar nicht erwähnt. Dennoch sei hier eine Grenze gesetzt. Denn nicht auf dieser vorgeschlagenen Hypothese (ihrem möglichen Treffen oder Danebengehen) soll das Gewicht liegen, sondern auf den grundsätzlichen Einsichten, die bereits aus der Konstellation des Tages möglich sind. Es ist selbstverständlich, daß gerade in einem solchen Falle die Kenntnis von Leben und Werk eines Menschen der Boden ist, auf den eine verläßliche astrologische Deutung sich kritisch abstützen muß.

15 Lou A.-Salomé, Eintragungen S. 67.

ZUM SCHLUSS

Am Ende des Ganges durch so viele Konstellationen stehen wir – vielleicht gerade durch das Gewicht der erlebten Evidenz – wieder neu vor bedrängend offenen Fragen. Worin gründen im letzten die Planeten-Prinzipien, wie sie die mythische Erfahrung in einer für uns nicht mehr nachvollziehbaren Eigentümlichkeit ihrer Schau vorgezeichnet hat? Über welche Wege konnten die Zuordnungen gefunden werden, in denen auch nach heutiger kosmologischer Betrachtung die Bauglieder unseres Sonnen-Systems sich in Bezug setzen lassen zu Gestalt-Prinzipien des Organismus, so daß jene dazu gebraucht werden können, Ordnungsstrukturen aufzuzeigen, die sowohl im Organischen wie auch im Seelischen und Geistigen jede lebendige Entfaltung ordnen, leiten und mittragen? In welcher (für unser heutiges Bewußtsein) nahezu phantastisch anmutenden Weise ist menschliche Individualität in ihrem wesenhaften Grundriß »Weltinnenraumzeitlichkeit«? Man verzeihe das Monströse dieser Wortbildung – spiegelt sich doch darin vielleicht etwas von der komplexen Ganzheit, welche hier zu verstehen gefordert wäre.

Gerade wenn wir der Versuchung widerstehen, die Unruhe solch grundlegender Fragen mit oft (nicht immer!) allzu schnellen Antworten im Sinne neuer Zeitalter, neuer Weisen der Spiritualität, neuer Weltbilder beizulegen, könnten wir den Stoß (und Anstoß) hinein in die größere Weiträumigkeit und Tiefe spüren, in welche uns die astrologische Wahrnehmung wachsend versetzt. Es kann sein, daß wir dadurch nicht mehr in der gleichen Selbstverständlichkeit zu Hause sind im Gedeuteten unserer Welt, und vielleicht staunen wir ob der Bezüge, die uns im Unabsehbaren und noch nicht Erdenklichen solcher Erfahrung angehen und umgreifen. Möglich wäre, daß die Aussage der zwei Zeilen aus den Orpheus-Sonetten, die wir der Einführung schon voranstellten, uns nun besonders trifft:

> Ohne unsern wahren Platz zu kennen,
> handeln wir aus wirklichem Bezug.
>
> SW I 738

Welthafter als die meisten einzelwissenschaftlichen Modelle der Persönlichkeit es annehmen und grundsätzlicher sind wir in unserem Sosein »Bezug«, vollziehen uns aus der Maßgabe eines Welt-Augenblickes, seiner in ihm beschlossenen raumzeitlichen Ordnungsgestalt. Und doch auch wieder *innerlicher* als meist gesehen ist diese Sachlage zu denken, durchaus vorstoßend bis ins Persönliche seelisch-geistiger Eigenart, soweit diese als Struktur in lebendiger Gestaltlogik noch zu beschreiben ist. Tiefer, innerlicher sind wir »Welt«, das heißt Vollzug welthafter Raumzeitlichkeit, als unsere neuzeitlichen, in Subjekt und Objekt trennenden Denkgewohnheiten es uns vorspiegeln, und zugleich ist die Gestalt unseres Wesens, das »ganze Gesicht meiner Jahre« auch wieder jedem äußeren Verhältnis grundsätzlicher *voraus*liegend, als jede Logik der nachgeburtlichen Entwicklung es uns erhellen kann.

Die astrologische Erfahrung verwickelt uns in manche Fragen, die innerhalb der gewohnten Denkwege schnell ins Abseitige, Unbegehbare führen. Sie verstößt gegen das Bild von Realität, wie es seit Descartes und Kant weite Kreise von wissenschaftlich denkenden Menschen bestimmt. Ein Teil dieser Fragen kann heute versuchsweise als einzelwissenschaftliches Rätsel formuliert werden, während ein anderer Teil unsere Mittel der rationalen Durchdringung noch weit übersteigt. Manchmal scheint sich die Sache ins Paradoxe zu steigern, etwa dort, wo es den *Anschein* hat, daß wir in subjektiver

Beliebigkeit die Zeitgestalt einer Geburt manipulieren könnten. Für viele kritische Geister ist dieses Paradox ein Hinweis auf die Unhaltbarkeit der Astrologie. Dagegen wäre zu bedenken, ob sich nicht gerade *hier* die Bodenlosigkeit einer aufgeklärten, völlig weltlos gewordenen Vernunft in Szene setzt, die nur ihrer Vordergründigkeit und Blindheit wegen für unbedenklich hält, *was an Manipulation tatsächlich geschehen könnte*. Wir stellen diese Fragen bewußt im Konjunktiv, weil wir über diese Zusammenhänge ganz einfach noch viel zu wenig wissen. Wer aber könnte mit Sicherheit entscheiden, ob wir nicht auch hier in einer jener abgründigen Situationen stehen, in welchen unser Wissen nicht Schritt zu halten vermag mit den unheilvollen Folgen unseres Tuns? Vielleicht dürfen wir jedoch – tiefer vertrauend gegen allen Anschein – tatsächlich annehmen, daß auch heute noch bei den meisten Geburten, durch alle Eingriffe des medizinischen Betriebes hindurch, sich eine Annäherung an die (möglicherweise periodisch wiederkehrenden) »entsprechenden Zeitpunkte« ergibt, so daß die kosmische Gestalt dennoch dem gezeugten und seit Monaten heranwachsenden Wesen gültig entspricht? Gewiß, die astrologisch beschreibbare Struktur ist nur *eine* der Dimensionen, in welchen menschliche Individualität sich uns erschließt. Die Aussage-Grenzen lenken unseren Blick mit Recht noch auf andere Ebenen – tatsächliche Umwelt, genetisch bedingtes Begabungspotential, Stärke der existentiellen Entscheidung –, auf denen das Konkrete unseres Menschseins sich vollzieht. Aber nach allem, was wir heute wissen, ist die Ordnungsgestalt des Geburtsbildes doch ohne Zweifel ein sehr grundlegender Ausdruck unseres Wesens, zumindest die archetypisch formale Grundlage unserer Individualität, so daß die Wochen und Tage und dann die Stunden vor der Geburt uns als eine Periode im menschlichen Leben erscheinen, in welcher uns, wie vielleicht nur noch bei Zeugung und Tod, Kräfte aus der tiefsten Ganzheit leiten, in welcher aber zugleich auch das werdende Wesen, trotz des Schutzes aus umgreifender Ganzheit, durch Räume von kaum vorstellbarem Ausgesetztsein hindurchgeht.

So stellt die astrologische Erfahrung uns, gerade was das tiefere Begreifen des Geburts-Prozesses angeht, mehr noch vor beunruhigende Fragen, als daß sie schon Antworten bereithalten könnte. Spürbar wird dadurch das Numinose, das jeder radikalen Grenz-Situation, jeder Situation eines entscheidenden Überganges, innewohnt. Die Konsequenz daraus für das ärztliche Handeln wäre wohl, mit seinen eigenen Eingriffsmöglichkeiten so weit zurückzutreten, wie es die Gesundheit von Mutter und Kind nur je erlauben, um der Rhythmik und Zeitgestalt der Geburt ihren Raum zu lassen. In solcher Zurückhaltung dürften wir die Grenzen des Menschlichen (der »läßlichen Geschäfte«) gewahrt wissen, und es könnte sich auswirken, was Rilke in den zwei letzten Strophen des eben zitierten Sonetts in Erinnerung ruft:

Reine Spannung. O Musik der Kräfte!
Ist nicht durch die läßlichen Geschäfte
jede Störung von dir abgelenkt?

Selbst wenn sich der Bauer sorgt und handelt,
wo die Saat in Sommer sich verwandelt,
reicht er niemals hin. Die Erde *schenkt*.

SW I 738

Berücksichtigt sind in dieser Tabelle der Übersichtlichkeit wegen von den Aspekten nur Konjunktion ☌, Quadratur □, Opposition ☍, und Trigon Δ. Näheres zu dieser Methode zeitlicher Ausgestaltung der Grundzüge eines Geburtsbildes vgl. »Die Situation des frühen Rilke«.

ÜBERSICHT ZUR INNEREN ZEITGESTALT

(Altersprogression)

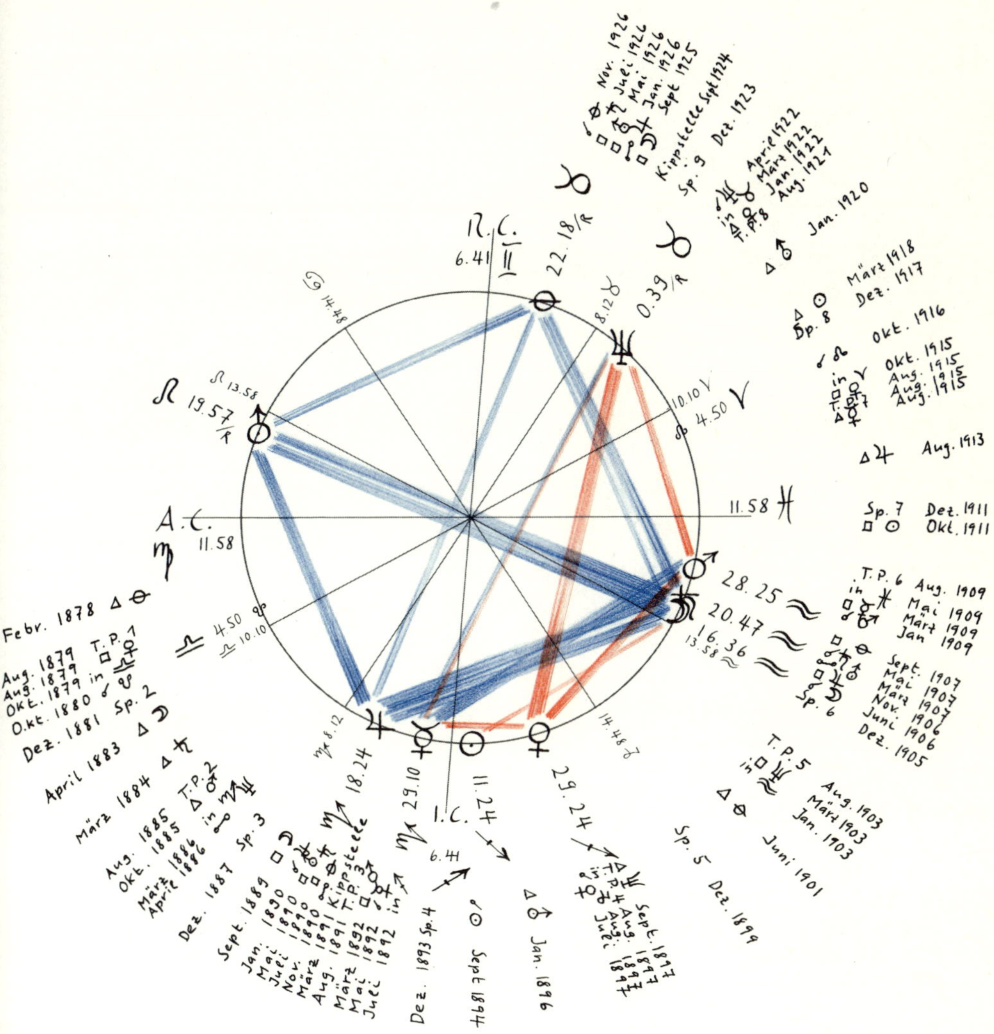

ABKÜRZUNGEN UND QUELLENNACHWEIS

Wir danken dem Insel Verlag und dem Bechtle Verlag für die freundliche Genehmigung zum Abdruck der Texte von Rainer Maria Rilke.

SW I,II ...	Sämtliche Werke, Bd. I–VI, Hg. Ernst Zinn, Insel-Verlag Frankfurt a.M. 1955–1966
BR JD	Briefe an einen jungen Dichter, Insel-Verlag Leipzig 1944 (Insel-Bücherei Nr. 406, 440–443 Tsd.)
BR	Briefe, hg. Rilke-Archiv, in Verbindung mit Ruth Sieber-Rilke, besorgt durch Karl Altheim, Insel-Verlag Frankfurt a.M. 1950 (2. Aufl. 1966)
BR LAS	Briefwechsel R.M.Rilke Lou Andreas-Salomé, Hg. Ernst Pfeiffer, Insel-Verlag Frankfurt a.M. 1975 (2. Aufl. 1979)
BR KK	Briefwechsel R.M.Rilke Katharina Kippenberg, Hg. Bettina von Bomhard, Insel-Verlag Wiesbaden 1954
BR BE	Briefwechsel mit Benvenuta, Hg. Magda von Hattingberg, © by Bechtle Verlag 1954
BR VE	Briefe an seinen Verleger, Insel-Verlag Wiesbaden 1949 (erweiterte zweibändige Ausgabe)
BR WV I,II	Briefe an Nanny Wunderly-Volkart, Insel-Verlag Frankfurt a.M. 1977 (Bd. 1 und 2)
BR FUE	Briefwechsel R.M.Rilke und Marie von Thurn und Taxis, besorgt durch Ernst Zinn, Insel-Verlag und Niehans & Rokitansky, 1961 (Bd. 1 und 2)

ELLYNOR BARZ

GÖTTER UND PLANETEN

Grundlagen archetypischer Astrologie

282 Seiten, gebunden

Dieses Buch erzählt unter anderem von Liebe, Haß und List der antiken Götter, deren Eigenschaften die Astrologie projizierend mit den Sternen verknüpft. Eine spannende und amüsante Lektüre und mehr: ein neuer Zugang zu einer der ältesten Weisheitslehren der Menschheit aus tiefenpsychologischer Sicht.

Ellynor Barz erschließt aus der Perspektive der analytischen Psychologie C.G. Jungs die Grundlagen astrologischen Denkens, indem sie von den Planetengöttern ausgeht und deren Mythen erzählt. Diese Darstellung der Planeten ist nicht nur spannend und amüsant zu lesen, sie ist auch neu und gewährt überraschende Einsichten. Wenn wir die Eigenschaften und Charakterzüge der antiken Göttergestalten symbolisch verstehen als Möglichkeiten unserer eigenen menschlichen Psyche, dann begegnen wir in der Astrologie, die diese psychische Welt auf die »Leinwand« des nächtlichen Himmels projiziert, einem Bereich alter menschlicher Weisheit, der an Differenziertheit jedes psychologische Modell zur Erklärung der menschlichen Psyche übertrifft. Denn obwohl die Astrologie mit Planeten, Tierkreis und Häusern über ein Deutungsmodell verfügt, bleibt doch jedes Horoskop, bleibt jeder Mensch durch die Unterschiedlichkeit seiner Geburtsstunde oder seines Geburtsortes ein unverwechselbares Individuum. Die Vielfalt und Einmaligkeit der in uns angelegten und durch das Horoskop umschriebenen Möglichkeiten auszuschöpfen und zu verwirklichen, bleibt Aufgabe unseres Lebens.

ALS RAUSCHTEN ALLE QUELLEN

Gedichte und Balladen ausgewählt von Ilse Conrad

412 Seiten, gebunden

Wer in seiner Jugendzeit Gedichte auswendig gelernt hat, dem fallen bestimmte Zeilen daraus immer wieder ein – im Gespräch, angesichts einer zauberhaften Landschaft, bei festlichen Anlässen. Aber wie lautete das Gedicht genau? Das Gedächtnis läßt einen im Stich. Und wo finde ich das Gedicht wieder? Aus dieser Erfahrung wurde die Idee für die Anthologie geboren: Altes, Schönes, Bewährtes, dem man gern wieder einmal begegnen will, in einem Band zusammengefaßt, wiederbelebte Erinnerungen und ein Buch für die ganze Familie zugleich.

Ilse Conrad hat Gedichte und Balladen zusammengetragen, die unvergessen und unvergeßlich sind, die meisten, von Goethe angefangen, stammen aus dem 19. Jahrhundert, Klassik und Romantik überwiegen. Dabei wurde kein literaturwissenschaftlicher Maßstab angelegt, sondern die Freude am Finden und Wiederfinden gab das Auswahlprinzip ab. Angeordnet wurden die Gedichte nach Themenkreisen, die aus dem Leben gegriffen sind: Jahreszeiten, Tageszeiten, Liebe, Einsamkeit. So ist eine Anthologie entstanden, die den Zugang zu den Gedichten leicht macht: Sie lädt zum Erleben von Gedichten und zum Leben mit ihnen ein.

Inhalt

Kreuz Verlag